本书获得国家社会科学基金一般项目"多重环境规制下产业转移驱动沿黄城市群工业高质量发展研究"(22BJL050)资助

承接产业转移与沿黄城市群
工业高质量发展研究

毛锦凰 著

中国社会科学出版社

图书在版编目（CIP）数据

承接产业转移与沿黄城市群工业高质量发展研究／毛锦凰著． -- 北京：中国社会科学出版社，2024.12.
ISBN 978-7-5227-4533-6

Ⅰ．F269.24；F299.27

中国国家版本馆CIP数据核字第20248ZF118号

出 版 人	赵剑英	
责任编辑	孔继萍	
责任校对	王　龙	
责任印制	郝美娜	

出　　版	中国社会科学出版社	
社　　址	北京鼓楼西大街甲158号	
邮　　编	100720	
网　　址	http://www.csspw.cn	
发 行 部	010-84083685	
门 市 部	010-84029450	
经　　销	新华书店及其他书店	

印　　刷	北京君升印刷有限公司	
装　　订	廊坊市广阳区广增装订厂	
版　　次	2024年12月第1版	
印　　次	2024年12月第1次印刷	

开　　本	710×1000　1/16	
印　　张	21.5	
字　　数	331千字	
定　　价	128.00元	

凡购买中国社会科学出版社图书，如有质量问题请与本社营销中心联系调换
电话：010-84083683
版权所有　侵权必究

序

  2021年10月8日，中共中央、国务院发布了《黄河流域生态保护和高质量发展规划纲要》，标志着作为重大国家战略的黄河流域生态保护和高质量发展已进入全面推进阶段。党的二十大报告指出要加快构建新发展格局，着力推动高质量发展，以城市群、都市圈为依托构建大中小城市协调发展格局。因此，推动黄河流域城市群高质量发展是推进黄河流域生态保护和高质量发展战略的核心内容，而破题的关键便是促进沿黄城市群工业高质量发展。现阶段，产业转移已成为产业布局与资源配置的重要手段，二十届中央财经委员会第一次会议强调，要加快建设以实体经济为支撑的现代化产业体系，坚持以实体经济为重，防止脱实向虚，在这一背景下，沿黄城市群为实现自身经济的高质量发展，势必会加大招商引资力度，吸引工业、制造业企业向区域内转移。因此，探明沿黄城市群承接产业转移对其工业高质量发展的驱动效果，对黄河流域高质量发展具有重要意义。

  为促进区域经济协调发展，我国曾分别实施西部大开发、中部崛起等区域发展战略，中西部地区也积极承接来自东部地区的产业转移以促进自身的发展。但是如果对于产业转移不加以引导和干预，中西部地区为了发展经济极有可能对外来产业"照单全收"，在外部环境的压力下甚至有可能出现"放宽环境规制"的竞争，这不仅与《黄河流域生态保护和高质量发展规划纲要》的要求背道而驰，更无法实现人与自然和谐共生的高质量发展。党的十八大以来，生态保护工作得到前所未有的重视，先是生态文明建设被纳入"五位一体"中国特色社会主义总体布局，后是绿色发展成为新发展理念中的重要一极，体现着政府对生态文明建设工作的重视达到了前所未有的高度。现阶段，"绿水青山就是金山银山"的绿色发展理念逐步深入人心，政府应当设置怎样的环境规制强度、应当如何发挥环境规制的作用以更快更好地实现经济高质量发展逐渐成为人们关注的话题。因此，为使研究更具现实意义，应当将环境规制纳入研究框架，综合分析环境规制下承接产业转移对沿黄城市群工业高质量发展的影响。但从现有研究来看，主要关注环境规制对产业转移的影响效应，即"污染避难所"假说是否存在，并未将沿黄城市群工业高质量发展纳入系统综合考虑，且相较于长江流域、京津冀和长三角等区域，现有关于沿黄城市群高质量发展的研究在广度和深度上均存在较大欠缺，对于发展实践的参考意义有限。为此，本书以准确全面地贯彻新发展理念为重要原则，重点研究承接产业转移对沿黄城市群工业高质量发展的驱动作用，并分析多重环境规制在这一驱动过程中的调节效果，为沿黄城市群推进工业高质量发展提供政策优化支撑。

本书紧紧围绕"沿黄城市群承接产业转移何以促进工业高质量发展"这一核心命题，遵循"环境规制、产业转移与沿黄城市群工业高质量发展概述——沿黄城市群产业转移测度——沿黄城市群工业高质量发展测度——承接产业转移促进沿黄城市群工业高质量发展实证分析——多重环境规制对产业转移促进沿黄城市群工业高质量发展进程的调节效果检验——产业转移促进沿黄城市群工业高质量发展的政策体系优化"的技术路线展开论证，得出的主要结论如下：

1. 承接产业转移通过高技术人才集聚、企业集聚以及资金集聚渠道推动工业创新发展。承接产业转移一是通过提高工业企业中高技术行业人才占比，以提升高技术行业的创新能力，进而提高整个工业的创新水平。二是通过企业集聚促进资源共享、信息交流和创新合作，从而推动工业创新发展。三是通过吸引外来资金进入市场，引进更多竞争压力与技术，从而带动工业创新能力的提升。此外，在较高的碳环境规制水平与空气质量环境规制水平下，承接产业转移更有利于城市工业创新能力的提升，而水环境规制和环保处罚强度则不然。

2. 承接产业转移通过影响资源配置效率和技术创新促进沿黄城市群

工业协调发展。承接产业转移通过影响资源配置格局、推动工业技术创新，为工业产业之间资源合理配置、产业优化升级提供强大动力，最终促进工业协调发展水平的提高。此外，因为优化资源配置与技术创新的过程中市场化与信息化对承接产业转移存在替代作用，所以市场化与信息化程度的提高会弱化承接产业转移对沿黄城市群工业协调发展的促进作用。纳入环境规制的实证检验表明，在承接产业转移驱动工业协调发展的过程中，除水环境规制之外，其余类型环境规制对这一过程的影响均不显著。

3. 承接产业转移通过绿色技术创新、产业结构调整、能源结构调整等效应推动工业绿色发展。一是通过促进供应链整合和产业集聚以提升城市绿色技术创新水平，达到推动工业绿色发展的目的。二是通过推动产业结构高级化实现工业绿色化发展。三是通过引入新兴产业和技术使得工业领域对能源的需求发生变化，以推动工业绿色发展。此外，水环境规制、环保处罚强度在承接产业转移促进工业绿色发展的过程中起到了正向调节作用，即两种环境规制水平越高时，承接产业转移越有利于工业绿色发展水平的提升。

4. 承接产业转移通过技术溢出效应、市场竞争效应和产业结构调整效应对工业开放发展起到推动作用。一是承接地通过学习转入企业的生产技术、管理模式并以此激发本地相关产业的技术创新活力，从而达到促进工业开放发展的目的。二是承接产业转移通过产业集聚效应激化产业竞争，提升产品品质，进而促进工业开放发展。三是承接产业转移通过优化产业结构提升出口产品的技术含量，从而促进工业开放发展。此外，水资源环境规制、碳排放环境规制、空气质量环境规制、环保处罚强度均对承接产业转移促进工业开放发展的过程有正向影响。

5. 地区承接产业转移通过就业增长效应、收入提升效应、财政自给效应和效益提升效应促进共享发展水平的提升。一是通过提高就业水平改善劳动者的家庭福祉，促进共享发展水平的提升。二是通过提高居民收入刺激居民投资消费、畅通国内消费市场，提升共享发展水平。三是通过提高财政自给能力影响基本公共服务支出，进而促进共享发展。四是通过提升企业效益扩大企业造血能力，以达到共享发展的目的。此外，碳环境规制与水环境规制均对承接产业转移促进共享发展的过程有正向影响。

关于产业转移与环境规制，学术界讨论的焦点一直都是污染避难所假说是否存在，这些研究通常将环境规制视为产业转移的"源头"。本书将环境规制作为过程因素，揭示了环境规制对承接产业转移促进工业高质量发展的调节作用，为产业转移与环境规制的相关研究提供了新思路。

目前，学术界对于黄河流域生态保护和高质量的研究已经取得了可喜的研究进展，但从沿黄城市群工业高质量发展的视角进行研究相对较少，大多也是从区域层面和行业层面进行分析，缺少从工业企业层面进行承接产业转移对工业高质量发展影响的分析。本书立足经济高质量发展与黄河流域生态保护两大国家战略，围绕"沿黄城市群承接产业转移何以促进工业高质量发展"这一科学问题，从工业企业层面科学测度了沿黄城市群承接产业转移规模与时空变化，并且将多重环境规制作为过程因素，从创新、协调、绿色、开放、共享五个维度系统地分析了沿黄城市群承接产业转移对工业高质量发展的作用机制、驱动路径与效果，分析其对产业转移影响其他经济要素过程调节效果的思路，为在环境约束下沿黄城市群工业高质量发展路径选择提供了新的思路，也为相关研究和政策制定提供了有价值的借鉴和参考。

兰州大学经济学院教授
2024 年 7 月 18 日

目　　录

第一章　工业高质量发展与沿黄城市群中国式现代化推进 ………… (1)
　　第一节　新征程上的中国式现代化 ……………………………… (1)
　　第二节　中国工业的现代化推进与高质量发展 ………………… (11)
　　第三节　沿黄城市群工业高质量发展的现实定位 ……………… (20)
　　第四节　本章小结 ………………………………………………… (29)

第二章　环境保护与沿黄城市群工业高质量发展 ……………………… (31)
　　第一节　经济学理论中的环境保护命题 ………………………… (31)
　　第二节　环境规制与工业发展 …………………………………… (38)
　　第三节　环境规制下产业转移与沿黄城市群工业高质量发展 …… (49)
　　第四节　本章小结 ………………………………………………… (58)

第三章　沿黄城市群产业转移动力机制与特征 ………………………… (60)
　　第一节　产业转移的理论发展及动力机制 ……………………… (60)
　　第二节　国内产业转移的逻辑演进与效应分析 ………………… (82)
　　第三节　多尺度数据下产业转移定量测度的方法论 …………… (88)
　　第四节　沿黄城市群承接产业转移的时空演化 ………………… (95)
　　第五节　本章小结 ………………………………………………… (122)

第四章　承接产业转移与沿黄城市群工业创新发展 …………………… (123)
　　第一节　承接产业转移与工业创新发展相关文献综述 ………… (124)

第二节　理论机制与研究假设 …………………………………… (135)

　　第三节　沿黄城市群城市工业创新发展的测度及分析 ………… (139)

　　第四节　实证研究设计 …………………………………………… (141)

　　第五节　实证结果及分析 ………………………………………… (144)

　　第六节　纳入环境规制的进一步分析 …………………………… (158)

　　第七节　本章小结 ………………………………………………… (161)

第五章　承接产业转移与沿黄城市群工业协调发展 ……………… (164)

　　第一节　承接产业转移与工业协调发展相关文献综述 ………… (165)

　　第二节　理论机制与研究假设 …………………………………… (168)

　　第三节　沿黄城市群工业协调发展的测度及分析 ……………… (172)

　　第四节　实证研究设计 …………………………………………… (179)

　　第五节　实证结果及分析 ………………………………………… (183)

　　第六节　纳入环境规制的进一步分析 …………………………… (192)

　　第七节　本章小结 ………………………………………………… (194)

第六章　承接产业转移与沿黄城市群工业绿色发展 ……………… (196)

　　第一节　承接产业转移与工业绿色发展相关文献综述 ………… (197)

　　第二节　理论机制与研究假设 …………………………………… (201)

　　第三节　沿黄城市群工业绿色发展水平的测度及分析 ………… (208)

　　第四节　实证研究设计 …………………………………………… (217)

　　第五节　实证结果及分析 ………………………………………… (220)

　　第六节　纳入环境规制的进一步分析 …………………………… (230)

　　第七节　本章小结 ………………………………………………… (234)

第七章　承接产业转移与沿黄城市群工业开放发展 ……………… (236)

　　第一节　承接产业转移与工业开放发展相关文献综述 ………… (237)

　　第二节　理论机制与研究假设 …………………………………… (241)

　　第三节　沿黄城市群出口技术复杂度的测度与分析 …………… (245)

　　第四节　实证研究设计 …………………………………………… (250)

第五节　实证结果及分析 …………………………………… (253)
第六节　纳入环境规制的进一步分析 ……………………… (263)
第七节　本章小结 …………………………………………… (265)

第八章　承接产业转移与沿黄城市群城市共享发展 …………… (267)
第一节　承接产业转移与共享发展相关文献综述 ………… (268)
第二节　理论机制与研究假设 ……………………………… (271)
第三节　沿黄城市群城市共享发展的测度与分析 ………… (276)
第四节　实证研究设计 ……………………………………… (283)
第五节　实证结果及分析 …………………………………… (286)
第六节　纳入其他要素的进一步分析 ……………………… (296)
第七节　本章小结 …………………………………………… (300)

第九章　产业转移驱动工业高质量发展的路径 ………………… (301)
第一节　高质量发展政策梳理及总结 ……………………… (301)
第二节　促进沿黄城市群承接产业转移的优化策略 ……… (307)
第三节　承接产业转移促进工业创新发展的优化策略 …… (311)
第四节　承接产业转移促进工业协调发展的优化策略 …… (314)
第五节　承接产业转移促进工业绿色发展的优化策略 …… (318)
第六节　承接产业转移促进工业开放发展的优化策略 …… (321)
第七节　承接产业转移促进共享发展的优化策略 ………… (325)
第八节　本章小结 …………………………………………… (330)

参考文献 ……………………………………………………………… (332)

后　记 ………………………………………………………………… (334)

第一章

工业高质量发展与沿黄城市群中国式现代化推进

中国式现代化是基于中国国情提出来的符合中国发展现实的现代化。要实现中国式现代化，工业现代化在其中起着不可忽视的作用。工业现代化建立在工业化的基础之上，为实现中国式现代化提供丰富的物质保障，是中国式现代化的关键环节和必由之路。中国对于工业现代化的最新实践是工业高质量发展，要求将创新、协调、绿色、开放、共享五大新发展理念贯穿到工业现代化中，使工业科技含量更高、区域更加协调、环境更加友好、开放更普遍、人民普惠性更强。黄河流域生态环境脆弱，区域间经济发展水平差距较大，流域具有一定特殊性，推进中国式现代化存在较多阻碍。沿黄城市群作为黄河流域发展的中坚力量，同样面临着一系列发展难题，而工业高质量发展恰是破解沿黄城市群发展难题的有效方式，促进工业高质量发展是沿黄城市群实现中国式工业现代化的必然举措。

第一节　新征程上的中国式现代化

中国式现代化，是中国共产党领导的社会主义现代化，既有各国现代化的共同特征，更有基于我国国情的中国特色。习近平总书记指出："中国式现代化，深深植根于中华优秀传统文化，体现科学社会主义的先进本质。"[1] 这一重要论述，为我们深刻理解中国式现代化的科学内涵指引了方向。经过长期探索，中国式现代化的内涵逐渐丰富，随着时代的更迭而不断演变。2017年，习近平总书记在党的十九大报告中描绘了我国向第二个百年奋斗目标进军的宏伟蓝图，全面建设社会主义现代化国家即将进入新征程。新征程主要指从2020—2035年，在全面建成小康社会的基础上，用15年的时间基本实现社会主义现代化；从2035年到21世纪中叶，在基本实现现代化的基础上，把我国建成富强、民主、文明、和谐、美丽的社会主义现代化强国。步入新征程，中国式现代化仍关乎着两大目标的实现，是建成社会主义现代化强国的重要推动力。

一　中国式现代化的科学内涵

"现代化"一词由英文单词 modernization 翻译而来，modernization 则是 modern 及 modernize 两个词的衍生词。牛津词典对 modern 的解释包括：(1) "of the present time or recent times"；(2) "(of styles in art, music, fashion, etc.) new and intended to be different from traditional styles"；(3) "(usually approving) using the latest technology, designs, materials, ideas, etc."；(4) "(of ways of behaving, thinking, etc.) new and not always accepted by most members of society"。根据牛津词典，"modern"一词的含义主要是在时间上是现代的、当代的，或在技术上是最新的，或在观念上是超前的。牛津词典对 modernize 的解释则为："to start using modern equipment, ideas, etc."，将其名词化后，现代化为开始使用最新设备、理念等的过程。《现代汉语词典》对"现代化"的解释则为："传统社会、经济及政治制度，逐渐演变到现代、都市及工业社会的过程。"综合以上内容，"现代化"可以概括为运用先进的理念、方法、设备，进而向工业社会演进的过程。

相较于现代化，中国式现代化的内涵更加具象化。中国式现代化基于华夏九州独有的历史、文化而发展，必然处处彰显着中国特色。具体来看，中国式现代化的中国特色表现在五个方面。第一，中国式现代化

---

[1] 习近平总书记在学习贯彻党的二十大精神研讨班开班式上的重要讲话，新华网，2023年2月7日。

是人口规模巨大的现代化。目前世界上已经完成现代化的国家的总人口数在十亿人以内,而中国一旦实现现代化,将意味着十四亿多人口整体迈进现代化,远远超过当前已实现现代化的总人口数。第二,中国式现代化是全体人民共同富裕的现代化。与资本主义少数人的现代化不同,中国式现代化是所有人共同享有的现代化。只有全体人民实现了共同富裕,中国才算真正实现了中国式现代化。第三,中国式现代化是物质文明和精神文明相协调的现代化。实现物质文明和精神文明相协调的目的是避免出现物质主义膨胀的现象。"物质贫困不是社会主义,精神贫乏也不是社会主义。"[①] 在推进中国式现代化进程中,物质文明与精神文明缺一不可。第四,中国式现代化是人与自然和谐共生的现代化。人与自然是生命共同体,破坏自然、试图征服自然都是不明智的。传统的"先污染、再治理"的现代化老路是走不通的,中国致力于开拓一条人与自然和谐共生的现代化新路。第五,中国式现代化是走和平发展道路的现代化。近代以来,许多西方国家通过掠夺他国财富、奴役他国人民进行资本的原始积累,为实现现代化奠定了物质基础,而中国是爱好和平的大国,始终坚持走和平发展道路,在维护世界和平的同时,积极谋求自身发展,同时,自身的良好发展又将成为维护世界和平的强大力量。中国式现代化的五个特征表明了中国的发展态度,即推动社会主义物质文明、政治文明、精神文明、社会文明、生态文明全面健康发展的同时,确保十四亿多人口整体迈进现代化,同时始终坚持走和平发展道路,积极维护世界和平。

中国式现代化的本质要求是,坚持中国共产党领导,坚持中国特色社会主义,实现高质量发展,发展全过程人民民主,丰富人民精神世界,实现全体人民共同富裕,促进人与自然和谐共生,推动构建人类命运共同体,创造人类文明新形态。[②] 坚持中国共产党的领导为中国式现代化奠定了总基调,而坚持中国特色社会主义为中国式现代化确定了总方向。

---

① 习近平:《高举中国特色社会主义伟大旗帜 为全面建设社会主义现代化国家而团结奋斗——在中国共产党第二十次全国代表大会上的报告》,《人民日报》2022 年 10 月 26 日第 1 版。

② 习近平:《高举中国特色社会主义伟大旗帜 为全面建设社会主义现代化国家而团结奋斗——在中国共产党第二十次全国代表大会上的报告》,《人民日报》2022 年 10 月 26 日第 1 版。

坚持中国共产党的领导、坚持中国特色社会主义，才能保证中国式现代化不会走偏、不会变质。实现高质量发展对应于物质文明，发展全过程人民民主对应于政治文明，丰富人民精神世界对应于精神文明，实现全体人民共同富裕对应于社会文明，促进人与自然和谐共生对应于生态文明，体现出中国式现代化对建设五类文明的具体要求。推动构建人类命运共同体是中国式现代化对中国特色大国外交的本质要求，创建人类文明新形态则是对中国担当大国责任、构建文明形态的本质要求。总体来看，中国式现代化的本质要求是两个坚持、五类文明、一个外交、一个文明形态的综合体，对中国式现代化作出了全面界定，为中国式现代化的推进提供了指引。

二 中国式现代化的实践探索及其逻辑演变

（一）中国式现代化的实践探索

中国式现代化是与时俱进的现代化。中国在很早之前就开始进行现代化的探索。革命时期，现代化作为一种目标而存在，鸦片战争的一声炮响，打开了中国的大门，也为中国送来了现代化的思想。随着两次鸦片战争的失败，洋务运动开始兴起，近代军事工业陆续兴办。之后的很长一段时间，中国一直在进行现代化的尝试，如建设现代化的装备、现代化的军队等，但是没有对现代化作出明确的概念界定。新中国成立前夕的七届二中全会率先提出了现代化的概念，但同样没有对其进行具体阐释。1954年周恩来总理在《政府工作报告》中细化了现代化的内涵，将现代化分为现代化的工业、农业、交通运输业与国防四大类，现代化的概念开始变得具体。1964年周恩来总理正式提出了现代化目标，即"把我国建设成为一个具有现代农业、现代工业、现代国防和现代科学技术的社会主义强国"[①]，现代化目标进一步明确。在此之后，中国向着现代化目标不断前进，关于现代化的理论日渐增多。1979年，邓小平同志创造性地提出了"中国式的现代化"，指出中国的现代化与西方国家的现代化有所不同，考虑到中国人口数量庞大的基本国情，不能与西方国家

---

① 《周恩来选集》（下卷），人民出版社1984年版，第439页。

的现代化在人均收入水平上进行盲目攀比，强调中国推进现代化要务实有效，对发展的艰巨性要有清醒的认知。中国式现代化的正式提出为中国推进现代化进程指明了方向，此后中国在实践中不断丰富中国式现代化的内涵。党的十八大以来，以习近平同志为核心的党中央提出了一系列推进中国特色社会主义现代化发展的创新理论，引领中国式现代化迈向新征程。2013年，习近平总书记提出了"国家治理体系和治理能力现代化"，进一步丰富了中国式现代化的内涵。迄今为止，中国式现代化包含了政治、经济、社会、文化、生态等国家治理的方方面面。2017年，中国共产党第十九次全国代表大会首次提出了高质量发展的表述，使得中国式现代化的路径、方向更为清晰。如今的中国式现代化，是贯彻创新、协调、绿色、开放、共享五大新发展理念的现代化，是注重人的全面发展的现代化，是中国与世界共同发展的现代化，是全面的、高质量的现代化。

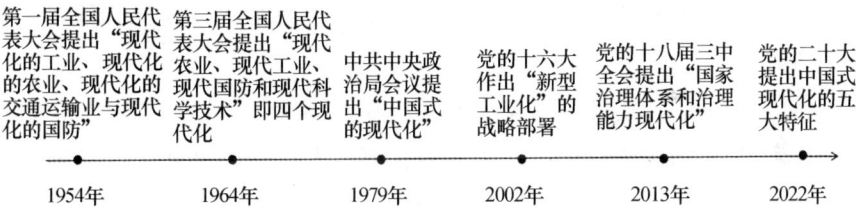

图1-1 中国式现代化的内涵演进

资料来源：作者绘制。

中国式现代化是分区域依次推进的现代化。中国式现代化在空间上的基本特征是：各地区的现代化进程是不同步的，各地区现代化水平的差距是明显的；区域间经历了均衡发展、非均衡发展以及协调发展三个阶段。

第一阶段是区域间的均衡发展（1949—1977年）。由于在民国时期，东部沿海地区工业得到了极大的发展，现代化建设水平处于全国前列，于是在新中国成立初期，国家为了平衡地区间发展，重点建设内地工业，如"一五"时期，苏联援建的156项工程绝大多数分布在东北和中西部地区。1956年三大改造完成后，党中央开始注重沿海和内地地区工业的协调发展，但是该主张提出后不久就受到了"大跃进"的扰乱。1958年，党中央作出了《关于加强协作区工作的决定》，根据地理位置将全国划分成了7个经济协作区，并要求各地分别建立比较完整的地方工业体系。1964—1977年是党中央进行"三线建设"的时期，为了巩固国防安全，要在西南、西北地区建立起比较完整的工业体系。自新中国成立到1977年以来，中国的工业布局往内地发展，强调内地与沿海地区的平衡，但总体来看，由于沿海地区的工业化、现代化发展有着深厚的基础，其现代化推进程度仍比内地稍前。

第二阶段是区域间的非均衡发展（1978—1990年）。改革开放之后，中国决定实施"向东倾斜，梯度推进"战略，由此拉开区域非均衡发展的序幕。此后，深圳、珠海、汕头、厦门和海南5个经济特区，以及大连、秦皇岛等14个经济技术开发区相继设立，长江三角洲、珠江三角洲、闽南三角洲等一些沿海经济开放区逐渐被开辟，东部地区的开放力度不断加大，国家对东部地区的投资力度也逐渐加强，助力东部地区率先发展。

第三阶段是区域间的协调发展（1991年至今）。由于"优先发展沿海地区"战略的实施，东中西部差距逐渐拉大，这一现象引起了学者的广泛讨论。不少学者在"七五"计划之后提出了要实施区域协调发展战略，受到了党中央的高度重视，党中央随即采取系列措施缩小地区差距，如1996年第八届全国人民代表大会第四次会议上提出的国家支持中西部地区发展六项政策措施等，经过努力，东西部地区经济发展差距有所缓解。1999年，党中央正式提出西部大开发战略。此后，党中央颁布实施了系列政策文件，如《关于实施西部大开发若干政策措施的通知》《关于进一步推进西部大开发的若干意见》等，西部发展被逐渐重视起来。2006年，党中央、国务院颁布实施了《关于促进中部地区崛起的若干意见》，随后《关于大力实施促进中部地区崛起战略的若干意见》《促进中部地区崛起"十三五"规划》《关于新时代推动中部地区高质量发展的意见》等文件颁布。这一阶段国家注重东中西部的协调发展，对中西部地区的关注程度明显提高。

就现代化的推进过程来看，中国的现代化是从东向西逐渐推进的，东部率先发展，而后西部大开发战略、中部崛起战略逐渐实施。部分学者构建了现代化水平测度的指标体系，并对中国各区域的现代化水平进行测度，如吕承超等（2021）[①] 在指标体系中纳入了动力体系、资源配置、产业体系、增长质量四个一级指标，对中国各区域2013—2018年的现代化水平进行了测度，最终得出"东部地区现代化经济体系发展水平明显高于其他三个地区，中部和东北地区现代化经济体系发展水平较为接近，西部现代化经济体系发展水平最低，且随时间推移区域间差距逐渐缩小"的结论，结合上文对现代化在区域间推进过程的梳理，可见现代化进程在全国范围内形成了"东部地区率先发展，中西部地区紧跟其后"的局面。

（二）中国式现代化的实践逻辑演变

中国式现代化在实践过程中经过了阶段性的转变，总体来看，可以概括为从数量推动的发展到技术引领的发展、从有所侧重的发展到协调发展、从以牺牲环境为代价的发展到环境友好发展三个方面。

首先是从数量推动的发展到技术引领的发展。新中国成立初期，其经济体量与西方国家有较大的差距，1950年中国人口占世界总量的21.7%，但GDP占世界总量比重却只有4.5%，从钢产量来看，1950年美国钢产量8785万吨，日本484万吨，中国钢产量仅有15.8万吨，是美国钢产量的1/556，日本钢产量的1/30。面对巨大差距，中央提出了"超英赶美"目标，开始了经济上的追赶，用数量填补缺口。改革开放初期，中国东部沿海地区凭借着巨大的劳动力数量及成本优势，吸引海外制造业转入，带动了中国制造业的发展。这两个阶段无论是以数量为导向还是以数量为动力，均促成了中国经济的高速增长。但数量推动的发展终将难以持续，科技创新才是发展的不竭动力。2017年，中国经济转向新的发展阶段，中国经济的技术引领特征更加突出：2017—2022年中国研究与试验发展经费支出规模从1.76万亿元上升至3.08万亿元，2022年

---

① 吕承超、崔悦、杨珊珊：《现代化经济体系：指标评价体系、地区差距及时空演进》，《上海财经大学学报》2021年第5期。

首次突破3万亿元大关,研究与试验发展经费支出有了较大幅度的增长;2017—2022年中国数字经济规模从27.2万亿元上升至50.2万亿元,①占全年GDP比重从32.9%上升至41.5%,数字经济越发成为经济发展的"加速器"和"稳定器"。中国经济已经逐渐转变为技术引领型发展。

其次是从有所侧重的发展到协调发展。一是从地区侧重到区域间协调。新中国成立初期,由于沿海地区工业较为发达,因此中央决定优先发展内地工业,以期带动内地发展,在这一阶段,内陆出现了诸如攀枝花、德阳等重工业城市。改革开放后,国家决定实施东部地区率先发展战略,优先支持东部地区发展。在这一阶段,东部地区通过引进先进技术、外资企业等逐步成长为世界制造业基地,极大地提高了东部地区生产力水平。在1996年之前,中央将发展重心集中在部分区域上。1996年,东西部扶贫协作计划开始实施,区域之间的联动开始出现。之后中央相继提出了西部大开发战略、中部崛起战略,希望通过区域非均衡发展战略,促进区域间的协调发展。党的十八大以来,党中央更加注重区域的协调发展,《"十四五"规划和2035年远景目标纲要》②中强调"深入推进西部大开发、东北全面振兴、中部地区崛起、东部率先发展,支持特殊类型地区加快发展,在发展中促进相对平衡",强调在发展中促进区域间相对平衡。二是从行业侧重到产业体系协调。1953—1978年,为巩固新中国的国防及经济,中国依据苏联的发展经验,一直实施重工业优先发展的战略,虽然奠定了一定的工业基础,但这一时期农业、轻工业、重工业之间出现了一定的失衡。1978年后,中国主要实施以市场需求为导向的工业化战略,加快调整工业结构,使重工业更好服务于农业、轻工业,不断加强基础工业和基础设施建设,更加重视加工工业技术改造,促进高新技术产业高速增长,逐渐形成产业间协调发展的局面。

最后是从以牺牲环境为代价的发展到环境友好发展。1978—2017年,中国国内生产总值由3678.7亿元上升至827121.7亿元,该阶段中国经济

---

① 资料来源于《数字中国建设发展报告(2017年)》与《数字中国发展报告(2022年)》。
② 全称为《中华人民共和国国民经济和社会发展第十四个五年规划和2035年远景目标纲要》,本章下文涉及此类文件的均采取类似简称。

平均增速高达9.5%，远高于各主要经济体同期水平，创造了中国的经济增长奇迹。但在前期，经济快速增长的代价是惨重的，表现为资源约束趋紧、环境污染严重、生态系统退化。伴随着经济的高速增长，中国的能源消费量不断上升，2011年，中国成为世界第一大能源消费国，能源生产赶不上消费增长，能源对外依存度不断提高；中国二氧化碳排放量也急剧飙升，2007年中国二氧化碳排放量高达65.38亿吨，成为全球第一大排放国；生态系统面临着危机，有报告显示，1970—2010年间，陆栖脊椎动物种群数量下降了50%,[①] 生态现状不容乐观。以牺牲环境为代价的经济增长方式终究不可持续，2015年，党的十八届五中全会提出新发展理念，其中包括了绿色发展。近年来，中国积极推动发展方式绿色转型，2020年9月，习近平总书记提出碳达峰、碳中和目标，2021年10月中共中央、国务院发布《关于完整准确全面贯彻新发展理念做好碳达峰碳中和工作的意见》，《2030年前碳达峰行动方案》也随之发布，为中国积极推进碳减排作出全面部署。2023年1月，《新时代的中国绿色发展》白皮书发布，白皮书显示，2021年中国钢铁、电解铝等单位产品综合能耗较2012年下降了9%以上，全国火电机组每千瓦时煤耗降到了302.5克标准煤，能源利用效率有所提升；2021年节能环保产业产值超过8万亿元，光伏发电等清洁能源设备生产规模居世界第一，绿色产业规模持续壮大；2016—2020年，中国钢铁过剩产能累计退出1.5亿吨以上，水泥过剩产能累计退出3亿吨，电解铝、水泥等行业的落后产能基本出清，稳妥化解过剩产能并淘汰落后产能。近年来，中国积极推动发展方式绿色转型，逐渐向环境友好型发展方式过渡。

三 中国式现代化与工业现代化

一般认为，工业现代化是指通过发展科学技术，采用先进的技术手段和科学管理方法，把一国或地区的工业建立在当今世界先进科学技术基础上，使其主要技术经济指标达到当代世界先进水平的发展过程。[②] 中

---

① 资料来源于《地球生命力报告·中国2015》。
② 陈佳贵、黄群慧：《论新型工业化战略下的工业现代化》，《当代财经》2003年第9期。

国式现代化的实现离不开工业现代化,工业现代化是实现中国式现代化的物质基础、关键环节与必由之路。

(一) 工业现代化是全面实现中国式现代化的物质基础

亚当·斯密(1776)认为:"世界上从未存在过而且也决不能存在完全没有制造业的大国。"① 只有工业化才能为一个国家提供充裕的物质条件。18世纪发起于英国的工业革命极大地改变了人们的生产生活方式,为推动物质积累、经济发展提供了新的途径。相关数据显示,英国在推进工业革命时期,人均GDP出现了"翘尾",打破了长期以来人均GDP虽有波动但无明显增长趋势的规律,表明工业的发展提高了经济发展水平。而在英国工业革命后,西方国家依次开启现代化进程并积累起了实现资本主义现代化所需的巨大物质财富,证明了工业对于物质积累的重要性。一个国家的物质积累离不开产业体系的建设。健全的现代化产业体系是创造财富的重要前提,而现代化产业体系的核心便是工业现代化。新中国成立以来,中国建成了门类齐全、独立完整的工业体系,工业的发展对于经济的拉动作用十分显著。1978—2013年,中国第二产业对GDP的贡献度基本维持在50%左右,2013年以来,第二产业对GDP的贡献度虽有所下降,但仍维持在30%以上,为中国经济长期的增长与发展奠定了坚实的基础,同时工业的现代化也推动了农业、服务业等产业的现代化进程,进一步推动了现代化产业体系的建设与完善。此外,工业现代化的发展为国家提供强劲的国防工业,为推动现代化国防体系的建设提供了坚实的物质基础与技术支撑,是维护国家安全的重要保障。

(二) 工业现代化是全面实现中国式现代化的关键环节

中国式现代化的五个特征表明,中国式现代化并不仅仅要求物质丰裕,也提出了全体人民共同富裕、人与自然和谐共生等要求。简单的工业化已经远远不能满足这两个要求,必须依靠工业现代化。要实现全体人民共同富裕,就要有强大的物质基础作为保障,相较于工业化,工业现代化的效率更高,技术含量更大,财富创造效应更为明显,对于实现

---

① [英] 亚当·斯密:《国民财富的性质和原因的研究》,郭大力、王亚南译,商务印书馆2014年版,第369页。

全体人民共同富裕的推动作用也就更加强烈。而要实现人与自然和谐共生，工业现代化的优势更加凸显，工业现代化将先进科技融入工业中，为工业的绿色转型提供技术支撑，使得环境保护与经济发展间的矛盾解决成为现实，促进人与自然和谐共生。无论是全体人民共同富裕还是人与自然和谐共生，或是中国式现代化中的其他特征，都离不开工业现代化的支持，工业现代化是全面实现中国式现代化的关键环节。

（三）工业现代化是全面实现中国式现代化的必由之路

纵观世界上已经实现了现代化的国家，如美国、英国、德国、法国等，这些国家在实现现代化的过程中均实现了工业化。西方国家通过殖民、掠夺、侵略等方式完成了资本的原始积累，推动了工业化的发展，并以工业化为开端推进、实现了现代化。中国式现代化与西方国家传统的现代化在实现方式上有所不同，即中国将以和平发展的方式推动现代化；但中国式现代化与西方国家的现代化仍存在一些相似之处，那就是中国式现代化的推进同样也需要工业现代化的引领，为中国式现代化提供支撑和保障。党的二十大报告指出，"坚持把发展经济的着力点放在实体经济上，推进新型工业化"，"优化国防科技工业体系和布局，加强国防科技工业能力建设"，[1] 也再次说明了工业现代化是发展经济、巩固国防的重要前提，是中国式现代化的必由之路。

第二节　中国工业的现代化推进与高质量发展

工业现代化这一概念起源于西方国家。工业现代化的概念引入中国后，其内涵随着中国发展现实的变化而不断演进，在不同时期的侧重点并不相同。进入新时期，世情国情发生了一系列重大变化，中国发展局势面临着严峻挑战，高质量发展是中国积极应对挑战的重要选择。高质量发展与工业现代化的基本理念部分相通，将高质量发展的要求贯穿到工业现代化中，促进工业的高质量发展，是中国工业现代化的最新实践，

---

[1]　习近平：《在庆祝中国共产党成立 100 周年大会上的讲话》，《人民日报》2021 年 7 月 2 日第 2 版。

也是面对多重挑战的必然选择。

一 工业现代化的理论梳理与内涵演变

(一) 工业现代化的理论梳理

西方关于工业现代化的实践最早可以追溯到 18 世纪。伴随着英国工业革命的兴起，科技的进步与资本的积累加快了英国工业化进程。在这个过程中，英国逐渐形成了关于工业化、工业现代化的理论与经验，并将之传播到其他国家。但在这一时期，关于工业现代化的研究还尚未开始。

工业现代化的理论溯源要从现代化说起。现代化的第一次研究浪潮出现在 20 世纪五六十年代。这个时期诞生了经典现代化理论，该理论认为，现代经济、现代社会、现代文明就是工业经济、工业社会和工业文明，[①] 即工业化是现代化重要的组成部分。20 世纪七八十年代，后现代化理论逐渐兴起，该理论包含了后工业社会、后现代主义、后现代化研究三部分，每一部分侧重点不同。后工业社会强调，工业社会的下一个阶段是后工业社会，后工业社会保留了工业社会的部分特征，同时又出现了如智能技术应用等新的特点。[②] 后现代主义则强调文化领域中经典现代化与后现代化理论的不同。后现代化研究着重探索了工业化之后的发展，认为工业化的核心目标为经济增长，而后现代化的核心目标为使个人幸福最大化，后现代化研究更强调发展的全面性、以人为本的特性。

20 世纪八九十年代，现代化的研究再次推进，比较有代表性的理论有生态现代化理论、再现代化理论和第二次现代化理论。生态现代化理论强调要协调经济发展与环境进步，[③] 将环境规制纳入现代化的研究之中；再现代化理论认为再现代化是现代化的现代化，是工业社会向风险社会的转变；第二次现代化理论则较为广义，包含了许多方面，甚至可

[①] 何传启：《世界现代化研究的三次浪潮》，《中国科学院院刊》2003 年第 3 期。

[②] [美] 丹尼尔·贝尔：《后工业社会的来临——对社会预测的一项探索》，高铦等译，新华出版社 1997 年版。

[③] Huber, Joseph, "Towards industrial ecology: Sustainable development as a concept of ecological modernization", *Journal of Environmental Policy and Planning*, Vol. 2, No. 4, 2000, pp. 269 – 285.

以将生态现代化理论与再现代化理论纳入其中,强调与第一次现代化即经典现代化的不同,第二次现代化更加注重知识化、网络化、智能化、创新化、个性化、多样化、生态化,等等。综合上述三大现代化理论来看,一方面,现代化与工业息息相关,无论是经典现代化理论中将现代化定义为工业化的论述,还是后现代化理论中关于工业社会、后工业社会的阐释,还是第二次现代化理论中说明的第二次现代化是在工业社会基础上进一步创新化、知识化、网络化等的发展,均提到了工业化和现代化的关系,工业化是现代化的必经之路;另一方面,随着现代化的理论演进,最初意义上的工业化已经远远不能满足现代化的需求,根据第二次现代化理论,工业同样需要朝着知识化、网络化、创新化等方向发展,即工业要实现工业自身的现代化。

(二) 工业现代化在中国的内涵演变

新中国成立之初,1953—1978年,中国依据苏联的发展经验,一直实施重工业优先发展的工业化战略,认为只有重工业发展起来,一切国家建设所需的现代化的工业设备等才能够独立制造,国家其他部门才能够随之发展起来,重工业优先发展的工业化理论为这一时期中国的工业化提供了理论依据。1954年,"四个现代化"被正式提出,但在该阶段的工业现代化更加贴近于工业化,与当下所讲的工业现代化在内涵上有明显的不同。

1979—2001年,这一阶段经历了工业发展政策的调整,前期对重工业的偏重使得中国快速建成了完整的工业体系,因此在该阶段工业开始转向以消费为导向,开始加快发展轻工业,调整工业内部结构。这一阶段,中国推进市场经济体制改革,在一定程度上推动了工业化进程,促进了工业企业的健康发展。总体开放格局的形成推动了中国工业能够更多地利用外部资源,推动要素结构升级,通过出口规模的提高,拉动社会需求结构的升级。这一阶段中国的工业现代化主要是在市场经济体制改革及对外开放的带动下,加强与外部资源的交流互动,通过要素结构升级等向世界先进水平靠近的过程。

进入21世纪以来,国内外环境面临着深刻变化,传统的工业化道路已经不能够满足中国的工业发展需求,中国必须自主探索出有关工业化的新理论。2002年，党的十六大首次提出"坚持以信息化带动工业化，以工业化促进信息化，走出一条科技含量高、经济效益好、资源消耗低、环境污染少、人力资源优势得到充分发挥的新型工业化路子"①，由此，新型工业化战略被正式提出，这为中国的工业化道路指明了方向。而从新型工业化的内涵上看，新型工业化更加贴近于工业现代化。"以信息化带动工业化""以工业化促进信息化"说的是发展方式。信息化与工业化密不可分。信息化通过提高信息处理和传输的效率，为工业化提供更加精准、快速、可靠的信息支持，进一步提高生产效率及产品质量，促进工业化发展；而工业化通过生产更加精密的设备仪器，为信息化提供硬件支持，进一步推动信息化进程。工业化与信息化相互促进，协同发展，二者的结合恰是工业现代化所必不可少的要素。"科技含量高、经济效益好、资源消耗低、环境污染少、人力资源优势得到充分发挥"讲的是发展目的。"科技含量高"与"信息化"相呼应，相较于传统的工业化，新型工业化融入了更多的科技因素，科技的加持使得工业效率更高、环境友好性更强，为工业化注入新活力，使得工业化更加具有现代性，而这与工业现代化的要求不谋而合。"经济效益好、资源消耗低"表明新型工业化道路具有更强的经济效益，产出一定时，所需消耗的资源更少，即投入产出比更小，产出效率大大提升。"环境污染少"同样是新型工业化、工业现代化所要达到的目的之一，西方国家的传统工业化道路是"先污染后治理"的范式，这些国家为此付出了惨痛的代价，因此新型工业化致力于摒弃传统工业化先污染后治理的老路，开拓出"环境污染少"的新路，且信息化的发展、科技的融合也为这一目标提供了技术支持。"人力资源优势得到充分发挥"即更加注重人力资源的作用，不断提高人力资源的生产效率，为企业和国民经济发展提供不竭的活力源泉。"科技含量高、经济效益好、资源消耗低、环境污染少、人力资源优势得到充分发挥"的新型工业化道路也是中国对于工业现代化进行探索的一大步。

---

① 江泽民在中国共产党第十六次全国代表大会上的报告，https://www.gov.cn/test/2008-08/01/content_1061490.htm，2023年10月19日。

二 高质量发展的时代背景与科学内涵

（一）高质量发展的时代背景

国际宏观环境正面临深刻变化。自进入21世纪以来，国际经济政治格局呈现出一系列翻天覆地的变化，表现出一些前所未有的新特征，是"百年未有之大变局"。实现高质量发展，是面临当前纷繁复杂的国际经济形势下的战略部署和必然选择。一是世界经济地理格局正面临深刻调整。全球化进程面临挑战，逆经济全球化浪潮崛起，传统的地缘政治格局、国际秩序和利益关系加快重构，大国之间围绕产业、贸易、投资等方面的争夺更加激烈；新兴经济体与发达经济体竞争更加激烈，经济问题政治化倾向更加突出，区域集团化、一体化趋势有所加强。二是全球技术革命和产业变革不断加快。数字经济的兴起推进了生产工具的数字化，促成以数字经济为基础的共享协作生产关系的构建；新一轮的科技革命已经到来，代表性的新技术，如生物技术、新能源、新材料和新制造等，正在不断涌现；全球产业链和供应链正在加速重构。三是国际贸易保护和经贸摩擦趋势增强。贸易保护主义抬头，一些国家开始采取贸易保护主义措施，例如加征关税、限制进口等，以保护本国企业和就业；贸易战风险增加，中美贸易摩擦再度升温，不确定性风险明显上升；世贸组织争端解决机制不健全，当今世界各大贸易体制大多是从20世纪开始形成的，有些甚至已达50年之久，传统的国际经济规则已很难与现代贸易体制相适应，正处在一个转型的重要阶段，但在怎样进行改革方面，仍存在诸多分歧。

国内环境发生深刻调整。党的十八大以来，中国发展阶段、发展环境、发展条件发生深刻变化，中国经济正处于转变发展方式、优化经济结构、转换增长动力的攻关期，面临经济增长速度转换、产业结构调整、经济增长动力变化、资源配置方式转换、经济福祉包容共享等全方位转型升级，这些新情况要求我们把发展质量问题摆在更加突出的位置。一是创新能力有所提升但面临"卡脖子"的技术难题。随着新一轮技术革命兴起，中国创新水平逐渐步入世界前列。但与此同时，应该看到，中国仍面临众多技术"卡脖子"难题，2020年《科技日报》上发布了中国

"卡脖子"的35项关键技术，这些核心技术尚未被掌握，中国随时可能面临"断粮"风险，这对中国来说无疑是巨大的风险挑战，突破"卡脖子"技术难题尤为迫切。二是经济发展协调性有所加强但部分结构性问题仍然突出。各地区人均GDP绝对差距仍然较大但相对差距有所缩小，南北地区全要素生产率出现趋同趋势，区域间协调性有所加强。但仍要看到，历经多年的高速增长，中国经济结构性体制性矛盾不断积累，仍存在需求结构矛盾、产业结构矛盾、实体经济结构性供需矛盾等协调性不足的问题。三是生态环境有所改善但实现碳达峰、碳中和目标仍任重而道远。2013—2022年，全中国的空气质量、水环境质量、土壤环境质量均得到了明显的改善，环境治理成效显著，但仍应看到，中国的生态系统总体来说较为脆弱，生态环境承载力趋于下降，实现碳达峰、碳中和目标面临着基础薄弱的问题。四是中国对外开放程度逐渐加深但面临不确定性逐渐增加。中国逐步建立了全方位、多层次、立体化的全球性外交关系，对外开放程度不断加深。2022年中国仍保持高水平对外开放，但与此同时，逆全球化浪潮、地缘政治冲突、国际贸易摩擦、粮食危机、能源危机等一系列国际风险因素相叠加，阻碍了中国更高层次开放。五是发展差距有所缩小但不平衡不充分问题仍然突出。党的十九大报告提出，我国社会主要矛盾已经转化为人民日益增长的美好生活需要和不平衡不充分的发展之间的矛盾。不平衡、不充分发展的具体表现为：城乡发展不平衡、区域发展不平衡、收入分配不平衡以及经济与社会发展不平衡，这对实现全体人民共同富裕的目标提出了挑战。

（二）高质量发展的科学内涵

党的十九大报告指出，高质量发展是能够很好满足人民日益增长的美好生活需要的发展，是体现新发展理念的发展，是创新成为第一动力、协调成为内生特点、绿色成为普遍形态、开放成为必由之路、共享成为根本目的的发展。因此，以下将从这5个层面来理解高质量发展的深刻内涵。

创新成为第一动力。高质量发展的重中之重就是要实现产业转型，而产业转型很大程度上要依靠科技创新来实现。随着新一轮科技革命的到来，科学技术之间的竞争越来越激烈，谁能准确把握发展的时机与态势，有效发挥创新激励经济增长的乘数效应，谁就能在发展中抢占先机、赢得优势。从创新发展来看，中国面临着关键核心技术存在短板、产品附加值偏低、产业链供应链韧性不足等问题，这些问题制约着中国实现高质量发展，要想实现现代化、成为发达国家，必须走创新驱动、建设创新型国家的道路。从历史经验看，中等收入经济体不可能完全依赖于生产要素的驱动，也不可能通过低成本劳动力优势来实现跨越中等收入陷阱进入高收入经济体的目标。国家要想实现高质量发展，就必须依靠创新推动，以先进的科学和发达的技术为支撑，产业结构才能由低端向中高端迈进。

协调成为内生特点。协调发展体现了发展的规律性，是新发展理念"天平"上的重要"砝码"。第一，协调是发展平衡和失衡的统一，由平衡到失衡再到新的平衡，这是一种事物发展的基本规律，但强调协调发展并非搞平均主义，而是更加注重资源配置的均衡、更加注重发展机会的公平。第二，新发展理念的各个组成部分的实践形态都与协调发展息息相关。如"绿色"强调人与自然的协调，"开放"强调国际国内两个市场及双循环的协调，"共享"强调"做大蛋糕"与"分好蛋糕"的协调。

绿色成为普遍形态。中国人口规模巨大、资源能源消耗接近上限，环境容量趋紧，生态环境越发脆弱，加之中国绿色发展与经济转型亦步亦趋，工业化、城镇化正处于纵深发展阶段，较长一段时期内中国以煤为主的能源结构不会发生根本改变，而绿色发展是潮流所向、大势所趋，从中国发展进程看，一方面，绿色发展将冲击、颠覆、重塑以要素低成本优势为特征的传统生产方式，推动产业高端化、智能化、绿色化，形成新的经济增长点。另一方面，中国工业化需求和城镇化需求正在催生巨大的绿色市场，各类生产更加注重投入优质资源性以产出更高质量、更具多元价值的产品。

开放成为必由之路。当前，国内外的局势已经发生了巨大的变化，国际上的经济合作和竞争格局也在发生着深刻的改变，世界经济治理体系和规则也在进行着深度调整。这些挑战要求我们更好统筹国内国际两个大局，建设更高水平的开放型经济新体制，实行更大范围、更宽领域、更深层次的对外开放，促进经济实现量的合理增加和质的有效提高。这既是应对国际形势深刻复杂变化的现实需要,也是推动中国经济实现高质量发展的必然要求。从各国发展的历史经验来看,高水平对外开放可以为高标准市场体系的构建提供制度供给,促进国内国际资源要素的不断优化配置,为新发展格局的构建提供稳定和安全的供应链保证。

共享成为根本目的。高质量发展就是要回归发展的本源,实现最大多数人的社会效用最大化,中国发展的"蛋糕"在不断做大,但仍然存在分配不公的问题。共享成为高质量发展的根本目的,体现在以下三个方面。一是共享有利于保障和改善民生。共享发展理念的提出,是为了解决社会公平、公正、和谐的问题,通过保障和改善民生的方式,增强人民的获得感和幸福感。二是共享有利于建设社会主义现代化强国。共享发展理念把人民的需要和期望与国家的发展联系起来,极大地调动了人民群众投身于社会主义现代化建设的积极性,从而推动我国社会主义现代化国家建设的进程。三是共享有利于彰显中国担当。中国提出共享发展理念,是要让全世界的人都能在资源、技术、市场等方面实现互利共赢,共同分享全球发展的果实。

三 工业高质量发展:中国工业现代化的最新实践

应该看到,中国工业所涵盖的领域众多,并不都处于同一发展阶段。步入新发展阶段,中国正同步推进产业基础高级化和产业链现代化,这对工业内部、产业间结构、生产力区域布局、关键核心技术等方面的要求更加高,工业现代化的内涵向结构特征、空间分布、具体形态、动力机制等多个层面进行扩展,工业高质量发展是中国工业现代化的最新实践。

创新是中国式工业现代化的核心驱动力。创新与工业现代化中"科技含量高"的要求不谋而合,均需要在工业中不断注入科技元素,促进原始生产要素升级,提高生产效率。中国工业在核心技术的研究开发尤其是关键核心技术的创新方面,已经在某些领域实现了向技术前沿的原始创新逼近,但更应清醒地认识到,在世情国情发生剧烈变化之际,中国仍有许多关键核心技术被国外所垄断,关键基础材料、核心基础零部件、先进基础工艺和产业核心技术基础受制于人的局面还没有根本上得到解决，创新对工业来说不仅是发展问题，更是生存问题。新时期推进工业现代化，更要充分发挥科技创新的核心驱动作用，坚持需求导向，压茬推进工业关键核心技术攻关，加快提升产业技术基础、产业创新能力，努力实现工业领域高水平科技自立自强，确保中国在大国博弈中赢得主动。

协调是中国式工业现代化的重要原则。协调的要求与工业现代化有异曲同工之处，工业现代化的要求之一是"经济效益好"，而经济效益远非单一的工业类型、单一的生产环节可以实现，只有区域合理的整体规划布局、产业链之间的协调互补才能促进工业的整体发展，进而带来经济效益的提升。工业协调发展是中国制造业持续高效运行的先决条件，是实现中国从制造业大国到制造业强国的必由之路，同时也是推动整个经济社会全面协调发展的必然要求。中国式工业现代化要求通过加强区域协同、产业协调和城乡一体化发展，实现各经济板块各扬所长，加快形成优势互补、高质量发展的工业区域协调发展新格局。

绿色发展是中国式工业现代化的必然选择。绿色对应于工业现代化"资源消耗低、环境污染少"的要求，表明要实现工业现代化必须实现工业的绿色化转型。中国目前面临着环境污染、资源短缺等严峻挑战，而工业作为国民经济的主体和核心增长引擎，是我国资源能源消费、污染物及二氧化碳排放的主要领域之一。中国式工业现代化是工业绿色低碳转型与工业赋能绿色发展相互促进、深度融合的过程，这对工业生产过程中所需要的原材料、生产工艺、成品、环境影响、回收循环等方面都提出了更高的要求，需要普及全流程、全产业链的绿色标识，提高高耗能、高污染、资源型行业的能源转化效率和资源利用效率，推动节能环保及相关的服务产业逐渐成长为新的经济增长点，促进经济结构和产业结构向绿色化方向转型。

开放是中国式工业现代化的关键举措。开放呼应于工业现代化中将工业"建立在当今世界先进科学技术基础上"的要求，以世界先进科技作为对标方向，就要求工业要放眼世界，与海外进行交流合作，共同推进工业现代化。经过多年发展，中国工业已逐渐成为全球产业链中的重要组成部分。从国内看，进一步对外开放，能够推动更高层次的国际合作，加速先进的技术、经营理念、管理经验等的引进，推动工业技术创新，实现转型升级，达到互利双赢。同时，开放是相互的，中国有条件、有能力的企业可以加速"走出去"，加强国际产能合作，积极扩大对外投资，深度融入全球价值链，拓展更广阔的市场。从国际视角看，中国工业是一个与世界经济紧密联系在一起的、市场充分竞争的国际化产业。工业实现全面对外开放，顺应了世界范围内产业分工与协作发展的需要，也能够有效促进全球产业价值链升级。

共享是中国式工业现代化的重要目标。中国式工业现代化的要求之一便是"人力资源优势得到充分发挥"，使人能够充分融入工业的发展中，从工业的发展中获得利好，这一要求与实现人的全面发展有相似之处。中国式现代化把实现人民对美好生活的向往作为现代化建设的出发点和落脚点，工业现代化水平的提高更要将人民放在第一位，通过工业的发展来顺应不断变化的需求结构和消费升级的潮流，增强高端要素培育和积累能力，推进产业转型升级与要素禀赋升级。更快更好地满足人民对优质产品和服务的需要，以工业的高质量发展破解区域发展不平衡不充分的难题，促进共同富裕。

第三节　沿黄城市群工业高质量发展的现实定位

黄河流域是中国高质量发展的重要实验区。黄河主要流经青海、甘肃等8个省份，是中国西北和华北地区重要的水源，是维系西北生态安全和华北生态稳定的"血脉"，更是横跨东中西部的能源基地，在中国实现高质量发展进程中具有举足轻重的地位。习近平总书记于2019年9月主持召开黄河流域生态保护和高质量发展座谈会，在会上把黄河流域生态保护和高质量发展上升为重大国家战略，强调"要坚持绿水青山就是金山银山的理念，坚持生态优先、绿色发展，以水而定、量水而行、因地制宜、分类施策，上下游、干支流、左右岸统筹谋划，共同抓好大保护，协同推进大治理"①，这对沿黄各省份提出了要求，是挑战更是机遇。黄河流域工业发展具有一系列重要特征，有其发展的特殊性，一系列经济、地理等因素造成了该流域工业发展的局限性，要破解这一发展难题，需要将着力点放在沿黄城市群上，沿黄城市群由于其完善的基础设施、完备的工业体系，具备强大的产业吸引力及创新资源集聚力，对于黄河流域的工业发展具有较强的带动作用。破解黄河流域工业发展的难题，沿黄城市群需要将高质量发展的要求贯穿到沿黄城市群的工业发展中。工业高质量发展的一系列效应可以带动沿黄城市群整体的经济、生态等方面的改善，进而推动沿黄城市群实现中国式现代化。

一　黄河流域工业发展的重要特征

黄河流域是中国重要的工业基地。黄河流域能源资源富集，上游以水资源最为丰富，中游的煤炭资源约占全国总量的80%，下游的石油和天然气资源体量在全国占比超过30%，除此之外，黄河流域还具有丰富的矿产资源，因此化工、原材料和基础工业等多集中于黄河流域，工业发展基础较为雄厚。但黄河流域生态环境脆弱，水资源相对短缺，黄河水资源总量不到长江的7%，客观现实环境对于工业发展造成了一定的阻碍。基于黄河流域以上特点，黄河流域的工业发展也形成了部分重要特征。

工业企业分布较为集中。黄河流域工业主要集中在沿黄城市群，从发展条件看，沿黄城市群位于黄河流域的核心区域，涵盖了多个资源丰富、人口密集、交通便利的城市，如山东半岛城市群的核心城市为济南和青岛，关中平原城市群的核心城市为西安，中原城市群的核心城市为郑州，这些城市群的核心城市人口规模大、经济发展水平高，具备发展完备工业体系的条件，能够吸引更多工业企业、项目落地。从客观事实来看，2021年沿黄城市群所有规模以上工业企业数量之和约占黄河流域8

---

① 习近平：《在黄河流域生态保护和高质量发展座谈会上的讲话》，《求是》2019年第20期。

省份（四川省除外①）规模以上工业企业数量总和的36%，表明黄河流域工业企业多集中于沿黄城市群，集中度较高。

技术创新基础不足。与长江流域对比来看，黄河流域工业企业研发经费投入规模、投入强度与长江流域②相比仍有较大差距，且缺乏研发大省。从研发经费投入规模看，黄河流域省份工业企业2021年的R&D经费投入的平均值为390.00亿元，仅达到了长江流域省份平均值的60.09%，而黄河流域省份平均R&D经费在2017年之前却能够超过长江流域的70%。从研发经费投入强度来看，黄河流域省份2021年平均R&D经费投入强度为1.51%，较长江流域省份平均值低0.50%。相较于长江流域，黄河流域研发经费投入强度较高省份对整条流域创新的支撑作用明显弱于长江流域，2021年长江流域11个省份中有7个省份R&D经费投入强度超过2%，其中江苏省达到2.95%，上海市达到4.21%。而黄河流域R&D经费投入强度在2%以上的仅有山东（2.34%）、陕西（2.35%），对比长江流域，黄河流域研发投入明显不足，工业技术创新根基不牢。

工业发展水平不均衡。黄河流域各省份之间经济发展差距大，工业发展水平参差不齐。从工业体量看，2011—2021年，黄河流域8省份工业增加值从高到低排名依次为山东省、河南省、陕西省、山西省、内蒙古自治区、甘肃省、宁夏回族自治区、青海省，整体上黄河下游省份工业增加值要高于上游省份。从工业发展质量及产业结构看，具体到各个省份，山东省发展质量居全国上游，产业在全国优势地位较强，产业结构更趋多元化。山东省燃料加工、食品、化工、木材加工、有色、造纸、医药七个行业在全国占比超过10%；省内石油、金属、汽车、电子行业占工业比重提升较快，已跻身全省前列，但整体重工业占比仍然较大。河南省发展质量居全国中等水平，传统行业在全国地位凸显，产业结构转型成效显著。山西省发展质量居全国下游，其优势行业大多集中在原

---

① 由于黄河只流经四川省的阿坝藏族羌族自治州，不在沿黄城市群范围内，因此在本章第三节的内容中，将四川省排除在黄河流域省份之外。

② 长江流域包括青海、西藏、四川、云南、重庆、湖北、湖南、江西、安徽、江苏、上海11个省、自治区、直辖市。下文提及长江流域均指这一范围。

料和采矿业。陕西工业发展质量居全国上游，优势行业主要集中在采矿业，航空航天设备等。宁夏回族自治区工业发展质量居全国下游，原材料、电热燃气及水生产和供应业占主导地位。甘肃省个别采矿业和原材料行业在全国占据一定比重，省内采矿和原材料行业保持主导地位，产业结构升级步伐有待加快。青海省有色、石油和天然气开采业在全国占据一定比重。内蒙古自治区前十大行业都集中在原材料和采矿业。黄河流域各省份工业发展优势各不相同，发展体量及质量差距较大。

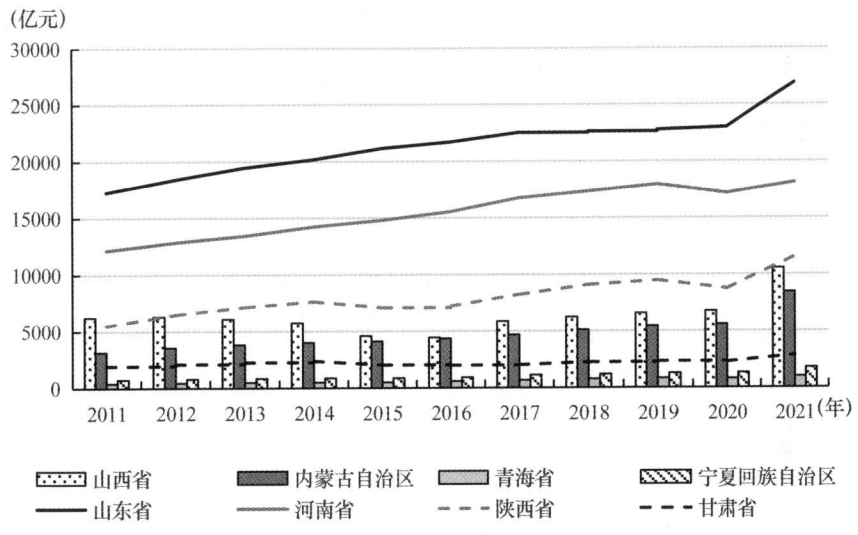

图 1-2　黄河流域省份工业增加值对比

资料来源：国家统计局，作者加工计算。

资源密集型工业居多。黄河流域以资源密集型工业为主，该流域的煤炭开采和洗选业、石油和天然气开采业、有色金属冶炼和压延加工业等资源开采及其加工业的比重高达 36.34%,[①] 远远高于全国平均水平，体现出黄河流域工业的资源依赖性及偏重工业的结构特性。资源密集型工业单位 GDP 能耗高，长期依赖资源发展工业造成了资源加速枯竭、环境污染严重、发展动力衰退等问题。以煤炭资源为例，黄河流域是中国

[①] 资料来源于《黄河流域"十四五"结构调整与低碳发展规划政策研究报告》。

煤炭生产潜力最大的区域，相关数据显示，山西、陕西、内蒙古、甘肃、宁夏地区的煤炭资源保有储量占全国的2/3，[①] 这就决定了黄河流域所经省份是中国最主要的一次能源与二次能源生产与供应基地，这一地位使得部分地区经历了高速的经济增长，但依赖于矿产资源的经济增长终究是不可持续的，环境污染严重、资源面临枯竭的问题开始显现，经济发展速度也出现了滞缓。从黄河流域工业综合能源消耗总量及二氧化碳排放总量来看，2011—2021年黄河流域的综合能源消耗与二氧化碳排放量均呈稳定上升趋势，一方面可能因为黄河流域的工业体量有所增加，导致能源消耗量及二氧化碳排放量增加，另一方面可能是黄河流域工业发展较长时间以来，黄河流域工业发展仍以传统行业为主，付出了巨大的环境代价，黄河流域的生态环境愈发脆弱，虽然当前黄河流域省份的产业陆续开始转型，但转型成功仍然需要较长时间。

表1-1　　　黄河流域工业综合能源消耗及二氧化碳排放量

年份	工业综合能源消耗（万吨标准煤）	二氧化碳排放量（万吨）
2011	125104.9	323061.3
2012	132103.6	340676.6
2013	141591.1	364876.4
2014	153004.0	394643.4
2015	153181.7	394360.4
2016	161928.5	414894.8
2017	166630.3	425691.2
2018	170747.0	437071.0
2019	181103.7	464039.1
2020	190728.3	488698.7
2021	198571.6	508318.5

资料来源：国家统计局官网、各省市统计年鉴，笔者加工计算。

---

① 资料来源于《中国矿产资源报告2022》。

对外开放程度不高。黄河流域的中上游深居内陆，再加上高海拔等因素，部分省份交通设施相对短缺，陆路基础设施供给不足，水路运输难以实现，无论是原材料的输入还是工业产品的输出都面临着运输成本较高的问题，由此形成了部分省份对外开放度较低的局面。从外商及港澳台商投资工业企业单位数看，2021年，青海省的外商及港澳台商投资工业企业数量最少，仅有17个；山东省外商及港澳台商投资工业企业数量最多，多达2711个，这一差距与山东省和青海省的地理位置差异有较大关系。从外商及港澳台商投资工业企业单位数占工业企业单位数比重来看，甘肃省的外商及港澳台商投资工业企业单位数占比最低，仅有1.95%，山东省外商及港澳台商投资工业企业占比最高，达8.20%，两省工业开放度存在一定差距，且黄河流域8省份外商及港澳台商投资工业企业占比均较小，除山东省和内蒙古自治区外，其他省份占比小于4%。与长江流域进行对比，2021年，长江流域11个省份中江苏省（15.48%）、上海市（32.66%）外商及港澳台商投资工业企业占比超过10%，其余省份中重庆、湖北、江西、安徽、浙江占比均超过4%。相较于长江流域，沿黄城市群工业开放度仍较低。

表1-2　　2021年黄河流域省份外商及港澳台投资工业企业单位数及占比

省份	规模以上工业企业单位数（个）	外商及港澳台商投资工业企业单位数（个）	外商及港澳台投资工业企业单位数占比（%）
山西	6859	161	2.35
内蒙古	3291	134	4.07
山东	33057	2711	8.20
河南	21679	484	2.23
陕西	7569	250	3.30
甘肃	2262	44	1.95
青海	633	17	2.69
宁夏	1383	45	3.25

资料来源：国家统计局，各省市统计年鉴。

二 高质量发展是沿黄城市群工业的现实选择

沿黄城市群对于黄河流域工业发展具有重要价值。黄河流域大部分工业集聚于沿黄城市群，这就决定了沿黄城市群的工业发展在黄河流域中的领头作用。沿黄城市群凭借完善的基础设施、相对完备的工业体系，能够吸引外来产业转入，或促成重大工业项目落地，对于当地工业体系有补充作用；沿黄城市群集聚了众多高校、科研机构和创新型企业，这些机构和企业拥有大量的研发人才、技术专利和创新成果，为工业发展提供了源源不断的创新动力；沿黄城市群间的联系有助于不同地区之间的要素流动，从而优化资源配置，促进工业的高效发展。黄河流域工业要实现良好发展，需要将着力点放在沿黄城市群工业上，而黄河流域工业的系列特征决定了沿黄城市群工业发展存在一定的阻碍与现实约束，要实现长远发展，沿黄城市群必须将高质量发展的要求贯穿到工业发展的各个方面，以高质量发展推动工业向科技含量高、社会效益好等方面转型。

创新夯实工业技术基础。科技含量的高低决定着工业发展水平的上限，长期以来黄河流域工业面临着技术短板突出的问题，主要工业类型较为基础，工业附加值较低，发展前景不佳。要改变这一发展困境，沿黄城市群必须以创新作为总抓手，提高工业科技含量，推动工业技术向前沿发展，带动工业转型升级，减少对传统资源密集型工业的依赖，不断突破发展上限。

协调促进工业联动配合。沿黄城市群工业发展水平参差不齐，城市群间工业类型单一重复，如山西省、陕西省、内蒙古自治区等都以资源开采和初加工为特色产业，产业类型重复度高容易导致产能过剩和市场竞争的加剧，不利于城市群产业的健康发展，也不利于城市群工业形成上下游协同配合的良好局面。协调恰是破解这一局面的关键所在。协调要求城市群间工业体系互为补充，有效发挥城市群间产业链和价值链的联动效应，进而延长产业链、实现产业增值，这就要求城市群明确自身工业定位，避免盲目跟风与重复建设，加强地区间协调联动，推动工业协调发展，促进城市群间形成完整产业链，实现平稳健康发展。

绿色推动工业环境友好。黄河流域生态环境脆弱，长期以来依靠资源消耗进行的发展进一步加剧了黄河流域生态环境压力，面对黄河流域生态保护和高质量发展国家战略的要求，沿黄城市群工业迫切需要转变发展方式，寻求新的经济增长点，而此时，绿色便成了沿黄城市群工业的必然选择。沿黄城市群需要积极调整产业布局，坚决遏制高污染、高耗水、高耗能项目盲目发展，不断淘汰落后产能，引进战略性新兴产业及先进制造业，减少对资源的依赖；加快工业绿色转型，使用清洁能源替代传统能源，减少污染物排放，实现工业的环境友好发展。

开放保障工业"走出去、引进来"。黄河流域部分省份由于地理位置、交通条件等因素，工业开放度不高，而这在一定程度上造成了部分地区工业转型资金缺乏、市场需求不足、工业技术与前沿割裂等问题。这些问题成为黄河流域工业发展的阻碍，而开放恰是沿黄城市群工业清除这一障碍的关键。沿黄城市群需要进一步加大开放力度，扩大市场规模，推动工业进出口贸易额实现增长；吸引大量外商投资企业建立，并通过外商投资企业的建立增加部分中间品的需求，吸引中间品供给商进入，完善产业链并带动当地经济发展；引进外资，增强工业资金实力，为工业转型提供资金支持；加强对外交流合作，不断引入先进技术，促进工业技术更新迭代，向前沿逼近，进而提高生产效率，促进工业转型升级。开放是沿黄城市群工业逐渐和国际市场融合的必然路径，是消解过剩产能、提高技术水平、扩大销售额的重要方法。

面对一系列发展困境，沿黄城市群必然要推进工业的高质量发展。要摆脱对传统发展路径的依赖，就要持续投入创新要素，通过技术升级加快新旧动能转换，促进工业绿色转型，推动工业绿色发展；城市群间工业也要形成相互协作、相互配合的局面，避免同质化竞争，延长产业链，提升工业增加值；要进一步提高部分沿黄城市的工业开放度，加强对外的合作交流，吸引资金流入，促进工业发展。破解发展困境，高质量发展是沿黄城市群的必然选择。沿黄城市群需完整、准确贯彻新发展理念，持续推动工业高质量发展。

三 工业高质量发展是沿黄城市群推进中国式现代化的必由之路

对于沿黄城市群而言，推进中国式现代化仍然存在较大困难，区域间经济发展水平差距大，地区间产业体系缺乏协调，重复建设、低水平竞争现象严重，生态环境脆弱，这些都对沿黄城市群推进中国式现代化造成了较大的阻碍。要破解这些发展难题，突破发展困境，沿黄城市群需全面、准确贯彻新发展理念，以工业的高质量发展为入手点与着力点，推动沿黄城市群实现中国式现代化。

工业高质量发展为沿黄城市群推进中国式现代化提供高效率的生产力。中国式现代化是人口规模巨大的现代化，人均资源禀赋少，沿黄城市群虽然资源富集，但长期依靠资源发展使得沿黄城市群资源日渐枯竭，人均资源量趋于下滑，工业高质量发展的资源利用效率更高，投入产出比更低，能够为人口规模巨大的现代化的实现提供高效率的生产力支撑，解决人口规模巨大的现代化推进难题。

工业高质量发展为沿黄城市群推进中国式现代化提供充足物质保障。中国式现代化要求全体人民实现共同富裕，而沿黄城市群间经济发展水平差距大，少数民族和贫困人口集中，实现全体人民共同富裕这一目标较为困难。工业高质量发展凭借其科技含量高、生产效率高等特征，能够迅速积累大量物质财富，为沿黄城市群推进中国式现代化奠定物质基础。

工业高质量发展为沿黄城市群推进中国式现代化提供精神文明源泉。中国式现代化要求物质文明与精神文明相协调，传统的工业化的道路只顾及物质文明的丰富，却没有触及精神文明，沿黄城市群部分地区由于物资相对匮乏，长期以来将发展的重心始终放在丰富物质基础上，相对忽略了精神文明的建设，在实现人、社会的全面发展时，物质文明与精神文明缺一不可。工业高质量发展内涵丰富，是工业现代化的最新实践，一方面，工业高质量发展对工作人员的技能、综合素质等提出了更高的要求，因此促使人不断学习知识，丰富精神世界；另一方面，工业高质量发展的产出品更加绿色、实用，能够为培育发展精神文明提供高质量的物质基础，使人们追求物质文明与精神文明兼顾的美好生活愿望成为现实。

工业高质量发展为沿黄城市群推进中国式现代化提供绿色发展动力。中国式现代化遵循的基本原则是人与自然和谐共生，沿黄城市群生态环境脆弱，随着常年粗放式发展，其环境承载力进一步下降，实现人与自然和谐共生的目标存在一定困难。工业高质量发展恰为沿黄城市群平衡经济发展与环境保护之间的关系提供了有效解决办法，工业高质量发展秉承绿色这一新发展理念，要求工业加快实现绿色化转型，扩大清洁能源使用占比，加大绿色供给，在促进经济发展的同时，维持生态环境稳定，推动人与自然和谐共生。

工业高质量发展为沿黄城市群推进中国式现代化提供安全保障。中国式现代化是走和平发展道路的现代化，要维持和平，中国必然要有强大的工业体系作为支撑，而沿黄城市群是中国重要的工业生产基地，为中国走和平发展道路提供有力保障是沿黄城市群所肩负的重大责任。一方面工业高质量发展是兼顾各个层次的全方位发展，能够统筹好发展与安全两大关系，提升产业链供应链韧性和安全水平，夯实走和平发展道路的工业基础；另一方面工业高质量发展的对外开放特征也能促进沿黄城市群积极融入并服务新发展格局，通过技术交流等推动中国与世界各国关系的良好发展，共同维护世界和平。

工业的高质量发展是沿黄城市群推进中国式现代化的重要保障，只有实现工业的高质量发展，沿黄城市群的区域发展不平衡、生态环境脆弱、城市群间重复建设等问题才能得到妥善解决，推进中国式现代化的道路才能更加顺畅。

第四节　本章小结

本章第一节对中国式现代化的内涵进行了剖析，梳理了中国式现代化的实践历程，并概括了其演变逻辑，指出中国式现代化与工业现代化的密切联系。第二节分别阐述了工业现代化与高质量发展的内涵，并指出工业高质量发展是中国工业现代化的最新实践。第三节先是引出本书重点关注对象——黄河流域，点明黄河流域工业的重要特征，随后指出由于黄河流域工业发展的特殊性，高质量发展成为沿黄城市群工业的现实选择，最后表示工业的高质量发展是沿黄城市群推进中国式现代化的关键路径。

根据以上分析,本章认为,沿黄城市群应将工业作为推进中国式现代化的着力点,而高质量发展是工业发展的核心要义。高质量发展要求工业以创新为动力,以协调为方向,以绿色为底线,以开放为途径,以共享为目的,这就需要沿黄城市群进一步提高工业科技含量,加强区域间工业体系的协调联动,加快工业绿色转型,加大开放力度,推动工业发展成果更多惠及人民,助力沿黄城市群实现中国式现代化。

第二章

环境保护与沿黄城市群工业高质量发展

  环境保护是中国经济发展的焦点问题。中国"十一五"规划纲要提出要建设资源节约型、环境友好型社会，党的十七大首次提出生态文明理念，党的十八大将生态文明纳入"五位一体"总体布局，提出要努力走向社会主义生态文明新时代。按照我国的发展理念，环境保护与工业发展应相辅相成，以实现双赢的目标，走可持续发展道路。但在实际的市场经济探索中，环境保护与工业发展总以矛盾统一体的形式呈现冲突两难的格局。为实现社会福利最大化，政府需实行环境规制，促进环境保护与工业发展从冲突到协调。

第一节 经济学理论中的环境保护命题

  经济学理论中的环境问题往往基于对环境保护与工业发展的研究。随着人口增加和经济增长，环境质量日益下降，环境的负外部性问题、产权不明晰问题使得环境保护与工业发展难以实现相辅相成。经济学理论中的环境保护命题，旨在要求政府采取措施，通过实行环境规制政策来纠正环境负外部性和产权不明晰问题所带来的影响，或者通过加强技术创新、提高产权意识不断促进经济发展产生正的溢出效应。从古至今，对于环境保护和工业发展关系的研究层出不穷，形成了多个经济学理论中的环境保护命题，现对典型理论进行梳理介绍。

一　外部性理论

英国经济学家阿尔弗雷德·马歇尔（Alfred Marshall）在他的著作《经济学原理》[①]一书中，首次提出了"外部经济"概念，并用"内部经济"和"外部经济"阐述工业组织对经济发展的影响。这些工业组织包括分工、机器改良、大规模生产以及企业管理等，他们是除土地、资本、劳动外的生产要素。

马歇尔在环境方面的理论思想主要包含以下几个方面。首先，马歇尔认可土地规模收益递减，但不认为其带来的稀缺性会限制经济增长，这主要因为农产品的价格上升会刺激农业组织结构的变化，进而削弱土地规模收益递减对经济发展的制约效应。同时，马歇尔认为不可再生资源不存在收益递减的情况。例如，矿产资源的开采程度不仅取决于开采难度、资本和劳动投入，还和资源本身的损耗速度有关。投入过多要素并以较快速度开采会导致矿产资源无法长时间合理利用。此外，他指出环境所带来的服务价值并没有被量化计入，自然资源和环境保护的价值普遍被忽视。

马歇尔指出："我们可以将由于某种商品生产规模的扩大而产生的经济效应分为两类：一是外部经济，即依赖于工业的一般发达的经济；二是内部经济，即有赖于从事工业活动的个别企业的资源、组织和效率的经济，前者属于外部经济，后者属于内部经济。"[②] 所谓内部经济指的是企业内部各类因素，包括劳动者的工作热情、技术水平能力、分工协作合理性、使用设备的先进性以及管理水平等带来的在生产成本方面的节约；所谓外部经济则是指企业外部各种因素，如原材料供应地与销售地的距离、市场容量大小、交通运输的便利、通信设备的便捷以及其他产业的发展水平所导致的成本节约。马歇尔将企业内部分工导致的效率提升称为内部经济，由企业间分工引起的效率提升称为外部经济。

[①] ［英］阿尔弗雷德·马歇尔：《经济学原理（上册）》，朱志泰译，商务印书馆2019年版，第315页。

[②] ［英］阿尔弗雷德·马歇尔：《经济学原理（上册）》，朱志泰译，商务印书馆2019年版，第315页。

解决环境问题的重心在于减少外部不经济，外部不经济产生的主要原因是"市场失灵"。新古典经济学家阿瑟·塞西尔·庇古（Arthur Cecil Pigou）以"市场失灵"为研究出发点，通过向导致外部不经济的经济主体征税来纠正"市场失灵"，改善外部不经济的状况。这种根据污染危害程度来对排污者征税称为庇古税，即排污税。排污税主要包括对造成环境负外部性的经济个体征收税费，以及对产生环境正外部性的生产者给予补贴。通过税收和补贴对外部性进行修正，进而克服市场失灵。庇古是最早揭示外部性产生原因的经济学家，他认为征税和补贴可以改善外部不经济，使得外部效应内部化。[①] 庇古主张政府干预，通过设定排污费用来增加排污成本，要求政府界定税率并向排污者征税，以此引导经济主体行为。排污税针对生产企业征税，企业只能在生产活动中减少排污以此控制自身的排污成本，作出减污或纳税的选择。然而，这种征税行为是一种污染补偿，尽管可以纠正"市场失灵"，但污染已经发生，补偿属于事后行为。

二　产权理论

罗纳德·哈里·科斯（Ronald H. Coase）在《社会成本问题》[②] 一书中提出产权界定的概念，他认为可以通过产权界定来解决外部性问题。他的产权相关理论发展分为两个阶段。第一阶段，科斯指出市场机制运行存在摩擦，克服摩擦的关键在于制度创新；第二阶段，科斯正面论述了产权的经济作用，产权的功能在于克服外在性，降低社会成本，从而在制度上提高资源配置效率。[③] 科斯产权理论强调制度安排，故界定产权是经济分析的首要任务，明确经济过程中不同身份个体的权利，然后通过权利交易达到产值最大化。科斯的主张被概括为两个定理，科斯第一

[①] 高萍：《排污税与排污权交易比较分析与选择运用》，《税务研究》2012年第4期。

[②] 高建伟、牛小凡译注：《科斯〈社会成本问题〉句读》，经济科学出版社2019年版，第40页。

[③] 中国人民大学，全国中国特色社会主义政治经济学研究中心，学者观点。刘伟等：《现代西方产权理论与企业行为分析》，http：//ztzx.ruc.edu.cn/xzgd/4ac8d1f27ee24823bbe99427a15eb594.htm。

定理指出，如果交易成本为零，产权的清晰界定是资源最优配置的充要条件；科斯第二定理指出，如果交易成本大于零，不同的产权配置会带来不同的经济效益。在存在市场交易成本的情况下，初始可交易权利的配置结果将影响交易效率，产权调整会产生更大价值。

产权界定是市场发挥作用的前提条件，但环境作为公共物品没有明晰的产权界限。只有将个人的责任、义务、权利、利益界定清楚，对个人的经济行为进行有效监督，对个人利益进行充分保护，才可以发挥市场作用，充分调动生产者和消费者的积极性。政府通过界定产权和交易产权的方式来控制环境污染的行为称为科斯手段。科斯手段的核心还是依靠市场来解决经济行为所带来的环境问题，政府通过界定产权限制交易强迫经济个体支付污染费用，以便促使减少污染的产生。

Dales（1968）[1] 以产权理论为基础，提出"确权和交易"思想，即排污权交易理论，并首先在美国《清洁空气法》及其修正案中得到应用。排污权交易是指在确定污染物排放总量控制指标后，利用市场机制，建立合法的污染物排放权利，并允许这种权利像商品一样买入卖出，以此来控制污染物的排放，从而达到减少排放量和保护环境的目的。在污染物总量一定的前提下，为削减排污量，排污权交易双方会在环保主管部门的监督下，通过交易排污权实现污染治理低成本。当环境标准偏低导致发放的排污权总量偏多时，可以买进排污权；当环境标准偏高导致发放的排污权总量偏少时，可以卖出排污权。经济个体也可以通过买进卖出排污权对不满意的现状进行主动改进。排污权可以通过市场交易从治理成本低的污染者流向治理成本高的污染者，污染者为追求利益必定会降低治理成本，进而达到减少污染的目的。公共部门在这种情况下起到的更多是监督作用，时刻严格把控市场失灵和市场缺陷发挥作用，进而保证排污权交易的有效性。

三 可持续发展理论

蕾切尔·卡逊（Rachel Carson）在 1962 年撰写的《寂静的春天》一

---

[1] J. H. Dales, *Pollution, Property, and Prices*, Toronto: University of Toronto Press, 1968.

书中强调人与自然应该和谐共生，引出可持续发展理念。① 非正式国际学术组织"罗马俱乐部"在1972年提出的《增长的极限》② 报告中介绍了自然环境的重要性以及人口和资源之间的关系，并提出了"增长的极限"的危机。1984年美国学者爱迪·B. 维思（Edith B. Weiss）系统地论述了代际公平理论，该理论成为可持续发展的理论基石。1987年，联合国环境特别委员会（WCED）在日本东京发布的《我们共同的未来》③ 报告中正式提出可持续发展理念。该理念的内涵是：可持续发展是既可以满足当代人的需要，又不对后代人满足其需要的能力构成威胁的发展。进入20世纪90年代以后，可持续发展问题正式进入国际社会议程。

可持续发展理论坚持公平性原则、持续性原则、共同性原则。公平性原则要求实现本代人的公平，即代内横向公平，同时实现代际公平性，即世代纵向公平；持续性原则指的是生产系统受到干扰时保持其生产力的能力；共同性原则要求全球共同配合实现可持续发展总目标。可持续发展理论鼓励经济增长，而不是以环境保护的名义抑制经济增长，其更强调经济的高质量发展，要求经济建设、社会建设与自然承载能力相协调，通过清洁生产提高经济效益。可持续发展是既满足当代人的需要又不损害后代人满足其需要的能力的发展，这使得宏观经济学有了新的研究方向。

四 环境库兹涅茨曲线

20世纪50年代，西蒙·史密斯·库兹涅茨（Simon Smith Kuznets）开始分析人均收入水平和分配公平程度之间的关系。1991年美国经济学家格罗斯曼（Grossman）和克鲁格（Krueger）对环境污染与人均收入之间的关系进行研究，首次证实了环境质量与人均收入之间的关系，发现了一条"倒U型"曲线。他们认为，在低收入水平上，污染随人均GDP增加而上升，在高收入水平上，污染随GDP增长而下降。1993年美国经

---

① ［美］蕾切尔·卡逊：《寂静的春天》，吴国盛译，科学出版社2007年版。
② Meadows, D H., et al., *The Limits to Growth*, Universe Books, 1972.
③ 世界环境与发展委员会：《我们共同的未来》，王之佳等译，吉林人民出版社1997年版。

济学教授潘纳约托（Panayotou）依托倒 U 型曲线，首次将这种环境质量与人均收入之间的关系称为环境库兹涅茨曲线（EKC）。环境库兹涅茨曲线揭示出环境质量与收入水平之间的关系，即环境质量开始随着收入增加而退化，收入上升到一定程度后，环境质量随收入增加而改善，即环境质量与收入水平呈现倒 U 型关系。之后，许多文献对于环境库兹涅茨曲线进行了实证检验，随着环境质量与收入之间关系的不断深入研究，对 EKC 的理论解释也不断丰富。其中在环境规制方面，学者普遍认为环境规制的变革可以带来伴随收入上升的环境改善。随着环境规制的强化，污染者与被污染者、环境的损害程度、地区的环境质量等相关的信息不断健全，环境污染随之减少，逐步促进了地区环保能力和国家环境治理能力。部分学者将环境库兹涅茨曲线由倒 U 型扩展到了 N 型，即存在两个转折点。倒 U 型与 N 型的形态差异取决于污染指标的选取是重点监管的污染物还是未得到普遍重视的污染物。

五　污染避难所假说

1979 年，Walter 和 Ugelow 提出环境成本转移假说，也称为"污染天堂"假说（Pollution Heaven Hypothesis），该假说认为发达国家（或地区）为降低本地的环境补偿成本，将本地区的污染产业或夕阳产业转移到环境管制相对宽松的欠发达地区，从而加重欠发达地区的环境污染程度。[1] 污染避难所假说在部分文章中又表述为"产业漂移假说"以及"产业区位重置假说"，其观点是一个国家加强环境规制后，污染密集型企业为了降低污染治理成本会有意愿迁移到环境标准相对较低的国家，该地区则成为污染企业的避难所。在完全自由贸易的情况下，产品价格和产地无关，即使存在运输成本和贸易壁垒，贸易自由化也会通过套利机制使得产品价格趋于一致。在这种情况下，生产区位的选择主要取决于生产成本。假设各国除了环境规制的要求，其他生产条件给企业带来的成本基本一致，那么污染企业就会选择环境标准相对较低的国家。对污染避难

---

[1] I. Walter and J. L. Ugelow, "Environmental Policies in Developing Countries", *Ambio*, Vol. 8, No. 2/3, 1979, pp. 102 – 109.

所假说的实证研究大都是利用环境政策的强度数据来检验环境政策对产业区位选择的影响。目前我国有关学者的论证尚不一致，有些学者证实存在污染避难所假说，即由于环境规制在不同区域间施行强度不同，高能耗产业、污染密集型产业会优先选择环境规制相对薄弱的地区；但也有人认为在中国不成立，他们表示研究未发现投资来源国由于环境规制强度不同引起的溢出效应。而有关于污染避难所假说的验证也由不同国家间的研究转向同一国家不同地区之间的污染企业转移。

六　波特假说

波特假说是由美国经济学家迈克尔·波特（Michael Porter）提出的，其核心思想是：适度的环境规制可以加速企业的技术创新，并通过"创新补偿"效应和"先动优势"提升企业经营绩效，实现环境质量和经济增长的双赢。Jaffe 和 Palmer（1997）[1] 基于制造业中有关环境支出与创新的面板数据，进一步完善了"波特假说"理论，并从不同环境规制角度分析环境监管政策对制造业企业的创新激励作用。新古典经济学认为，环境保护政策使得企业生产成本不断提高，企业生产力随之下降，以此抵消了环境保护给社会带来的正向效应。但波特认为，环境保护不能与经济发展相对立。适当且严格的环境规制可以刺激企业进行技术创新，而技术创新可以弥补企业因遵守环境保护标准而增加的成本，从而提高企业盈利能力，增强企业核心竞争力。波特假说也肯定了政府在经济发展和环境保护中的协调作用，减少了因为信息不对称而导致的"市场失灵"。政府可以向企业提供环保相关的技术引进信息，从而促进企业进行技术创新。

传统经济学认为环境规制和经济发展之间的冲突不可避免。在生产要素投入、技术水平以及市场需求不变的情况下，生产者已经固定了生产模式和生产成本。在这种情况下环境规制的要求势必会增加厂商应对环境规制的成本，从而影响企业正常生产的利润。然而，这种静态的经

---

[1] A. B. Jaffe and K. Palmer, "Environmental Regulation and Innovation: A Panel Data Study", *Review of Economics and Statistics*, Vol. 79, No. 4, 1997, pp. 610–619.

济模式不适用于当前的社会情况。企业并不是在静态不变的条件下进行生产，而是具备不断进行技术创新、改进生产流程、提高产品质量的能力。优秀的企业会意识到资源未充分利用以及污染带来的隐性成本，因此不断提高产品生产流程的资源利用效率并控制减少污染物的排放。环境规制不会立即刺激企业产生技术创新，而是首先对技术创新的意愿起到刺激作用，促使厂商合理配置生产资源，改进生产流程，开发新型生产技术，不断提高生产效率，进而增强企业的核心竞争力。

环境规制对技术创新有多方面影响，例如促进企业提高废弃物循环利用效率方面的潜在创新，降低环境污染风险给企业带来的投资维护成本，同时环境规制还能利用提供的信息交流帮助企业谋求更低的成本。最终，企业通过降低废弃物产量、提高二次利用效率，减少了环境规制对企业利润带来的影响，同时利用环境规制的信息弥补了生产成本增加带来的损失。

第二节　环境规制与工业发展

环境规制的理论发展经历了从规制到政府规制、经济规制，再延伸到环境规制的演化过程。关于环境规制的理论阐述包含广义环境规制和狭义环境规制，本书重点研究环境规制的狭义界定，同时给出多重环境规制的研究范围，从外部性、公共物品属性、产权界定等方面分析环境规制的必要性，结合实例阐述环境规制的主要分类和代表性政策，最后分析环境规制对工业发展的影响。

一　环境规制的内涵界定及必要性分析

环境规制以环境污染和资源稀缺为研究基础，围绕如何合理配置环境资源、提高环境污染治理成本、减少环境外部性带来的负面影响展开研究。关于环境规制的定义在学术界经历了一个漫长的认知改变过程，目前是指政府运用环境规制工具对企业的排污行为进行管理或制约，将环境的外部性内在化，纠正负外部性带来的影响，从而实现保护环境和经济发展相协调进而增进社会福利的目的。本章中的多重环境规制指的是减污、降碳、节水及综合等多方面的环境规制。从过去的控制工业三废：废水、废气、固体废物，延伸到碳排放、土壤污染、水资源节约、新污染物管理（具有生物毒性、环境持久性、生物累积性等特征的有毒有害化学物质）等方面的管理控制。

关于环境规制的定义也在学术界经历了一个漫长的认知改变，目前是指政府运用环境规制工具对企业的排污行为进行管理或制约，将环境的外部性内在化，纠正负外部性带来的影响，从而实现保护环境和经济发展相协调进而增进社会福利的目的。深入理解环境规制需要首先剖析对于规制的社会定义。对于规制的理解，多认为是社会公共机构通过制定规则，采取一定的政治、经济、立法手段来对需要规制的生产者消费者行为加以约束和规范，通过政府干预来预防市场失灵，以期实现社会经济高质量发展。规制是公共政策的一种形式，通过对抗的立法程序来协调产生于现代产业经济中的经济冲突，其中包含了政府为克服市场失灵现象而制定的法律法规，以此对经济活动进行规范和干预。

政府规制可以按照领域进行划分，其包含经济性规制、政治性规制、社会性规制。在社会规制中，政府旨在保护弱势群体，即保护环境避免遭受企业污染行为危害或保护消费者远离危险产品。环境规制是政府社会性规制的一个重要领域，是指政府等社会公共部门为了纠正环境污染的负外部性，对个体经济单位施行直接或间接的规制政策手段，以此对其经济行为进行约束和干预，通过明晰市场产权界限，有效配置市场资源，改变生产企业及消费者的供需决策来使环境外部性内在化，从而实现保护环境，提高经济效益，增进社会福利的目的。

不同的经济体制下，个体经济活动具有一定的相对独立性，在这种情况下，经济主体往往试图降低个人生产和消费成本。然而，这种行为可能会对他人的经济活动造成破坏，导致他人和整个社会需承担过多的成本，甚至损害他人和社会的根本利益。环境保护需要个人承担对社会的责任和义务，需要经济个体将自身利益与社会利益紧密结合起来。在进行自主经济活动时，部分个体只考虑个人利益忽略了社会责任和环境保护问题，导致在利益分散的情况下不断产生外部性问题。尽管市场在经济活动中发挥着"看不见的手"的作用，但在环境问题上，市场的作用却微乎其微。因为市场无法规范和限制经济主体在追求自身利益时对环境造成的破坏。因此，我们认为市场在环境保护问题上存在缺陷。环境的负外部性、公共物品属性和产权模糊性是导致环境规制必要性的重要原因，只有通过规制手段，才能解决环境问题并实现可持续发展。

（一）环境污染的负外部性

环境污染的负外部性是指个人付出的成本、获得的收益与社会的成本收益不一致，导致资源不能有效配置。环境既有正外部性也有负外部性。例如，黄河上游居民种树保护土木和水质使得黄河下游的居民生活用水得到保障，这是正外部性；黄河上游居民肆意伐木、破坏水质导致下游洪水泛滥和水土流失，则属于负外部性。环境的外部性主要表现为生产和消费所产生的负外部性，即在经济活动中个体经济单位不顾及环境成本，将本该由自身承担的成本分散到社会和他人身上，导致生态环境污染和社会资源利用率低下。解决这一问题的关键在于要求个体承担个人经济行为的全部成本，同时激励其他人通过自身保护环境的行为产生正的溢出效应。

（二）环境资源的公共物品特性

很多公共资源具有典型的公共物品属性。环境作为公共物品，其非排他性和非竞争性给市场中的经济主体带来了无限的"搭便车"机会。所有参与市场经济活动的个体都希望在获取利益的过程中少承担成本，通过"搭便车"行为在公共物品的使用上获益。这样不仅会消减大家对贡献公共物品的积极性，导致公共物品严重不足，还会导致经济个体因为倾向于少付出成本而在公共物品的维护问题上避而不谈。环境资源中的"搭便车"现象势必导致资源的日益稀缺和环境的持续恶化。由于缺乏政府的管理监督，经济主体在追求自身利益最大化的过程中，会忽视对他人利益产生的影响。追求自身利益的经济人没有承担治理社会污染成本的意愿和动机，并且倾向于将自身的成本转嫁给社会或他人，进而导致环境的污染恶化。

（三）环境产权的模糊性

环境资源的产权归属不清晰，往往存在产权模糊性。例如，土地使用权、水资源使用权等涉及多个利益相关者的产权问题，容易引发争议和冲突。古典经济学家认为市场是一双"看不见的手",他引导个人在追求自身利益最大化的过程中自然地促进社会利益的正向发展。但是要使得市场机制发挥最大作用,需要一定的前提条件,那便是产权清晰,即个人对于环境的作用和影响应由本人付出成本或获得收益。然而环境具有公共性,在市场自然发展的情况下,环境涉及的产权无法得到清晰的界定,这种情况带来的"市场失灵"导致资源无法得到有效配置。企业在资源利用和环境保护上,本着利益最大化的原则,会在废弃物品的处理问题上趋于保守,从而持续产生负外部性。产权模糊性使得环境资源的管理和保护变得复杂,需要政府通过规制来明确产权关系、划定责任边界,并为资源的合理利用提供法律保障。

这三个方面都是环境规制领域的重要问题,正是因为环境具有这些特性,所以市场无法规范环境带来的问题,故必须引入政府监督、实行环境规制,以此解决环境问题,实现可持续发展。

二　环境规制的基本分类及代表性政策

环境规制可以根据多种方式进行分类,常见的分类方法是将环境规制分为正式环境规制和非正式环境规制。其中正式环境规制包括命令控制型环境规制和以市场为基础的激励型环境规制,而非正式环境规制则主要指自愿型环境规制或公共参与型环境规制。

（一）命令控制型环境规制

命令控制型环境规制是指政府行政部门通过制定利于环境保护的法律法规和政策制度来规范排污企业的行为。这些政策工具主要包括排放标准、技术规范、不可交易的排放许可证等。政府通过命令控制型环境规制政策可以全面推行清洁生产和环境管理的系列标准,将政策内容调整为资源环境的综合治理和节能减排。然而,由于命令控制型政策采用统一的环境标准,因此难以实现社会污染减排的成本最小化,可能对企业造成过度的刚性约束。

学术界对于正式环境规制持有不同观点。一些观点认为正式环境规制能促进企业技术改进和创新补偿,提高绿色生产效率;但也有观点认为正式环境规制会抑制企业创新和技术进步;也有观点综合以上论述,认为环境规制可能受各种因素影响进而造成不同的效果。在实施命令控制型环境政策时，通常需要相关法律政策的支持保障，例如制定污染源限期治理管理条例与环境监测条例，限期治理、停产整治、淘汰落后设备、关停违反环境保护法规的企业等。正式环境规制依赖于强有力的法规执行，但无法解决未知的环境污染风险，只能通过监督生产过程来对企业环境行为进行约束和规范。

(二) 以市场为基础的激励型环境规制

以市场为基础的激励型环境规制是指政府利用市场机制和经济手段激励排污者降低污染水平，从而达到社会整体污染状况趋于受控和优化。政府的激励措施主要包括环境补贴、税收优惠政策、鼓励企业采取环保措施、开发环保技术、减少污染排放等。以市场为基础的激励型环境规制的工具手段主要包括排污税费、使用者税费、产品税费、补贴、可交易的排污许可证、押金返还等。市场激励型环境规制并不意味着忽视环境监管，政府仍需确保企业遵守环境保护的要求，并依法对违规行为进行处罚，同时也要进行监测和评估，以此加强市场激励机制的有效性和公平性。

关于市场激励型环境规制的研究多集中在排放交易权、环境税、减排补贴等方面。经济合作与发展（OECD）于1970年提出了污染者避难原则（简称PPP），要求所有污染者必须为自己制造的污染支付费用。美国自1972年开始征收二氧化硫税，之后荷兰、挪威、日本、德国等国也陆续开始征收排放二氧化硫的税费；德国自1981年开始征收废水税，即包括工业废水、农业废水、生活废水在内的各类废水，荷兰也征收废水排放税，依据是每人每年排入水域的污染物数量；日本、荷兰征收机场噪音税，主要是对航空公司按飞机着陆次数征税，洛杉矶对使用机场的每位旅客和每吨货物征收1美元的治理噪音税；意大利自1984年开始征收废物垃圾处置税；比利时1993年开始征收生态税，包括农药、纸张、电池、包装纸等物品。

排放权交易指对于主要污染物和温室气体排放量进行的交易。环境税是指将生产过程中产生的污染产物的负外部性以环境税的形式量化成本。我国的环境保护税收优惠包括从事符合条件的环境保护的所得定期减免企业所得税、购置用于环境保护专用设备的投资额按一定比例实行企业所得税税额抵免、从事污染防治的第三方企业减按 15% 的税率征收企业所得税、企业厂区以外的公共绿化用地免征城镇土地使用税。市场激励型环境规制政策对资源型城市高质量发展有着显著的促进作用。[1]

美国 1977 年通过的清洁空气法及其修正案中，成功实施二氧化硫交易范例，氮氧化物交易只在东部进行，污染水质交易以局部、试点的形式进行；欧盟自 2005 年开始实施二氧化碳交易，澳大利亚、新西兰、日本、韩国已制定碳交易制度；我国自 1988 年开始施行排污许可证制度试点；1993 年国家环境保护总局以太原、包头为试点施行大气排污权交易政策；1999 年中美两国环保局签订协议，以江苏南通和辽宁本溪两地作为最早的试点基地，在中国开展"运用市场机制减少二氧化硫排放研究"的合作项目；2001 年南通天生港发电公司与南通大型化工公司进行了二氧化硫排污权交易；2002 年 7 月，原国家环境保护总局召开"二氧化硫排放交易"七省市试点会议；2004 年，南通市环保局经过研究和协调，审核确认由泰尔特公司将排污指标剩余量出售给亚点毛巾厂；2016 年 12 月，《排污许可证管理暂行规定》发布，从国家层面统一了排污许可管理的相关规定；2018 年 1 月，《排污许可管理办法（试行）》颁布实施。

（三）自愿型环境规制/公共参与型环境规制

非正式环境规制即自愿型环境规制，指的是由企业以及行业协会出于保护环境的目的提出的企业可以自愿选择是否参与的协议或者承诺。其主要工具主要包括环境认证、环境审计、生态标签、环境协议等。作为传统环境规制的补充延伸，自愿型环境规制旨在鼓励企业在政府强制要求之外承担额外的环境责任，对企业生存能力有显著的提升作用。其主要通过增加政府补贴、改善政企关系，进一步提升企业生存能力，有助于企业节约成本、提高效率、降低外在市场压力。在这个过程中，企

---

[1] 李博、王晨圣、余建辉、韩玉凯：《市场激励型环境规制工具对中国资源型城市高质量发展的影响》，《自然资源学报》2023 年第 1 期。

业起到主导作用，政府不再运用刺激性的经济手段。非正式的环境规制可以突破正式环境规制在执行时的制约，打破局限性，但因为个体环保意识参差不齐，地区环境风险各不相同，故在施行过程中同样存在诸多影响非正式环境规制效果的因素。在部分环境规制分类问题研究中，非正式环境规制也会以公众参与型环境规制为主，即非政府组织或公众自愿参与环境保护活动，从而对排放主体的行为产生约束。公众参与型环境规制政策形式多样，包括环境信访举报、环境污染新闻报道、投诉案件等典型手段。

在我国的环境治理问题上，单一的环境政策不适应我国的基本国情以及复杂多变的国际环境，正式与非正式环境规制政策的结合互补才能适应我国的发展现状。正式环境规制下的法律规范可以赋予非正式环境规制内生的发展动力，非正式环境规制的主体多元性和互动协商性可以弥补正式环境规制的不完备性和风险应对能力。[①]

（四）环境规制代表性政策

1978—2011年，是以政府行政命令控制型环境规制为主的政策落实阶段。这一时期环保意识从启蒙进入初步发展阶段，2002年中国第一部循环经济立法——《清洁生产促进法》颁布，标志着中国污染治理模式开始由末端治理向全过程控制转变。在此之前1978年环境保护被写入《中华人民共和国宪法》，1979年《环境保护法（试行）》颁布并提出"环境保护是基本国策"，经10年实际适用，1989年正式颁布了《环境保护法》，后续接连颁布《大气污染防治法》《水污染防治法》《节约能源法》等，初步构建起环境保护法律体系。为加强环境保护的统一领导管理，1982年国务院设立城乡建设环境保护部，内设环境保护局，1993年环境机构得到深化改革，全国人大成立环境保护委员会，1998年国家环境保护局被提升为正部级单位，体现出党中央和国务院对环境保护工作的高度重视。进入21世纪后，环境规制理念进一步加强，党的十七大报告提出要基本形成资源节约型和环境友好型社会，首次提出了"建设生

---

① 刘亦文、周韶成：《正式与非正式环境规制政策协同的减污降碳效应研究》，《财经论丛》2023年第8期。

态文明"理念，并将其提到实现工业化、现代化发展战略的突出地位，并在官员任期考核中加入主要污染物总量削减目标，增加环保考核问责制和"一票否决"制。同时在五年规划中提出约束性节能减排指标，纳入政府干部考核。

2012年至今，多元化环境规制政策的提升阶段，综合应用政府命令控制型、市场型与自愿型环境规制三种规制手段。党的十八大以来，我国绿色经济发展进入全新时代，国家对生态环境治理重要性的认识提升到一个新高度，生态文明建设与其他四项建设并列纳入"五位一体"总体布局中，摆在治国理政的重要位置，环境治理与保护理念深入社会公众群体。2014年被称为史上最严厉的《环境保护法》修订通过，并于2015年1月1日起施行。政府部门进行分类专项治理，2018年"生态文明"被正式纳入宪法。国务院于2013年发布《大气污染防治行动计划》，将细颗粒物（PM2.5）浓度作为主要评估指标，于2018年发布《打赢蓝天保卫战三年行动计划》，从顶层设计角度对主要污染物作出了系统部署。党的十八大期间还发布了《水污染防治行动计划》和《土壤污染防治行动计划》，对江河湖海实施分流域、分区域、分阶段科学治理，明确了土壤污染防治工作总体要求和工作目标。

以市场导向机制控制企业碳减排，实施排污权许可证交易，控制排污数量，建立全国碳交易市场，2016年《环境保护税法》审议通过，这是我国首部专门体现"绿色税制"的单行税法，2017年配套文件《环境保护税法条例》正式颁布，意味着环保"费改税"正式完成，实施了40年的排污费征收制度改为环保税。

2018年生态环境部发布《环境影响评价公众参与办法》，引导公众监督规范参与环境治理，同时提供各类政府网络信息平台便于公众参与环境治理。打造共建共治共享多维度体系，调动社会各主体积极性参与环境治理。[①] 至此，针对不同主体的环境规制政策体系趋于完整，表2-1列出了部分环境规制典型政策。

---

① 余泳泽、尹立平：《中国式环境规制政策演进及其经济效应：综述与展望》，《改革》2022年第3期。

表 2-1　　　　　　　　　　分主体环境规制典型政策

主体	政策	出台时间	指向意义
政府	《关于保护和改善环境的若干规定（试行草案）》	1973 年	标志着我国环境规制体系初步构建
	《环境保护法》	1989 年	标志着我国环境规制立法体系的初步形成
	《中国环境与发展十大对策》	1993 年	意味着环境保护升级为发展问题
	成立环境保护委员会	1993 年	随后全国相继设立环境管理机构，管理体系开始完善
	国家环境保护局被提升为正部级单位	1998 年	党中央和国务院对环境保护工作上升到一个新高度
	《清洁生产促进法》	2002 年	第一部循环经济立法，标志着中国污染治理模式开始由末端治理向全过程控制转变
	党的十七大报告	2007 年	首次提出了"建设生态文明"理念
	党的十八大报告	2012 年	生态文明建设与其他四项建设并列纳入"五位一体"总体布局
	新修订《环境保护法》	2015 年	史上最严厉，对环境违法行为惩治力度大大加强
	《中华人民共和国宪法修正案》	2018 年	"生态文明"被正式纳入宪法
企业	《环境保护税法》	2016 年	首部专门体现"绿色税制"的单行税法
	《环境保护税法条例》	2017 年	意味着环保"费改税"正式完成，实施了 40 年的排污费征收制度改为环保税
公众	《环境影响评价公众参与办法》	2018 年	引导公众监督规范参与环境治理

三　环境规制对工业发展的影响

（一）环境规制与绿色技术创新

当前，随着改革开放和现代化进程加快，我国经济水平不断提高，中国工业发展的重点也从高速发展转变为高质量发展。高质量发展不再止步于对环境造成不可逆危害的粗放式经济，而是更强调具有活力、创新力和竞争力的绿色经济发展模式。环境规制与绿色技术创新所组成的绿色发展对工业高质量发展起着至关重要的作用。把握环境规制强度、制定科学的环境规制政策可以促进企业提高绿色技术创新能力，最大限度地实现社会经济发展。

环境规制与绿色技术创新的协调关系聚焦于"补偿效应"和"成本效应"。"补偿效应"指的是，环境规制政策会促进企业提高污染排放标准，促使企业进行技术创新，进而规制污染排放；"成本效应"指的是环境规制会挤占技术创新的成本，使得企业减少对技术创新的投入。"波特假说"认为，实现环保政策对经济产生影响的主要途径是促进企业进行技术创新或采用创新性技术，虽然可能在短期内增加成本，但在长期内可以提升企业生产效率，增加企业竞争力，从而抵消由环境保护带来的成本并且提升企业在市场上的盈利能力，促进经济增长。当前相关研究大都认为环境规制与绿色技术创新之间存在 U 型或倒 U 型的非线性关系。因此，关注环境污染程度和技术创新水平，重视环境规制与绿色技术创新的协调程度，加强政府宏观调控力度，可以使得环境规制与绿色技术创新实现协同互补发展，实现经济高质量发展与环境规制之间的双向反馈。

（二）环境规制与产业结构调整

经济发展和环境保护协调统一可以实现经济绿色发展。中国在经济发展过程中努力规避"先污染后治理"的发展路径，但部分地区的环境污染问题仍十分严重。中国致力于通过环境规制倒逼产业结构向服务性经济转型升级，实现经济发展与环境保护的协调统一和互利双赢。

环境规制强度越高，越能推动产业结构调整升级，严格的环境规制政策下，企业将适当地降低产量、限制要素投入、更多地购买排污设备。随着要素投入结构的调整，越来越多的环保低碳生产技术及服务投入生产过程中，进而使得服务业增长，从而加快产业结构转型。对于部分污染密集型产业来说，环境成本的增加将影响企业的有效规模，部分中小型污染企业会因为缺乏经费更换购买生产及治污设备，无法产生规模经济实现经济增长，进而退出市场。污染密集型产业逐步退出市场，清洁绿色产业得到政策支持和有效发展，势必导致产业结构不断调整升级。从企业进入市场的角度来看，严格的环境规制会增加污染企业进入市场的边际成本和沉没成本，进入市场的清洁型企业会逐渐增多。环境规制所产生的进入壁垒，可以有效抑制污染密集型产业的规模扩张，在环境规制政策的推动下，国家会在产业政策及财政政策上对清洁型企业给予支持，促进绿色产业不断向好发展，进而实现产业结构调整。

（三）环境规制与产业转移

近些年，区域间产业转移已经逐渐成为经济发展的必然趋势，随着经济发展及区域产业调整，污染产业所带来的环境问题日益严重，从发达地区转移到欠发达地区的污染产业逐渐增多。污染转移对转入地的经济增长、生态建设和可持续发展造成了负面影响。中国旨在通过环境规制政策实现转入地区经济与环境的协调发展、互利共赢，以期达到工业高质量发展的正向作用。

"污染避难所"假说认为，部分地区环境标准严格、环境政策完善，而部分地区对于环境问题不够重视，对于存在污染问题的产业未进行规范限制，故污染企业会从环境标准严格的地区转移到管理宽松的地区。环境规制政策的严格程度与企业的生产成本成正比，环境规制政策越严格，企业生产的环境成本越高，进而对污染产业转移造成的影响越大。国家致力于通过适宜的环境规制政策控制部分污染产业的转移，同时通过加强转入地的相关环境政策减少给转入地带来的不利影响，实现转入地经济发展和环境保护的双赢局面。环境规制促使污染企业在产业转移的过程中不断进行绿色创新、清洁生产。污染产业转入后，随着技术创新以及技术水平的提高，产业的污染排放可能会减少，甚至转向清洁产品，产业转型调整为清洁产业，进而促进转入地区的经济发展。同时，转入地也可以通过环境规制政策提高产业进入门槛，使得产业间不断优胜劣汰，促使污染产业淘汰出市场或加速转型。

第三节　环境规制下产业转移与沿黄城市群工业高质量发展

沿黄城市群作为我国"一带一路"陆路重要地带，是我国重要的能源、化工、原材料工业基地，其实行的环境规制政策、产业转移举措与地区工业高质量发展息息相关。本节将从沿黄城市群的环境规制政策、工业发展成就、产业转移经验等方面分析承接产业转移对地区工业高质量发展的影响。

一　沿黄省份环境规制与经济发展

（一）沿黄省份环境规制

黄河自西向东流经八省份，分别是青海、甘肃、宁夏、内蒙古、陕西、山西、河南、山东，是我国重要的生态屏障和经济地带，在经济社会发展和生态安全方面具有举足轻重的地位。沿黄省份环境成本较大，工业废水、工业二氧化硫、工业烟（粉）尘排放量及排放强度高。在1999—2019年内工业废水排放呈波动上升趋势，2019年达524710.8万吨，相比于1999年增加182049.8万吨。工业二氧化硫排放量较高，总排放量在1999—2015年期间皆呈现上升趋势，2011年排放量达到顶峰，为811.41万吨，2016年出现大幅下降，2015年排放683.55万吨，2016年减为380.08万吨，2019年二氧化硫排放量进一步减少，表明黄河流域工业废气排放治理成效显著。黄河流域工业烟（粉）尘排放量及排放强度在1999—2019年期间呈现波动下降趋势，在2014—2015年出现短期反弹，2017年黄河流域工业烟（粉）尘排放最少，为247.4万吨，相比于1999年的632.5万吨减排60.9%。[①] 总体来看，黄河流域清洁生产水平较低，工业污染问题突出。国家高度重视黄河流域的治理和综合开发，围绕水资源节约、水污染防治、水土流失控制等方面取得明显成效，黄河流域环境规制政策的发展变化可以分为起步发展—逐步完善—全面推进三个阶段。

---

① 资料来源：国家统计局。

1978—2000年，环境规制政策起步发展阶段。改革开放以来，黄河流域治理着眼于水资源的合理利用与保护及水土流失综合治理工程，国家一方面制定水环境质量标准和排污标准，考察评估水资源利用情况及提高水资源利用率，另一方面积极开展植树种草，治理水土流失，发展生态农业。1980年水利部颁发了《关于引黄灌溉的若干规定》，强调做好引黄灌溉，促进农业生产，1988年《中华人民共和国水法》提出实行用水总量控制和定额管理，水资源集约使用，1995年《取水许可水质管理规定》提出利用经济手段促进社会公众节约用水，1998年《全国生态环境建设规划》提出要加强生态功能区建设，控制生态保护区放牧、矿产开采规模，防治荒漠化。这一时期政府接续出台相关政策文件，水资源节约利用、水土流失等工作成效明显。

2000—2012年，环境规制政策逐步完善阶段。这一阶段黄河治理强调污染防治与生态保护并重，在加强环境治理的同时还要采取有效预防措施，2000年《全国生态环境保护纲要》提出完善黄河源头生态功能区规划，加强生态修复，减轻经济活动对生态环境的损害，2006年，国家颁布《取水许可和水资源费征收管理条例》，以期利用市场规制手段强化流域水资源集约利用。2008年《黄河中上游等重点流域水污染防治规划》提出采用现代农业技术提升水资源利用效率，同时发展节水型工业。2010年，国家颁发《黄河中上游流域水污染防治规划》，提出要建立和完善流域水污染防治工作机制，控制工业废水排放，提升农业清洁生产技术，加强植被修复工程实施。2011年《全国主体功能区规划》提出建设生态经济示范区。这一时期黄河治理不仅关注水资源节约利用，更加重视黄河污染综合预防和治理。

2012年至今，环境规制政策全面推进阶段。资源环境约束与经济发展之间的矛盾始终受到党和国家的高度关注，2012年生态文明建设被纳入五位一体总体布局中，《全国生态环境保护与建设规划（2013—2020）》明确指出了黄河流域发展的重点任务和目标。2015年在《环境保护法》实行排污许可管理背景下，黄河流域各省区也相继出台一系列政策文件，发展集约型高效节水农业，加大工业废水和荒漠化治理，强化生态修复与保护。2016年《关于全面推行河长制的意见》提出要落实地方政府环境治理保护的考核评估和监督。2019年,黄河流域生态保护和高质量发展上升为重大国家战略,2021年中共中央、国务院印发《黄河流域生态保护和高质量发展规划纲要》,表明在黄河流域的治理开发开辟新局面、步入新阶段。这一时期,党和国家综合运用经济、行政各类政策工具,助力黄河流域治理取得显著成绩。

(二) 沿黄省份经济发展

黄河流域作为我国"一带一路"陆路重要地带和生态屏障密集区,在国家工业经济发展大背景下,沿黄城市工业得到了有效发展。总体来看,如图2-1,黄河流域国内生产总值逐年上升,2022年达250235.4亿元,是1999年的近14倍,占全国总量比例在20%—25%之间浮动,1999—2012年期间黄河流域GDP总量占比逐年上升,2012—2022年占比逐年下降。2019年国家提出推进黄河流域生态保护和高质量发展,并上升为重大国家战略,黄河流域发展面临良好机遇,迎来新契机。

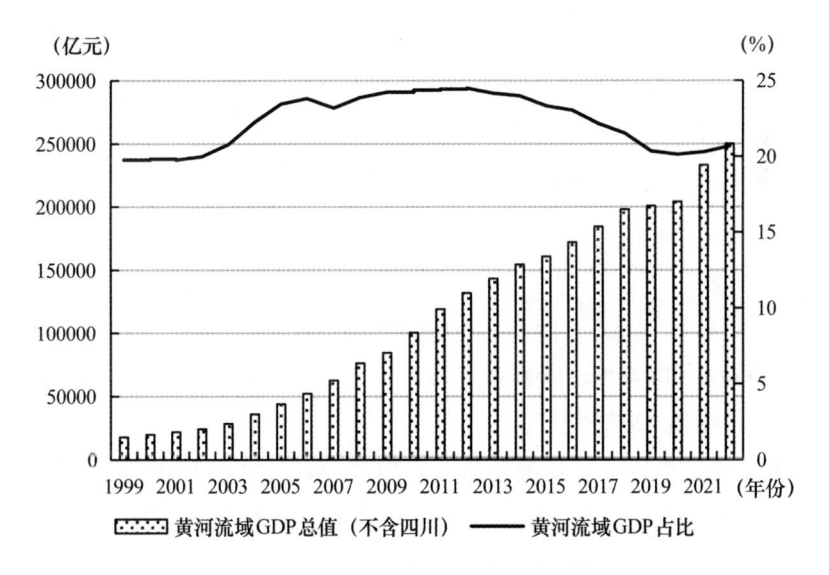

图2-1 黄河流域GDP总量及占比

资料来源:国家统计局,作者加工计算。

按照人均GDP计算,如图2-2。黄河流域省份大致分为三层次,第一层次分别是内蒙古和山东,人均GDP高于全国平均水平,其中内蒙古最高，2022年人均GDP为96474元，是全国平均水平85698元的1.1倍，第二层次分别有陕西、河南、山西、宁夏和青海，甘肃省为第三层次，人均GDP在八省区排名最后，2022年为44968元，仅为全国平均水平的一半。总体来看，八省区经济总量及人均水平均表现为上升趋势，但多数省区未达到全国平均水平，且与平均水平的差距有所拉大，黄河流域宏观经济发展落后于全国平均水平。

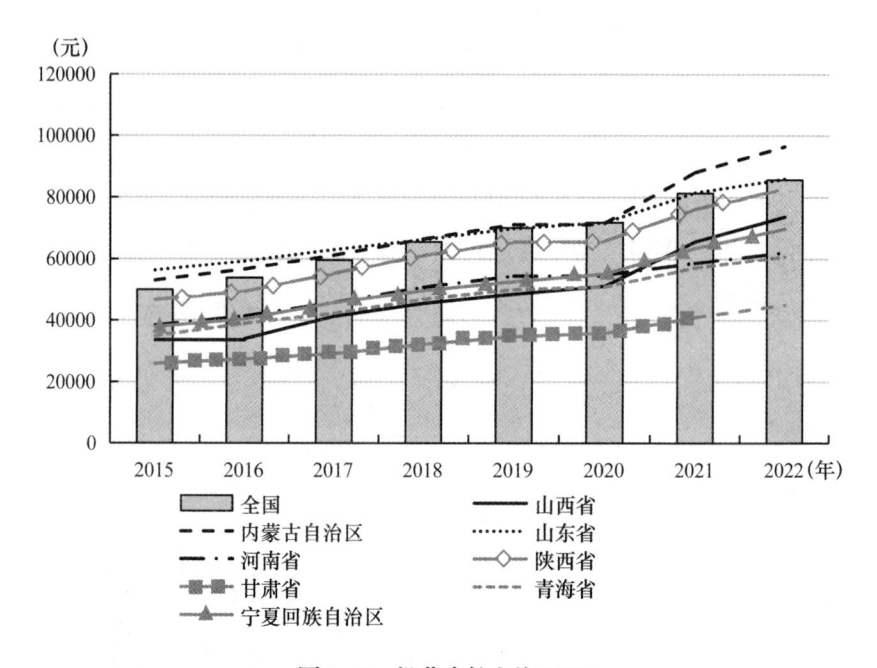

图2-2 沿黄省份人均GDP

资料来源：国家统计局，笔者加工计算。

近年来，沿黄省份创新主体不断增大，产业实现转型升级，各省份着力培养现代化优势产业集群，肩负起黄河流域高质量发展的任务重担。2022年年底，山东"四新"经济增加值占地区生产总值的32.9%；高新技术产业产值占比达到48.3%；沿黄9市高新技术企业数量达到12000家；产业数字化指数达80.3，居全国首位。河南沿黄流域9个市区以及省内示范区GDP占全省总量的55.3%，制造业增加值约占全省的60%，一般公共预算收入占全省的63.41%。各类数据证实，沿黄省份各城市的工业发展已成为本省区的重中之重。

经过多年的艰辛探索和不断努力,黄河流域治理取得巨大成就,水污染程度显著下降,氨氮排放量也最少。宁夏减排减污成效最为显著,从2004年两项指标排放远高于其他省区到与其他省区排放量持平,化学需氧量排放最多时达236吨,同年氨氮排放量为28吨。山东省多年排放量均为八省区最低,清洁生产水平远远领先其他省区。

二 沿黄省份产业转移相关政策及典型经验

(一)沿黄省份产业转移基础

黄河流域是我国重要的能源、化工、原材料工业基地。黄河流域中上游存在产业未及时转型调整的问题,而黄河流域下游则多分布污染密集型产业,故环境规制、产业集聚、要素成本是黄河流域产业时空演变的重要影响因素。当前对黄河流域各省份经济研究的重点体现在环境保护与工业发展、产业转移与绿色发展等关键问题上。

沿黄省份承接产业转移的优势体现在自然资源丰富、产业基础雄厚、生产要素成本优势低等方面,故要求沿黄省份采取合适的承接产业转移举措,制定科学的承接产业转移规划,加强示范区各片区建设,促进产业链纽带作用,实现产业集群式发展。沿黄流域经济水平持续上升,工业发展稳步向好,区域综合发展实力明显提升,其地区发展基础及区域特色发挥着重要作用。沿黄经济带资源禀赋良好,具有极大的发展潜力,沿黄城市集中了全区90%以上的水资源,70%的粮食产量,煤炭储量超过2000亿吨,风能、太阳能等新能源发展势头良好,水源土地煤炭形成了组合优势,成为承接东部地区产业转移的重要基地。同时沿黄省份各城市产业结构不断优化,形成了以能源化工、特色农产品加工、新材料产业为主的优势产业链。在基础建设和区域协调方面,沿黄城市综合交通网络完善,区位条件不断改善,区域合作向纵深发展,一体化趋势明显。各个方面的基础条件为沿黄省份实现产业转移提供了动力和潜能。

(二)沿黄省份面临的产业转移政策

近年来国家出台一系列区域发展政策,加快沿黄城市经济区迅速发展。例如《国务院关于印发全国主体功能区规划的通知》《中共中央 国务院关于深入实施西部大开发战略的若干意见》。同时国家重视沿黄省份产业转移进程，出台系列指导意见倡导沿黄省份积极承接产业转移，推进各个省份示范区以及晋、陕、豫黄河金三角地区承接产业转移集聚区建设，重点承接产业链关键环节。同时，国家也针对地区出台承接产业转移的指导意见，例如针对黄河上游省份所处的中西部地区出台《国务院关于中西部地区承接产业转移的指导意见》《国务院办公厅印发贯彻落实国务院关于中西部地区承接产业转移指导意见重点工作分工方案的通知》，强调中西部地区要主动承接东部地区产业，各地区要不断发挥传统产业优势，加大在新型材料、装备制造方面的承接力度，不断促进工业高质量发展。同时国家针对各省份具体出台了经济发展相关指导文件，例如，针对内蒙古出台《国务院关于进一步促进内蒙古经济社会又好又快发展的若干意见》，要求内蒙古承接发达地区产业转移，聚焦能源、化工、装备制造业及其传统优势产业，不断促进本地区高新技术产业、资源密集型产业集群式发展。

在地方上各省份也结合地区发展特色，发挥传统产业优势，出台多项产业转移配套举措，在财税、金融、投资、土地等方面给予必要的政策支持。[①] 例如，河南片区的政府相继出台《关于深入实施创新驱动发展战略推进高质量发展的若干意见》《大力引进高层次创新创业人才（团队）的若干意见》《招商引资与对外开放体制机制改革实施方案》，不断鼓励人才引进，支持技术创新，通过精准承接产业转移，不断提升产业发展的内生动力；[②] 陕西省政府发布《陕西省沿黄生态城镇化规划》，提出以特色发展、产业提升、城镇集聚为主要动力，加快推进陕西省沿黄地区振兴发展，促进全省经济稳步提升；甘肃省委、省政府印发《甘肃省黄河流域生态保护和高质量发展规划》，发挥农村特色产业优势吸引其他地区工商资本入乡发展，以城乡融合促进产业转移，协同推进兰州—西宁城市群建设，强化兰州黄河上游中心城市地位，促进黄河上游地区

---

① 张学刚：《内蒙古承接发达地区产业转移的战略思考》，《北方经济》2012年第1期。
② 国家发展改革委：《晋陕豫黄河金三角承接产业转移示范区河南片区多措并举打造中西部承接产业转移高地》，《中国经贸导刊》2021年第15期。

协调、产业联动。各省份通过不断加强政府规范管理，提高政府服务行政能力，促进区域间合作共赢，优化区域间产业布局，以此实现产业规范化集群式发展。

（三）沿黄省份产业转移典型经验

党的十八大以来，在党中央的正确领导下，沿黄省份工业发展取得了显著成就，经济总量在全国的占比持续上升，基础设施建设明显改善，科教实力不断增强，在国家经济社会发展过程中起到了至关重要的作用。在发展过程中，不平衡不充分的问题也逐步显现，黄河上游开放水平不够，产业技术创新能力不足，生态绿色发展格局也有待改善。在这个过程中，为实现产业转移，各地区在涉及土地、税收、产业等各个方面施行了许多举措，形成了值得借鉴的有效经验。

沿黄各省份城市为促进产业转移，在土地方面由政府统一给土地定价，让利于区域外投资者，同时设立区域外投资企业发展扶持基金，扶持、激励企业发展。通过强化区域辐射带动能力，优化产业链，实现创新驱动发展，协同西部周边地区打造地域特色鲜明的经济发展体系。重点通过甘肃兰州和青海西宁打造黄河上游生态经济协同发展示范区，发挥兰西城市群辐射带动作用，强化溢出效应，加强城市群创新发展，不仅使得各地区传统产业优势明显，也提升了城市群的协调发展能力。在产业转移的层面，有效发挥政府的统筹协调和政策规范作用，从政府层面打破区域间的行政制度壁垒，实现各地区间要素、资源的共享与流动。通过规范的产业转移政策实现公平竞争与互助合作，不断推进产业结构调整升级，促进工业高质量发展。[①] 沿黄省份持续发挥独有的区位优势和交通便利因素，利用丰富的自然资源和人力资源，使得本省在承接产业转移的过程中不断实现创新、协调、绿色、开放、共享的高质量发展。[②]

---

① 郭云冬、陈文烈、王述友：《源头视域下青海省"黄河战略"方位与路径》，《青海师范大学学报》（社会科学版）2022年第4期。

② 罗吉：《新一轮西部大开发背景下西部地区承接产业转移的问题与对策分析——以四川省为例》，《四川文理学院学报》2014年第1期。

三 承接产业转移对沿黄城市群工业高质量发展的影响

黄河流域整体处于产业转型升级、区域经济飞速发展的关键时期。在这个阶段,实现工业高质量发展是推进黄河流域现代化进程和可持续发展的重要前提。承接产业转移可以促进承接地和相邻地区不断进行技术创新和产品研发,通过增强环境规制政策强度、设置污染产业进入壁垒,在优胜劣汰的过程中,使得污染产业不断转型升级为清洁产业。同时生产要素和资源禀赋的有效流动也可以促使两地区之间实现协调、互利、稳定的高质量发展。总体来看,产业转移对产业结构调整、产业技术创新、产业协调发展、生态环境改善都有着重要作用。

(一) 促进区域间产业结构调整

承接产业转移可以不断促进承接地区的产业结构升级,先进产业进入该地区,使得采用先进生产技术和具有创新研发能力的产业在该地区占比增加,同时先进产业带来的溢出效应也可以促进传统产业在原基础上不断改良创新,最后实现区域产业结构优化升级。产业结构调整可以使得原主导产业不断向外延伸,而本地区又将生产要素集中到新承接的产业上,为结构调整升级创造了条件。对于新地区而言,承接其他地区产业转移可以加快本地区经济结构调整,缩短产业升级时间,从而加快地区工业化进程。产业转移可以增强地区自身竞争力,促使该地区发现新的经济发展路线,部分不具有比较优势的产业,出于对成本、效率的考虑,会逐渐退出市场。[1] 同时产业承接地借助产业转移也可形成产业集群,促使该产业发展为更新更先进的产业链条,推动经济快速发展。

(二) 促进区域产业技术创新

产业转移促进了承接地区的技术创新。原有传统产业为避免要素和发展机遇的流失,会不断对自身现有的生产过程进行反省完善,发展处于开发期和增长阶段的产业可以促进技术创新和产业结构调整,在产品设计及生产革新上进行新一轮研究;发展处于成熟期和衰退期的企业可

---

[1] 戴宏伟、王云平:《产业转移与区域产业结构调整的关系分析》,《当代财经》2008年第2期。

以促进产品改革升级,最终促进地区现有产业链实现技术创新上的整体提升。产业转移也可能是把双刃剑,其带来的技术剥夺会影响原有地区产业的技术创新能力,这就需要政府制定合理的产业发展政策,使得传统产业和转移产业不会在资源要素的使用上对冲,最终不断促进产业集群发挥各产业的溢出效应,促使各类产业实现正向激励和共同发展。

(三) 促进区域间产业协调发展

承接产业转移可以促进沿黄城市群生产要素的综合利用,促使沿黄省份区域间产业协调发展。沿黄城市群各示范区拥有丰富的自然资源和劳动力资源等,承接产业转移后可以给该地区带来技术、知识、资本、高水平管理等要素,可以补齐本地区在生产要素和资源禀赋方面的短板,给当地的经济发展创造条件。在生产过程中各方面资源不断流动,使得资源得到充分利用,各类有价值的生产要素在各地区共享,相较局限于原地区产生了更大的边际效益。在人力资源方面,承接产业转移可以给承接地区带来更多更广的就业机会,也在产业转移的过程中不断进行人才和劳动力资源的有效转移,使得承接地区在技术、要素、人力方面实现同步跃进。

承接产业转移可以带动沿黄城市群传统产业及当地特色产业的联动发展,促使产业间产生更为紧密、复杂的联动关系,使得承接地区产业产生溢出效应和规模经济。产业转移推动了经济一体化发展,形成了地区间的分工与合作,政府根据地区客观发展规律,依据地区产业发展和城市建设规划,结合理论知识和相关成功经验,对不同区域进行分工,明确不同区域的产业发展重点,不断发挥区位优势和区际协同联动作用,合理规划资源要素的使用与分配,减少无序竞争。

(四) 转变改善区域生态环境

科学制定产业转移政策,高效承接产业转移,可以促进沿黄城市群经济和环境不断向好发展。产业转移对转出地区和转入地区的自然环境都有影响,既可以改变区域地理景观,也可以带来环境污染的转移和集中。制定有效的产业转移政策可以促使承接地区实现经济发展和环境保护的双赢。承接地区通过制定合理的环境规制政策,可以提高产业进入门槛,通过优胜劣汰对污染产业进行筛选,也会促使转入的污染产业加速绿色创新，并激励原有产业为实现经济效益不断进行绿色升级。污染产业转入后，随着技术创新以及技术水平的提高，污染产业将不断转型调整为清洁产业，促使区域生态环境得到改善。在承接产业转移后，政府重新规划该地区的重点发展产业，选择优势明显且具有发展潜力的地区作为主导产业，同时坚持科学发展观和可持续发展战略，控制污染产业转移，通过设置污染产业进入壁垒，鼓励企业进行技术创新和结构调整，实现经济发展和环境保护的互利双赢。[①]

就沿黄省份产业转移而言，承接产业转移的规模逐年上升，承接项目多集中在资源密集型产业，且各沿黄省份实行的环境政策、产业政策、金融政策也在承接产业转移的过程中发挥着重要作用。从结果上看，承接产业转移为承接地区提供了更多的就业岗位，增加了地区就业机会，同时实现了承接地区产业转型升级，促进该地区原有产业不断实现技术创新和技术研发，并通过优胜劣汰，将污染产业逐渐转型为清洁产业。沿黄城市群通过不断加强吸引产业转移的政策力度，完善产业配套基础设施建设，实施技术转移、人才转移协同举措，发挥金融在承接产业转移过程中的重要作用，不断展现产业优势和核心竞争力，实现地区经济飞速增长和工业高质量发展。

第四节 本章小结

本章首先对经济学中的环境问题及相关理论进行了梳理总结；其次从环境问题出发引出对环境规制内涵的界定，并从环境规制角度论述其对工业发展的影响；最后归纳了环境规制下的产业转移政策，并立足研究主体沿黄城市群，分析该地区承接产业转移对工业高质量发展的影响。本章主要得出如下结论。

1. 学术界对环境问题的研究已形成体系。因环境规制而进行产业转移已成为区域发展常态，污染避难所假说和波特假说为解释分析这一现象提供了理论支持，现行的环境保护命题，多为通过环境规制政策来规

---

① 谯薇：《西部地区承接产业转移问题的思考》，《经济体制改革》2008 年第 4 期。

避负外部性、促进企业创新，本书主要研究承接产业转移对地区工业高质量发展的影响。

2. 通过调整环境规制强度，可以达成调整产业结构、实现工业高质量发展的效果。当前工业高质量发展更加强调具有活力、创新力和竞争力的绿色经济发展模式，在这一模式下，区域间产业转移已成为必然趋势。把握环境规制强度，可以促进地区绿色技术创新、产业结构调整、承接产业转移，进而实现工业高质量发展，逐步提升地区竞争力。

3. 沿黄省份环境问题突出、环境成本较高，环境规制政策经历了起步发展、逐步完善、全面推进的过程。国家高度重视黄河流域的治理和综合开发，并帮助黄河流域总结了环境规制和承接产业转移方面的典型经验。承接产业转移有效促进了沿黄城市群工业高质量发展，在促进区域产业结构调整、产业技术创新、产业协调发展、生态环境改善等方面起着重要作用。

第三章

沿黄城市群产业转移动力机制与特征

产业转移是驱动地区经济发展的重要因素,对黄河流域城市群工业高质量发展有着重要影响,随着产业基础的不断升级,产业转移的理论基础也在不断深化。本章对于第二章引出的环境规制下的产业转移进行了细化分析,以理论加实践的叙述逻辑,从产业转移相关概念出发,梳理了产业转移的相关经典理论、动力机制与演化过程,剖析了国内产业转移的逻辑演进和效应,评估了产业转移对区域经济发展、产业结构调整和产业升级等方面的影响,并对产业转移的测度方法进行了针对性说明,最后对本章研究对象——沿黄城市群承接产业转移现状进行了时空演化与分析。

第一节 产业转移的理论发展及动力机制

本节分为概念、发展和动力机制三部分,首先对产业转移相关概念进行了界定,随后在三次工业革命及其引起的四次国际产业转移浪潮的基础上,按时间顺序对国际上经典的产业转移理论作了简要介绍,剖析国内产业转移的逻辑演进和效应,评估产业转移对区域经济发展、产业结构调整和产业升级等方面的影响,并结合当代新生产力以及技术变革的新背景,介绍了产业转移在当代新产生的模式变化。最后在动力机制部分借鉴比较优势理论、产品生命周期理论、配第—克拉克定理等经典产业经济理论，从市场与非市场的视角将产业转移的动因分为成本驱动型、市场驱动型、效率驱动型和政策驱动型四个方面，同时还结合推拉理论对产业转移进行了多角度分析。

一 产业转移相关概念界定

（一）产业

产业一直是经济学家重要的研究对象，而其概念却十分复杂，关于产业的常见定义大概有以下几种：高志刚（2022）[①] 从供需的角度阐述了产业的概念，简言之，产业是具有共同属性的企业的集合，随着社会生产力的不断进步，产业也逐渐形成了多层次的经济系统；于立宏和孔令丞（2017）[②] 认为产业（或行业）是由具有某种同类属性的、相互作用的经济活动组成的集合或系统，其含义和范围因研究角度而异。

国内外许多学者都对产业分类提出了自己的见解，本章在此列举两种常用的产业分类方法。一是马克思的两大部类分类法。马克思为了深入剖析不同物质生产部门之间的内在联系，依据产品在生产中是作为生产资料还是生活资料将社会生产部门分为两大部类，分别为生产生产资料的部类和生产消费资料的部类，该方法揭示了社会再生产过程得以顺利实现的必要条件。二是三次产业分类法。1935 年新西兰经济学家费舍尔[③]首先创立三次产业分类法，他将人类经济活动的发展历史分为三个阶段，将处于第一阶段的产业称为第一产业，主要包括种植业、林业、畜牧业和渔业在内的农业部门；将处于第二阶段的产业称为第二产业，主要包括以采矿业、电力等在内的制造业；将处于第三阶段的产业称为第三产业，其主要是指流通部门和服务部门。1984 年我国首次制定了《国民经济行业分类》，此后经过了四次修订，目前分为 20 个门类，包括农、林、牧、渔业；采矿业；制造业；交通运输、仓储和邮政业；金融业；

[①] 高志刚编：《新编21世纪经济学系列教材 产业经济学（第3版）》，中国人民大学出版社2022年版，第2页。

[②] 于立宏、孔令丞：《产业经济学》，北京大学出版社2017年版，第1页。

[③] H. W. M., "Review of The Clash of Progress and Security", by Allan G. B. Fisher. *Journal of the Royal Statistical Society*, 1936, 99 (1): 186–188.

（二）产业转移

产业转移作为经济发展的动力，一直是经济学家重点关注的话题，关于产业转移的定义也各有不同。李志国等（2023）[①] 从要素转移的角度将产业转移定义为生产要素和资源在地理上的迁移；付晨玉等（2023）[②] 从产业转移主要表现和基础的角度认为产业转移是指某一国家或地区因失去对特定产业的比较优势，而将这些产业转移到其他国家或地区的现象或过程，是各区域产业发展在空间布局上的重构。宋准等（2022）[③] 则认为产业转移是一个动态的概念，是随着产业的生命周期推进，产业在地域上出现的再分工行为。魏阳等（2023）[④] 从区域分工与合作的角度进行概括，认为环境的变化迫使企业通过区域间的产业分工与合作，谋求产业结构优化和纵深发展，而这便是产业转移的成因。罗良文等（2020）[⑤] 认为产业转移是指产业在空间分布上产生的重大变化，主要是由于经济发展水平和要素禀赋等因素导致部分产业区位产生重置的过程。在关于产业转移的相关研究中，许多学者都对其作了宏观解释，但是较少有学者从微观企业角度对产业转移作出定义，制造业企业对外进行产业转移的方式可分为空间转移和资本转移，二者具体实现形式为直接投资。直接投资是指企业直接参与的投资活动，包括四种形式：首先为投资者通过开办独资企业的方式直接参与异地生产过程；其次为与当地企业合作开办合资或者合作企业，并派人员参与管理以确保企业的顺利运营；再次，企业仅仅参与资本投资而不参与生产经营；最后，投资者通过股权收购

[①] 李志国、蔡华、马青原：《跨区域科技成果转化与产业转移新模式——基于扎根理论的探索性研究》，《技术经济》2023年第42卷第7期。

[②] 付晨玉、秦尊文：《地区产业转移与承接能力评价——以长江三峡生态经济走廊为例》，《科技进步与对策》2023年第40卷第17期。

[③] 宋准、孙久文、夏添：《承接产业转移示范区促进了城市创新创业吗？——基于城市层面面板数据的研究》，《西南民族大学学报》（人文社会科学版）2022年第43卷第12期。

[④] 魏阳、段翔兮、陈玉敏等：《成渝地区双城经济圈产业转移与协同布局研究——基于产业转移电力粘性系数分析》，《资源开发与市场》2023年第39卷第2期。

[⑤] 罗良文、赵凡：《中国高耗能产业转移的定量测度和影响因素研究》，《学习与探索》2020年第11期。

的方式,取得企业部分经营权。以上四种直接投资方式对于转移企业实际参与生产经营的程度而言是越来越弱的,企业可根据实际生产产品和扩张目的的不同而选取不同的直接投资方式。从空间层面来看,产业转移现象实质是产业发展至某一特定阶段时不同区域间相互影响的结果;从产业层面来看,是产业资源在国家或地区之间优化配置的过程。[1] 综合以上研究结论,并结合本书企业地理区位变化的研究角度给出产业转移的定义:产业转移是企业出于降低成本、政策引导等原因将产品生产环节向其他地区转移的行为,具体表现为企业通过成立子公司、设立分支机构或者搬迁公司住址的方式,将生产资料或物质资料从原公司所在地向子公司注册地、分支机构所在地或搬迁后公司所在地迁移。

(三)承接产业转移

承接产业转移是指在产业转移过程中,国家或地区政府和相关企业充分发挥自身的资源优势、人力资源优势,积极建设综合配套改革试验区,主动承接本国其他地区或国外转移过来的企业直接投资或企业的迁入。

产业转移行为可以具体细化为产业转入与产业转出两个行为,产业转入指的是某个地区或国家接受来自其他地区或国家的产业转移,即成为产业转移的目的地。当某一产业因资源供给、市场需求或成本结构等因素的变化,在原发展地逐渐失去竞争优势时,企业为了寻找新的发展机遇或市场,会考虑将产业转移到其他具有更好发展条件的地区。这些接受产业转移的地区或国家,就实现了产业的转入。产业转入对于接收地区来说,往往意味着新的经济增长点和就业机会的创造,可以推动当地经济的快速发展。同时,转入产业带来的技术和管理经验,也有助于提升当地产业的整体水平。然而,产业转入也可能带来一些挑战,如环境压力的增加、资源消耗的加剧等,需要当地政府和企业共同应对。

产业转出是与产业转入相反的一个概念,指的是某个地区或国家将其不再具有竞争优势的产业转移到其他具有更好发展条件的地区或国家。

---

[1] 王跃杰:《产业转移背景下基于因子分析的湖北物流能力评价研究》,硕士学位论文,武汉理工大学,2010年。

这种转移通常是由于资源供给、市场需求、成本结构或技术变革等因素的变化，导致原发展地的产业逐渐失去竞争力。为了寻找新的发展机遇或市场，企业会选择将产业转移到其他地区，以实现资源的优化配置和经济的持续发展。产业转出对于转出地区来说，是经济发展到一定阶段后的必然选择。通过将失去竞争力的产业转出，转出地区可以集中力量发展更具竞争力的新兴产业，推动经济结构的优化和升级。但产业转出也会对转出地区造成一些影响，如短期内可能出现就业压力和经济波动，因此在产业转出时，转出地区需要妥善处理这些问题。在全球化背景下，产业转出已成为一个普遍现象。不同地区和国家通过产业转移实现资源的优化配置和经济的协同发展。对于希望实现产业转出的地区来说，需要积极寻找合适的接收地区，加强合作与交流，推动产业的顺利转移。

国务院发布的《关于中西部地区承接产业转移的指导意见》中强调，产业转移是优化生产力空间布局、形成合理产业分工体系的有效途径，也是推进产业结构调整、加快经济发展方式转变的必然要求。通过承接产业转移，中西部地区可以加速新型工业化和城镇化进程，促进区域协调发展，同时也有助于推动东部沿海地区经济的转型升级，从而在全国范围内优化产业分工格局。在实际操作中，各地政府通常会通过建设产业转移示范区或工业园等方式，为承接产业转移提供政策支持和优惠条件，吸引企业迁入。这些示范区或工业园在土地、税收、财务、人才等方面给予企业一系列支持，创造良好的营商环境，并注重技术创新和人才培养，以推动科技创新和产业升级。总的来说，承接产业转移是一个复杂的经济过程，涉及政府、企业、劳动者等多个方面，其目标是实现资源的优化配置和经济的可持续发展。

二　产业转移的发展

（一）产业布局理论基础

工业区位论作为工业布局与选址的重要理论基础，为产业转移行为提供了重要的理论指导和实践指导，有助于企业更好地把握产业转移的机遇和挑战，实现产业的升级和转型。工业区位论是德国著名经济学家韦伯提出的概念，主要探讨了工业区位选择的因素和影响。韦伯认为，工业区位的选择受到地理条件、交通条件、原材料供应、市场需求和劳动力等多方面因素的共同影响。其中，地理条件包括地形、气候、水资源等，直接影响到工业生产的效率和成本。交通条件则决定了原材料和产品运输的便利性和成本，进而影响工业布局。原材料供应和市场需求是工业区位选择的另外两个重要因素，工业企业需要充足的原材料供应和稳定的市场需求来保障生产和销售的顺利进行。此外，劳动力也是决定工业区位的关键因素，劳动力成本和数量都会影响工业区位的选择。韦伯的工业区位论为工业布局提供了重要的理论指导，也对后来的研究产生了深远影响。它不仅揭示了工业区位选择的内在机制，也为政府和企业提供了决策依据，有助于实现资源的优化配置和经济的持续发展。

产业转移是区域经济增长点通过空间布局和投资等渠道向外扩散，带动整个经济整体发展的行为。1950年，法国经济学家佩鲁首次提出增长极理论，该理论是西方区域经济学中经济区域观念的基石，是不平衡发展论的重要依据之一，为产业转移行为本身的合理性与选址布局提供了理论基础。佩鲁[1]在1955年发表的《略论发展极的概念》中表示："并不是每个地方都会出现增长，增长起初以点的形式呈现，然后快速发展，带动周边地区增长，最后影响整体经济环境。"增长极理论认为：一个国家要实现平衡发展只是一种理想，经济增长通常是从一个或数个"增长中心"逐渐向其他部门或地区传导。因此应选择特定的地理空间作为增长极，以带动经济发展。后来又陆续涌现出德国经济学家阿尔伯特·赫希曼的"核心区—边缘区"理论，瑞典经济学家缪尔达尔的"二元经济结构理论"等。总的来说，增长极理论研究的重点建设从空间结构上、经济结构上，利用集聚效应、创新驱动、经济效益不平衡发展，从而形成一个增长点或增长极，不断向外扩散形成辐射效应，最终带动整个区域的经济发展。

(二) 产业转移理论的发展背景

工业革命极大促进了产业的分工与发展，第一次工业革命开始于18

---

[1] 佩鲁：《略论增长极的概念》，《应用经济学》1955年第8期。

世纪中期的英国,[①] 蒸汽机的发明与使用极大提高了工业生产效率,不仅促进了冶铁和采矿业的发展,也促进了交通运输业的革新,由此推动了其他产业的发展。机器大工业的发展使得社会生产力和相关产业得到了空前发展,而生产中过剩的产品出于扩大销售市场和扩大生产原材料供应的目的又推动了国际贸易的发展;此后,在欧洲和美国又发生了第二次工业革命,发电机和内燃机的发明与使用大大加快了机械工业和交通运输业的发展,重工业在世界工业中开始占据重要地位,资本主义国家产业结构的变化导致国际商品贸易的结构也发生了变化,食品和纺织业的比重有所下降,这种产业结构的变化促进了国际分工的形成;第二次世界大战后,以计算机技术的发展及应用为标志的信息产业的发展在世界范围内引发了第三次科技革命,使得资本主义经济得到了空前发展,导致资本主义产业结构发生了重大变化,也为国际贸易的发展奠定了坚实的物质基础。尤其是战后西欧和日本地区的迅速崛起,亚非拉等第三世界国家登上世界舞台,各国经济的迅速发展使得商品国际化、资本国际化和生产国际化程度不断提高,[②] 这种世界经济格局深刻地影响了国际贸易与国际分工,国际产业转移的进程便随之出现并蓬勃开展。

随着工业革命的持续推进,全球范围内先后掀起了四次大规模大范围的产业转移浪潮,推动了全球经济的重塑与升级。第一次产业转移发生在工业革命时期,英国国内产业容量趋于饱和,生产成本提高,在此基础上,逐渐开始向美国、法国进行产业转移;第二次世界大战后,美国引领了以原子能、电子计算机等新技术为主的科技革命,经济重心逐渐向美国转移,美国国内原有的劳动密集型产业和重工业开始向日本和德国转移,日德通过接收美国的产业和资本,逐渐实现了经济的复苏与繁荣;在日德经济迅速发展后,其产业结构也不断升级,开始将落后产业向"亚洲四小龙"——中国香港、中国台湾、新加坡和韩国转移,在此基础上它们形成了出口加工为主导的产业结构,成为新兴的工业化国

[①] 汪海波、李正风、王衍行等:《能源政策演变:基于自然观和发展观维度的分析》,《科技进步与对策》2012 年第 29 卷第 4 期。

[②] 赵仁康:《全球化背景下世界经济发展的双重趋势》,《南京师大学报》(社会科学版) 2001 年第 4 期。

家和地区；第四次产业转移则是欧美日等发达国家和"亚洲四小龙"等新兴经济体出于降低生产成本和接近市场的目的将劳动密集型产业向发展中国家转移。[①] 而回顾中国国内产业转移的进程，由于2008年金融危机和扩张型政策的刺激，我国东部地区企业面临土地和劳动力等生产成本价格大幅上升的问题，因此一些劳动密集型产业向生产资料成本较低的中西部地区转移。例如，凭借劳动力资源丰富、交通便捷以及政策支持等优势，河南省在2010年吸引了富士康在本地的落户，到2018年，河南已经成为全球最大的iPhone生产基地。同时，电子信息产业的转移也促使中西部地区的电子行业产值分别实现了5.12和3.77个百分点的增长。[②]

（三）产业转移经典理论梳理

随着国际和区域间产业转移行为的盛行，产业转移理论取得蓬勃发展。产业转移理论研究始于20世纪30年代，国际上公认的理论大概包含如下几种：赤松要的雁阵转移模型、小岛清的边际产业扩张论、弗农的产品生命周期理论、刘易斯的劳动密集型产业转移理论、巴克利和卡森的内部化理论、邓宁的国际生产折中理论。[③] 随着第三世界国家和众多新兴经济体的发展，国际产业转移的主体也呈多样化发展，发展中国家也出现了对外跨国投资行为；并且随着国际产业转移众多新形态的诞生，国际产业转移理论也出现了深刻的变革，典型特征为由简单的贸易和投资行为深入到生产工序层面；此外，国际产业转移的基本模式也逐渐被打破，发达国家有时跨过新兴经济体而直接向发展中国家转移产业，形成跨级梯度转移模式。[④] 本书在介绍以上变化的基础上加入了国内产业转移的新模式——飞地经济，并对国家对于该模式的相关支持政策作了简要介绍。

---

① 肖进杰、杨文武：《"一带一路"建设中的制造业产能合作研究》，《青海社会科学》2018年第6期。

② 国家工业信息安全发展研究中心主编：《中国产业转移年度报告（2019—2020）》，电子工业出版社2022年版。

③ 王瑞卿：《中部地区承接产业转移的实现机制及其调控研究》，硕士学位论文，湘潭大学，2013年。

④ 余慧倩：《论国际产业转移机制》，《江汉论坛》2007年第10期。

日本经济学家赤松要于1935年和1937年提出著名的雁阵转移模型（Akamatsu），[①] 日文名称是"Ganko – Keitai"，该模型认为后进国家可以通过进口的方式利用先进国的资本和技术，并利用低工资的优势打回先行国市场。[②] 雁阵转移模型详述了日本的工业成长模式，强调可通过结合国际市场与本国的产业发展以实现产业结构的国际化；同时，后起国家可以通过"进口—当地生产—开拓出口—出口增长"这四个阶段来加快本国工业化进程，随着日本国内经济的不断发展，这一理论又被引申和拓展为以东亚为中心的亚洲国家的国际分工和专业结构升级的过程。[③]

传统的比较优势理论对于假设条件的要求极为严苛，在实际运用中常常难以满足。1978年，日本学者小岛清在大卫·李嘉图的经典比较优势理论的基础上将其扩展到日本与美国的国际产业转移中，根据日本对外投资的特点提出了"边际产业转移扩张论"（Kiyoshi Kojima, 1973），[④]他强调日本的对外直接投资不同于美国大型跨国公司的垄断优势，[⑤] 而是主要以中小企业为主体，投资主要集中在经济发展水平较低的资源开发工业或劳动力密集型工业。[⑥] 对外直接投资应该从投资国的边际产业依次进行。该理论扩大了企业跨国经营的适用范围，为那些仅具有比较优势或为了寻求比较优势而不具备绝对优势的企业提供了对外跨国经营的理论基础。传统的比较优势理论偏向于静态研究，而小岛清是从微观、动态的角度分析研究产业转移的理论代表。Okita（1985）[⑦] 认为由日本发

[①] Akamatsu, A Historical Pattern of Economic Growth in Developing Countries. *The Developing Economies*, Tokyo, Preliminary Issue No.1, 1962.

[②] 傅红梅：《金融发展对产业结构升级的作用分析：基于江苏省的实证研究》，硕士学位论文，扬州大学，2012年。

[③] 张黎黎、马文斌：《国内外产业转移的相关理论及研究综述》《江淮论坛》2010年第5期。

[④] Kojima K., Reorganization of North – South Trade: Japan's Foreign Economic Policy for the 1970's, *Hitotsubashi Journal of Economics*, 1973, 2: 13.

[⑤] 杰克（Saarai Javzandulam）：《中国对蒙古国矿产业投资问题研究》，硕士学位论文，哈尔滨师范大学，2015年。

[⑥] 林常青：《湖南外商直接投资的贸易效应研究》，硕士学位论文，中南大学，2007年。

[⑦] Okita S., Special Presentation: Prospect of Pacific Economies, *The Fourth Pacific Economic Cooperation Conference*, Seoul: Korea Development Institute, 1985.

起的"雁行模式"产业转移在推动亚洲经济增长方面发挥了重要作用。Kojima（2000）[①] 在引入外商直接投资（FDI）后将"雁行"理论扩展到区域内国际分工，但是该理论只是选择了少数个体作为分析对象，无法全面说明全球产业转移的微观格局。

1966 年，美国哈佛大学教授弗农（Vernon）[②] 提出了产品生命周期理论，将产品的生命周期划分为开发、引进、成长、成熟、衰退五个阶段，[③] 反映了产品在不同国家市场上竞争地位的差异和跨国公司技术转移进程。虽然该理论从技术创新与技术传播的角度解释了国际贸易产生的根源，然而其主张寻找生产成本较低地区以获取利益的观念，却与众多发展中国家跨国公司在发达国家进行投资的实际情况相悖。

1978 年，刘易斯（Lewis）[④] 提出了劳动密集型产业转移理论，认为发达国家在 20 世纪 60 年代由于人口自然增长率降低的原因出现劳动力雇佣成本上升的问题，导致部分劳动密集型产业逐步丧失了比较优势，于是这部分产业开始被转移到其他地区。[⑤] 1976 年，英国学者巴克利（Buckley）和卡森（Casson）[⑥] 提出了内部化理论，认为企业通过形成内部交易体系，将公开市场上的交易转变为内部交易，降低公开市场上的交易成本，从而实现对外直接投资的内部化。

1986 年，英国教授邓宁[⑦]提出国际生产折中理论，认为企业想要实现对外直接投资需要满足三个条件：其一，企业要具备所有权优势；其二，

[①] Kojima K., The "flying geese" Model of Asian Economic Development: Origin, Theoretical Extensions, and Regional Policy Implications, *Journal of Asian Economics*, 2000, 11 (4): 375 – 401.

[②] Vernon, International Investment and International Trade in the Product Cycle. *The Quarterly Journal of Economics*, Vol. 80, No. 2, 1966, pp. 190 – 207.

[③] 霍唤：《美国通用和日本丰田在华营销策略比较研究》，硕士学位论文，黑龙江大学，2017 年。

[④] Lewis, W. A., *The Evolution of the International Economic Order*. Princeton, New Jersey: Princeton University Press, 1978.

[⑤] 刘志业：《科学技术革命与当代社会主义发展》，博士学位论文，山东大学，2010 年。

[⑥] ［英］巴克利、［英］卡森：《跨国公司的未来》，冯亚华、池娟译，中国金融出版社 2005 年版。

[⑦] Dunning J. H., "The Paradigm of International Production", *Journal of International Business Studies*, 1988: 1 – 31.

企业需要具备将外部市场转化为内部市场的优势，即内部化优势；其三，企业除了拥有所有权优势和内部化优势外，还要求企业具有劳动力成本、市场需求、自然资源等区位优势。但是邓宁认为企业想要对外直接投资需要同时满足以上三个条件，在实际运用中存在很大局限性。Klimenko（2004）[1] 提出当产业集聚达到某一临界点时，集聚区内非贸易品价格提高、地价上涨以及环境污染加剧等不利因素会累积成促使产业向外扩散的离心力。

坎特威尔（Cantwell）和托林梯诺（Tolentino）[2] 从技术累积的角度说明了发展中国家在引进外资、技术和经验积累的基础上利用自身生产要素的优势实现海外直接投资，这就是"技术累积—技术改变"理论。该理论将发展中国家对外直接投资的行为阶段化、动态化，能够在普遍意义上解释20世纪80年代发展中国家和地区的对外直接投资现象。

（四）产业转移最新理论发展

随着世界经济的不断发展，国际产业理论在近年来也有新的突破。通过对泛珠三角洲地区的动态均衡研究，赵伟（2007）[3] 指出珠三角的产业主要通过直接投资生产和外包两种方式向泛珠三角洲地区的广大腹地转移。他还研究了以上两种方式如何决策的问题，指出当投入品供应者的专业化生产效率优势显著、异质性产品产业规模扩大、契约环境日趋完善，且在被转移区域内相对工资保持稳定或有所下降的情况下，企业更倾向于选择外包模式。

进入20世纪八九十年代，国际产业转移逐步深入生产工序层面，以网络型国际产业转移现象为例，其更强调对产业转移现象的内部关联机制分析，为审视当代国际产业转移复杂性和动态性提供了全新的视角。20世纪90年代以来，当前部分新兴经济产业结构展现出模块化的新特

---

[1] Klimenko M., Competition, "Matching and Geographical Clustering at Early Stages of the Industry Life Cycle", *Journal of Economics and Business*, 2004, Vol. 56, Issue 3, pp. 177–195.

[2] 胡芸：《服务业对外直接投资和中国服务业开放策略——一个基于行业的分析视角》，硕士学位论文，浙江大学，2006年。

[3] 赵伟、张萃：《FDI与中国制造业区域集聚：基于20个行业的实证分析》，《经济研究》2007年第11期。

征，由此催生了知识密集型信息产业及其相关产业的迅猛发展。信息技术的广泛应用深刻变革了信息通信产业的结构，使模块化成为该领域的主导趋势。产品模块化的发展加强了产业间企业的协同生产能力，使模块化生产的基本单元取代了价值链条为基础的传统生产单元，标志着"模块时代"的正式到来。[1]

20世纪90年代后期以来，发达国家相继向新型工业化国家、发展中国家进行产业转移的态势已被打破，发达国家在进行产业转移时也会跳过次一级国家直接向发展中国家进行转移，形成了跨级梯度转移模式。[2]产业从高位置国家向低位置国家转移并不是产业发展的倒退，这不仅为该产业的发展提供了更多的可能性，而且也促进了发展中国家的产业升级与经济发展。[3]生产性服务业国际产业加速是近年来出现的新现象，生产性服务业向新兴市场国家转移的速度加快，成为新的热点。当前，金融服务、信息服务、商务服务以及现代物流服务等领域与制造业紧密结合，不仅构建了产业转移承接国产业集聚的坚实服务支撑体系，还有力推动了产业集聚的稳健成长，进而有效提升了产业的整体竞争力。[4]

（五）产业转移的中国本土化

以上是国际产业转移理论的简要概述，而针对中国国内区域间产业转移，国内学者认为"雁行模式"可以用来指导我国区域间的产业转移。李雯轩等（2021）[5]分析了"大国雁阵模型"适用于中国情形的可能，认为中西部地区在劳动密集型产业具有比较优势，因此劳动密集型产业并不会被大规模转移到相邻国家。苏庆义等（2021）[6]指出，"大国雁阵模型"在不同省份转出或承接产业的情况不同，并且中部和西部在承接

---

[1] 胡玫：《经济全球化视野下的国际产业转移研究》，对外经济贸易大学出版社2016年版，第53页。
[2] 李莉：《国际中小企业本土化问题研究》，硕士学位论文，中国海洋大学，2005年。
[3] 余慧倩：《论国际产业转移机制》，《江汉论坛》2007年第10期。
[4] 胡玫：《浅析全球化进程中的国际产业转移的新特征》，《生产力研究》2014年第12期。
[5] 李雯轩、李晓华：《新发展格局下区域间产业转移与升级的路径研究——对"雁阵模式"的再探讨》，《经济学家》2021年第6期。
[6] 苏庆义、王奉龙：《中国新发展格局的支撑：大国雁阵模式》，*China Economist*，2021年第16卷第5期，第104—131页。

劳动密集型产业和加工贸易的情况也不同;"大国雁阵模型"的演进并非线性的,会出现停滞甚至是逆转的情况,而且其推进速度较慢。赵德昭(2022)[1]从区域内整体布局、人力资本和就地城镇化三个角度提出了新型城镇化推动的"大国雁阵模型",形成区域内"三圈一体"、人力资本的"人"字阵型和就地城镇化四个层次的完整战略。总体而言,我国的产业转移进程从劳动密集型产业、加工制造业以及资源型加工业开始,逐步从经济发达的东部沿海地区向欠发达的中西部地区开展。[2] 以空间特征进行划分,我国产业转移实践路径主要分为四种:东部沿海地区承接海外国际产业转移、东部地区产业向中西部欠发达地区转移、中心城市向郊区及县市区转移、城市向乡村转移。

由于国内经济发展不平衡,国内产业转移也出现了新形式,"飞地经济"就是一个区域经济合作的新模式。飞地经济是指两个发展水平不同的行政区域实施跨行政边界和经济区域的投资与开发战略以实现两地在区域资本、人才、技术等关键要素配置上的优势互补和共同发展。[3] 发展飞地经济需要两地具有要素禀赋差异,通过两地构建合作共赢的投入与分享机制,实现两地的资源互补,成果共享。飞地经济不仅能够提高两地资源利用效率,而且通过两地的经济合作带动要素的区际流动以及两地产业结构的优化升级。

三 产业转移的动力机制分析

产业转移与人口流动之间相互促进、相互影响。一方面,产业转移推动了人口的流动,产业转移往往伴随着就业机会的转移,就业机会的转移引发劳动力的迁移,从而引发人口的流动和重新分布;另一方面,人口流动也促进了产业转移,人口流入地劳动力供给增加、成本降低,市场规模扩大,产业发展空间更足。可见人口流动与产业转移之间的关

---

[1] 赵德昭:《地方财政治理、产业梯度转移与就地城镇化的大国雁阵模式》,《地方财政研究》2022年第1期。

[2] 朱坚真、张力:《海陆统筹与区域产业转移问题探索》,《创新》2010年第4卷第6期。

[3] Zhou M., *Chinatown: The Socioeconomic Potential of An Urban Enclave*. Temple University Press, 1992.

系紧密,本书认为研究产业转移可以借鉴人口流动的研究方法。推拉理论是人口学中关于人口流动原因最重要的宏观理论,该理论由博格(D. J. Bague)首先提出,并表示人口流动的主要原因是追求更为优质的生活条件,产业迁移导致的企业集群是集聚力和分散力相互博弈而达到均衡的结果。Fujita 和 Krugman(2004)[1]认为,任何地理学的模型都是促使经济活动集聚的向心力和限制集聚规模扩大的离心力两种力量相互较量的体现。推拉理论最初便应用在人口流动方面,人口的流动也意味着劳动力的流动,而劳动力是企业生产中考虑的重要因素,与企业的产业转移之间存在着密切的联系,且劳动力的流入、流出与产业转入、转出的分析角度具有高度相似性,因此经济学中产业转移的分析也可借鉴推拉理论模型。基于以上因素的考虑,本章选择使用推拉模型来分析产业转移发生的动力机制。

企业作为生产经营活动的基本单位,其跨国或跨地区的投资行为是产业转移的主要体现形式。因此,从微观视角对产业转移动因进行分析也就落实到对企业对外投资行为的研究上,[2]结合国际国内相关研究以及国内具体实践情况的总结,本章从产业转移动因、转出地推力、承接地拉力与阻力因素四个方面分析产业转移的动力机制。

(一)产业转移动因分析因素阐述

从国际产业转移现象出现以来,许多学者从不同的角度对其动因展开了研究,有的学者从要素禀赋理论的角度强调比较优势的客观存在性是产业转移发生的动因,不同地区在不同资源上存在禀赋差异从而导致了产业在不同地区间的转移;有的学者从产业经济学的角度将产业转移发生的根本原因归结于产业自身的周期性,他们认为由于市场需求和技术随着时间推移而产生不同的表现,产业在不同阶段需要适应它们的变化从而导致了产业转移的发生。此外,还有部分学者从产业结构调整、区际产业转移动因等方面进行研究。

---

[1] Fujita, M., Krugman, P., The New Economic Geography: Past, Present and the Future. Papers Reg. Sci. 83, 139–164 (2003). https://doi.org/10.1007/s10110-003-0180-0.

[2] 王瑞卿:《中部地区承接产业转移的实现机制及其调控研究》,硕士学位论文,湘潭大学,2013年。

比较优势方面，美国学者刘易斯（Lewis）[①]指出由于发达国家与发展中国家在非熟练劳动力禀赋上存在差异，所以导致了产业转移的发生。随着发达国家人口增长率的下降，人口红利逐渐消失，导致非熟练劳动力的供给不足，劳动力雇佣成本上升，从而使得发达国家在劳动密集型产业中的比较优势逐渐丧失。迈克尔·波特（2002）[②]认为在现代世界经济条件下，以资源为代表的物质性要素禀赋的重要性正在逐渐减弱，而经营环境和制度等软实力的竞争力越来越重要。这意味着，除了传统的资源禀赋，一个国家的制度环境、经营策略以及创新能力等因素，在决定其国际分工地位和产业转移方向上也起着越来越关键的作用。

周期性方面，弗农[③]的产品生命周期理论认为在产品进入标准化生产阶段后，为了效率和利益最大化，应通过对外直接投资的方式，将生产活动转移至具备明显优势的国家和地区进行。谭（Tan）[④]将产品分为高、中、低三个档次，而高、中、低档系列产品并非一成不变而是会产生一系列的变化，新的产品会不断进入高档产品系列，同时部分高、中档产品也会逐渐降级，并补充到中、低档产品系列中去，从而形成一个动态的产品与市场结构调整过程。

产业结构调整方面，第二次世界大战结束至20世纪50年代中期，荷兰经济学家丁伯根[⑤]指出产业结构调整手段是经济性质政策手段中的重要构成，经济政策可以看作由多个政策目标组成，政府为保证效率，需要保持政策手段的数量与政策目标的数量的一致。该理论为政府政策在产业结构升级调整中的作用提供了理论基础，因此在产业结构调整从而向外进行产业转移的原因分析中，政府政策也是不可忽视的重要原因之一。

[①] Lewis, W. A., *The Evolution of the International Economic Order*. Princeton, New Jersey: Princeton University Press, 1978.

[②] Porter M E, Kramer M R., "The Competitive Advantage of Corporate Philanthropy", *Harvard business review*, 2002, 80（12）: 56–68.

[③] Vernon, "International Investment and International Trade in the Product Cycle", *The Quarterly Journal of Economics*, Vol. 80, No. 2, 1966, pp. 190–207.

[④] Tan, Z. A., "Product Cycle Theory and Telecommunications Industry – Foreign Direct Investment, Government Policy, and Indigenous Manufacturing in China", *Telecommunictation Policy*, 2002, 26（1–2）.

[⑤] 《丁伯根法则与环境政策》，《中国环境管理》2017年第9卷第1期。

产业转移现象并非只发生于国际上，国内产业转移现象也日益深化。国内学者对于产业转移的动因也有一系列解释。[①] 戴宏伟（2007）[②] 认为随着国际竞争的激烈化，降低生产成本以及抢占市场等动机推动了国际产业转移的发生，由于地区间生产要素禀赋的差异性，各地的产业结构呈现出不同的特点。汤维祺等（2016）[③] 认为不同的排放权分配方式也会对产业转移产生影响，拍卖方式分配排放权能够减少污染避难所现象。樊士德等（2015）[④] 将要素分为可转移和不可转移两类，指出发达地区不可转移要素价格的上升与欠发达地区收入水平的提升是区域产业转移的两个重要诱因，并表示劳动力转移的刚性阻碍了产业区际转移。沈静等（2015）[⑤] 认为环境管制对污染产业转移起重要作用，中国政府强制性的"命令—控制式"的环境管制手段对产业转移的影响大。此外，区际产业转移是政府、企业和民众共同决定的。驱动污染企业等落后企业向中西部欠发达地区转移的动因，不仅包括当地政府促进经济发展的动机，也包括政府在污染企业污染环境的行为中获得寻租的空间。市场主要是通过影响消费需求竞争环境、产业链协同等多方面影响产业转移的；民众的行为、需求、态度以及诉求都会直接或间接地影响产业转移的决策与实施，随着民众环保意识的不断提高，污染企业在原生产地的生存处境日益恶化。

综合以上文献，本章从市场因素与非市场因素，市场因素着重从成本和市场两方面进行分析，非市场因素主要从社会公众舆论、基础设施以及政府行为三方面进行分析，结合本章推拉理论的研究方法，本章将从推力、拉力与阻力三方面结合市场与非市场两方面的因素构建分析框架，对于产业转移动力机制进行详细分析，具体分析框架如图 3-1 所示。

[①] 许树辉、王利华：《区域产业转移与欠发达地区产业结构升级研究综述》，《热带地理》2015 年第 35 卷第 2 期。

[②] 戴宏伟：《国际产业转移的新趋势及对我国的启示》，《国际贸易》2007 年第 2 期。

[③] 汤维祺、吴力波、钱浩祺：《从"污染天堂"到绿色增长——区域间高耗能产业转移的调控机制研究》，《经济研究》2016 年第 51 卷第 6 期。

[④] 樊士德、沈坤荣、朱克朋：《中国制造业劳动力转移刚性与产业区际转移——基于核心—边缘模型拓展的数值模拟和经验研究》，《中国工业经济》2015 年第 11 期。

[⑤] 沈静、黄双双：《环境管制对广东省污染产业转移的影响》，《热带地理》2015 年第 35 卷第 5 期。

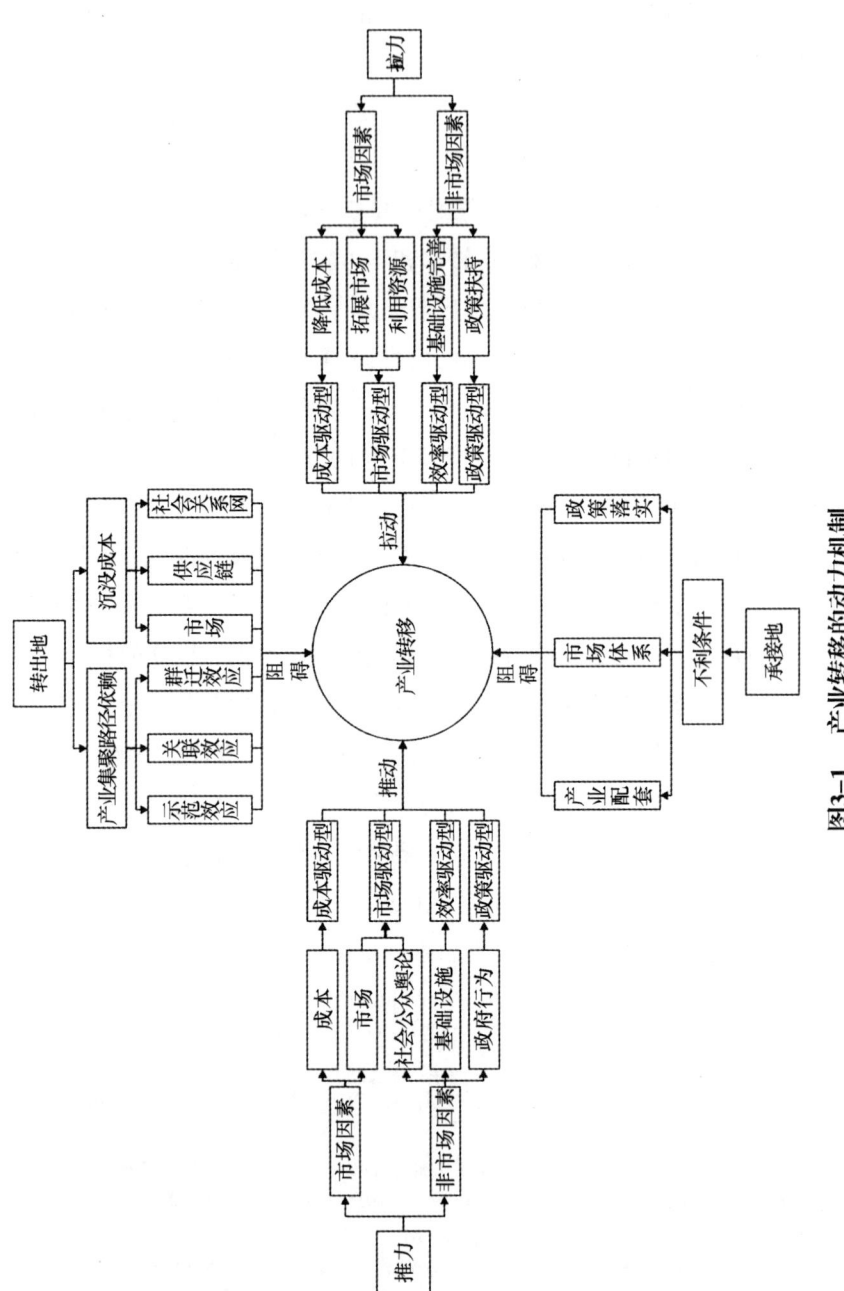

图3-1 产业转移的动力机制

（二）转出地推力

一方面，从市场因素角度来看，经济效益是企业存在的基础和追求的目标，因此企业从转出地向承接地转移也是出于成本（主要包括劳动力雇佣成本和内部交易成本）和收益的综合考虑。企业的内部交易成本是企业价格机制运行所必然产生的成本，包括一切不直接发生在物质生产过程中的成本[1]。从运输成本角度来看，企业转出地多是集中在经济较发达的东南沿海地区，而我国自然资源的分布在地区间存在较大差异，东南沿海各省份在自然资源禀赋上相对于西部地区、东北地区和华北地区而言有较大劣势，企业出于接近原材料产地从而降低产品生产中的运输成本的考虑会倾向于从东部沿海地区向外转出。从库存成本角度来看，东部沿海地区地价普遍高于全国平均水平，这为产品的储存带来了更高的成本，不符合企业追求最低成本的动机。转出地由于经济发展水平较高，劳动力工资相较于西部地区而言也处于较高水平，较高的劳动力雇佣成本为企业带来了一定的压力，出于降低成本的目的，企业也更倾向于向中西部地区转移。廖什[2]认为一个经济个体的区位选择不仅受其他相关经济个体的影响，而且也受消费者、供给者的影响，因此市场规模便对企业的产业转移产生了重要影响。规模经济是指随着企业生产规模扩大，其长期平均总成本降低的现象。其产生原因在于经济规模的扩大能够促进生产要素的充分利用，并通过基础设施建设促进内部分工的专业化，有利于提高生产效率。同时，经济规模的扩大也为改进和采用先进技术提供了有利条件，有利于减少资源消耗，降低生产成本从而实现更高的经济效益。从市场规模角度来看，由于东部沿海地区在产业结构升级的过程中引入了高新技术产业、高端服务业制造业等，原有的市场规模也被这些新兴产业挤占，整体市场参与者都倾向服务于这些新兴行业，原有的高污染和落后的制造业企业便需要向外转移以寻找更大的市场。从资本角度而言，虽然东部沿海地区在资金水平上居于全国领先水平，

---

[1] 颜红艳：《建设项目利益相关者治理的经济学分析》，硕士学位论文，中南大学，2007年。

[2] 转引自王若溪《外商直接投资中国零售行业的区位因素分析》，硕士学位论文，上海交通大学，2009年。

但由于政策导向因素，这些资本更倾向于流入新型的高新技术产业与服务业等领域，相较而言，落后的工业制造业所能享受的资本优势会被这些新兴产业所挤压，落后的工业制造业企业不得不向外拓展以寻求新的生产发展机会。

另一方面，从非市场因素角度来看，企业在东部沿海地区的生存状况也在变差，具体体现在政府行为、基础设施条件、社会公众舆论等。我国的经济目标已由高速增长转变为高质量的中高速增长，关注的重点更加侧重于发展质量的测度，例如绿色 GDP 指标的提出与应用。为了适应地区经济转型和国家整体政策导向，转出地政府采取更多吸引高新技术产业引进的政策。已经不适合在当地继续投入生产的高污染产业或劳动密集型产业必须通过产业转移的方式为更适合当地发展的产业"腾笼换鸟"，推动中西部地区承接产业转移，以实现当地优化产业结构，促进可持续发展的目标。首先，政府行为包括直接干预、间接诱导和法律规制三种。自 2008 年起实施新企业所得税法，将内资和外资企业的所得税优惠政策予以统一，并进一步规范各种优惠政策，取消了东部沿海地区的低税率和减免政策。[①] 这样政策的变化导致当地劳动密集型等企业的生产成本提高，不符合企业追求利润最大化的根本目的，从而推动了企业的转移。其次，在基础设施条件方面，产业转出地的环境规制政策愈加严格，政府通过征收环境保护税、排污费、污染罚金、环境治理费用等措施加大高污染企业的生产经营成本，促使企业转变生产方式，向清洁型生产转型。但是企业生产转型过程中也会产生很高的成本，相比较而言，企业会选择成本更低的向外转移的方式来规避生产成本提高的问题。最后，污染产业也在受社会和舆论等因素的影响。随着人们环保意识的提高，高污染产业也面临着巨大的转移压力。有的政府片面追求经济发展而不惜降低环境规制，导致环境规制失灵的问题，在此基础上，民众作为环境利益的相关者便起到了监督和管理的作用。近年来，环境污染问题日益严重，由此引发的群体性事件以年均 29% 的速度增长，这些环

---

① 刘俊勇、蒋凯、杨超：《多主体利益诉求下中国产业转移驱动因素分析》，《经济问题探索》2021 年第 4 期。

境冲突高发地区与污染企业的分布高度重合,[①] 凸显了环境污染对社会稳定和人民生活的巨大影响。例如,近年来,北京、广州等地民众反对垃圾焚烧厂事件;部分地区的环境难民集体进省、进京上访等都在反映着民众对于环境问题的关注度越来越高,民众通过社会舆论的方式向污染企业施压,迫使其改变生产方式或迁移出本地,因此污染企业的转移明显受到民众监督参与程度等社会因素的影响。

(三) 承接地拉力

一方面,市场因素会对产业转移形成拉力。企业向承接地转移的最终目的是获取利润的最大化,但追究其动因可从三个角度进行分析,分别是拓展市场、利用当地资源和降低成本。中国在改革开放以前,国家实行高度集中统一的计划经济,因此企业主要以国有企业为主,产业区域转移过程中掺杂了较多的人为干预因素;改革开放以后,随着中国经济发展观念和思想的更新,市场经济体制逐渐成为主流,企业所有制更加多元化,市场在配置资源方面的作用逐渐增强,微观企业的市场行为能力呈加强的趋势。首先,从拓展市场角度来看,改革开放后中西部地区在承接产业转移方面有较为广阔的新市场,企业布局在东部沿海无法接近中西部的消费市场,需要向承接地转移以接近市场,企业主要通过新建、合资、入股等方式迁移进来。随着我国中部崛起和西部大开发的政策不断施行,中西部地区的产业与城市群也得到了发展,能够为迁入产业提供一定的市场规模。其次,企业在选址时倾向于选择自然条件优越、靠近原材料产地和市场的地区,有助于企业在有利的水土气候条件下进行生产,以保证产品质量和效率。中西部地区相较于东部沿海地区拥有更为丰富的自然资源,对于在东部地区已属于落后产业的高污染制造业产业而言有很强的吸引力,在原料产地布局可以通过节约原料运输成本降低生产成本,从而实现利润最大化。最后,从降低成本角度来看,中西部地区经济发展水平相对于东部沿海地区而言较低,其劳动力、土地等要素成本均相对于东部沿海地区较低,迁入企业在中西部地区会面

---

① 戴其文、杨靖云、张晓奇等:《污染企业/产业转移的特征、模式与动力机制》,《地理研究》2020 年第 39 卷第 7 期。

临更低的生产成本。

另一方面，非市场因素也会对产业转移形成拉力。从政府行为角度考虑，政府行为是影响产业区位选择和产业区域转移的重要因素之一，政策制度要素对地区产业规模和产业区域转移的影响主要通过以下三个途径实现：（1）通过改变地区产业的需求情况，降低地区产业的边际收益从而影响产业在区域间的转移；（2）通过改变地区产业的要素供需水平，影响企业的生产成本从而影响企业的产业转移行为；（3）政府还可以通过改变市场中的交易成本从而对企业的产业转移产生影响。东部沿海地区的一些劳动密集型和高污染产业已逐渐失去比较优势，但是在欠发达地区仍然具有比较优势，当地政府为了促进本地产业结构升级，会通过税收优惠政策等举措吸引迁移企业落户本地。宁夏回族自治区2023年5月12日出台《宁夏回族自治区企业飞地研发中心备案支持暂行办法》，对飞地研发中心提供一系列政策、资金支持。企业飞地研发中心支持资金从自治区科技计划东西部科技合作专项、自治区人才工作专项经费中列支，鼓励各地设立专项资金支持企业飞地研发中心建设。再例如甘肃省，2023年1—10月承接产业转移项目833项，签约金额4244.06亿元，到位资金1121.57亿元[①]。又例如，陕西省2008年出台的文件中指出陕西省承接产业转移的主要类别为机械制造与重工业。这些政策的出台不仅为转移企业提供了充足的资金支持，而且相关产业园的建立为企业在承接地聚集提供了便利的基础设施和政策条件。从基础设施角度来看，尽管伴随着交通、信息交流工具的快速发展，地理区位条件对产业区域转移的影响越来越弱，但由于交通与通信成本的存在、不同地区基础设施水平存在差异等原因，区位条件对产业的区位选择影响始终存在。[②]自党的十八大以来，我国西部地区交通运输发展按下了"快进键"，体现在综合交通网络规模明显提升、运输服务能力显著提高、交通均等化水平大幅提升与周边国家互联互通水平提升四个方面。截至

---

① 范海瑞：《助力甘肃工业重塑优势》，《甘肃日报》2023年11月13日第1版。

② 张祥建、李永盛、赵晓雷：《中欧班列对内陆地区贸易增长的影响效应研究》，《财经研究》2019年第45卷第11期。

2020年年底，西部地区铁路里程达5.9万千米，公路里程达220万千米，高速公路覆盖97%的20万以上人口城市和地级行政中心，民航运输机场数量占到全国一半以上。人民群众交通出行更加便利，网约车、"慢火车"、多式联运、冷链物流、江海直达运输等加快发展。2020年西部地区共完成全社会货运量121.1亿吨，有效畅通了西部与东中部地区的经济循环。[1] 随着交通物流等基础设施建设的不断完善，中西部地区连通东部地区的基本通道版图也已初步显现，这对于企业产品的售卖和运输也有很强的吸引力，加之中西部地区的区位优势，物流交易成本与东部相比也更加低廉，企业出于利润最大化的角度也会选择将产地转移至西部地区。

（四）产业转出地、产业承接地的阻力因素

一是产业转出地的阻力。对于产业转出地而言，阻碍企业继续留驻本地的各种因素可以统称为阻力因素，重点包括以下两个方面：其一，产业集聚发展的路径依赖。主要表现为示范效应、关联效应和群迁效应。[2] "示范效应"指的是取得成功的先迁入企业吸引相关企业迁入的策略。"关联效应"是指当某一产业中的龙头企业选择入驻某一地区时，其强大的影响力和吸引力会带动与该企业相关的上下游企业或配套企业跟随入驻，形成产业链上下游的紧密联动和协同发展的策略；"群迁效应"是指企业为降低市场风险选择集聚的策略。在此三种效应的基础上，当地企业在产业链条、社会关系网上有着良好的基础，对拟转出企业带来很强势的吸引效果，对产业的转移起到了阻碍作用；其二，沉没成本。当地企业在本地生产发展多年，投入了大量成本来维持企业运转，包括市场、供应链和社会关系网的投入。若企业转出本地，则会损失掉这部分地理专用性较强的资产，形成企业发展的沉没成本。

二是产业承接地的阻力。对于产业承接地而言，其阻碍因素主要是指排斥外来企业入驻本地的各种不利条件。其中，产业配套不完善、市

---

[1] 李小鹏：《加快西部地区交通运输高质量发展 把美丽中国的交通勾画得更美》，《光明日报》2021年12月25日第3版。

[2] 王树华、刘志彪：《区际产业转移的发生机制：基于"推–拉"模型的分析》，《学海》2023年第1期。

场体系不健全和政策落实有差异是阻碍产业转移的重要因素。产业转移的承接地多为中西部地区，虽然中西部地区的产业结构相比以前已经有了较大进步，但与东部沿海地区相比，产业体系仍然不完善，市场竞争能力不强，经济发展水平相对较低，在这样的生产力水平下，欠发达地区的产业配套仍然很不完善，这阻碍了东部地区企业的产业转移。[①] 在市场体系建设方面，市场制度仍然不健全，市场经济观念薄弱，对于转入地企业的法制保护不完善，这成为阻碍产业转移的又一大因素。在政策落实方面，由于东部地区转移的部分企业为高污染企业，中西部地区的环境规制政策制定不完善，边界设定仍不清晰，在具体落实上可能与总体政策产生出入，政策体系的不完善无法为迁移企业的权利和义务作出合理界定，因此也就无法保障转移企业和承接地本身的权利，这也成为阻碍承接地承接产业转移的一大因素。

第二节　国内产业转移的逻辑演进与效应分析

随着全球经济格局的不断变化和我国经济发展的深入推进，产业转移已成为推动区域经济发展、优化资源配置和提升产业竞争力的重要手段。通过产业转移，可以实现资源的优化配置、促进产业结构的调整和升级，进而推动经济的可持续发展。从新中国成立初期到改革开放，再到新时代的全面协调可持续发展，国内产业转移政策经历了多次调整和完善。这一过程中，政府、市场和企业等多方力量共同推动了产业转移的演进，形成了具有中国特色的产业转移模式。本节旨在深入剖析国内产业转移的逻辑演进和效应，评估产业转移对区域经济发展、产业结构调整和产业升级等方面的影响。其中，对我国产业转移的逻辑演进可以分为四个阶段：均衡布局时期（1949—1977 年）、东部崛起时期（1978—1992 年）、协调发展时期（1993—2002 年）以及全面发展时期（2002 年至今）。

此外，本节还从宏观和微观两个层面探讨了产业转移产生的效应。

---

① 梁春艳：《新疆承接产业转移问题研究》，硕士学位论文，石河子大学，2009 年。

在宏观层面，产业转移能够促进经济增长和就业、产业结构优化以及区域协调发展；在微观层面，产业转移能够促进企业技术溢出和创新、规模扩张和效率提升以及产业链优化。此外，产业转移也可能带来环境污染、资源浪费等问题。

一　国内产业转移的政策演进

（一）均衡布局时期（1949—1977 年）

新中国成立前，我国区域经济结构极其不合理，经济基础十分薄弱，生产力分布畸形，四分之三以上的工业集中在东部沿海地区，广大内陆地区与边疆地区，工业很少或根本没有工业。

为了缓解这种地区间的不平衡，新中国成立后至改革开放前，我国政府开始实施向内地倾斜的"均衡布局战略"。在国民经济的第一个和第二个五年计划中，提出要协调沿海和内陆地区的经济发展，重点加快中西部和东北地区的重工业发展。"三五""四五"期间，将产业布局与国防战备相结合，重点推进"三大线"建设。其中，"三五"是我国"三线"建设的高潮，一些沿海发达地区如上海、辽宁、天津等省市有计划地将大量企业和科研院所向内陆地区转移，使得中西部地区的投资迅速上升。"四五"期间，"三线"建设继续，这一时期开始纠正内地投资占比过高的现象，开始加大沿海地区的投资项目。

通过"均衡布局战略"的实施，我国在一定程度上改变了工业基础薄弱、产业布局畸形等现状，推动了全国范围内的经济均衡发展，但这种发展是低水平的。然而，随着改革开放的深入和市场经济的发展，我国的区域发展战略也逐步转向更加灵活和多元化的方向。

（二）东部崛起时期（1978—1992 年）

1978 年 12 月召开党的十一届三中全会后，我国进入了社会主义经济建设的历史新时期，这一时期，产业开始重点向东部沿海地带布局，从强调"均衡布局"转向总体上实施"非均衡布局战略"，这一阶段区域间的发展差距不断扩大，呈现出一种非均衡的扩张态势。

这一时期的产业转移政策也发生改变。"六五"计划（1981—1985 年）将全国划分为沿海地区、内陆地区和少数民族地区，鼓励各地区根据自身的资源禀赋、经济基础和市场需求等因素，因地制宜地发展具有特色的产业。"七五"计划（1986—1990年）将产业投资和布局大幅度向沿海地区倾斜。从1981年到1989年，全国50%以上的基本建设投资集中在东部地区，此外，政府在财政上落实包干政策和实施分税制，大力促进具有良好经济基础的沿海地区扩大财政投入。

此外，这一阶段还伴随着对外开放政策的逐步深化。1984年，党的十二届三中全会提出建立有计划的商品经济，对外开放也首次被作为一项长期的基本国策。建立沿海经济特区和沿海开放城市并给予其优惠政策、扩大其对外经济合作自主权等措施，为外商投资进入中国市场、促进产业转移提供了政策环境。这些针对沿海地区的发展政策，使沿海地区成为经济最具活力的地区，加快了经济发展的步伐，但也直接导致了沿海地区与内陆地区发展差距的扩大。

总体而言，改革开放之后至20世纪90年代初期，国家通过一系列政策调整，为东部沿海地区承接产业转移创造了良好的环境，但也使得这一阶段沿海和内陆差距不断扩大。

（三）协调发展时期（1993—2002年）

东部崛起时期之后，政府开始关注区域协调发展，这一阶段政府致力于缩小地区间的经济差距，促进资源的优化配置，提升整体经济发展水平，以推动各地区之间实现更加均衡的增长。

为了缩小地区间的经济差距，促进区域间经济的协调发展，政府加强了中西部地区包括交通、通信、能源等方面的基础设施建设。1997年以来，政府陆续实施西气东输、西电东送、青藏铁路、南水北调西线工程等标志性工程；同时加大了对中西部地区的转移支付和专项资金支持力度，其中国债及相关投资达7000亿元。此外，政府通过降低税收、土地等要素的成本，吸引东部地区企业到中西部地区设立生产基地或研发中心。如1996年，政府采取税收优惠、供地等政策支持，推动纺织业"东锭西移"，促进纺织产业由东部沿海地区向中西部内陆地区有序转移，优化纺织产业资源配置。

值得一提的是，在这一阶段政府开始注重环境保护和可持续发展，以更加环保的方式提升整体经济发展水平。国务院环境保护行政主管部门根据国家环境质量标准和国家经济、技术条件，制定了例如《大气污染物综合排放标准》（GB16297-1996）、《造纸工业水污染物排放标准》（GB3544-92）和《纺织染整工业水污染物排放标准》（GB4287-92）等一系列国家污染物排放标准，对造纸、纺织等行业的废水、废气排放进行了严格的限制。

（四）全面发展时期（2002年至今）

党的十六届三中全会提出了全面协调可持续发展阶段这一重要发展理念，这一阶段的重点在于协调、可持续发展，协调发展注重解决发展不平衡问题，可持续发展注重解决人与自然和谐相处问题。

在协调发展方面，2000年至2008年间，我国陆续实行西部开发、东北振兴、中部崛起、东部率先的区域协调发展战略，在2010年后还设立了皖江城市带、广西桂东、重庆沿江等6个国家级承接产业转移示范区，有力地缩小了地区间的经济差距，促进了各区域经济发展。党的十八大以来，在以习近平同志为核心的党中央坚强领导下，中共中央政治局于2016年3月审议通过《长江经济带发展规划纲要》，该纲要是推动长江经济带发展重大国家战略的纲领性文件；2020年5月，国务院发布《关于支持新时代推进西部大开发形成新格局的指导意见》，为新时代推进西部大开发、促进西部地区形成新格局提供了指导和支持。

在可持续发展方面，我国政府进行了产业有序转移的政策引导，通过提供税收优惠、降低用地成本等政策支持，鼓励东部沿海地区的企业向中西部地区进行产业转移，同时，也支持中西部地区积极承接产业转移，发展壮大特色优势产业；此外，政府还通过举办多种形式的产业转移对接活动，建立健全区域对接合作机制，促进各地区间的产业协同发展；与前述时期不同的是，这一阶段的产业转移过程中，政府格外注重环境保护和生态建设，引导形成绿色低碳的生产方式，通过完善资源管理制度、建立生态保护和修复制度，实施高污染、高能耗产业的严格限制和淘汰政策，确保产业转移不会对当地环境造成破坏。

二 国内产业转移的效应

产业转移会对不同的层次和主体产生不同的效应。按照作用的主体分类,把产业转移对转出地与承接地的影响分别称为转出地效应与承接地效应。而在转出地与承接地中,又会对宏观的国家、微观的企业等不同层次的主体产生影响,产业转移同样对这些不同层次的主体产生影响。[①] 本书将从宏观、微观层面分析产业转移的正向效应,并简述产业转移的负向影响。

(一) 宏观层面

一是可以促进经济增长并增加就业。产业转移对经济增长具有积极的推动作用。对于产业承接地而言,新转入的企业带来了先进的技术、科学的管理经验与资本等经济发展所必需的要素,对产业转出地而言,转出落后产业有助于优化当地产业布局助推当地经济走向更高质量的层次。此外,产业转入有利于提高承接地就业率,促进劳动力从农村流动到城市,推动承接地的工业化进程和公共基础设施建设,促进城镇的高质量发展;[②] 同时,产业转移还可以带来多样化的就业岗位,提高就业质量,为劳动者提供更多就业机会,满足他们的基本需求,提高工作技能,并进一步提高劳动生产率。

二是可以优化产业结构。承接地通过承接外来产业,能够实现资本、技术和资金等生产要素的加速累积,并促进主导产业的形成,进而推动产业结构优化升级。而转出地则通过向外迁移夕阳产业,从而释放原先所集聚的劳动力、土地和资本等生产要素,进而为其他具有竞争优势的产业提供新的发展空间,实现资源的重新配置和产业结构的优化升级。

三是可以促进区域协调发展。产业转移有助于缩小区域发展差距,推动区域经济一体化。承接地通过承接产业转移,可以加速经济起飞,提升在产业链中的地位。而转出地则可以通过产业转移释放资源,专注于发展更高附加值的产业。

(二) 微观层面

一是可以促进技术创新。产业转移能够促进企业技术升级和创新,

---

① 郝洁:《产业转移效应的理论探析》,《商业研究》2013 年第 3 期。
② 安永景、孙瑞峰、朱哲桐:《粤桂产业转移对人口城镇化的空间溢出效应》,《统计与决策》2022 年第 38 卷第 12 期。

产生技术溢出和创新效应。承接地企业通过引入先进技术和管理经验可以实现技术升级并进行品牌建设，提高其产品质量和附加值。此外，承接产业转移还会促进承接地企业集聚人才，从而推动其自主创新能力的提升。而转出地的企业将在本地失去比较优势的"夕阳型"产业转出后，能为更高技术产业和新兴服务业腾出发展空间，[1] 从而能在整体上促进转出地企业的技术进步。

二是有助于企业提高效率与扩大规模。产业转移能够促进企业的规模扩张和效率提升。随着产业的转移，企业可以利用新的资源、市场和劳动力优势，实现规模扩张，提高生产效率。此外，产业转移还可以促进企业内部资源的优化配置，提升整体运营效率。

三是有助于优化产业链。产业转移有助于优化企业的产业链布局。承接产业转移往往伴随着供应链和价值链的整合，[2] 通过产业转移，企业可以调整其产业链上下游的布局，实现产业链的延伸和拓展。这不仅可以降低企业的生产成本，还可以提高企业的抗风险能力，使其在市场竞争中更具优势。

（三）负向效应

产业转移可能导致产业承接地环境质量与资源利用效率的下降。由于一些地区在承接产业转移时，往往更侧重于经济利益的获取，而忽视了对环境和资源的保护，这可能导致环境污染的加剧和资源的过度消耗。同时，如果缺乏有效的区域合作和整体规划，不同地区之间可能出现产业同质化竞争，进一步加剧资源浪费和环境污染的问题。

综上所述，产业转移从宏观和微观维度、不同层面带来了多方面的影响和效应。在宏观层面，产业转移对于推动经济增长和就业、产业结构优化、区域协调发展具有积极意义；在微观层面，产业转移能够促进企业技术升级和创新、规模扩张和效率提升以及产业链优化；但产业转

---

[1] 孙志娜：《区际产业转移对中国出口技术复杂度的影响》，《科学学研究》2020年第38卷第9期。

[2] 任亚运、胡宇晨、刘俊霞：《国内大循环背景下国家级承接产业转移示范区的低碳发展效应研究》，软科学，1-15［2024-04-28］．http：//kns.cnki.net/kcms/detail/51.1268.G3.20231103.1611.004.html．

移也可能给产业承接地带来环境污染和资源浪费等问题。

第三节　多尺度数据下产业转移定量测度的方法论

上文对产业转移相关概念进行了辨析，但仅局限于定性分析层面，而科学、准确地测度产业转移对于深入了解产业转移现象、推动区域产业分工与合作、优化产业布局等具有重要意义。因此，本节对产业转移的测度方法作了总体介绍，将产业转移的测度方法分为微观和宏观两个角度，其中微观角度包括行业集中度、赫芬达尔—赫希曼指数、空间基尼系数、动态偏离份额分析法等，宏观角度包括产业产值比重法、产业转移指数、区位熵、泰尔指数、产业梯度系数等。最后介绍了本书所用的产业转移测度方法以及选用的数据来源及测度公式。

一　微观角度下产业转移的测度方法论

（一）行业集中度

Bain 在 1951 年提出了"行业集中度"和"行业利润率"的概念，是产业组织和反垄断领域的开山之作。[①] 行业集中度又称市场集中度，是指在某个行业中最主要的竞争对手市场占有率的平均值。该指标反映了这个行业中市场竞争激烈程度，也反映了行业中企业规模的大小和实力。计算公式为：

$$CR_n = \sum_{i=1}^{n} X_i \Big/ \sum_{i=1}^{N} X_i \qquad (3-1)$$

其中，CR_n 代表 X 产业的集聚度，X_i 是第 i 个地区的产值、产量、销售额、销售量、员工人数、资产总额等；n 是要计算的某一产业中规模最大的地区数目；N 表示全部地区。CR_n 数值越大，聚集的程度越大。

行业集中度能反映行业竞争程度和企业实力，通过对行业的分析和

[①] Joe S. Bain, "Relation of Profit Rate to Industry Concentration: American Manufacturing, 1936 – 1940", *The Quarterly Journal of Economics*, Volume 65, Issue 3, August 1951: 293 – 324.

企业的对策，可以更好地了解这个行业的发展趋势。行业集中度采用最常用的指标反映了产业集聚水平。但行业集中度只是静态地反映了市场的结构，无法反映市场行为，例如企业的价格策略、产品策略和市场推广策略等。

（二）赫芬达尔—赫希曼指数

赫芬达尔—赫希曼指数（Herfindahl – Hirschman Index）是指行业中各市场竞争主体所占行业总收入或总资产百分比的平方和，能用来计量市场中厂商规模的离散度[1]，其计算公式为：

$$H = \sum_{i=1}^{N} Z2_i = \sum_{i=1}^{N} (X_i/X)2 \qquad (3-2)$$

其中，X 代表产业市场总规模（就业或产值），X_i 代表 i 企业的规模，$Z_i = X_i/X$ 代表第 i 个企业的市场占有率，N 代表该产业内部的企业数。

赫芬达尔—赫希曼指数能够相对准确地反映产业或企业市场集中度，能相对容易地计算大公司的市场占有率。但是赫芬达尔—赫希曼指数在反映区域间关系，特别是空间联系和相互依赖方面存在局限；且计算方法可能存在偏差，因为市场份额的计算可能受到多种因素的影响。

（三）空间基尼系数

1992 年，克鲁格曼提出空间基尼系数来测算美国制造业行业集聚程度，这是衡量产业空间集聚程度指标的一种，其计算公式为：

$$G = \sum_{i} (s_i - x_i) \qquad (3-3)$$

其中，G 为行业空间基尼系数，s_i 为 i 地区某行业就业人数占全国该行业总就业人数的比重，x_i 为该地区就业人数占全国总就业人数的比重。[2] 空间基尼系数值越大，表明行业在地理上的集聚程度越高。

空间基尼系数在操作上比较简便直观，但是在衡量产业集聚程度时未能充分考虑到具体的产业组织状况以及区域间的差异，这可能导致其

---

[1] 张红、杨飞：《市场集中度对中国房地产上市公司资本结构的影响》，《经济问题探索》2014 年第 7 期。

[2] 伽红凯、王雨霏、邹铃等：《休闲农业产业集聚研究综述》，《天津农业科学》2016 年第 22 卷第 3 期。

计算结果中包含了虚假的成分，因此在使用空间基尼系数时，需要结合其他指标和方法进行更为全面的分析。

（四）动态偏离份额分析法

20世纪40年代美国经济学家丹尼尔（Daniel）和克里默（Creamer）相继提出偏离—份额分析法，其核心思想是将特定区域在选定时间范围内的经济总量变化分解为总体份额分量、产业结构偏离分量和竞争力偏离分量以评价区域产业结构与竞争力对区域经济增长的贡献。[①] 杨书（2021）[②] 认为经典的偏离份额分析法仅仅考虑了初始时期的结构性因素的影响，没有去关注结构性因素和区域竞争因素在所选取的研究阶段内的变化，而动态偏离份额分析法体现了基期至末期时间段内的变化，其计算公式为：

$$\sum_1^k \Delta T_j = \sum_1^k NE_j + \sum_1^k IM_j + \sum_1^k CE_j \qquad (3-4)$$

式中：k 为小时段个数。该式表明从第1个小时段到第 k 个小时段增量变化相加的总和为整个研究时段的增量值。相比于经典模型，动态模型能够追踪变量的动态演变过程，辨别出不同寻常的年份和变化。显然，研究区域在研究时段内结构变化越大，研究时间跨度越长，研究区域越小，或是研究区域与国家之间的增长率差异越大时，这一优势就越显著。这有助于更为客观地分析区域经济结构的优劣，准确评估不同区域经济部门的竞争力水平，为区域经济结构调整提出科学的依据和方向，确保调整措施更具针对性和实效性。

二 宏观角度下产业转移的测度方法论

（一）产业产值比重法

定义区域 i 在 t 时期内的产业转移量为 IR_{it}，其计算公式如下：[③]

[①] 冉清红、岳云华、谢德体等：《四川农业经济动态变化过程与发展惯性》，《中国农学通报》2009年第25卷第23期。

[②] 杨书：《偏离—份额分析法研究进展》，《经济地理》2021年第41卷第12期。

[③] 施晓丽、林晓健：《产业转移对区域创新的影响分析——基于中国制造业的实证研究》，《河北学刊》2021年第41卷第4期。

$$IR_{it} = (TOV_{it}/TOV_t - TOV_{i,t-1}/TOV_{t-1}) \qquad (3-5)$$

其中，TOV_{it} 为域 i 在 t 时期的总产值，TOV_t 为 t 时期全国的总产值，$TOV_{i,t-1}$ 为区域 i 在 $t-1$ 时期的总产值，TOV_{t-1} 为 $t-1$ 时期全国的总产值。

上式并未考虑到各地区间存在的客观上的经济水平差异。因此，在上式的基础上加入各地区经济发展水平占全国的比重，以此消除区域自身经济发展对产业转移变化的影响，调整后的公式如下：

$$IR_{it} = \frac{TOV_{it}/TOV_t}{ES_{it}/ES_t} - \frac{TOV_{i,t-1}/TOV_{t-1}}{ES_{i,t-1}/ES_{t-1}} \qquad (3-6)$$

改进的公式中，IR_{it} 为产业转移指数，ES_{it} 为区域 i 在 t 时期的经济规模，ES_t 为 t 时期全国的经济规模，$ES_{i,t-1}$ 为区域 i 在 $t-1$ 时期的经济规模，ES_{t-1} 为 $t-1$ 时期全国的经济规模。若 $IR_{it} > 0$，则表明区域 i 在 t 时期存在产业转入，反之则转出。IR_i 为区域 i 从期初至 t 时期累积的产业转移情况，若 IR_i 大于 0，则表明 i 地区该时间段内累积表现为产业转入；若 IR_i 小于 0，则表明 i 地区该时间段内累积表现为产业转出。

（二）产业转移指数

孙晓华等（2018）构建了产业转移指数的方法，扣除了当地经济规模扩大带来的产业自然增长。[①] 计算公式为：

$$TR_{ci,t} = (q_{ci,t}/\sum_{c=1}^{n} q_{ci,t})/(\sum_{i=1}^{m} q_{ci,t}/\sum_{c=1}^{n}\sum_{i=1}^{m} q_{ci,t})$$

$$- (q_{ci,t0}/\sum_{c=1}^{n} q_{ci,t0})/(\sum_{i=1}^{m} q_{ci,t0}/\sum_{c=1}^{n}\sum_{i=1}^{m} q_{ci,t0}) \qquad (3-7)$$

其中，$q_{ci,t}$ 代表 c 地区 i 行业 t 年的产值，全国总共有 n 个地区，m 个行业。$\sum_{c=1}^{n} q_{ci,t}$ 表示 i 行业的全国总产值，$\sum_{c=1}^{m} q_{ci,t}$ 表示 c 地区的所有行业产值。若 $TR > 0$，则该地为承接地，$TR < 0$ 则为转出地，此指数的绝对值越大，代表产业转移的程度越大，所以该指标不仅反映了产业转移的方向，

[①] 孙晓华、郭旭、王昀：《产业转移、要素集聚与地区经济发展》，《管理世界》2018 年第 34 卷第 5 期。

也反映了产业转移的程度。

(三) 区位熵

产业结构的研究中,运用区位熵主要被用来分析区域主导专业化部门的状况。[①] 其计算公式为:

$$LQ_{ij} = (q_{ij}/q_j)/(q_i/q) \qquad (3-8)$$

LQ_{ij} 是 j 地区的 i 产业在全国的区位熵,q_{ij} 是 j 地区的 i 产业的相关指标(例如产值、就业人数等);q_j 为 j 地区所有产业的相关指标;q_i 指在全国范围内 i 产业的相关指标;q 为全国所有产业的相关指标。区位熵数值越高,意味着该地区的产业集聚水平越显著。[②]

在实际应用中,区位熵指标有计算操作简单方便等优点,但同时也存在不能反映区域经济发展水平差异性的问题。

(四) 泰尔指数

泰尔指数作为衡量产业结构合理化程度的重要指标,不仅继承了结构偏离度的经济含义和基础,还涵盖了不同产业之间的相对重要程度,其计算公式为:

$$TL = \sum_{i=1}^{n}(Y_i/Y)ln[(Y_i/L_i)/(Y/L)] \qquad (3-9)$$

其中,Y 代表产值,L 代表就业人数,n 和 u 分别表示产业部门数和三大产业中的某一产业。当泰尔指数 TL 为 0 时,表示产业结构实现了帕累托最优状态,泰尔指数 TL 的值与 0 偏离越大,说明产业结构越不均衡。[③] 在实际应用中,可以使用泰尔指数衡量某地产业结构合理化水平,不仅可以指导该地产业转移的规划,也可以对已经完成产业转移地区的产业结构合理化程度进行评价;但是泰尔指数的灵敏度较高,容易受到

---

① 陈晓雪、朱书阳:《苏南乡镇民营产业集聚水平测度及其经济增长贡献度分析》,《常州大学学报》(社会科学版) 2011 年第 12 卷第 4 期。
② 解学芳、胡晨楠:《全球城市数字媒体产业集聚机理与中国路径——基于全球数据的实证研究》,《社会科学研究》2020 年第 2 期。
③ 付蓉:《国际产业转移有助于产业结构的优化升级吗?——基于面板平滑门限回归模型的实证研究》,《金融经济》2021 年第 1 期。

异常值的影响。

(五) 产业梯度系数

产业梯度系数是度量同类产业在不同地区优劣程度的指标。其表达式为：

$$I_{ij} = Q_{ij} \times B_{ij} \qquad (3-10)$$

其中，I_{ij} 为 i 地区 j 产业的产业梯度系数；Q_{ij} 为 i 地区 j 产业的区位熵；B_{ij} 为 i 地区 j 产业的比较劳动生产率。产业梯度系数以 1 为划分界限，大于 1 的产业处于高梯度，具有发展优势；反之则没有发展优势。由于产业梯度系数可以分行业对当地某产业的优劣程度进行评价，因此各地区的产业梯度转移态势一般使用产业梯度系数表征。

三 基于企业工商注册信息的产业转移测度

上述产业转移的测度方法较侧重宏观角度的分析，从宏观角度测度产业转移固然有着结果规整、有利于分析总结规律的优势，但是对产业转移的微观情况反映不够到位，尤其是对企业的区位变更跟踪不够细致。因此，本书从企业层面出发测度产业转移。企业层面的产业转移可分为企业整体迁移与部分迁移两种情况，企业整体迁移可通过企业注册地址变更进行测度，部分迁移可以分为成立分支机构与对外投资两种情况，分别可通过企业分支机构信息与企业股东信息进行测度。基于此，本书对产业转移概念的界定为：企业出于降低成本、政策引导等原因将产品生产的部分或全部由原生产地转移到其他地区，具体表现为成立分支机构、投资兴建子公司、搬迁企业所在地的方式，将生产资料或物质资料从总公司、母公司或原公司所在地向分公司、子公司或现公司注册地迁移，且本书研究产业转移的转入部分。本书利用 2010—2021 年全国工业企业工商注册信息和企查查与天眼查中获取的企业注册与变更记录，从企业股东控股信息、企业分支机构以及企业住所变更三个维度对工业企业产业转移进行测度，最后进行累加表示产业转移总值，以下是各维度的具体测度方法。

一是企业股东信息维度。利用全国工业企业工商注册信息获取到企业股东信息，筛选出资比例 50% 以上的股东信息，并剔除个人股东与同一市内的投资信息。经过上述处理后，剩余的企业股东信息可以很好地表示母公司与子公司的对应关系以及各自的注册信息情况。将满足以上条件的子公司的注册资本进行累加，视作公司股东信息维度下该地级市对应年份的产业转移值。具体公式如下：

$$TRI1_{c,y} = TRI1_{c,y-1} + \sum RC_{c,y} - \sum RC_{c,y,abnormal} \qquad (3-11)$$

其中 $TRI1_{c,y}$ 表示公司股东信息维度 c 城市第 y 年产业转入值，$\sum RC_{c,y}$ 是指将地级市为 c、成立年份为 y 的子公司注册资本求和所得数值，$\sum RC_{c,y,abnormal}$ 是指将地级市为 c、核准日期为第 y 年、核准状态为非正常的子公司注册资本求和所得数值，本章将"存续、在业、开业、迁入、迁出"视作企业正常状态，将"注销、吊销、撤销、清算、停业、歇业、除名、责令关闭"视作公司的非正常状态，以下两个维度也同样按照该标准。

二是企业分支机构维度。利用全国工业企业工商注册信息获取到全国工业企业总公司与其分支机构的相应数据，筛选出位于黄河流域城市群并且是实质性生产性质的分支机构（剔除销售点、经销门店等非生产性质的分支机构），再剔除全国总公司与分支机构注册地址为相同地级市的信息。经过上述处理后，剩下的分支机构信息可以很好地表示全国工业企业总公司由于设立生产性质的分支机构而带来的产业转移，将总公司注册资本除以该总公司分支机构数量视作该分支机构的转移量，将以上转移量累加视作企业分支机构维度下该地级市对应年份的产业转移值。具体公式如下：

$$TRI2_{c,y} = TRI2_{c,y-1} + \sum RC_{c,y} - \sum RC_{c,y,abnormal} \qquad (3-12)$$

其中 $TRI2_{c,y}$ 表示企业分支机构维度 c 城市第 y 年产业转入值，$\sum RC_{c,y}$ 是指将地级市为 c、成立年份为 y 的分支机构所属总公司的平均注册资本求和所得数值。$\sum RC_{c,y,abnormal}$ 是指将地级市为 c、核准日期为第 y 年、核准状态为非正常的分支机构所属总公司的平均注册资本求和所得数值。

三是企业住所变更维度。利用全国工业企业工商注册信息获取工业企业的住所变更记录，该变更记录完整记录了企业的经营状态、所属地址等的详细信息。筛选出住所变更后为黄河流域城市群以及剔除变更前后住所为相同地级市的变更记录信息。经过上述处理后，剩余的企业住所变更信息便能够很好地表示工业企业由于搬迁至黄河流域城市群所带来的产业转移。具体公式表示如下：

$$TRI3_{c,y} = TRI3_{c,y-1} + \sum RC_{c,y} - \sum RC_{c,y,abnormal} \quad (3-13)$$

其中 $TRI3_{c,y}$ 是指企业住所变更维度 c 城市第 y 年产业转入值，$\sum RC_{c,y}$ 是指住址变更后地址为 c、变更年份为 y 的企业注册资本总和，$\sum RC_{c,y,abnormal}$ 是指住址变更后地址为 c、变更年份为 y、核准状态为非正常的企业注册资本求和所得数值。

分别测出三个维度的产业转入值后，可计算出 c 地级市第 y 年的产业转入总值，为以上三个维度加总：

$$TRI_{c,y} = TRI1_{c,y} + TRI2_{c,y} + TRI3_{c,y} \quad (3-14)$$

其中 $TRI_{c,y}$ 即为产业转入总值。在此基础上，用产业转入总值 $TRI_{c,y}$ 除以该地级市当年新成立工业企业注册资本累加值 $TI_{c,y}$ 以作为产业转移强度值 $STRI_{c,y}$。具体公式如下：

$$STRI_{c,y} = TRI_{c,y} / TI_{c,y} \quad (3-15)$$

$$TI_{c,y} = TI_{c,y-1} + \sum CI_{c,y} - \sum CI_{c,y,abnormal} \quad (3-16)$$

其中，$STRI_{c,y}$ 表示 c 城市第 y 年的产业转移强度值，$TI_{c,y}$ 表示 c 城市第 y 年的新成立工业企业注册资本累加值。$\sum CI_{c,y}$ 是指 c 城市第 y 年的新成立的全部工业企业注册资本总和，$\sum CI_{c,y,abnormal}$ 是指 c 城市第 y 年核准状态为非正常的企业注册资本求和所得数值。

第四节 沿黄城市群承接产业转移的时空演化

本节从时间、空间两个维度探究沿黄城市群承接产业转移时空格局的演化，在时间维度上，分析沿黄城市群承接产业转移的整体发展趋势、承接产业转移示范区的发展趋势和沿黄城市群承接产业转移的细分行业发展趋势。在空间维度上，从流域、中心—外围、交通设施、资源禀赋和工业基础五个视角对沿黄城市群承接产业转移的空间演化趋势展开探讨。

一　时间维度

（一）整体发展趋势

沿黄城市群包括山东半岛城市群、中原城市群、关中平原城市群、兰西城市群、晋中城市群、呼包鄂榆城市群和宁夏沿黄城市群。图 3－2 用箱型图展示了 2010—2021 年沿黄城市群承接产业转移规模的比较情况。箱型图（Box-plot），又称为盒须图、盒式图或箱线图，是一种用作显示一组数据分散情况资料的统计图。箱型图中的矩形框表示数据的四分位数范围，其中线条表示中位数，矩形框越宽，说明四分位数范围越大，数据越分散；矩形框越窄，说明数据越集中。此外，在箱型图中，远离其他观测值的观测值被称为异常值，通常被标记出来，异常值用于识别数据中的潜在问题或错误。在分析箱型图时，通过比较不同时间点、不同组别或不同条件下的中位数、四分位数和异常值等统计量，从而了解数据集的分布特征、离散程度和潜在问题。

可以看到，随着时间的推移，2010—2021 年沿黄城市群承接产业转移规模的中位数呈现出稳步上升的趋势，同时四分位距也大幅增加，表明数据的中心值在增加且离散程度也在变大，说明沿黄城市群承接产业转移的规模在稳步增加，并且不同城市群承接产业转移规模的差距逐渐拉大。根据图 3－2，可以大致将沿黄城市群承接产业转移的整体发展趋势分为两个阶段：

第一个阶段为 2010—2014 年。这一阶段沿黄城市群的产业转移规模有所扩大但变化不明显。需要指出的是，这一阶段各级政府已经出台相关政策，为承接产业转移做好铺垫工作，如：2010 年 9 月，国务院发布《关于中西部地区承接产业转移的指导意见》，进一步指导中西部地区有序承接产业转移；2012 年 7 月，工业和信息化部发布首个全国性产业转

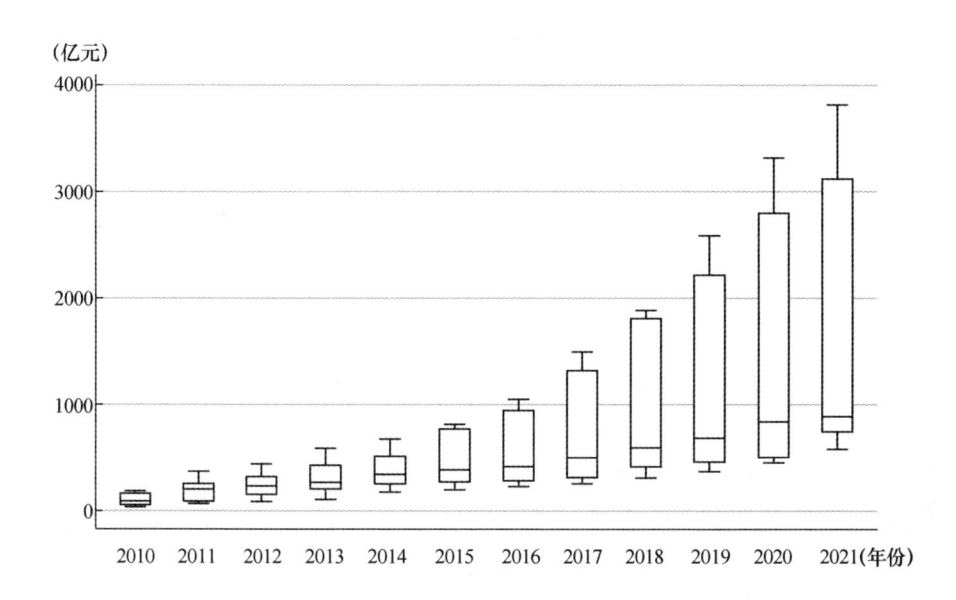

图 3-2 沿黄城市群承接产业转移规模变化

资料来源：作者绘制。

移指导文件《产业转移指导目录（2012年本）》[①]，对推动产业合理有序转移、优化工业生产力布局、促进区域协调可持续发展起到了积极作用；2014年5月，工业和信息化部于山东省青岛市组织召开了全国产业政策工作座谈会，以安排部署产业转移项目产业政策符合性认定试点工作和产业转移对接活动等工作。这些政策和举措使得沿黄城市群承接产业转移的规模逐渐变大并发生分化，2010—2014年沿黄城市群承接产业转移的规模从724亿元逐渐增加到2593亿元。

第二个阶段为2015—2021年。这一阶段沿黄城市群承接产业转移规模的差距开始迅速拉大。这一时期，国务院发布了多个沿黄城市群的发展规划，使得沿黄城市群区域内各城市明确其在区域发展中的角色定位，实现差异化发展。2016年12月，国务院发布《关于中原城市群发展规划的批复》，获得批复的中原城市群深入推进"一带一路"建设与各示范

---

① 工业和信息化部于2018年对《产业转移指导目录（2012年本）》进行了修订，形成《产业发展与转移指导目录（2018年本）》。

区、试验区的建设，加大门户城市开放力度，为中原城市群更好承接产业转移提供了良好环境。2016年，中原城市群承接产业转移的规模为951亿元，而2017年达到1326亿元，增长率为39.43%。2018年，国务院相继发布《关于关中平原城市群发展规划的批复》、《关于呼包鄂榆城市群发展规划的批复》和《关于兰州—西宁城市群发展规划的批复》，因地制宜地为城市群承接产业转移提供指导与政策支持，使得同年内关中、兰西两城市群产业转移规模分别增加81.43%、21.09%。2020年1月，十九届中央财经委员会第六次会议强调要发挥山东半岛城市群龙头作用，推动沿黄地区中心城市及城市群高质量发展。这使得山东半岛城市群承接产业转移规模从2019年的2586亿元增长为2020年的3318亿元，增长率为28.31%。

（二）承接产业转移示范区发展趋势

为了更好提高沿黄城市群承接国内外产业转移的能力，国家发展和改革委员会分别在2012年、2013年、2014年批准成立晋陕豫黄河金三角、甘肃兰白经济区、宁夏银川—石嘴山承接产业转移示范区。

2012年，国家发展改革委批复建立晋陕豫黄河金三角承接产业转移示范区。2014年3月，国务院正式批准了《晋陕豫黄河金三角区域合作规划》，晋陕豫黄河金三角示范区成为全国第一个跨区域的承接产业转移示范区。晋陕豫黄河金三角地区指的是山西省的运城市、临汾市，河南省的三门峡市以及陕西省的渭南市共同构成的区域。由图3-3可知，三门峡市和临汾市承接产业转移的规模分别于2012年和2014年突然增加，说明设立晋陕豫黄河金三角承接产业转移示范区对区域内的三门峡市和临汾市存在积极影响。此外，运城市承接产业转移的规模远远高于临汾市、渭南市和三门峡市，进一步佐证了沿黄城市群中各城市承接产业转移规模差距变大的结论。

2013年3月，国家发展改革委印发《甘肃兰白经济区承接产业转移示范区实施方案》。甘肃兰白经济区位于甘肃省中部，是以兰州市和白银市为核心，辐射定西市、临夏回族自治州的部分县市，总面积约4.5万平方千米。由图3-4可知，得益于甘肃兰白经济区的设立，兰州市吸引了大量的产业转移，自2013年起其承接产业转移的规模陡升。此外，兰

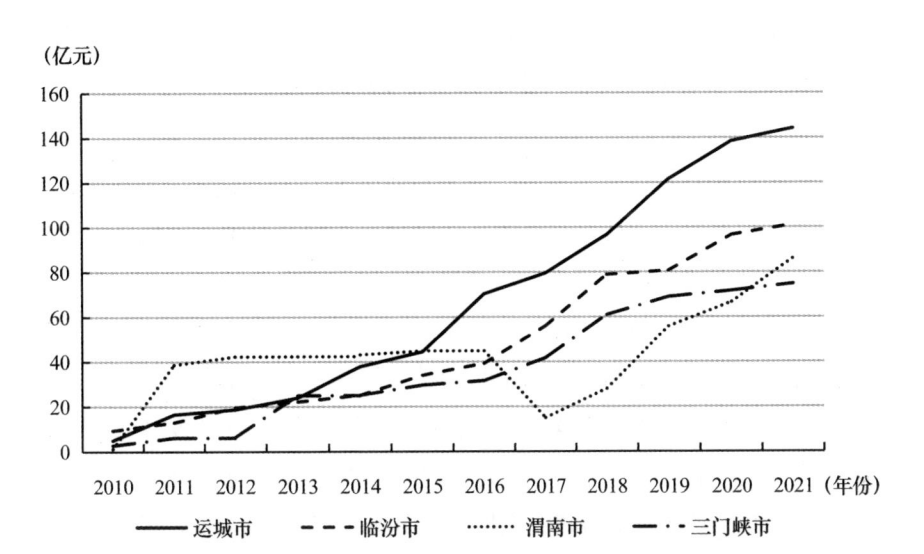

图 3 - 3　晋陕豫黄河金三角承接产业转移示范区产业转移规模变化

资料来源：作者绘制。

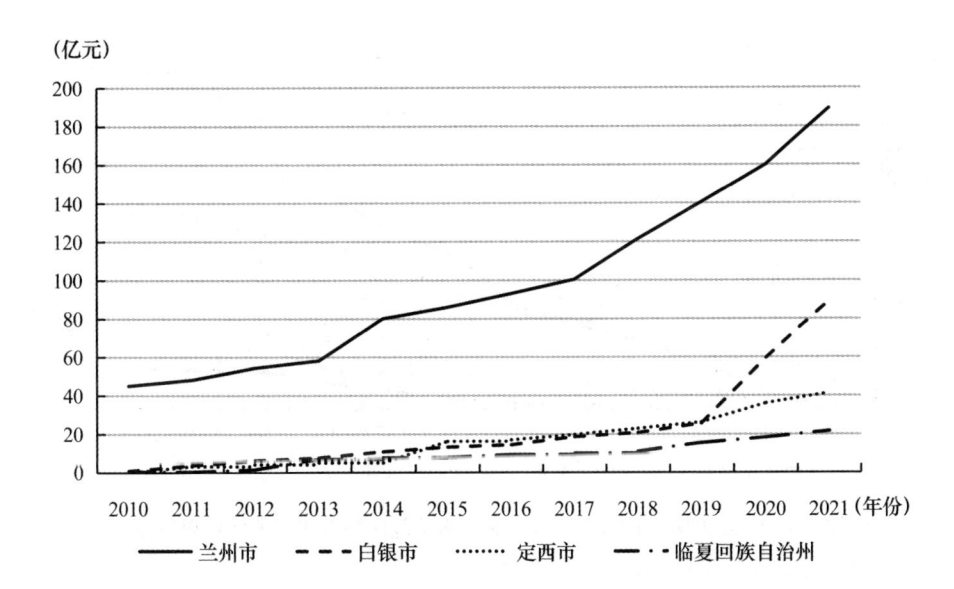

图 3 - 4　甘肃兰白经济区承接产业转移示范区各城市产业转移规模变化

资料来源：作者绘制。

市承接产业转移的规模远高于白银市、定西市和临夏回族自治州,佐证了沿黄城市群中各城市承接产业转移规模差距变大的结论。

2014年1月25日,宁夏银川—石嘴山承接产业转移示范区设立。该示范区以银川市和石嘴山市为核心,以宁东能源化工基地和银川滨河新区为重要载体,以惠农工业园区、红果子工业园区、宁夏平罗工业园区、银川德胜工业园区等自治区级工业园区为骨干,辐射带动中卫市、吴忠市等周边地区。由图3-5可知,银川市承接产业转移的规模自2015年起迅速增加,这说明设立宁夏银川—石嘴山承接产业转移示范区带来的政策扶持对银川市承接产业转移大有裨益。国家发展改革委于2017年印发《关于同意设立宁夏银川—石嘴山产业转移示范区的批复》,受益于该政策的出台,同年吴忠市承接产业转移的规模迅速增加。由图3-5可以发现,银川市承接产业转移的规模远远高于其他三个城市,这也佐证了沿黄城市群中各城市承接产业转移规模差距变大的结论。

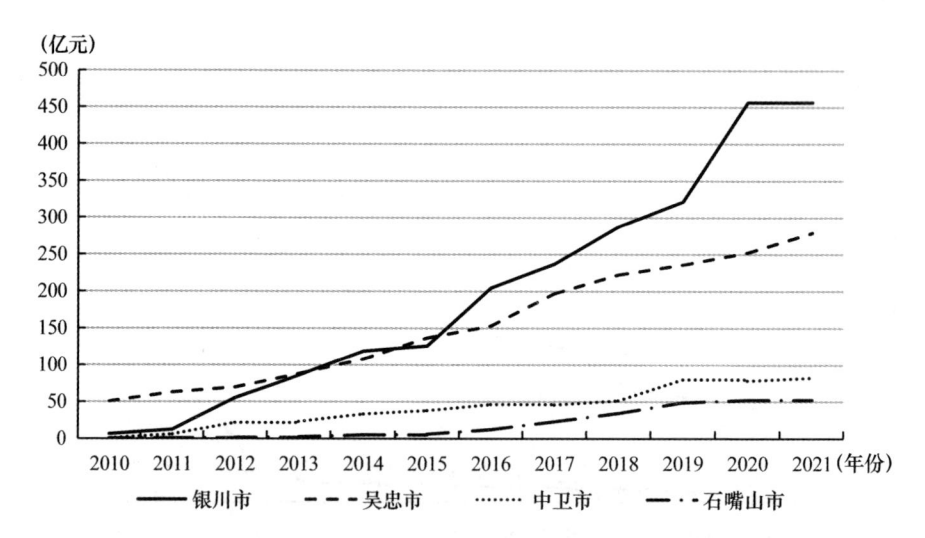

图3-5 宁夏银川—石嘴山承接产业转移示范区各城市产业转移规模变化

资料来源:作者绘制。

(三)细分行业发展趋势

图3-6展示了2010—2021年沿黄城市群分行业产业转移的变化情

况。可以看到中位数呈现出逐渐上升的趋势，说明沿黄城市群各个行业承接产业转移的规模在逐渐增加；同时四分位距也呈逐渐增加的趋势，说明沿黄城市群中各行业产业转移的差距在此期间逐渐变大。图 3-6 的异常值为电力、热力生产和供应业，说明沿黄城市群承接的电力、热力生产和供应业的规模远高于其他细分行业，且在 2021 年达到 3421.11 亿元，是规模位于第二的化学原料和化学制品制造业的 3.76 倍。

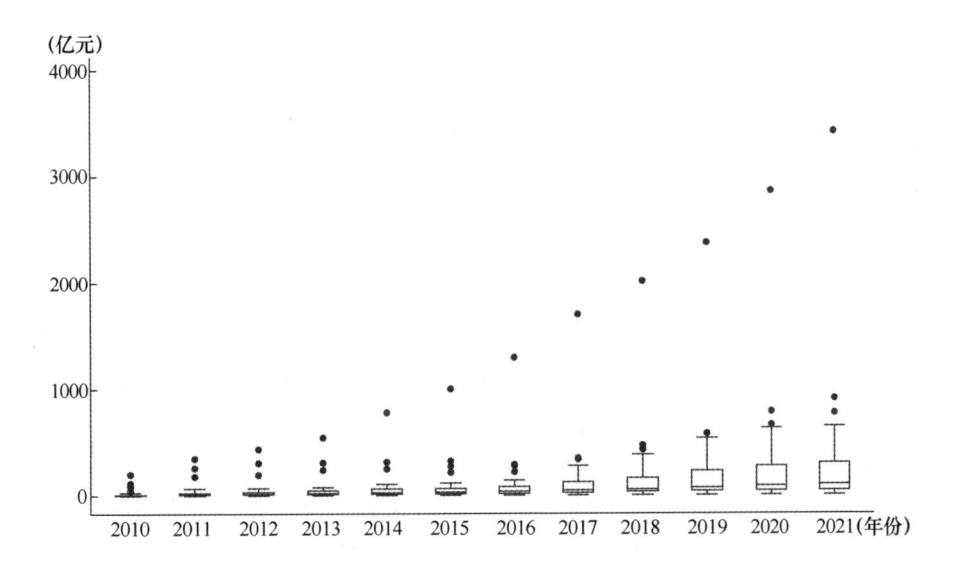

图 3-6 沿黄城市群分行业产业转移变化

资料来源：作者绘制。

1. 按照要素密集度分类的分析

借鉴王志华（2012）[①]的做法，本节参考《中国高技术产业统计年鉴（2021）》，首先从工业细分行业中分出技术密集型产业；接着对其他工业行业计算资本劳动比，进一步区分资本密集型和劳动密集型产业；最后综合阳立高（2014）[②]等人的结果得到如下工业分类：

[①] 王志华、董存田：《我国制造业结构与劳动力素质结构吻合度分析——兼论"民工荒"、"技工荒"与大学生就业难问题》，《人口与经济》2012 年第 5 期。

[②] 阳立高、谢锐、贺正楚等：《劳动力成本上升对制造业结构升级的影响研究——基于中国制造业细分行业数据的实证分析》，《中国软科学》2014 年第 12 期。

表3-1 资本—技术—劳动密集型工业分类明细

工业类型	包含的行业
劳动密集型	（19）皮革、毛皮、羽毛及其制品和制鞋业、（12）其他采矿业、（18）纺织服装、服饰业、（21）家具制造业、（20）木材加工和木、竹、藤、棕、草制品业、（17）纺织业、（41）其他制造业、（33）金属制品业、（34）通用设备制造业、（29）橡胶和塑料制品业、（23）印刷和记录媒介复制业、（13）农副食品加工业、（14）食品制造业、（43）金属制品、机械和设备修理业
资本密集型	（10）非金属矿采选业、（15）酒、饮料和精制茶制造业、（30）非金属矿物制品业、（36）汽车制造业、（11）开采专业及辅助性活动、（42）废弃资源综合利用业、（22）造纸和纸制品业、（6）煤炭开采和洗选业、（9）有色金属矿采选业、（28）化学纤维制造业、（32）有色金属冶炼和压延加工业、（8）黑色金属矿采选业、（26）化学原料和化学制品制造业、（31）黑色金属冶炼和压延加工业、（16）烟草制品业、（46）水的生产和供应业、（45）燃气生产和供应业、（25）石油、煤炭及其他燃料加工业、（7）石油和天然气开采业、（44）电力、热力生产和供应业
技术密集型	（24）文教、工美、体育和娱乐用品制造业、（27）医药制造业、（35）专用设备制造业、（37）铁路、船舶、航空航天和其他运输设备制造业、（38）电气机械和器材制造业、（39）计算机、通信和其他电子设备制造业、（40）仪器仪表制造业

注：括号内为工业分行业两位数代码。

对沿黄城市群的行业按上述分类进行分析，利用本书第三章第三节分行业产业转移总值的测度数据，将这几类行业承接产业转移的规模分别除以沿黄城市群总产业转移规模，得到各行业的产业贡献度，从而得出沿黄城市群承接产业转移的方向与结构。

$$contribution_i = TRI_i/TRI \qquad (3-17)$$

其中 $contribution_i$ 表示 i 产业的贡献度，TRI_i 表示 i 产业的转移值，TRI 表示产业转移总值。

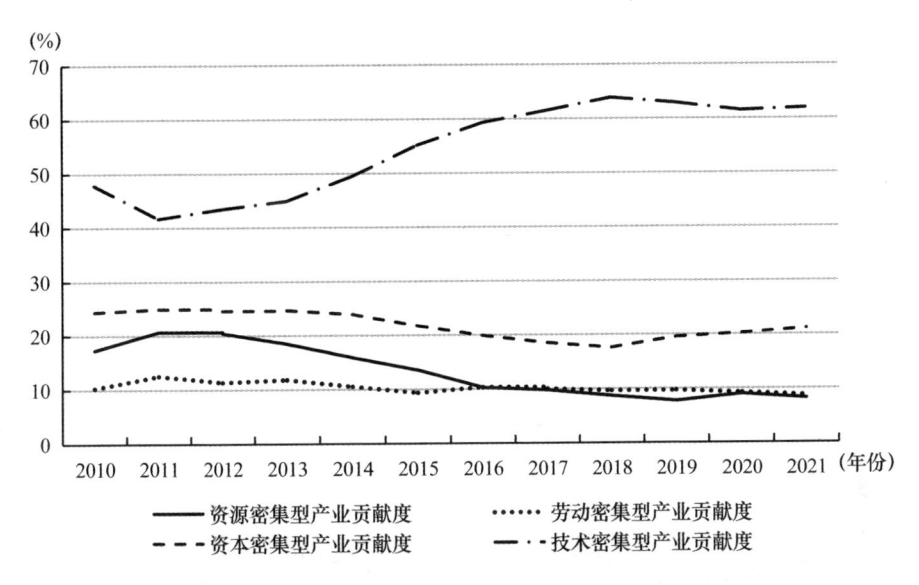

图 3-7 沿黄城市群要素密集型产业贡献度变化

资料来源：作者绘制。

综上，对沿黄城市群产业按劳动密集型、资本密集型、技术密集型分析可得，沿黄城市群承接的产业主要为资本密集型产业，但资本密集型产业贡献度在近些年有所下降，但仍维持在60%以上；劳动密集型产业和技术密集型产业贡献度大致相当，且2010—2021年总体呈上升趋势。沿黄城市群拥有丰富的能源和非金属矿产，为能源化工、新材料等资本密集型产业的发展提供了有力支撑，但随着环保法规的加强和公众环保意识的提高，资本密集型产业的发展逐渐受到限制，故沿黄城市群资本密集型产业贡献度有所下降。此外，沿黄城市群作为重要的经济发展区域，近些年开始积极引进和培育高新技术产业，推动产业升级和转型，同时凭借其丰富的劳动力资源和相对较低的成本优势，承接了大量的劳动密集型产业转移，使得技术密集型产业和劳动密集型产业贡献度略有上升。

2. 按照高耗能、高技术分类的分析

根据《2010年国民经济和社会发展统计公报》，挑选六大高耗能产业与高技术产业进行分析，结果如图3-8。2010—2021年，沿黄城市群高耗能产业贡献度总体在40%—50%，而高技术产业贡献度在20%—30%，说明虽然沿黄城市群承接技术密集型产业较多,但高技术产业较少,但自2016年开始,高技术产业贡献度呈逐渐上升的趋势。2016年开始,各沿黄城市群发展规划陆续发布,在国家和地方政府的支持下,这些城市群加大了对高技术产业的投入,通过制定优惠政策、提供财政支持等措施,鼓励企业加大研发力度,推动了高技术产业的快速发展。

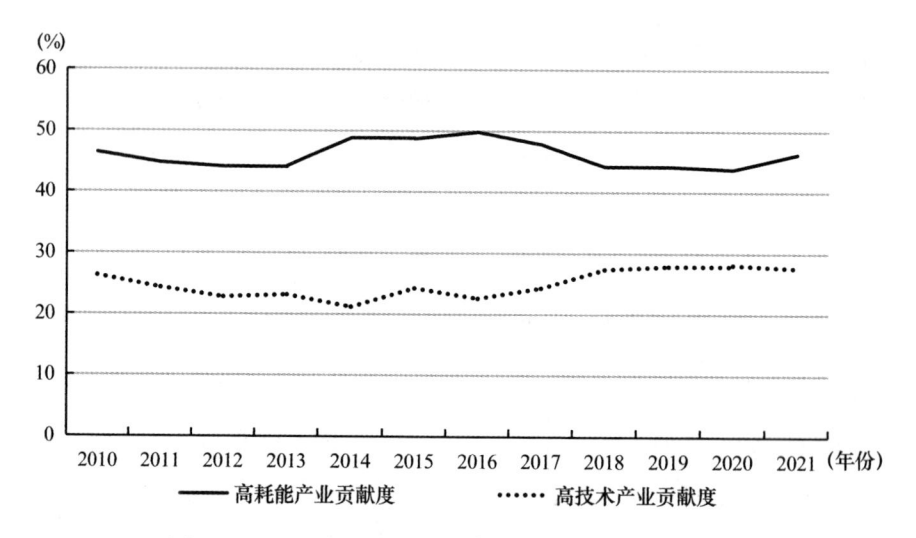

图3-8 沿黄城市群高耗能产业和高技术产业贡献度变化

资料来源:作者绘制。

二 空间维度

上文研究了沿黄城市群产业转移在时间维度的演化趋势,下面将从流域、中心—外围、交通基础、资源禀赋、工业基础五个方面对沿黄城市群产业转移的空间演化趋势展开探讨。

(一)流域方面

黄河流域上游和中游自然资源丰富,资源密集型工业比重较高,而下游资源分布相对稀少,技术密集型工业占比较高,上游和中游技术密集型工业发展与下游地区存在一定差距。[①] 随着我国经济发展进入新常

---

① 耿凤娟、苗长虹、胡志强:《黄河流域工业结构转型及其对空间集聚方式的响应》,《经济地理》2020年第6期。

态，产业发展逐渐从增产导向转为提质导向，不同流域的产业发展存在差异。[①] 其中，上游的资源密集型工业面临严重转型升级困境，而下游地区能依托良好的区位优势，聚集更多的生产要素，更快实现产业转型升级并高效承接产业转移。[②] 因此，下面从流域视角研究沿黄城市群产业转移的空间演化趋势。

黄河流域的分区需要考虑到自然环境和经济发展等因素。[③] 遵循"以自然黄河流域为基础、尽可能保持地区级行政区划单元的完整性和地区经济发展与黄河的直接关联性"三条原则，[④] 将沿黄城市群内城市划分为上、中、下游城市。其中，沿黄城市群中兰西城市群、宁夏沿黄城市群内的所有城市和呼包鄂榆城市群内的部分城市位于黄河流域上游，晋中城市群、关中平原城市群内的所有城市和中原城市群、呼包鄂榆城市群内的部分城市位于黄河流域中游，山东半岛城市群内的所有城市和中原城市群内的部分城市位于黄河流域下游，具体划分内容如表3-2所示。

表3-2　　　　　　　　沿黄城市群内上中下游城市统计

流域	城市群	包含的城市
上游城市	呼包鄂榆城市群	呼和浩特市、包头市、鄂尔多斯市
	兰西城市群	兰州市、白银市、定西市、临夏回族自治州、西宁市、海东市
	宁夏沿黄城市群	银川市、吴忠市、石嘴山市、中卫市

---

① 杨开忠、苏悦、顾芸：《新世纪以来黄河流域经济兴衰的原因初探——基于偏离—份额分析法》，《经济地理》2021年第1期。

② 张可云、张颖：《不同空间尺度下黄河流域区域经济差异的演变》，《经济地理》2020年第7期。

③ 周晓艳、郝慧迪、叶信岳等：《黄河流域区域经济差异的时空动态分析》，《人文地理》2016年第5期。

④ 钟顺昌、邵佳辉：《黄河流域创新发展的分布动态、空间差异及收敛性研究》，《数量经济技术经济研究》2022年第5期。

续表

流域	城市群	包含的城市
中游城市	中原城市群	洛阳市、焦作市、三门峡市、济源市、长治市、晋城市、运城市
	关中平原城市群	西安市、宝鸡市、咸阳市、铜川市、渭南市、商洛市、临汾市、天水市、平凉市、庆阳市
	呼包鄂榆城市群	榆林市
	晋中城市群	太原市、晋中市、忻州市、吕梁市
下游城市	山东半岛城市群	济南市、青岛市、淄博市、枣庄市、东营市、烟台市、潍坊市、济宁市、泰安市、威海市、日照市、临沂市、德州市、聊城市、滨州市、菏泽市
	中原城市群	郑州市、开封市、南阳市、安阳市、商丘市、新乡市、平顶山市、许昌市、周口市、信阳市、驻马店市、鹤壁市、濮阳市、漯河市

资料来源：作者加工整理。

图3-9展示了2010—2021年黄河流域上中下游城市承接产业转移规模平均值及占比的变化特征。结果显示，2010—2021年黄河流域城市承接产业转移规模平均值呈现逐年递增趋势，但上中下游平均值差距越来越大。黄河流域上游、中游、下游城市承接产业转移规模平均值分别由2010年的13.75亿元、10.95亿元和10.13亿元上升到2021年的159.48亿元、150.26亿元和193.69亿元，年均增长率分别为24.96%、26.89%、30.77%，表明黄河流域城市承接产业转移规模年均增长率在空间分布上呈现下游最高、中游次之、上游最低的阶梯状分布特征。黄河流域上游城市承接产业转移规模平均值在2010—2017年较高，在2018年及以后被中下游反超，且其承接产业转移规模在沿黄城市群占比长期处于低位，这主要是因为沿黄城市群内上游城市数量相对较少。2010—2014年，黄河流域中游与下游城市承接产业转移规模占比起伏不定，两者交替在沿黄城市群承接产业转移规模中发挥作用。2014年以后，下游

城市占比增大，中游城市占比减小，且两者差异逐渐增大。

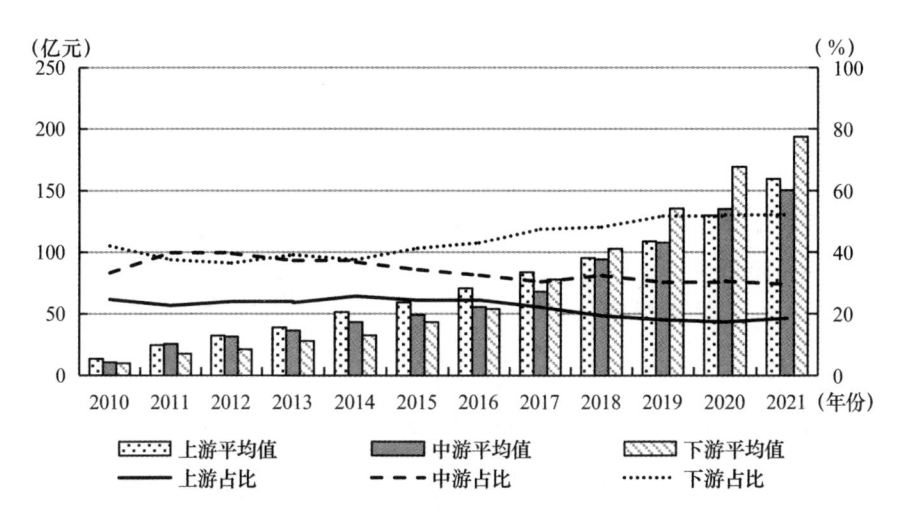

图3-9 黄河流域上中下游城市承接产业转移规模平均值及占比变化

资料来源：作者绘制。

从图3-10（a）中可以看出，2010年黄河流域承接产业转移规模较小且集中程度较高，2015年和2021年出现右偏，意味着黄河流域承接产业转移规模离散程度越来越大，说明部分城市承接产业转移规模不断扩大，但仍有部分城市承接产业转移规模较低。图3-10（b）、图3-10（c）、图3-10（d）分别呈现了2010年、2015年、2021年黄河流域上中下游城市承接产业转移规模核密度分布特征。结果显示，黄河流域上中下游城市承接产业转移规模的最高峰值均出现在图形左侧初始阶段，且峰值的位置相近，说明黄河流域上中下游多数城市承接产业转移规模较小。同时，相比于上游，中游和下游的图形尾端较长，说明中游、下游地区有较多的大规模样本。

（二）中心—外围

区域的中心—外围理论指出，在若干区域之间，因多种原因会有个别区域率先发展起来而成为"中心"，其他区域则会因发展缓慢而成为"外围"，而创新进一步增强了中心发展的能力和活力，并在向外围的扩散中加强了中心的统治地位。我国经济发展的空间结构正在发生深刻变

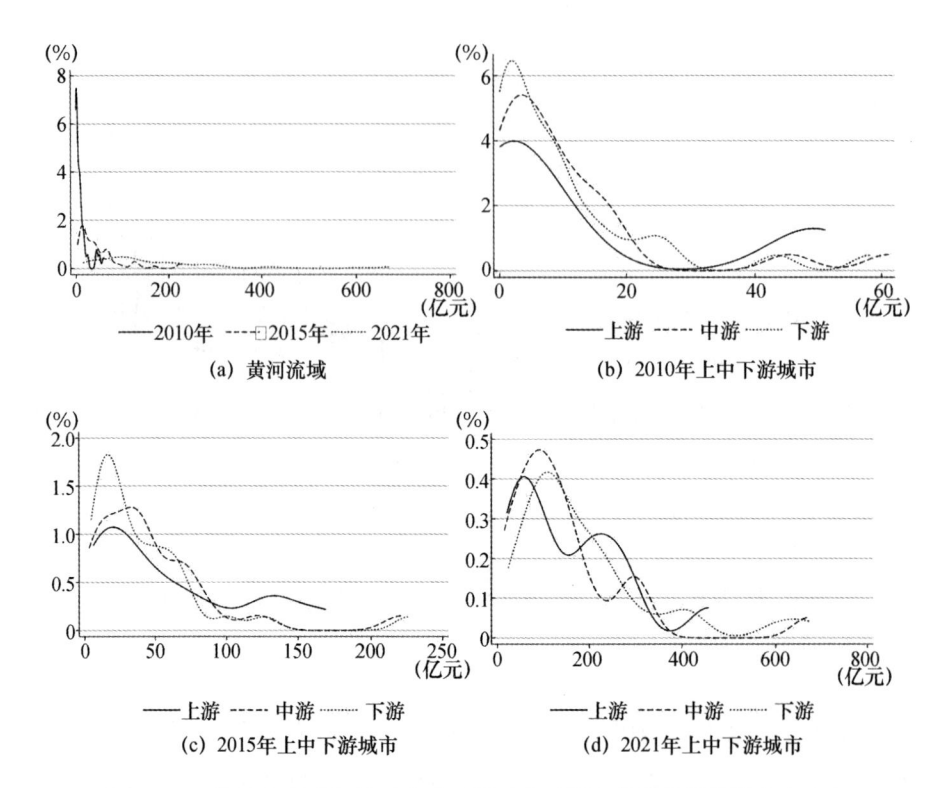

图 3-10　部分年份黄河流域上中下游城市承接产业转移规模核密度分布

资料来源：作者绘制。

化，中心城市和城市群正在成为承载发展要素的主要空间形式。① 因此，下面从中心—外围视角研究沿黄城市群产业转移的空间演化趋势。

城市群空间结构可以分为单核心和多核心两种模式。② 参考中心—外围理论的思路，将沿黄城市群中的省会城市和副省级城市作为核心城市，其他城市为中小城市。③ 根据以上划分标准可以确定沿黄城市群有 9 个核心城市，分别是兰西城市群的兰州市和西宁市，呼包鄂榆城市群的呼和

---

① 习近平：《推动形成优势互补高质量发展的区域经济布局》，《求是》2019 年第 24 期。
② 张浩然、衣保中：《城市群空间结构特征与经济绩效——来自中国的经验证据》，《经济评论》2012 年第 1 期。
③ 兰秀娟、张卫国、裴璇：《我国中心—外围城市经济发展差异及收敛性研究》，《数量经济技术经济研究》2021 年第 6 期。

浩特市，宁夏沿黄城市群的银川市，关中平原城市群的西安市，晋中城市群的太原市，中原城市群的郑州市，山东半岛城市群的济南市和青岛市。

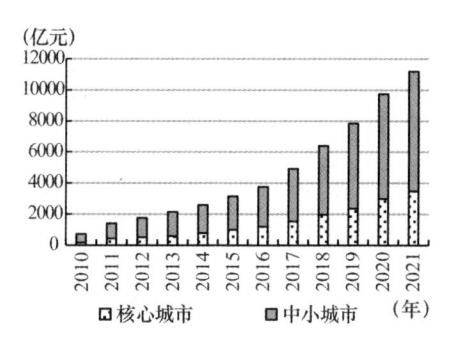

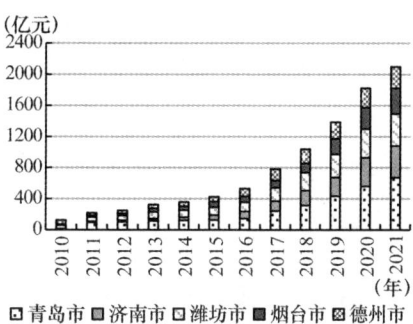

(a) 沿黄城市群

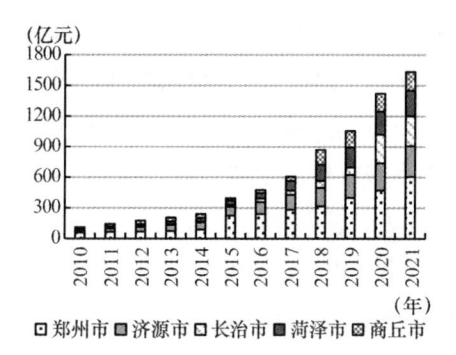

(b) 山东半岛城市群

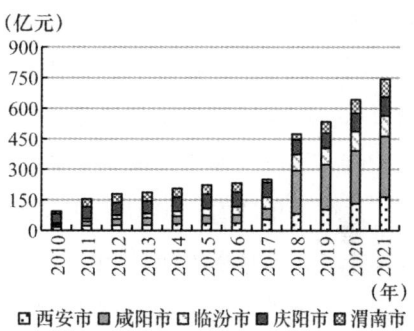

(c) 中原城市群

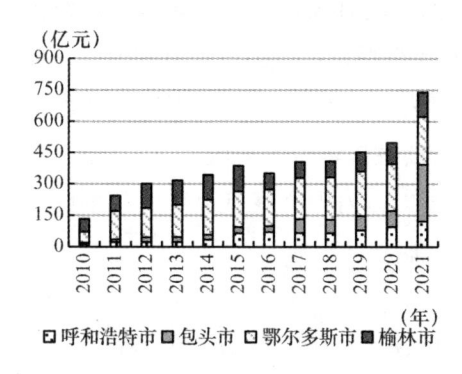

(d) 关中平原城市群

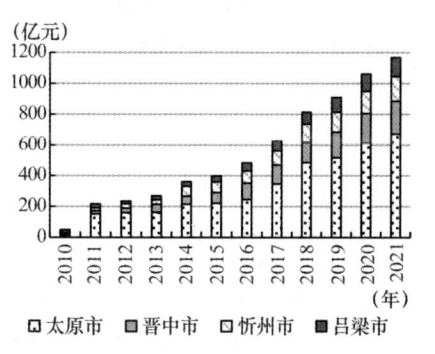

(e) 呼包鄂榆城市群

(f) 晋中城市群

(g）兰西城市群

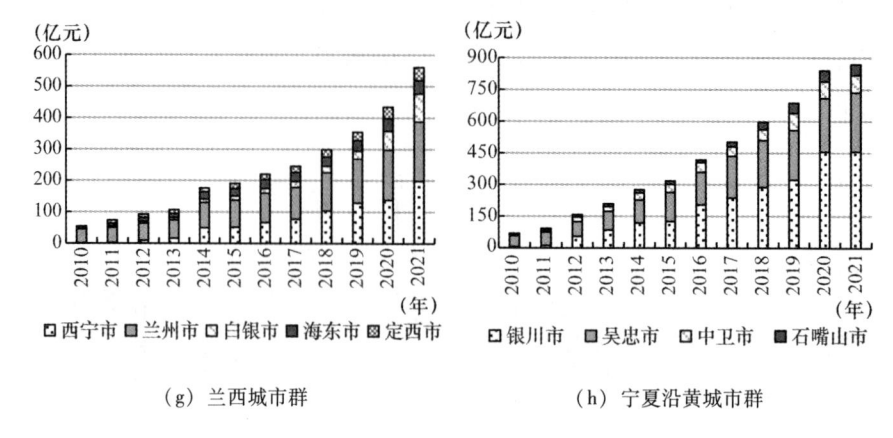

(h）宁夏沿黄城市群

图 3-11　沿黄城市群内核心城市与部分中小城市承接产业转移规模变化
资料来源：作者绘制。

图 3-11 展示了 2010—2021 年沿黄城市群内核心城市与排名靠前的中小城市承接产业转移规模的堆积柱形图。总体来看，核心城市与中小城市承接产业转移规模累计值逐年递增，但中小城市承接产业转移规模累计值高于核心城市，这主要是因为中小城市数量较多。

从城市角度看，2010—2021 年沿黄城市群内核心城市承接产业转移规模排名靠前且多处于首位。其中，中原城市群、晋中城市群、兰西城市群、宁夏沿黄城市群呈现出核心城市承接产业转移规模大于中小城市的态势，意味着核心城市承接产业转移规模在沿黄城市群中发挥着重要作用，说明了核心城市的虹吸效应较强，能有效聚集生产要素，从而提高自己承接产业转移的能力；[1] 而山东半岛城市群、关中平原城市群、呼包鄂榆城市群则表现出个别中小城市承接产业转移规模大于核心城市的态势，说明了核心城市通过其溢出效应能发挥辐射带动作用，[2] 且溢出效应的作用正在逐渐增强，为其所在的城市群内中小城市带来部分生产要素，助力提高中小城市承接产业转移的能力。

---

[1] 丁任重、许渤胤、张航：《城市群能带动区域经济增长吗？——基于 7 个国家级城市群的实证分析》，《经济地理》2021 年第 5 期。

[2] 张可云、张颖：《不同空间尺度下黄河流域区域经济差异的演变》，《经济地理》2020 年第 7 期。

（三）交通设施

新经济地理理论认为在均质的空间下，垄断竞争厂商考虑到运输费用和运输便利程度，出于自身利益最大化会优先选择运输条件较好的区位开展生产活动。除此之外，交通设施对产业转移还具有结构效应，[①] 具体表现为城市的交通设施改善会改变其交通枢纽地位，由此带来的运输成本下降和要素流动性加快会促进城市的经济增长，提升城市在区域内的中心地位，从而提高其承接产业转移的能力。下文从交通设施视角研究沿黄城市群产业转移的空间演化趋势。

经国务院批准，国家发展改革委、交通运输部、中国铁路总公司于2016年7月印发《中长期铁路网规划》，提出在"四纵四横"高速铁路基础上，增加客流支撑、标准适宜、发展需要的高速铁路，形成以"八纵八横"主通道为骨架、区域连接线衔接、城际铁路补充的高速铁路网，规划期为2016—2025年，远期展望到2030年。其中，"八纵"通道包括沿海通道、京沪通道、京港（台）通道、京哈—京港澳通道、呼南通道、京昆通道、包（银）海通道、兰（西）广通道；"八横"通道包括绥满通道、京兰通道、青银通道、陆桥通道、沿江通道、沪昆通道、厦渝通道、广昆通道。根据"八纵八横"高速铁路主通道与沿黄城市群的密切程度选取具有代表性的京兰通道、青银通道、陆桥通道为划分标准，可以确定有站点城市和无站点城市。

京兰通道是一条东起北京，西至兰州的东西向铁路干线，构成线路包括京张高速铁路、张呼高速铁路、包银高速铁路、银兰高速铁路。青银通道全线只设14个停车站，站点之间直连，沿途设有青岛站、潍坊站、淄博站、济南西站、武城站、衡水站、石家庄站、阳泉站、太原南站、吕梁站、绥德站、靖边站、鄂托克站、银川站，连接华东、华北、西北地区。陆桥通道是连云港至乌鲁木齐的高速铁路，构成线路包括徐连高速铁路、郑徐高速铁路、郑西高速铁路、西宝高速铁路、宝兰高速铁路、兰新高速铁路。三个通道设有站点的城市如表3-3所示。

[①] 王雨飞、倪鹏飞：《高速铁路影响下的经济增长溢出与区域空间优化》，《中国工业经济》2016年第2期。

表 3-3　沿黄城市群内京兰通道、青银通道、
陆桥通道设有站点的城市统计

通道	城市	车站
京兰通道	呼和浩特市	呼和浩特东站
	包头市	包头站
	鄂尔多斯市	碱柜站
	石嘴山市	惠农南站、石嘴山南站、沙湖站
	银川市	银川站、河东机场站、灵武北站
	吴忠市	吴忠站、红寺堡北站
	中卫市	中宁东站
	白银市	北滩站、平川西站、靖远北站、白银南站
	兰州市	秦王川站
青银通道	青岛市	青岛站
	潍坊市	潍坊站
	淄博市	淄博站
	济南市	济南西站
	德州市	武城站
	太原市	太原南站
	吕梁市	吕梁站
	榆林市	绥德站、靖边站
	鄂尔多斯市	鄂托克站
	银川市	银川站
陆桥通道	商丘市	商丘站、民权北站
	开封市	兰考南站、开封北站
	郑州市	郑州东站、郑州西站、巩义南站
	洛阳市	洛阳龙门站
	三门峡市	渑池南站、三门峡南站
	渭南市	华山北站、渭南北站
	西安市	西安北站
	咸阳市	咸阳西站、杨陵南站
	宝鸡市	岐山站、宝鸡南站
	天水市	东岔站、天水南站、秦安站
	定西市	通渭站、定西北站
	兰州市	榆中站、兰州西站
	海东市	民和南站、海东站、海东西站
	西宁市	西宁站、大通西站

资料来源：中国铁路客户服务中心，作者加工整理。

图 3-12 展示了 2010—2021 年京兰通道、青银通道、陆桥通道在沿黄城市群内有站点城市与无站点城市承接产业转移规模平均值及占比的变化特征。总体来看,有站点城市承接产业转移规模平均值长期高于无站点城市,两者均呈现逐年递增趋势,但差距逐渐增大。有站点城市与无站点城市承接产业转移规模平均值分别从 2010 年的 15.85 亿元、7.05 亿元变化为 2021 年的 220.83 亿元、129.43 亿元,说明有站点城市与无站点城市承接产业转移规模平均值差距逐渐增大。但有站点城市与无站点城市承接产业转移规模在沿黄城市群占比差距逐年减小,说明两类城市承接产业转移情况逐渐趋于均衡。同时,无站点城市承接产业转移规模平均值长期低于有站点城市,说明相比于无站点城市,有站点城市承接产业转移更具优势。

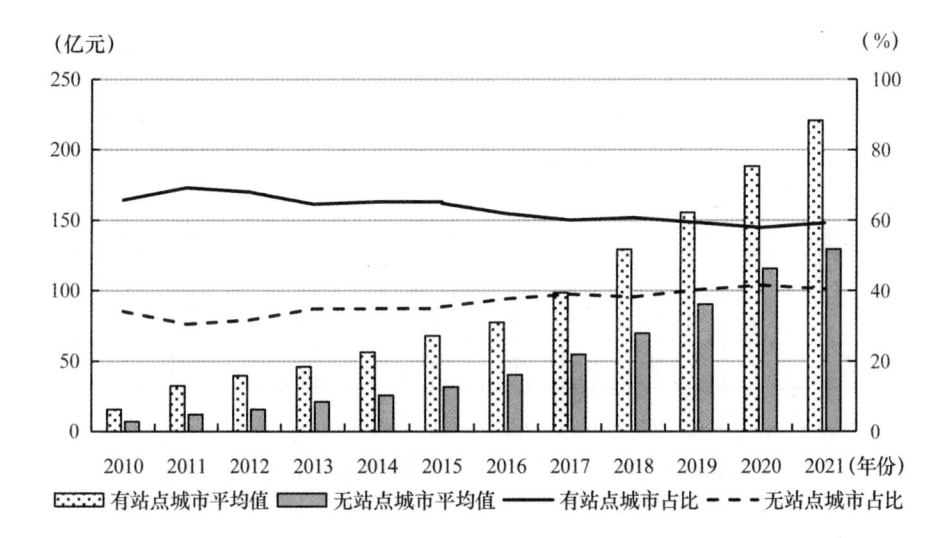

图 3-12 沿黄城市群内分有无站点的城市承接产业转移规模平均值及占比变化
资料来源:作者绘制。

为考察"有无站点"是否对中小城市承接产业转移产生影响,本节去除沿黄城市群内的 9 个核心城市进行分析,以京兰通道、青银通道、陆桥通道是否在中小城市设立站点为标准,重新划分有站点中小城市与无站点中小城市。图 3-13 呈现了 2010—2021 年京兰通道、青银通道、陆桥通道在沿黄城市群内有站点中小城市与无站点中小城市承接产业转移规模平均值及占比的变化特征。整体上看，有站点中小城市承接产业转移规模平均值长期高于无站点中小城市，两者均呈现逐年递增趋势。其中，有站点中小城市有21个，无站点中小城市有35个，但有站点中小城市承接产业转移规模平均值长期高于无站点中小城市平均值，说明交通设施能够加强其承接产业转移的能力。2010—2014年有站点中小城市承接产业转移规模在沿黄城市群占比高于无站点中小城市，2014—2021年无站点中小城市承接产业转移规模在沿黄城市群占比较高，这是因为随着产业转移规模的扩大，无站点城市的数量优势逐渐显现，最终在承接产业转移中占据较大份额。

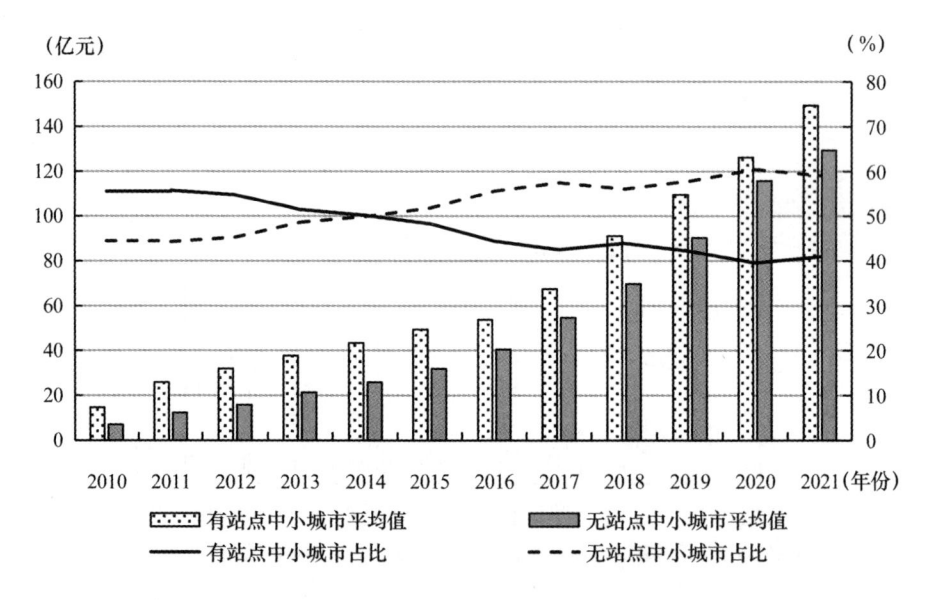

图3-13　沿黄城市群内分有无站点的中小城市承接产业转移规模平均值及占比变化

资料来源：作者绘制。

（四）资源禀赋

原材料是经济生产活动所加工的对象，对经济活动来说极为重要。对原材料需求大的产业，往往会选择与廉价原材料供应地接近的地区进行生产，当这个地区的资源面临枯竭而上调价格时，产业大概率会选择其他地区进行转移，[①] 因此地区的资源禀赋是产业区位选择的重要依据。下文从资源禀赋视角研究沿黄城市群产业转移的空间演化趋势。

表 3-4　　　　　　　　沿黄城市群内资源型地级行政区统计

沿黄城市群	资源型地级行政区	
	成长型城市	成熟型城市
山东半岛城市群	—	东营市、济宁市、泰安市
中原城市群	—	三门峡市、平顶山市、鹤壁市、长治市、晋城市、运城市
关中平原城市群	庆阳市、咸阳市	渭南市、宝鸡市、临汾市、平凉市
呼包鄂榆城市群	鄂尔多斯市、榆林市	—
晋中城市群	—	忻州市、晋中市、吕梁市
兰西城市群	—	—
宁夏沿黄城市群	—	—

资料来源：中国政府网，作者加工整理。

根据《全国资源型城市可持续发展规划（2013—2020年）》，沿黄城市群内有资源型地级行政区31个；其中成长型城市4个，成熟型城市16个，衰退型城市6个，再生型城市5个。衰退型城市和再生型城市的主要特征是资源趋于枯竭或已经停止开采，为研究资源对沿黄城市群产业转移的空间演化趋势，将成长型城市和成熟型城市划分为资源型城市，其他城市划分为非资源型城市。

图3-14展示了2010年、2015年、2021年沿黄城市群内资源型与非资源型城市承接产业转移规模的核密度分布特征。2010—2021年沿黄城市群内资源型与非资源型城市承接产业转移规模整体上呈现逐年递增趋

---

① 罗浩：《自然资源与经济增长：资源瓶颈及其解决途径》，《经济研究》2007年第6期。

势，但非资源型城市增速较快。沿黄城市群资源型与非资源型城市承接产业转移规模的最高峰值均出现在图形左侧初始阶段，且资源型城市的峰值逐渐高于非资源型城市，意味着承接产业转移规模较小的城市数量较多，但非资源型城市承接产业转移规模较小的城市数量逐渐减少，说明相比于资源型城市，非资源型城市承接产业转移规模的发展速度较快。同时，相比于资源型城市，非资源型城市的图形尾端逐渐变长，意味着非资源型城市中承接产业转移规模较高的城市较多。

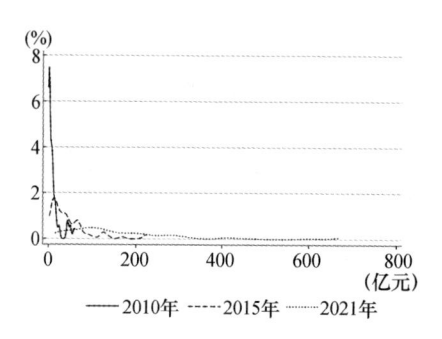

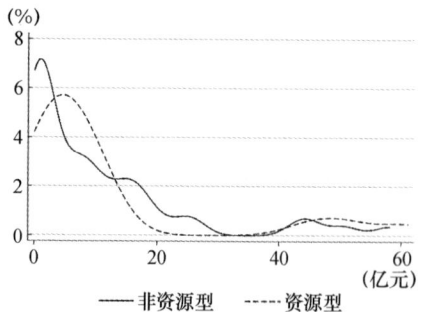

（a）资源型与非资源型城市

（b）2010年资源型与非资源型城市

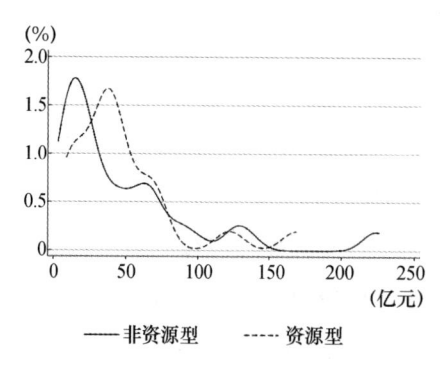

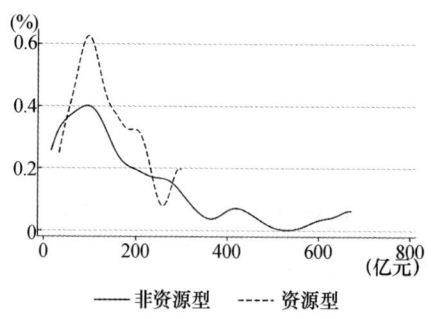

（c）2015年资源型与非资源型城市

（d）2021年资源型与非资源型城市

图 3-14　部分年份沿黄城市群内资源型与非资源型城市承接产业转移规模核密度分布

资料来源：作者绘制。

图 3-15 展示了 2010—2021 年沿黄城市群内资源型城市中成长型城市、成熟型城市承接产业转移规模的堆积柱形图。总体来看，成长型城市承接产业转移规模处于波动状态，成熟型城市承接产业转移规模呈现逐年递增趋势。其中，2010—2012 年成长型城市承接产业转移规模居于首位，2013—2021 年成熟型城市承接产业转移规模超过成长型城市，说明了沿黄城市群资源型城市承接产业转移规模中成熟型城市发挥的作用逐渐增大。

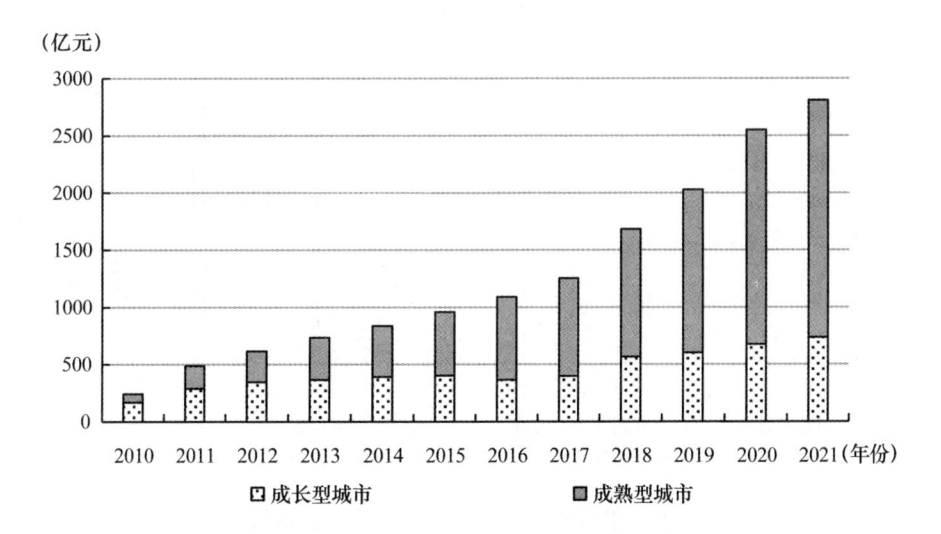

图 3-15　沿黄城市群内资源型城市承接产业转移规模结构分解

资料来源：作者绘制。

不同能耗工业的产业转移在空间上表现出差异。[①] 其中，低耗能、低排放的行业对资源的依赖程度较低，而高耗能、高排放行业对于资源依赖程度较高，[②] 对资源依赖程度较高的行业还有采矿业，具体包括煤炭开采和洗选业、石油和天然气开采业、黑色金属矿采选业、有色金属矿采

[①] 王少剑、田莎莎、蔡清楠等：《产业转移背景下广东省工业碳排放的驱动因素及碳转移分析》，《地理研究》2021 年第 9 期。

[②] 雷玉桃、彭文祥、张萱：《工业数字化转型的碳减排效应研究——来自中国行业的经验证据》，《经济经纬》2024 年第 1 期。

选业、非金属矿采选业及其他采矿业。[①] 根据《关于加强高耗能、高排放建设项目生态环境源头防控的指导意见》可将样本内行业划分为高耗能、高排放行业和低耗能、低排放行业，其中高耗能、高排放行业包括煤电、石化、化工、钢铁、有色金属冶炼、建材六个行业，其他行业则为低耗能、低排放行业，从而将高耗能、高排放行业和采矿业划分为资源依赖程度高的行业，将低耗能、低排放行业划分为资源依赖程度低的行业。

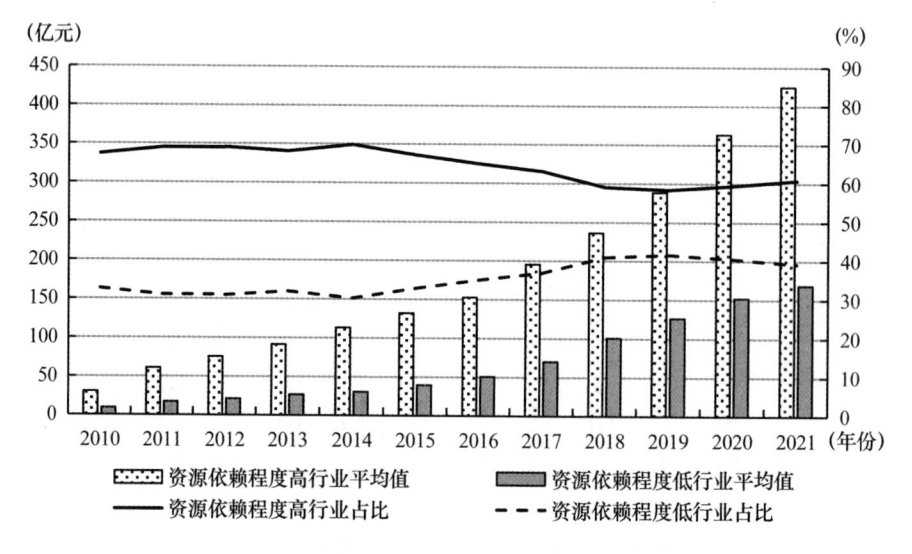

图 3-16　沿黄城市群内分资源依赖程度高低的行业承接产业转移规模平均值及占比变化

资料来源：作者绘制。

从图 3-16 中可以看出，资源依赖程度高的行业承接产业转移规模平均值始终高于资源依赖程度低的行业，两者均呈现逐渐递增趋势。其中，2010—2014 年资源依赖程度高和资源依赖程度低的行业承接产业转移规模在沿黄城市群中所占比例变化较为平稳，但资源依赖程度高的行业占比较大。2014—2021 年资源依赖程度高和资源依赖程度低的行业承接产

[①] 邵帅、范美婷、杨莉莉：《资源产业依赖如何影响经济发展效率？——有条件资源诅咒假说的检验及解释》，《管理世界》2013 年第 2 期。

业转移规模在沿黄城市群中所占比例差距变小，但资源依赖程度高的行业占比仍然较高，说明目前沿黄城市群承接产业转移仍然以资源依赖程度高的行业为主。

（五）工业基础

地区工业发展水平直接影响地区的经济总体形势，也会对地区承接产业转移选择产生影响，下面从工业基础视角研究沿黄城市群产业转移的空间演化趋势。

1964—1980年，我国中西部13个省区展开了一次极大规模的工业迁移过程，在铁路建设、国防工业建设、轻纺工业等方面取得了巨大成就，史称"三线建设"。"三线建设"在沿黄城市群内的范围主要有中原城市群、关中平原城市群、晋中城市群、兰西城市群、宁夏沿黄城市群。表3-5展示了1978年、1980年、1982年、1984年、1986年、1988年、1990年、1992年沿黄城市群内第二产业增加值排名前十的城市。其中，兰西城市群内的兰州市、关中平原城市群内的西安市、中原城市群内的郑州市和洛阳市、晋中城市群内的太原市长期位于前十名，说明"三线建设"为其重点范围内的城市工业发展奠定了一定的基础。[①] 基于此，使用"三线建设"的结束时间沿黄城市群内各城市第二产业增加值中位数将城市划分为工业基础良好和工业基础一般的城市。

表3-5　　　　部分年份沿黄城市群内城市第二产业增加值排名

排名	1978	1980	1982	1984	1986	1988	1990	1992
1	青岛市	青岛市	青岛市	青岛市	青岛市	青岛市	青岛市	青岛市
2	兰州市	淄博市	淄博市	东营市	东营市	济南市	淄博市	淄博市
3	淄博市	兰州市	郑州市	淄博市	淄博市	淄博市	济南市	烟台市
4	东营市	西安市	西安市	太原市	济南市	烟台市	郑州市	济南市
5	西安市	郑州市	太原市	郑州市	西安市	郑州市	烟台市	郑州市
6	太原市	济南市	济南市	济南市	兰州市	西安市	潍坊市	潍坊市

[①] 杨永春、穆焱杰、张薇：《黄河流域高质量发展的基本条件与核心策略》，《资源科学》2020年第3期。

续表

排名	1978	1980	1982	1984	1986	1988	1990	1992
7	济南市	太原市	兰州市	西安市	郑州市	潍坊市	太原市	西安市
8	郑州市	东营市	潍坊市	兰州市	太原市	太原市	东营市	太原市
9	潍坊市	潍坊市	东营市	烟台市	烟台市	东营市	西安市	东营市
10	洛阳市	烟台市	烟台市	潍坊市	潍坊市	兰州市	兰州市	洛阳市

资料来源：国家数据网站，作者加工计算。

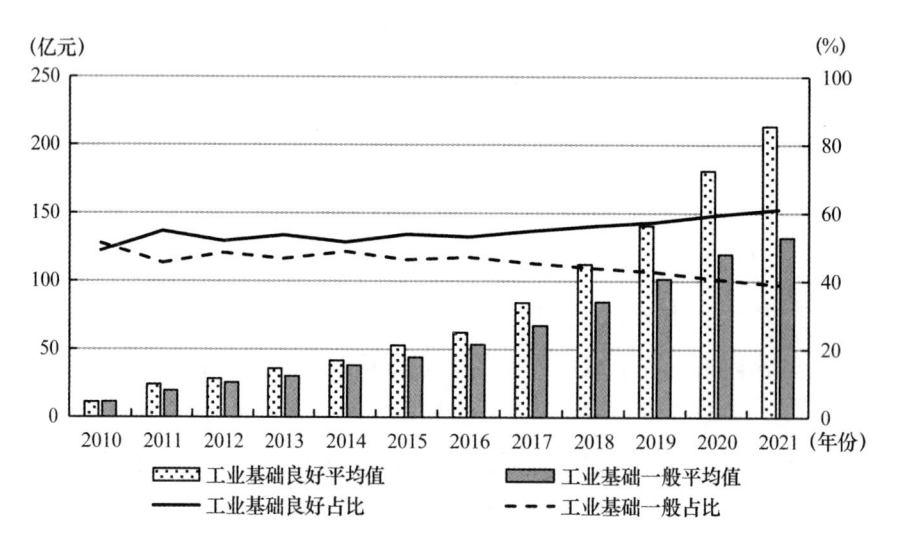

图 3-17 沿黄城市群内分工业基础较好和一般的城市承接产业转移规模平均值及占比变化

资料来源：作者绘制。

图 3-17 展示了 2010—2021 年沿黄城市群内工业基础良好和工业基础一般的城市承接产业转移规模平均值及占比的变化特征。整体来看，工业基础良好和工业基础一般的城市承接产业转移规模平均值均呈现逐渐递增趋势，但工业基础良好的城市承接产业转移规模平均值逐渐超过工业基础一般的城市，且差距逐渐增大。其中，工业基础良好和工业基础一般的城市承接产业转移规模平均值分别由 2010 年的 11.05 亿元、11.21 亿元变化为 2021 年的 213.53 亿元、132.02 亿元，意味着工业基础良好和工业基础一般的城市在 2010 年承接产业转移规模平均值差别不大，

但是与工业基础一般的城市相比,工业基础良好的城市承接产业转移规模的年均增长率较高,使得两者差异逐渐增大,说明了工业基础良好的城市长期在沿黄城市群承接产业转移规模中发挥较大作用,且作用逐渐增大。

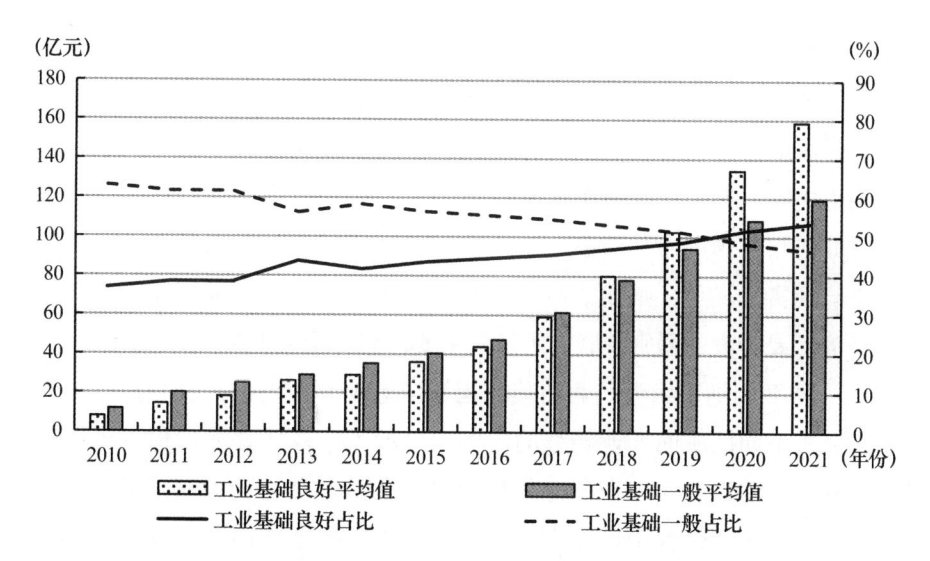

图 3-18 沿黄城市群内分工业基础较好和一般的中小城市承接产业转移规模平均值与占比变化

资料来源:作者绘制。

由于核心城市具有虹吸效应,能有效聚集生产要素,可能会加强自己的工业基础,从而提高自己承接产业转移的能力。因此,删去工业基础良好的城市内 6 个核心城市和工业基础一般的城市内 3 个核心城市,使用"三线建设"的结束时间沿黄城市群内各城市第二产业增加值中位数将城市划分为工业基础良好和工业基础一般的中小城市。图 3-18 呈现了 2010—2021 年沿黄城市群内工业基础良好和工业基础一般的中小城市承接产业转移规模平均值及占比变化特征。其中,2010—2017 年工业基础一般的中小城市承接产业转移规模平均值高于工业基础良好的中小城市,2018—2021 年工业基础良好的中小城市承接产业转移规模平均值超过工业基础一般的中小城市,意味着工业基础良好的中小城市在沿黄城市群承接产业转移规模中发挥作用逐渐增大。

第五节　本章小结

本章首先明确了产业转移作为经济活动空间重组重要形式的基本概念。其次梳理了产业转移领域的经典理论与前沿研究结论，为理解产业转移的内在逻辑与外在表现提供了坚实的理论基础。再次从产业转移动因、转出地推力、承接地拉力与阻力因素几个方面深入分析了产业转移的动力机制，揭示了政策引导、市场需求、技术进步及环境规制等多重因素如何相互作用，共同驱动产业在不同区域间的转移与升级。最后从历史与现实的视角，阐述了产业转移的演化过程，展现了产业转移与区域经济发展阶段的紧密关联。本章的主要研究结论如下。

1. 本章归纳了国内产业转移的逻辑演进及其产生的广泛效应。本章通过分析不同区域间产业转移的实例，揭示了产业转移如何促进区域间经济联系的加强、实现资源优化配置以及区域经济均衡发展。同时，也评述了产业转移过程中可能带来的环境压力、社会结构变化及劳动力市场调整等问题，全面评估了其对区域经济发展的综合影响。

2. 本章梳理了产业转移的测度方法，并据此提出了本书的产业转移测度方法。为了更科学地衡量产业转移的实际情况，本章从微观和宏观视角详细介绍了多种产业转移的测度方法，为量化分析产业转移的规模、速度、方向及效果提供了有力依据。在此基础上，本章提出本书所采用的产业转移测度方法，为后文测算奠定了理论基础。

3. 本章从时空演化的视角，深入分析了沿黄城市群承接产业转移的现状、特征、挑战与机遇。结合区域经济发展战略、产业结构现状、区位优势等因素，探讨了沿黄城市群承接产业转移的时间特征与空间特征，这一过程不仅是对前文理论分析的实践验证，也是未来区域政策制定的参考。

第 四 章

承接产业转移与沿黄城市群工业创新发展

改革开放 40 多年来，中国在经济社会发展上取得了举世瞩目的成就。在这一过程中，西部大开发等区域发展战略的提出和实施起到了关键的作用，这些战略不仅推动了中国经济的快速增长，也促使了产业转移的不断深化。产业转移是推动中国区域工业创新发展的重要力量，与工业创新之间存在着密切的关系：一方面，产业转移带来了先进的技术和管理经验，促进了当地的技术创新和产业升级；另一方面，工业创新也为产业转移提供了更好的环境和条件，使得转移过程更加顺利。

黄河流域是我国重要的生态屏障和重要的经济地带，在我国经济社会发展和生态安全方面具有十分重要的地位。但当前黄河流域仍存在一些突出难题：一方面是黄河流域整体创新资源不足，另一方面是黄河流域缺乏强大的核心增长极和创新驱动轴线，主要经济圈的辐射力无法覆盖整个黄河流域，难以在流域的经济发展中起到有效的统领作用。因此，加快提升黄河流域工业创新能力，对于促进黄河流域的经济发展、提高产业竞争力、推动生态文明建设具有重要意义。2022 年 10 月，《黄河流域生态保护和高质量发展科技创新实施方案》中提出，要实施创新能力提升行动，建设流域创新平台和数据共享中心，提升科技成果转化能力。[①] 2021 年 10 月，《黄河流域生态保护和高质量发展规划纲要》也表示要加大科技创新投入力度，提升科技创新支撑能力，着眼传统产业转

---

① 科技部：《黄河流域生态保护和高质量发展科技创新实施方案》，2022 年 10 月 8 日。

型升级和战略性新兴产业发展需要,加强协同创新,推动关键共性技术研究。[1]

在实施创新驱动发展战略的背景下,黄河流域城市群承接产业转移的过程中,是否真正推动了区域的创新发展?本节将在深入剖析承接产业转移与创新发展相关理论的基础上,全面而系统地探讨通过承接产业转移实现区域创新发展的内在机制与具体路径。

第一节 承接产业转移与工业创新发展相关文献综述

一 产业转移与创新研究的相关理论

产业转移与创新能力关系的理论研究源头可以追溯到1962年,彼时Arrow(1962)[2]用外部性的知识溢出分析经济增长,随后Romer(1986)[3]的知识溢出的AK模型、Aghion和Howott(1998)[4]的R&D模型、Lucas(1988)[5]的人力资本模型尝试构建知识溢出和经济增长的关系以描述产业转移与创新能力的关系。此后,相关研究主要从国家、区域、城市、行业及企业层面展开。在国家层面,很多研究都证实了国内外研发是生产率提升的关键来源(David 等,1995;Lichtenberg,1996);[6][7]在区域层面,López – Bazo 等(2004)[8]基于内生增长理论,

---

[1] 中共中央、国务院:《黄河流域生态保护和高质量发展规划纲要》,2022年10月8日。

[2] Arrow K. J., The Economic Implication of learning – by – doing, *Review of Economic Studies*,1962,(29):155 – 173.

[3] Romer P. M., Increasing Returns and Long Run Growth. *Journal of Political Economy*,1986,(94):1002 – 1037.

[4] Aghion P., Howott P., *Endogenous Growth Theory*, MIT Press, 1998.

[5] Lucas R. E., On the Mechanics of Economic Development. *Journal of Monetary Economics*,1988,(22):3 – 42.

[6] Coe David T., Helpman, Ehanan. International R & D Spillovers. *European Economic Review*,1995,39(5):859 – 887.

[7] Lichtenberg F., International R&D Spillovers:A Re – examination. NBER Working Paper, 5668,1996.

[8] López – Bazo E., Vayá E and Artís M., Regional Externalities and Growth:Evidence from European Regions. *Journal of Regional Science*,2004,44(3):43 – 73.

探讨了区域间生产技术外部性对收入水平和经济增长的作用；在城市层面，Duranton 和 Puga（2004）[1]主要评估了知识水平对城市发展的作用，对知识溢出的作用关注较多，而较少涉及城市集聚经济效应；在行业层面，Keller（2002）[2]研究得出，国外研发对行业生产效率也有明显的正向作用。此外，大量的经验研究表明，在企业微观水平上，创新投入与产出之间并没有直接的决定性关系，而知识生产与区域总体经济发展水平有关，盛垒（2010）[3]认为这种关系在城市和区域等较大的范围内更加显著；且 Audretsch 和 Feldman（2004）[4]也表示以企业的尺度研究知识溢出并不恰当。自从 Jaffe（1989）[5]把空间的概念引入知识生产函数，知识溢出的研究单元开始出现从企业向区域的转变，关注重点也由个体间的溢出转向区域间的溢出。

二 产业转移与创新的关系研究

研究产业转移与创新之间存在一种紧密的互动关系。产业转移所带来的创新效应往往呈现出明显的地域性特征，具体而言，产业的空间集聚不仅促进了知识溢出，还提升了区域的整体创新能力。反过来，这种创新能力的提升又成为吸引产业转移的重要因素，形成了一个内生的、相互增强的循环。

（一）创新对产业转移的作用

关于国际产业转移的影响因素，李小建（1996）[6]、贺灿飞

---

[1] Duranton C., Puga D., "Micro Foundations of Urban Agglomeration Economies", *Handbook of Regional and Urban Economics*, 2004, 56 (3): 2063 - 2117.

[2] Keller W., "Trade and the Transmission of Technology", *Journal of Economic Growth*, 2002, 7 (1): 5 - 24.

[3] 盛垒：《西方空间知识溢出研究进展探析与展望》，《外国经济管理》2010 年第 10 期。

[4] Audretsch D., Feldman M., Knowledge Spillovers and the Geography of Innovation [A] // Handbook of regional and urban econanics [M]. Amsterdam: Vohune Amsterdam Elsevier, 2004.

[5] Jaffe, A. B., "Real Effects of Academic Research", *American Economic Review*, 1989, 79 (5): 957 - 970.

[6] 李小建：《香港对大陆投资的区位变化与公司空间行为》，《地理学报》1996 年第 3 期。

(1997、1999)、①② 魏后凯（2002、2001）③④ 等人较早地研究了国内外投资对企业生产行为的影响。进入 21 世纪后，研究领域开始由生产拓展到研发（杜德斌，2009；Sun 等，2011）⑤⑥ 及服务产业（He 等，2008、2010）。⑦⑧ 近年来，更是出现了运用 GIS 技术从多种地理尺度探讨国际产业转移的影响因素（Hao 和 Wei，2011）；⑨ 研究因素出现了从人文及地理差距（许和连、吴钢，2013）⑩ 向集聚状况、区域创新能力、集群网络、人口流动、制度等因素（杨成钢、曾永明，2014）⑪ 转变。关于国内产业转移区位选择的影响因素，理论上主要有价值链理论（魏后凯等，2010）、⑫ 地理经济学（丁建军，2011）、⑬ 新区域主义（苗长虹等，2011）；⑭ 影响因素上，集聚经济（贺灿飞、魏后凯，2001）、⑮ 推拉力

---

① 贺灿飞、陈颖：《港澳地区对中国内地直接投资的区位选择及其空间扩散》，《地理科学》1997 年第 3 期。

② 贺灿飞、梁进社：《中国外商直接投资的区域分异及其变化》，《地理学报》1999 年第 2 期。

③ 魏后凯、贺灿飞、王新：《中国外商投资区位决策与公共政策》，商务印书馆 2002 年版。

④ 魏后凯：《我国外商投资的区位特征及变迁》，《经济纵横》2001 年第 6 期。

⑤ 杜德斌：《跨国公司在华研发：发展、影响及对策研究》，科学出版社 2009 年版。

⑥ Sun Yifei, Debin Du. , "Domestic firm Innovation and Networking with Foreign Firms in China's ICT Industry", *Environment and Planning A*, 2011, 43: 786 – 809.

⑦ He C. , Fu R. , "Foreign Banking in China: A Study of 279 Branch Units in 32 Cities", *Eurasian Geography and Economics*, 2008, 49: 457 – 480.

⑧ He C. , Yeung G. , "Locational Distribution of Foreign Banking in China: A Disaggregated Analysis", *Regional Studies*, 2010, doi: 10. 1080/00343401003614282.

⑨ Hao H. , Y. H. D. Wei. , "Spatial and Temporal Patterns and Determinants of Foreign Investment in China", *Erdkunde*, 2011, 65 (1): 7 – 23.

⑩ 许和连、吴钢：《人文差异与外商直接投资的区位选择偏好》，《财经研究》2013 年第 1 期。

⑪ 杨成钢、曾永明：《空间不平衡、人口流动与外商直接投资的区域选择》，《财经研究》2014 年第 38 卷第 11 期。

⑫ 魏后凯、白玫、王业强：《中国区域经济的微观透析：企业迁移的视角》，经济管理出版社 2010 年版。

⑬ 丁建军：《产业转移的新经济地理学解释》，《财经科学》2011 年第 1 期。

⑭ 苗长虹、魏也华、吕拉昌：《新经济地理学》，科学出版社 2011 年版。

⑮ 贺灿飞、魏后凯：《信息成本、集聚经济与中国外商直接投资区位》，《中国工业经济》2001 年第 9 期。

（魏后凯，2003）、① 内生发展能力（李学鑫、苗长虹，2006）、② 社会资本（毛广雄，2011）、③ 制度及文化（李小建等，2004；赵祥，2010）④⑤等引起关注。然而，创新能力对产业转移的吸引效应的研究较少，主要体现在探讨其对以 FDI 为特征的国际产业转移的影响。

创新对 FDI 影响方面，有学者表示科技创新在全球产业转移过程中起着决定性作用（刘永焕，2014），⑥ 且创新能力与创新系统对 FDI 具有明显促进作用（陈国宏、郭弢，2008；吴晓波等，2009）。⑦⑧ 全国"投资吸引效率"呈现地域化差异，按照东部、中部、东北地区、西部顺序依次降低，"投资吸引效率"的大小不与地区经济水平、创新基础等影响创新能力要素绝对相关（吕国范等，2013）。⑨ 吴磊（2010）构建了一个包含环境管制与自主创新的分析模型发现现阶段我国总体的自主创新能力对 FDI 内含的技术水平的影响并不明显。⑩

创新能力吸引国内产业转移方面，有学者技术创新是产业转移的原动力，也是承接产业转移的前提（成祖松，2011），⑪ 东中部地区之间

---

① 魏后凯：《加入 WTO 后中国外商投资区位变化及中西部地区吸引外资前景》，《管理世界》2003 年第 7 期。
② 李学鑫、苗长虹：《产业转移与中部崛起的思路调整》，《湖北社会科学》2006 年第 4 期。
③ 毛广雄：《区域产业转移与承接地产业集群的耦合关系》，华东师范大学，2011 年。
④ 李小建、覃成林、高建华：《我国产业转移与中原经济崛起》，《中州学刊》2004 年第 3 期。
⑤ 赵祥：《广东省内产业转移的影响因素分析》，《经济地理》2010 年第 1 期。
⑥ 刘永焕：《科技创新在全球产业转移过程中决定作用机制研究》，《科学管理研究》2014 年第 32 卷第 3 期。
⑦ 陈国宏、郭弢：《我国 FDI、知识产权保护与自主创新能力关系实证研究》，《中国工业经济》2008 年第 241 卷第 4 期。
⑧ 吴晓波、范志刚、刘康：《区域创新系统对 FDI 进入及溢出影响研究》，《科研管理》2009 年第 30 卷第 2 期。
⑨ 吕国范、吴超、李小魏：《区域创新能力影响因素的外商直接投资吸引效率研究》，《宏观经济研究》2013 年第 6 期。
⑩ 吴磊：《我国环境管制、自主创新与 FDI 内含技术水平提升》，《中国人口·资源环境》2010 年第 20 卷第 3 期。
⑪ 成祖松：《技术创新与产业转移的互动研究》，《重庆科技学院学报》（社会科学版）2011 年第 11 期。

的技术创新能力的差异，导致了一部分东部企业进行产业转移动力降低，产业转移出现一定的迟滞效应（郑谦等，2012）。[①] 除依赖政府推力外，西部等欠发达地区要实现历史性的跨越式发展，还需要通过区域创新提升自身的能力来产生"吸引力"，区域创新能力不强是西部地区经济发展缓慢和承接产业转移效率低下的重要内在因素（张仁枫、王莹莹，2013）。[②] 在泛珠三角地区，增强自主创新能力，将有力地提高企业因产业结构升级和地区间转移而获得的有形无形资产的产权收益，存在促进产业结构升级和地区间转移的正向激励，对促进泛珠三角地区的产业结构升级和地区间转移具有重要意义（李文溥，2007）。[③]

总之，产业转移不单是资金的注入，而且伴随着技术和管理经验的扩散，在产业转移过程中，欠发达区域创新支持系统要实现产业转移知识从承接到创造。产业转移承接地必须在欠发达区域创新支持体系建设中实现对产业转移的承接与根植，进而推进欠发达区域的块状经济与全球经济的融合（张鹏，2011）。[④]

（二）产业转移的创新效应研究

自20世纪60年代麦克杜格尔（MacDougall）首次把技术外溢效应作为FDI的一个重要现象进行分析以来，中外学者就产业转移的创新效应进行了大量的实证研究。对国际产业转移的创新效应存在"促进论""制约论""条件论"等观点。这些研究结果的不同是由研究的尺度、方法、对象、指标等差异造成的。

1. 国际产业转移与创新

FDI对创新投入的影响方面，无论是基于世界银行对中国公司的调查

[①] 郑谦、胡春阳、赵瑾：《技术创新能力差异对产业转移迟滞作用分析》，《科技进步与对策》2012年第29卷第12期。
[②] 张仁枫、王莹莹：《承接产业转移视角的区域协同创新机理分析：兼论欠发达地区跨越式发展的路径创新》，《科技进步与对策》2013年第30卷第7期。
[③] 李文溥：《自主创新能力与泛珠三角地区产业转移问题探讨》，《东南学术》2007年第5期。
[④] 张鹏：《产业转移与欠发达区域创新支持体系构建》，《科学管理研究》2011年第29卷第5期。

数据，还是基于整个工业部门，FDI对中国国内研发投入的净作用为负（范承泽等，2008）[①] 或者没有显著影响（张海洋，2008）[②]。虽然有研究发现外包促进了科研人员投入的增加，但是与科技经费投入之间在统计上不显著（徐毅、张二震，2008）[③] 另外，还有研究基于我国上市公司面板数据，发现FDI能够降低行业融资约束水平，却不能缓解行业内私人企业研发资金的不足（韩旺红、马瑞超，2013）[④] 总之，对中国企业创新投入的影响结论是一致的，国际产业转移并未带来中国企业研发投资的增加，反而制约了中国企业的创新投资。

FDI对创新产出的影响可分为国家、省级、行业与企业四个层面进行概述。在国家层面，FDI对创新能力的作用争议，很多研究认为FDI对创新能力的作用不显著（曹广喜，2009；吴一平，2008），[⑤][⑥] 特别是对原始重大创新而言（陈劲等，2007），[⑦] 不同来源地的FDI作用也不一样（李蕊，2008），[⑧] 对于竞争者与供应商的作用也不同（李梅、谭力文，2009），[⑨] 考虑到能源约束条件，FDI对创新产出的作用被夸大了（Suyanto等，2013），[⑩] 甚至，蔡海霞、范如国（2011），易明等（2013）认为

[①] 范承泽、胡一帆、郑红亮：《FDI对国内企业技术创新影响的理论与实证研究》，《经济研究》2008年第1期。

[②] 张海洋：《外国直接投资对我国工业自主创新能力的影响——兼论自主创新的决定因素》，《国际贸易问题》2008年第1期。

[③] 徐毅、张二震：《FDI、外包与技术创新：基于投入产出表数据的经验研究》，《世界经济》2008年第9期。

[④] 韩旺红、马瑞超：《FDI、融资约束与企业创新》，《中南财经政法大学学报》2013年第197卷第2期。

[⑤] 曹广喜：《FDI对中国区域创新能力溢出效应的实证研究：基于动态面板数据模型》，《经济地理》2009年第29卷第6期。

[⑥] 吴一平：《外商直接投资、能源价格波动与区域自主创新能力：基于省级动态面板数据的实证研究》，《国际贸易问题》2008年第11期。

[⑦] 陈劲、陈钰芬、余芳珍：《FDI对促进我国区域创新能力的影响》，《科研管理》2007年第28卷第1期。

[⑧] 李蕊：《FDI与中国工业自主创新：基于地区面板数据的实证分析》，《世界经济研究》2008年第2期。

[⑨] 李梅、谭力文：《外商直接投资与我国技术创新》，《国际贸易问题》2009年第3期。

[⑩] Suyanto, Salim R., "Foreign Direct Investment Spillovers and Technical Efficiency in the Lndonesian Pharmaceutical Sector: Firm Level Evidence", *Applied Economics*, 2013, 45 (3): 383–395.

外商直接投资不利于我国区域创新水平的提高。[1][2] 然而，Peter（2010）、Richard 等（2011）认为 FDI 的流入无论对中国专利申请量，还是对中国外观设计专利，均有积极影响，FDI 的流入有利于我国创新能力的整体提升。[3][4] 也有部分研究认为 FDI 对创新能力的作用取决于其他制约因素，如吸收能力（Roberto 等，2013）、[5] FDI 的类型、东道国企业发展状况、人力资本及知识产权保护等诸多因素（Xu 等，2012）。[6]

在省级尺度层面，FDI 对创新能力的作用具有区域差异性，FDI 对不同地区创新能力的作用尚未形成一致看法，原因如下：一是 FDI 的创新效应存在门槛。主要有区域创新能力的"双门槛"效应（徐磊、黄凌云，2009）、[7] 知识产权保护门槛（鲁钊阳、廖杉杉，2012）、[8] 市场化门槛（申朴、刘康兵，2012）、[9] 金融发展水平的双门槛效应（冉光和等，2013）、[10] 人力资本门槛（薄文广等，2005）[11]、技术层次效应（李晓

---

[1] 蔡海霞、范如国：《FDI 技术溢出、能源约束与区域创新产出分析》，《中国人口·资源与环境》2011 年第 21 卷第 11 期。

[2] 易明、王腾、吴超：《外商直接投资、知识溢出影响区域创新水平的实证研究》，《宏观经济研究》2013 年第 3 期。

[3] Peter Btfering. , Regional Convergence Platforms Innovation for Space Through Technology Partnerships. *Acta Astronautica*, 2010, (66): 1520 – 1524.

[4] Richard C. M. Yam, U'illiam Lo, Esther P Y Tang, et. al. , Analysis of Sources of Innovation, Technlogical Innovation Capabilities, and Performance: An Empirical Study of Hong Kong Manufacturing Industries. *Research Policy*, 2011 (40): 391 – 402.

[5] Roberto Antonietti, Raffaello Bronzini, Giulio Cainelli. Inward Green – field FDI and Innovation. *Atlantic Economic Journal*, 2013, 41 (2): 197 – 198.

[6] Xu X. , Sheng Y. , Productivity Spillovers of Foreign Direct Investment: Firm – Level Evidence in China. *World Development*, 2012, 40 (1): 62 – 74.

[7] 徐磊、黄凌云：《FDI 技术溢出及其区域创新能力门槛效应研究》，《科研管理》2009 年第 30 卷第 2 期。

[8] 鲁钊阳、廖杉杉：《FDI 技术溢出与区域创新能力差异的双门槛效应》，《数量经济技术经济研究》2012 年第 5 期。

[9] 申朴、刘康兵：《FDI 流入、市场化进程与中国企业技术创新：基于 SYSTEM GMM 估计法的实证研究》，《亚太经济》2012 年第 3 期。

[10] 冉光和、徐鲲、鲁钊阳：《金融发展、FDI 对区域创新能力的影响》，《科研管理》2013 年第 34 卷第 7 期。

[11] 薄文广、马先标、冼国明：《外国直接投资对于中国技术创新作用的影响分析》，《中国软科学》2005 年第 11 期。

钟、张小蒂，2007）[①]、人才门槛效应（吴静芳，2011）[②]、研发资金投入双门槛效应和研发劳动投入双门槛效应（罗军、陈建国，2014）[③]。二是不同地区创新能力的差异也制约着FDI对创新能力的影响，区域的创新能力越强，FDI对创新能力的溢出效应越大（侯润秀、官建成，2006）[④]。三是FDI具有的不同特征。如来自不同国家的FDI、不同规模的FDI、折合成技术权重的FDI以及FDI在不同产业中的渗透强度等对中国不同省份技术创新的影响也是具有差异性的（郑义、徐康宁，2011）[⑤]。

在行业层面，FDI的影响效应具有行业异质性。FDI对高端装备制造业与一般制造业创新能力的提升都发挥着制约作用。陈爱贞、刘志彪（2008）从产业链和价值链的视角也发现，FDI易制约本土设备企业的自主创新。[⑥] 对于高技术行业而言，温丽琴等（2012）研究认为，总体上FDI对创新能力的提升具有一定的作用，但是FDI的创新溢出效应存在差异及门槛效应，主要由行业差异、所有制差异、产业类型差异及开放程度差异决定。[⑦] 相关研究认为：FDI对国有企业的创新能力有制约作用，而三资企业的创新能力主要来自FDI（赵国庆、张中元，2008）[⑧]；FDI的溢出效应主要存在于中等开放程度的行业（沙文兵、李

[①] 李晓钟、张小蒂：《外商直接投资对我国区域技术创新能力提升影响的分析》，《国际贸易问题》2007年第12期。

[②] 吴静芳：《外资对我国地区技术创新影响的差异性分析：基于1999—2008年的面板数据》，《国际贸易问题》2011年第10期。

[③] 罗军、陈建国：《研发投入门槛、外商直接投资与中国创新能力：基于门槛效应的检验》，《国际贸易问题》2014年第8期。

[④] 侯润秀、官建成：《外商直接投资对我国区域创新能力的影响》，《中国软科学》2006年第5期。

[⑤] 郑义、徐康宁：《外资特征与技术创新：基于中国省际数据分析》，《管理科学》2011年第5期。

[⑥] 陈爱贞、刘志彪：《FDI制约本土设备企业自主创新的分析——基于产业链与价值链双重视角》，《财贸经济》2008年第1期。

[⑦] 温丽琴、卢进勇、马锦忠：《FDI对中国高技术产业技术创新能力的影响研究：基于行业面板数据的实证研究》，《经济问题》2012年第8期。

[⑧] 赵国庆、张中元：《FDI溢出效应、创新活动与技术进步——基于中国高技术产业的实证分析》，《经济理论与经济管理》2008年第11期。

桂香，2011）[①]；FDI 的创新溢出效应对劳动密集型产业不明显，对资本技术密集型行业的作用明显（许和连、禄雪焕，2008）[②]。值得一提的是，外资研发的创新效应也未有争论。外资研发对内资企业自主创新有正面的积极作用（孙文杰，2009）[③]；张瑜、张诚（2011）研究认为只有人力资本流动这一渠道可以产生正向的溢出效应，而竞争效应和示范效应只能产生显著的负向作用。[④] 章文光、王晨（2014）则认为外资研发的作用呈现行业差异性，外资研发的自然介入深度与区域创新能力存在显著的正相关关系，[⑤] 对于外资研发介入比较高的行业，其正面溢出效应越明显，同时对内资企业的专利产出具有正面效应，对研发投入有抑制作用。

在企业层面，关于 FDI 对企业创新能力作用的研究可分为促进论、制约论、条件论及情境论四类。制约论认为 FDI 对企业创新能力的作用不显著（黄志勇，2013）[⑥]。促进论认为 FDI 对国内企业技术创新产生显著正向影响（冼国明、薄文广，2005）[⑦]，但主要体现在外观设计、实用新型专利方面，而对发明专利的促进作用相对较弱（宣烨、李光泗，2008）[⑧]，在内外资企业技术差距较小以及外资主要是市场寻求型行业中这种影响更为显著（范如国、蔡海霞，2012）[⑨]。条件论认为 FDI 对内资企业创新能力的提升具有门槛效应，当行业总体、高、中技术行业未达

---

　① 沙文兵、李桂香：《FDI 知识溢出、自主 R&D 投入与内资高技术企业创新能力：基于中国高技术产业分行业动态面板数据的检验》，《世界经济研究》2011 年第 5 期。

　② 许和连、禄雪焕：《外商直接投资对技术创新能力的影响效应——基于我国工业行业数据的实证研究》，《财经理论与实践》2008 年第 5 期。

　③ 孙文杰：《外资研发与大中型企业技术创新能力——基于产业层面的面板协整检验》，《财经科学》2009 年第 12 期。

　④ 张瑜、张诚：《跨国企业在华研发活动对我国企业创新的影响：基于我国制造业行业的实证研究》，《金融研究》2011 年第 11 期。

　⑤ 章文光、王晨：《外资研发与区域创新系统互动——机制分析和实证检验》，《北京师范大学学报》（社会科学版）2014 年第 2 期。

　⑥ 黄志勇：《FDI、国际贸易与国内企业的创新能力》，《财经科学》2013 年第 4 期。

　⑦ 冼国明、薄文广：《外国直接投资对中国企业技术创新作用的影响——基于产业层面的分析》，《世界经济研究》2005 年第 6 期。

　⑧ 宣烨、李光泗：《FDI 对国内企业技术创新影响的实证研究》，《中南财经政法大学学报》2008 年第 3 期。

　⑨ 范如国、蔡海霞：《FDI 技术溢出与中国企业创新产出》，《管理科学》2012 年第 4 期。

到门槛值时,外资企业对内资企业技术创新的促进作用并不显著,但在低技术行业中这种促进作用却是显著的(潘申彪、余妙志,2009)[1]。情境论认为,FDI 对企业创新能力的提升具有研究对象敏感性,FDI 对我国总体技术创新能力(包括三资企业)具有显著正面影响,如仅考察国有大中型工业企业,溢出效应并不明显(侯润秀、官建成,2006)[2]。具体考察 FDI 对内资和外资企业技术创新作用的差异,刘康兵等(2011)发现 FDI 对国有企业创新具有一定的技术溢出效应,而对非国有企业技术创新具有显著的正向影响。[3]

2. 区际产业转移与创新

国外的相关研究可分为理论与实证两类。在理论论证方面,Kokko (1992)表示区际产业转移中移入类企业的竞争压力和本地类企业的模仿学习,会增强承接地产生的技术研发溢出效应并促使本地企业提高技术创新效率,[4] 而其技术研发溢出的发生受空间范围、本地学习组织能力和内生技术创新能力的影响。Venables(1996)进一步指出地区主导部门和创新企业集聚区域形成一种资本与技术高度集中的"发展极",不仅促进本地的技术创新,获得规模经济效益,而且会产生技术溢出的外部性,对邻近地区产生辐射作用,为自主创新提供深厚的产业基础。[5] 在实证方面,Eaton 和 Kortum(1996)实证研究表明,区际产业转移的技术研发溢出本地化程度较高,而且随空间距离的扩大而迅速下降,本地类企业与移入类企业空间越临近,获得的研发外溢效应越大。[6] Haddad 和 Harrison

---

[1] 潘申彪、余妙志:《外商直接投资促进我国企业技术创新了么?》,《科研管理》2009 年第 30 卷第 5 期。

[2] 侯润秀、官建成:《FDI 对我国大中型工业企业技术创新能力的影响》,《研究与发展管理》2006 年第 3 期。

[3] 刘康兵、申朴、刘荣华:《所有制差异、FDI 与技术创新——来自中国省级水平的试验证据》,《复旦学报》(社会科学版) 2011 年第 3 期。

[4] Kokko A., "Host Country Characteristics and Spillovers. Dissertation Thesis", *Stockholm School of Economics*, 1992 (12): 71–85.

[5] Venables A. J., "Localization of Industry and Trade Performance", *Oxford Review of Economic Policy*, 1996, 12 (3): 136–155.

[6] Eaton J. S., Kortum S., "Trade in Ideas: Patenting and Productivity in the OECD", *Journal of International Economics*, 1996 (40): 251–278.

(1993)对1970—1987年间美国地区产业转移的实证研究表明,专业化的产业集聚环境有利于技术创新。[1]

国内关于产业转移与创新活动关系的研究相对较少,主要集中在产业转移对创新能力的提升方面。一部分研究关注产业转移的溢出效应(郑谦等,2012)[2]。李伟庆、金星(2011)[3]基于安徽省的调查数据研究发现,区际产业转移对自主创新存在正向溢出效应,但对于不同层次自主创新的影响较大,关爱萍、魏立强(2013)[4]研究发现,在西部产业转移对技术创新也存在空间溢出效应。还有学者认为区际产业转移对西部地区的创新投入和产出作用明显,对中西部地区作用不甚显著(冯南平、杨善林,2012)[5]。其他一些研究认为,区际产业转移促进区域创新能力的提升有门槛效应,主要取决于金融发展程度(关爱萍、李娜,2013)[6]、技术差距(马永红等,2015)[7]、地区经济发展水平、人力资本水平(关爱萍、李娜,2014)[8]。

三 文献述评

结合国内外学者对产业转移与工业创新的相关研究,可以得出以下结论:

---

[1] Haddad M., Harrison A., "Are there Positive Spillovers from Direct Foreign Investment? Evidence from Panel Data for US", *Journal of Development Economics*, 1993 (42): 51–74.

[2] 郑谦、胡春阳、赵瑾:《技术创新能力差异对产业转移迟滞作用分析》,《科技进步与对策》2012年第12期。

[3] 李伟庆、金星:《区际产业转移对承接地自主创新影响的实证研究:基于安徽省地区与行业面板数据的分析》,《科技进步与对策》2011年第9期。

[4] 关爱萍、魏立强:《区际产业转移技术创新溢出效应的空间计量分析:基于西部地区的实证研究》,《经济问题探索》2013年第9期。

[5] 冯南平、杨善林:《产业转移对区域自主创新能力的影响分析:来自中国的经验证据》,《经济学动态》2012年第8期。

[6] 关爱萍、李娜:《金融发展、区际产业转移与承接地技术进步:基于西部地区省际面板数据的经验证据》,《经济学家》2013年第9期。

[7] 马永红、李欢、王展昭:《区际产业转移与区域创新系统耦合研究——基于系统动力学的建模与仿真》,《科技进步与对策》2015年第32卷第1期。

[8] 关爱萍、李娜:《中国区际产业转移技术溢出及吸收能力门槛效应研究:基于西部地区省际面板数据的实证分析》,《软科学》2014年第28卷第2期。

第一，产业转移的技术创新效应研究方面，目前学术界关注的是 FDI 的技术溢出效应及其对承接地自主创新的影响，对于国内产业转移的技术溢出或技术创新效应的研究相对不足。已有研究大多从柯布—道格拉斯生产函数出发，将 FDI 与和承接地的专利或创新产出联系起来，通过对宏观层面的面板数据或截面数据的回归分析来进行计量检验，试图在两者之间建立起某种联系，但由于研究所选取的计量分析模型、行业门类、具体指标不同，导致研究结论存在较大争议。

第二，从研究空间尺度看，计量分析多集中于国家或省级尺度，由于数据可得性不高，地市层面的研究相对缺乏，小尺度案例研究的代表性和研究结论推广也因此受到一定程度的影响。研究空间尺度的差异也是导致现有研究结论存在争议的原因之一。

第三，国际产业转移与创新能力关系的研究已有多角度多尺度的成果，特别是在时间动态序列的研究方面。而囿于数据的限制，国内产业转移与创新能力关系研究选取样本的实践跨度都较短，只能揭示国际产业转移创新效应的静态规律，难以发现其一般的动态规律。

第四，从产业转移对承接地技术创新影响的机理看，学术界已经关注到产业转移对承接地产业升级、自主创新能力提升的影响，但是由于缺乏一个明确的理论框架，未能系统而全面地揭示产业转移对承接地自主创新影响的机理。此外，现有研究多关注以 FDI 为载体的国际产业转移，而新一轮产业转移对自主创新的影响机理和案例研究明显不足。

基于现有研究，本章旨在厘清承接产业转移对城市工业创新发展的具体作用机制的基础上进行实证分析，探讨多重环境规制背景下沿黄城市群承接产业转移对工业创新发展的影响。

第二节 理论机制与研究假设

一 承接产业转移对城市工业创新发展的直接影响

承接产业转移在推动区域创新发展进程中扮演了至关重要的角色，产业转移的深化不仅实现了产业规模的显著扩张，更为城市工业创新发展注入了新的活力。首先，承接产业转移能够促进产业结构优化升级。[①] 外来资本的注入加速了承接地的资本积累过程，为工业发展提供了必要的资金，也为扩大生产规模、提升产出质量提供了强有力的支持。同时，产业转入通常伴随着先进技术和管理经验的引入。这些技术和经验通过知识溢出、人才流动等方式，被沿黄城市群内的企业吸收和消化，进而推动工业技术创新和产业升级。沿黄城市群内的企业也能够通过学习和模仿，提升自身的技术水平和创新能力，形成自身的竞争优势。其次，承接产业转移在推动资源优化配置方面发挥着重要作用。随着产业转移的推进，沿黄城市群能够吸引外部资本、技术、人才等优质生产要素的流入。这些要素的流入打破了原有资源禀赋的局限，为沿黄城市群工业创新发展提供了更加丰富的资源基础。通过优化资源配置，沿黄城市群能够加快传统产业转型升级，培育新兴产业，形成新的经济增长点。此外，产业转移通过模仿、竞争和合作等方式产生技术研发溢出，提升本地区工业创新能力。[②] 承接产业转移带来的外来企业竞争压力，激发了原有企业的创新意识。为了保持市场竞争力，原有企业不得不加大创新投入、提升技术水平。同时，外来企业带来的先进技术和管理经验为原有企业提供了宝贵的学习和模仿机会。通过学习和吸收这些先进经验，原有企业能够迅速提升自身的技术水平和创新能力，进而推动整个城市工业在创新发展的道路上不断前进。最后，承接产业转移有助于加强沿黄城市群与其他地区的合作与协同发展。通过深化区域合作机制、建立信息共享平台、推动产业链上下游企业间的紧密合作等措施，沿黄城市群能够与其他地区形成更加紧密的合作关系，实现资源共享、优势互补和互利共赢。这种区域合作与协同发展将为沿黄城市群工业创新发展提供更加广阔的空间和机遇。

　　已有学者通过深入研究，充分证实了承接产业转移与工业创新发展

---

① 戴宏伟、王云平：《产业转移与区域产业结构调整的关系分析》，《当代财经》2008年第2期。

② 李伟庆：《区际产业转移与承接地自主创新：机理分析与实证研究》，《科技管理研究》2012年第10期。

之间的密切关系。李伟庆、金星（2011）[①] 在国内外现有研究文献的基础上，就区际产业转移对承接地自主创新的影响，运用适当模型和2004—2008年安徽地区层面与行业层面的面板数据进行了经验性检验。实证结果表明，区际产业转移在整体上对承接地自主创新存在显著的正向溢出效应。张营营、高煜（2018）[②] 在累积创新框架下分析产业转移对承接地创新投入的作用机理，运用1999—2015年中国省级制造业二位数行业数据，测算西部11个省（区市）的区域产业转移量进行实证分析。研究结果表明，产业转移促进了西部地区创新投入且作用效果存在明显的行业异质性。这些研究不仅提供了宝贵的经验和启示，更为我们理解承接产业转移与工业创新发展的关系提供了有力的支撑。

基于上述对产业转移和工业创新发展二者间关系的深入分析，结合现有学者的丰富研究结论，本节提出如下假设：

H1 承接产业转移能够促进沿黄城市群工业创新发展。

二　承接产业转移对城市工业创新发展的间接作用路径

（一）高技术人才集聚效应

区际产业转移产生的人才集聚效应是影响承接地自主创新的一种重要途径。随着产业的转移，相关的技术、知识和管理经验也会随之迁移，这吸引了大批具备专业技能和创新意识的人才聚集到承接地，尤其是高技术行业人才，形成了人才集聚效应。这些人才在承接地进行知识交流、技术合作和研发创新，使得先进的技术和管理经验得以快速推广和应用，从而推动承接地自主创新能力的提升，同时也促进了创新环境的营造，这种环境有利于激发人才的创新潜能，提高创新效率。此外，本地企业通过研发人员流动和培训，逐步积累知识与技能并形成技术研发创新能力，这种因研发人员流动而引发的技术研发溢出为承接地的自主创新提供了保证。最终，高技术行业人才占比会逐渐提高，从而提升高技术行

[①] 李伟庆、金星：《区际产业转移对承接地自主创新影响的实证研究——基于安徽省地区与行业面板数据的分析》，《科技进步与对策》2011年第17期。

[②] 张营营、高煜：《区域产业转移对西部创新投入的影响研究——基于行业异质性的视角》，《经济问题探索》2018年第12期。

业的创新能力，进而带动整个工业的创新水平。由此本书提出如下研究假说：

H2 承接产业转移通过高技术人才集聚促进城市工业创新发展。

（二）企业集聚效应

区际产业转移影响承接地自主创新的另一种重要渠道是企业集聚效应。首先在区际产业转移过程中，本地类企业有机会直接接触到移入类企业较为先进的技术产品与管理经验，通过对其技术产品的学习模仿和逆向工程，积累掌握较为先进的技术，可以获得移入产业的技术研发溢出，逐步形成二次创新。同时，区际产业转移一定程度上打破承接地的市场垄断，增加承接地的竞争程度，为技术创新创造条件（Caves，1971）[1]。面对移入类企业的竞争，本地类企业通过引进先进技术设备和管理理念，加大学习与研发学习投入，积极消化吸收先进技术，提升新产品开发能力，而移入类企业为保持比较优势，不断开发更为先进的技术产品，从而形成"螺旋式循环"的竞争创新。其次，本地类企业通过与移入类企业的研发合作，对先进技术进行研中学，可以提高研究工作的起点，潜移默化地学习移入类企业的研发思路和方法，探索和吸收行业内领先技术，从而提升研发人员和团队整体的研发能力，促进企业技术与管理的创新。Jaffe（1993）[2]认为企业集聚有利于相关厂商借助本地产学研的研发网络，降低创新活动内在的不确定性风险和科学商业化的成本，利用以往积累的技术经验加快创新速度，增强自主创新的信心。最后，集聚地部分企业的创新活动及其成果的应用增加了其他相关企业的创新压力，形成产业集群创新的挤出效应，带动其他相关企业的创新，促使集群的整体创新与集成创新。因此，企业集聚有利于形成从单个创新到集群创新、从简单创新到突破性创新的良性循环。

据此，提出如下研究假说：

H3 承接产业转移通过企业集聚促进城市工业创新发展。

---

[1] Caves R. E.，"Industrial Corporations: The Industrial Economics of Foreign Investment"，*Econometrica*，1971，141 (38)：1 – 27.

[2] Jaffe A. B. T.，"Localization of Knowledge Spillovers as Evidenced by Patent Citations"，*Quarterly Journal of Economics*，1993，108 (3)：577 – 598.

(三) 资金集聚效应

从区际产业转移载体的实际选择来看，直接投资是我国区际产业转移的主要方式。直接投资的增加会在投资承接地形成资金集聚效应，资金集聚效应将进一步提升外商投资的吸引力，提高贸易的便利水平，扩大国际经贸合作，最终促使各创新要素向承接产业转移地聚集。同时，外商直接投资把科技成果和工业技术产权直接引入承接地，直接增加承接地技术研发的知识存量，为承接地进行自主创新奠定良好的技术基础，并通过中间产品转移技术直接影响承接地技术研发创新的水平和能力。

据此，提出如下研究假说：

H4 承接产业转移通过资金集聚效应促进城市工业创新发展。

综上所述，充分结合已有研究和现行政策体系，本节凝练出高技术人才集聚、企业集聚效应以及资金集聚三个承接产业转移促进工业创新发展的渠道。

第三节 沿黄城市群城市工业创新发展的测度及分析

一 工业创新发展水平测度方法

本节使用专利数量和专利质量来度量技术创新。专利数量数据来自国家知识产权局专利数据库。中国的专利类型分为发明专利、实用新型专利和外观设计专利三种。发明专利注重技术的突破性，实用新型专利注重技术的实用性和可推广性，外观设计专利注重艺术的新颖性。发明专利的授权要经过形式审查和实质审查两个阶段，实用新型和外观设计专利申请的初步审查通过后即可被授权专利。

二 数据来源与处理

本节使用专利数量来度量工业创新，专利数量数据来自国家知识产权局专利数据库。因为技术创新是资源投入和使用效率的最终体现，因此，代表创新产出的专利申请数量能更好地体现创新能力，且专利申请量比授予量更能真实反映创新水平。专利授予需要检测和缴纳年费，存在更多的不确定性和不稳定性（周煊等，2012）[①]，专利申请日期比授予日期更能体现企业的实际创新能力（Zucker 等，2007）[②]，而且较少受到检测过程不确定性的影响（Tong 等，2014）[③] 和腐败因素的污染（Tan 等，2014）[④]。因此专利申请数据会比授予量更稳定、可靠和及时。发明专利、实用新型专利和外观设计专利三种类型专利内含的创新程度依次递减，本章仅检索发明和实用新型专利，再根据 IPC 与工业行业对照关系匹配出工业行业专利，加总到地级市级层面。

构建中国工业行业创新专利面板数据需要解决两个方面的问题。一是确定工业专利的类目归属，即确定其对应的国际专利分类 IPC（International Patent Classification）代码；二是将以 IPC 分类的工业创新专利数目按照行业分类代码进行归并和加总。

首先，依据世界知识产权组织（World Intellectual Property Organization，WIPO）发布的工业行业 IPC 代码，在中国国家知识产权局专利数据库中分年度检索工业行业发明和实用新型专利数量。在时间维度上，按照专利申请日进行年度划分。本研究的时间跨度为 2010—2021 年，检索的时间为 2023 年，专利从申请到批准并公开往往耗时 1—3 年，按照这一规律，绝大部分 2021 年进行申请的专利在本书的搜索期内已公开。其次，将创新专利数据按照行业分类标准归并和加总至黄河流域城市群地市层面。由于 IPC 代码和行业分类代码之间存在多对多的关系，这给归并带来难度，本节采用专利—行业索引解决这一问题。深入研究 IPC 代码与

[①] 周煊、程立茹、王皓：《技术创新水平越高企业财务绩效越好吗？———基于 16 年中国制药上市公司专利申请数据的实证研究》，《金融研究》2012 年第 8 期。

[②] Zucker, L. G., and M. R. Darby, 2007, "Star Scientists, Innovation and Regional and National Immigration", *National Bureau of Economic Research Working Paper Series*, No. 13547.

[③] Tong, T., W. He, Z. L. He, and J. Lu, 2014, "Patent Regime Shift and Firm Innovation: Evidence from the Second Amendment to China's Patent Law", In *Academy of Management Proceedings*, Vol. 2014, No. 1, 14174.

[④] Tan, Y., X. Tian, C. X. Zhang, and H. Zhao, 2014, "Privatization and Innovation: Evidence from A Quasi-Natural Experiment in China", *Kelley School of Business Research Paper*, 2014—33.

行业分类代码之间的对应关系后，可以了解到同一个 IPC 代码可能会对应多个行业分类代码，而一个行业也可能包含多个不同的 IPC 代码。为解决这一问题，本节利用历史数据、行业知识以及相关研究文献，构建了一个详尽的"专利—工业行业映射关系表"，详细列出了每一个 IPC 代码所对应的工业行业分类代码。接下来，将创新专利数据按照行业分类标准准确地归并和加总至黄河流域城市群地市层面。具体而言，将检索到的每一条专利数据根据其 IPC 代码在"专利—行业映射关系表"中找到对应的行业分类代码，按照地市和行业分类代码对专利数据进行分组，并计算每个地市工业行业的专利数量。

第四节 实证研究设计

一 样本选取与数据来源

本章选取黄河流域七大城市群 64 个城市（考虑到数据的可获取性和连贯性，剔除临夏回族自治州，将莱芜市并入济南市）工业为研究对象，分析多重环境规制下产业转移驱动沿黄城市群工业创新发展的理论机制与政策优化路径。

本章所使用的数据均来自公开资料，来源包括：《中国统计年鉴》、《中国城市统计年鉴》、《中国工业统计年鉴》、《中国经济普查年鉴》、各省份统计年鉴，部分地市统计年鉴、人民政府网站、国家知识产权局专利数据库和统计公报，部分通过天眼查（https：//www.tianyancha.com）、企查查（https：//www.qcc.com）、中国研究数据服务平台（CNRDS）（https：//www.cnrds.com）、中国经济社会大数据研究平台（https：//data.cnki.net）、国家数据（https：//data.stats.gov.cn）、中经网统计数据库（https：//db.cei.cn）、智慧芽（https：//www.zhihuiya.com）等平台搜集。

二 计量模型设定

基于黄河流域城市面板数据，采用如下基准模型验证承接产业转移能否驱动工业创新发展：

$$lnpantent_{it} = \alpha_0 + \beta\, lntransfer_{it} + \gamma\, controls_{it} + \mu_i + \varepsilon_{it} \quad (4-1)$$

其中 i 表示样本城市，t 表示年份，lnpatent 表示工业创新发展水平，lntransfer 表示承接产业转移，controls 是控制变量的集合，μ 是个体固定效应，ε 是随机扰动项。

在构建基准回归模型时，本节借鉴刘学良和陈琳（2011）[①]、Brunnermeier 等（2020）[②] 的做法，并未将时间固定效应纳入模型之中。原因在于：本节研究更关注时间维度上的变化及其与被解释变量的关系，旨在探究产业转移是否能够有效解释工业创新发展进程的向前推进。产业转移是一个随时间发生的经济现象，其影响也往往随时间变化而逐渐显现，将时间固定效应排除在模型之外，有助于更直接地捕捉产业转移对工业创新发展的动态影响。其次，在本节研究中更关心的是随时间变化且与产业转移和工业创新发展紧密相关的因素，然而，时间固定效应通常用于控制在整个样本期间内对所有观测对象都产生影响但不随时间变化的因素，若加入时间固定效应，可能会吸收本节所感兴趣的部分变化，导致无法准确估计产业转移对工业创新发展的影响。

三　指标选取与变量测度

（一）被解释变量

工业创新水平（lnpatent）。本书采用专利申请量（lnpatent 指标）衡量工业创新水平。专利作为工业创新成果的重要表现形式，直接反映了地级市在技术研发、产品设计以及工艺改进等方面的创新能力和水平。通过对专利数据的分析，可以了解城市在工业创新方面的优势领域和薄弱环节，为制定针对性的创新政策和措施提供依据。

（二）解释变量

产业转移水平（lntransfer）。本书利用 2010—2021 年全国工业企业工商注册信息，从企业股东信息、企业分支机构以及企业地址变更三个维度对工业企业产业转移进行测度，最后将三个维度进行累加以表示产业

[①] 刘学良、陈琳：《横截面与时间序列的相关异质——再论面板数据模型及其固定效应估计》，《数量经济技术经济研究》2011 年第 12 期。

[②] M. Brunnermeier, S. Rother and I. Schnabel, "Asset Price Bubbles and Systemic Risk", *Review of Financial Studies*, Vol. 33, No. 9, 2020, pp. 4272–4317.

转移总值，具体测度方法见第三章第三节。

（三）控制变量

为缓解遗漏变量问题对参数估计造成的偏误，结合现有研究经验和经济学原理，选取以下控制变量：

1. 受教育程度（edu）。本科及以上的高等教育通常涉及更为深入的理论学习、研究方法和批判性思维训练，是创新过程中不可或缺的元素，对于培养个人的创新思维和能力具有至关重要的作用，同时高教育水平的人群通常更有可能聚集在一起，形成创新集群，促进知识交流和技术合作，也会对整个社会的创新氛围产生影响。因此，控制这部分受教育程度较高的人群比例，可以更好评估其他因素对创新程度的影响，本章采用本科及以上受教育程度人口/常住人口来衡量受教育程度。

2. 工资水平（$lnsalary$）。工资水平直接反映了企业和组织为员工所支付的成本，而这些成本通常会与创新活动的规模和强度相关。高工资水平可能意味着企业有更多的经济能力来支持创新活动，或者能够吸引和留住更多具有创新能力和经验的人才。工资水平较高，意味着劳动力市场上对高技能工人的需求较大，创新活动强度较高。本章采用上一年城镇单位在岗职工平均货币工资与当年城镇单位在岗职工平均货币工资之比来表征工资指数（上年=100），再用名义工资与工资指数之比来衡量工资水平。

3. 行业竞争程度（$industry$）。创新往往是在竞争激烈的市场环境中产生的。当企业面临激烈的竞争时，为了保持或提升市场份额，它们通常会增加研发投入，推动技术创新和产品升级。因此，行业的竞争程度对创新活动有直接的影响。而规上工业企业往往拥有更多的资源和能力来进行创新活动，每万人拥有的规上工业企业数可以反映一个地区或国家的工业实力和产业发展水平，进而反映该地区的行业竞争程度。本节采用每万人拥有规上工业企业数来衡量行业竞争程度。

4. 金融服务深度（$financial$）。金融服务在资金筹集、风险管理以及价值评估等方面对企业创新力度有重要影响。一个发达的金融系统能够提供更多的资本，支持创新活动的开展。通过了解金融服务深度，我们可以更准确地评估金融系统对创新程度的影响。贷款余额与 GDP 的比值，可以揭示信贷市场的规模和活跃程度，也可以反映经济环境的整体状况。本节采用贷款余额/GDP来衡量金融服务深度。

5. 生产性服务业发展水平（service）。生产性服务业，如金融、信息、商务服务等，为制造业和其他服务业提供中间投入，促进知识和技术的传播与应用。这些服务会涉及众多创新活动，如新产品开发、工艺改进、市场营销策略等，所以生产性服务业的发展水平直接影响创新活动的质量和频率。本节采用生产性服务业城镇单位从业人员数/城镇单位从业人员数来衡量生产性服务业发展水平。

6. 政府重视程度（government）。科技支出是政府在支持创新方面的直接体现，反映了政府对创新的重视程度和投入力度。将科技支出与财政预算内一般支出进行比较，可以更加准确地反映政府在创新方面的投入力度。这种比例关系能够消除不同地区或时期财政规模差异的影响，使数据更具可比性和解释性，本节采用科技支出/财政预算内一般支出来衡量政府重视程度。相关变量的描述性统计如表4-1。

表4-1　　　　　　　　　变量的描述性统计

变量	观测值	均值	标准差	最小值	最大值
lnpatent	704	5.793	1.942	0.000	10.460
transfer	704	778301.160	940827.090	0.000	6718682.800
edu	704	4.984	3.489	0.900	17.721
lnsalary	704	9.260	0.205	7.033	9.792
industry	704	2.274	1.710	0.190	31.610
service	704	0.454	0.333	0.000	2.513
financial	704	102.813	85.159	28.700	962.210
government	704	1.364	0.972	0.160	5.470

资料来源：作者加工计算。

第五节　实证结果及分析

一　基准回归分析

为确保基准回归结果的科学性，在正式估计之前对模型部分变量及整体进行了必要的统计检验，涵盖多重共线性、变量平稳性、组内自相关等。检验结果显示，方差膨胀因子均值为 1.86，变量组合不存在严重的多重共线性；被解释变量（lnpatent）和核心解释变量（lntransfer）的单位根检验均在 1% 显著性水平上拒绝全部面板存在单位根的原假设；组间异方差、同期相关和组内自相关检验结果表明三者在模型中均存在；豪斯曼检验结果表明应当选择固定效应模型。为缓解组间异方差、同期相关和组内自相关问题对估计结果的影响，本节采用全面 FGLS（可行广义最小二乘法）方法估计基准回归模型，估计结果如表 4-2 所示。

表 4-2 基准回归结果

变量	(1) lnpatent	(2) lnpatent	(3) lnpatent	(4) lnpatent	(5) lnpatent	(6) lnpatent	(7) lnpatent
lntransfer	0.797*** (0.049)	0.191*** (0.020)	0.218*** (0.018)	0.221*** (0.019)	0.228*** (0.018)	0.159*** (0.023)	0.155*** (0.025)
edu		0.977*** (0.058)	0.959*** (0.043)	0.964*** (0.045)	0.919*** (0.054)	0.900*** (0.047)	0.908*** (0.070)
lnsalary			0.357*** (0.074)	0.357*** (0.074)	0.333*** (0.062)	0.511 (0.380)	0.807* (0.423)
industry				-0.037 (0.075)	-0.044 (0.064)	0.070 (0.087)	-0.083* (0.046)
service					0.325* (0.172)	0.350** (0.149)	0.329** (0.136)
financial						0.001*** (0.0003)	0.001*** (0.0003)
government							-0.311*** (0.118)
常数项	-7.259*** (1.031)	-5.928*** (0.704)	0.000 (0.000)	0.000 (0.000)	-9.117*** (0.835)	0.000 (0.000)	-9.092** (3.928)

续表

变量	(1) lnpatent	(2) lnpatent	(3) lnpatent	(4) lnpatent	(5) lnpatent	(6) lnpatent	(7) lnpatent
观测值	704	704	704	704	704	704	704
城市固定	是	是	是	是	是	是	是
年份固定	否	否	否	否	否	否	否

注：***、**、*分别表示在1%、5%和10%的水平上显著；括号内为标准误；全面FGLS的估计结果未含拟合优度。

基准回归采用了逐次添加控制变量的主流做法，回归结果如表4-2所示，在控制变量数目变化的过程中，lntransfer 的估计系数在控制变量数目变化的过程中始终保持在1%的水平上显著为正，这强烈支持了产业转移能够推动工业创新发展的假说H1。具体而言，当仅考虑产业转移（lntransfer）作为解释变量时，其估计系数为0.794，并且在1%的显著性水平上显著。这表明，在其他因素保持不变的情况下，产业转移每增加1%，工业创新指标将显著提高0.794个单位。随着控制变量的逐步引入，产业转移的估计系数虽然有所减小，最终保持在0.15左右，且显著性水平未发生明显变化。在包含所有控制变量的模型中，产业转移的估计系数稳定在0.155，这意味着产业转移每增加1%，工业创新指标将相应提高约0.155个单位。

这一结果不仅验证了产业转移对工业创新发展的积极影响，还揭示了这种影响在多种控制因素作用下的稳健性。控制变量中，教育水平（edu）的估计系数始终显著为正，表明教育水平的提高对工业创新具有显著的促进作用。工资水平（lnsalary）的引入使得模型更加完善，其估计系数为正，但显著性在不同模型中有所波动，可能受到其他控制变量的影响。行业结构（industry）和服务业发展（service）的估计系数在不同模型中表现出一定的不稳定性，这可能与行业和服务业的异质性有关。金融业发展（financial）的估计系数显著为正，说明金融业对工业创新具有显著的推动作用。而政府作用（government）的估计系数为负,暗示过度的政府干预在一定程度上抑制了工业创新的自由发展。

此外,尽管在模型构建过程中未包含时间固定效应,但城市固定效应的控制确保了模型在不同城市之间的可比性。通过固定城市效应,能够更准确地捕捉产业转移对工业创新的净影响,排除城市间不可观测的异质性对结果的影响。

二 内生性讨论

虽然基准回归结果显示承接产业转移有助于提升工业创新水平,但这一结果是否为严格统计意义上的因果关系仍需要进行内生性探讨。为验证基准回归模型中是否存在内生性问题,若存在内生性又是否对基准回归结果造成严重影响,本节将通过构造工具变量并借助两阶段最小二乘法(2SLS)展开讨论。基于样本实际和当前主流做法,选取和构造了两个工具变量展开分析,力求论证充分。

(一)构造 Bartik 工具变量(bartikiv)

本章采用份额移动法构建 Bartik 工具变量,该方法参考了赵奎等(2021)[①]的研究思路。具体而言,以黄河流域各地市在2010年承接产业转移的数值作为初始份额,随后将这些份额与2011—2021年间各省份的整体增长率相乘。为便于分析,对计算得出的结果进行加1对数化处理,从而得到了2011—2021年间产业转入的模拟值。由于这一模拟值与产业转入的实际值之间存在高度的相关性,并且与随机扰动项不相关,因此,可以被视作一个理想的工具变量,用于后续的分析和研究。

(二)引入历史工具变量(historyiv)

在考察黄河流域城市群工业创新能力提升的过程中,需要引入与承接产业转移紧密相关的历史变量——1984年的工业总产值。本章选取黄河流域64个地级市1984年的人均工业总产值作为历史变量,这一历史时期的工业总产值作为以往年份积累的成果,能有效体现黄河流域各

---

① 赵奎、后青松、李巍:《省会城市经济发展的溢出效应——基于工业企业数据的分析》,《经济研究》2021年第56卷第3期。

地级市在工业领域的初始基础，深刻影响着当地当前的工业发展水平。然而，承接产业转移这一经济现象并不能回溯并影响历史时期的工业总产值。鉴于这一历史变量本质上属于横截面数据，无法直接应用于面板数据模型的分析框架中，为了充分结合历史变量与地区承接产业转移的信息，并使其适用于固定效应模型的估计，构造一个交互项（$historyiv$）即历史变量与地区承接产业转移一阶滞后值的乘积，旨在将历史时期工业总产值的影响与产业转移的动态效应有机结合起来，从而更全面、准确地分析黄河流域工业创新能力的提升机制。

表4-3展示了基于两个工具变量及其组合所进行的2SLS估计结果，第（1）、（3）、（5）列是第一阶段，第（2）、（4）、（6）列是第二阶段。表4-3中不可识别检验、弱工具变量检验、过度识别检验结果表明本节所选取的工具变量均是合意的。第二阶段估计结果表明，即使存在内生性问题，$lntransfer$的估计系数仍在1%的水平上显著为正，与基准回归结果一致，从而证明了基准回归结果具有较强的稳健性，受内生性问题影响较小。

表4-3　　　　　　　　　　工具变量回归结果

变量	(1) lntransfer	(2) lnpatent	(3) lntransfer	(4) lnpatent	(5) lntransfer	(6) lnpatent
$bartikiv$	1.057*** (0.0239)				0.979*** (0.0309)	
$historyiv$			0.001*** (0.0001)		0.000*** (0.0000)	
$lntransfer$		0.980*** (0.233)		0.876*** (0.185)		0.971*** (0.227)
不可识别检验P值		11.520 0.000687		14.920 0.000112		16.350 0.000282
弱工具变量检验 10%水平临界值		1949 16.380		23.980 16.380		1037 19.930

续表

变量	(1) lntransfer	(2) lnpatent	(3) lntransfer	(4) lnpatent	(5) lntransfer	(6) lnpatent
过度识别检验 P 值						1.44 0.230
内生性检验 P 值		39.979 0.000		0.000 0.992		35.840 0.000
城市固定	是	是	是	是	是	是
年份固定	否	否	否	否	否	否
观测值	704	704	704	704	704	704
R² 值		0.677		0.681		0.678

注：括号内为稳健标准误；不可识别检验的统计量为 Kleibergen - Paap rk LM statistic，弱工具变量检验的统计量为 Kleibergen - Paap Wald rk F statistic，过度识别检验的统计量为 Hansen J statistic，内生性检验方法为 Davidson - MacKinnon test。

三 稳健性检验

基准回归模型的设定建立在若干关键假定之上，这些假定的合理性对于确保估计结果的稳健性至关重要。为了降低假定不成立以及其他混杂因素可能引入的估计偏误，本节采用多种方法对基准回归结果的稳健性进行了全面而细致的检验。

（一）非线性检验

本章采用主流的线性形式作为计量模型的函数基础，然而，这一选择并非基于严格的数理推导，而是基于模型的普遍适用性和解释性。因此，存在一种可能性，即模型中可能忽略了某些非线性关系。为了检验这一假设，在基准回归模型中加入被解释变量（lntransfer）的平方项，以此检验函数形式是否应为非线性。

通过回归分析，得到加入平方项后的回归结果，具体如表 4 - 4 的第（1）列。从结果中可以看出，lntransfer 的二次项系数（lntransfer2）并不显著。这一结果意味着在当前的模型设定下，非线性关系并不明显，或者说，即使存在非线性关系，对模型的影响也较小，不足以改变线性模型的适用性。这一检验不仅增强了对基准回归模型的理解，也提供了更加稳健可靠的估计结果。通过验证模型的线性形式,确保了模型设定的合理性,并降低了由于函数形式选择不当而引入的估计偏误。这为后续的分析和结论提供了更加坚实的基础。

(二) 替换被解释变量

在进一步验证基准回归模型的稳健性时,选择替换被解释变量这一策略,以期更全面地探索承接产业转移对工业创新发展的影响。通过文献回顾,了解到专利获得量表示创新性成果已经得到官方认可,也是具有权威性和实际价值的创新水平测度方法。因此,采用专利获得量($lnpatent1$)作为新的被解释变量,以更精准地衡量城市工业创新发展的水平。

将专利获得量纳入基准回归模型后,重新进行了估计,估计结果如表4-4第(2)列所示,$lntransfer$ 的估计系数在5%水平上显著为正,尽管与原先使用专利申请量作为被解释变量时的显著性水平(1%)略有差异,但系数大小有所增大,由0.155变为0.209。这一结果表明,在替换解释变量后,承接产业转移对工业创新发展的促进作用依然显著。虽然显著性水平有所变化,但这并不影响得出承接产业转移能够显著促进工业创新发展的结论。同时,系数的增大也进一步印证了承接产业转移对工业创新发展的积极作用。这一结果不仅验证了基准回归模型的稳健性,也为后续研究提供了更加全面深入的分析视角。

(三) 更换估计方法

尽管非参数协方差矩阵估计方法在处理组间异方差、同期相关和组内自相关等问题上非常有效,但其估计结果可能不够稳健。为了确保研究结果的可靠性,要采用更为稳健的估计方法进行比较分析。本节选择"OLS+面板校正标准误差"这一稳健的估计方法,对基准回归模型进行重新估计。这种方法在处理组间异方差、同期相关和组内自相关等问题时表现出色,能够提供更可靠的估计结果。具体估计结果见表4-4第(3)列,从估计结果中可以看出,产业转移($lntransfer$)的估计系数在1%的显著性水平上依然为正,进一步验证了承接产业转移对工业创新发展的积极促进作用。

为了更全面地检验基准回归模型的稳健性,除"OLS+面板校正标准误差"方法外，同时进行全面 FGLS 估计，该方法要求各面板的自回归系数相同，提供了一个更加严格的检验环境。结果如表 4-4 第（4）列所示，全面 FGLS 估计的结果与基准回归结果高度一致，这进一步表明基准回归模型所采用的估计方法对于本节的研究样本而言是稳健可靠的。

（四）控制其他层面因素

为确保估计结果的稳健性，进一步控制时间层面因素，以检验时间固定效应是否对承接产业转移与工业创新之间关系的估计产生显著影响。在基准回归模型中纳入时间因素后，重新进行了回归分析。回归结果如表 4-4 第（5）列所示，从中可以看出，在控制时间因素后，承接产业转移（lntransfer）的估计系数依然至少在 1% 的水平上显著为正，具体数值为 0.239。这一结果强烈表明，即使在考虑时间固定效应的情况下，承接产业转移对工业创新的发展仍然具有显著的正向影响。这一发现不仅验证了基准回归结果的稳健性，也进一步证实了承接产业转移在推动工业创新方面的重要作用。

通过控制时间层面因素，更加全面地考虑了影响工业创新发展的各种因素，从而得出更加准确和可靠的结论。这一研究不仅有助于深化对承接产业转移与工业创新关系的理解，也为政策制定和实践操作提供了更加科学的依据。

（五）剔除省会城市与计划单列市

考虑到省会城市与计划单列市在承接产业转移中因政治因素而享有的政策性优势，以及它们在经济发展、营商环境、基础设施等方面的天然优势，本节在基准模型中剔除了呼和浩特市、兰州市、太原市、西安市、郑州市、银川市、济南市、西宁市八个省会城市以及一个计划单列城市青岛市。剔除这些城市后，我们对基准模型进行了重新回归，结果如表 4-4 第（6）列所示。值得注意的是，尽管剔除了这些具有特殊优势的城市，回归结果的显著性水平仍然保持在 1% 的高水平。更为重要的是，承接产业转移对工业创新发展的系数由原先的 0.155 显著提升至 0.627。这一变化不仅反映了剔除特殊样本后模型估计的稳健性，更凸显了承接产业转移在推动工业创新发展中的重要作用。

表 4 – 4　　　　　　　　稳健性检验估计结果

变量	(1)	(2)	(3)	(4)	(5)	(6)
	lnpatent	lnpatent1	lnpatent	lnpatent	lnpatent	lnpatent
lntransfer	0.104	0.209**	0.461***	0.312***	0.239***	0.627***
	(0.524)	(0.083)	(0.058)	(0.037)	(0.051)	(0.067)
lntransfer2	0.019					
	(0.021)					
观测值	704	704	704	704	704	605
控制变量	是	是	是	是	是	是
地级市固定	是	是	是	是	是	是
年份固定	否	否	否	否	是	否
R^2 值			0.897			

注：同表 4 – 2。

四　机制检验

基准回归结果表明产业转移能够显著推动工业创新发展，上述理论分析梳理出了高技术人才集聚、企业集聚以及资金集聚三条作用路径，通过构建以下模型对机制变量的渠道作用进行分析：

$$M_{it} = \alpha + \beta\, lntransfer_{it} + \gamma\, controls_{it} + \mu_i + \varepsilon_{it} \quad (4-2)$$

$$lnpatent_{it} = \alpha_0 + \beta\, lntransfer_{it} + \theta M_{it} + \gamma\, controls_{it} + \mu_i + \varepsilon_{it} \quad (4-3)$$

其中 i 表示样本城市，t 表示年份，$lnpatent_{it}$ 表示工业创新发展水平，$lntransfer_{it}$ 表示承接产业转移，$Controls_{it}$ 是控制变量的集合，μ_i 是个体固定效应，ε_{it} 是随机扰动项，M_{it} 表示机制变量，本节从高技术人才集聚、企业集聚以及资金集聚三条路径进行分析。高技术人才集聚效应采用高技术行业（制造业）从业人员年平均人数与工业全部从业人员年平均人数比值（high_per）进行衡量，企业集聚效应采用规模以上工业企业数量（nindustry）进行衡量，资金集聚效应采用外商直接投资的对数值（lndfdi）进行衡量。

表 4 – 5 展示了承接产业转移对城市工业创新发展的机制检验结果。列（1）与列（2）的结果显示，无论是否控制外部变量，lntransfer 的系

数均显著为正，说明承接产业转移可以提高高技术人才集聚程度，提高工业企业中高技术行业人才占比，进而提高整体创新能力，假说 H2 成立，而列（3）中 lntransfer 的系数显著正，high_per 的系数为正但不显著，说明在考虑产业转移的条件下高技术人才占比与专利申请量有一定的共线性。列（4）与列（5）的结果显示，无论是否控制外部变量，lntransfer 的系数均显著为正，说明承接产业转移可以提高企业集聚程度。而列（6）中 lntransfer 与 nindustry 的系数均显著为正，说明承接产业转移可以通过企业集聚效应这一渠道提高工业的整体创新能力。一方面，承接产业转移通过引入以及吸收合并形成更多更大规模的企业，带来更多的技术以及研发投入；另一方面，规模以上企业的进入加剧了本地企业间的竞争，促使本地小企业加快研发进度，保证对外来转移企业的竞争优势，也促使本地大企业为稳固企业的护城河，加大研发投入，进而提高整体工业创新能力，假说 H3 成立。列（7）与列（8）的结果显示，无论是否控制外部变量，lntransfer 的系数均显著为正，说明承接产业转移可以提高资金集聚程度。而列（9）中 lntransfer 与 lndfdi 的系数均显著为正，说明承接产业转移可以通过资金集聚效应这一渠道提高工业的整体创新能力。一方面，承接产业转移吸引了更多的外来资金进入市场，对本地企业带来更多的竞争压力；另一方面，外商投资带来更多的外部企业的人员与技术，进一步带动整体工业创新能力，假说 H4 成立。

表 4-5　　　　　　　　　　机制检验估计结果

变量	高技术人才集聚			企业集聚			资金集聚		
	(1)	(2)	(3)	(4)	(5)	(6)	(7)	(8)	(9)
	high_per	high_per	lnpatent	nindustry	nindustry	lnpatent	lndfdi	lndfdi	lnpatent
lntransfer	0.006***	0.003*	0.853***	22.550*	49.234*	0.759***	0.136***	0.102**	0.721***
	(0.002)	(0.255)	(0.040)	(13.041)	(26.478)	(0.039)	(0.026)	(0.050)	(0.034)
nindustry			1.957			0.001*			
			(1.718)			(0.0004)			
lndfdi									0.144*
									(0.086)

续表

变量	高技术人才集聚			企业集聚			资金集聚		
	(1)	(2)	(3)	(4)	(5)	(6)	(7)	(8)	(9)
	high_per	high_per	lnpatent	nindustry	nindustry	lnpatent	lndfdi	lndfdi	lnpatent
控制变量	否	是	是	否	是	是	否	是	是
城市固定	否	是	否	是	是	是	是	是	是
观测值	是	是	是	704	704	704	704	704	704

注：同表4-2。

五 异质性分析

上述实证分析从整体层面证实了承接产业转移可有效推动创新发展水平的提升，但不同流域、不同类型城市及不同的转入类型会影响承接产业转移对创新发展的推动水平。对此，本节将从流域异质性、城市类型异质性及企业类型异质性三个方面展开异质性分析，为理论分析提供进一步的经验证据。在前文分析的基础上，本节进一步对64个城市进行分样本估计，一方面利用分样本估计的结果来检验前文实证结果的稳健性；另一方面也有利于探究出更有价值的经验规律。

（一）流域异质性

鉴于黄河各流域城市在经济社会发展水平上存在显著差异，同时各流域在承接产业转移和区域创新发展方面的表现也各不相同，因此，有必要探讨承接产业转移对工业创新发展的影响是否存在流域异质性。为了深入探究这一问题，将样本城市划分为黄河上游、中游、下游三个子样本进行分别估计。通过这样的分析，以期能从流域层面找到提升区域创新水平的差异化路径和战略，为各流域城市的工业创新发展提供有针对性的建议。

回归结果显示，在不同流域中，承接产业转移对工业创新发展的推动作用呈现出显著差异。具体而言，在黄河上游地区，承接产业转移的系数显著为正（0.443），表明产业转移对工业创新具有显著的促进作用；而在中游地区，虽然系数同样为正（0.063），但相较于上游地区，其影响程度较小；在下游地区，承接产业转移的系数最高（0.881），说明下游城市在承接产业转移方面具有更强的创新能力提升效应。三个流域的回归结果均高度显著,这进一步验证了承接产业转移对工业创新发展的积极影响。同时,回归系数的变化也反映了不同流域在承接产业转移方面的差异,这可能与各流域的经济社会发展水平、产业结构以及政策环境等因素有关。

表4-6　　　　　　　　　流域异质性分析估计结果

变量	(1)	(2)	(3)
	lnpatent	lnpatent	lnpatent
	上游	中游	下游
lntransfer	0.443***	0.063***	0.881***
	(0.034)	(0.013)	(0.046)
控制变量	是	是	是
城市固定	是	是	是
观测值	132	242	330

注:同表4-2。

(二) 城市类型异质性

黄河流域矿产资源丰富,自新中国成立以来,这些资源的大规模开发孕育了众多资源型城市。然而,资源型城市的转型是一项错综复杂的系统工程,其中,改善民生、恢复生态环境以及构建多元化产业体系,是推进转型的三大核心任务。在考察承接产业转移对工业创新的影响时,城市类型的差异不容忽视。根据《全国资源型城市可持续发展规划(2013—2020年)》的分类准则,本节将样本城市划分为资源型城市和非资源型城市两组,旨在分别探讨承接产业转移对创新发展的不同影响,以期为城市转型提供有针对性的策略建议。

从表4-7中的第(1)、(2)列可以看出,无论是资源型城市还是非资源型城市,承接产业转移均对工业创新具有显著的正向影响。然而,在比较回归系数时,可以发现非资源型城市的系数(0.872)明显高于资源型城市(0.122),这表明非资源型城市在承接产业转移推动工业创新方面的效果更为显著。这种差异可能源于资源型城市工业结构的重工业化特征，以及可能存在的历史积累和产业结构惯性。相比之下，非资源型城市由于工业结构更为轻工业化，更易于吸收和转化外来技术和知识，从而推动工业创新的发展。因此，尽管资源型城市在承接产业转移方面同样具有积极作用，但在推动工业创新方面，非资源型城市展现出了更大的潜力。

(三) 城市规模异质性

不同规模的城市在工业创新发展方面可能表现出不同的特点。从城市规模的角度来看，规模较大的城市往往拥有显著的经济集聚效应，这使得其资源配置和利用效率相对较高，进而推动创新水平的提升。为了深入探究不同规模城市在承接产业转移过程中对工业创新发展的异质性影响，本节根据2014年国务院发布的《关于调整城市规模划分标准的通知》中的最新标准，并结合《2020中国人口普查分县资料》的数据，将城市划分为大城市（城区常住人口大于100万）和中小城市（城区常住人口小于100万）两组。通过分别考察这两组城市在承接产业转移方面的表现，可以更全面地理解城市规模对创新发展影响的复杂性和多样性，从而为城市规划和产业发展提供更有针对性的建议。

从表4–7中的第（3）、（4）列可以看出，无论是大城市还是中小型城市，承接产业转移均对工业创新发展有显著的促进作用，然而，大城市的回归系数（0.699）明显高于中小城市（0.144），这说明大城市在承接产业转移推动工业创新方面的效应更为显著。这一结果可能源于大城市在资源集聚、基础设施完善以及创新环境营造方面的优势。大城市通常拥有更为丰富的创新资源和人才储备，同时其完善的基础设施和创新氛围也为工业创新提供了有力支撑。因此，大城市在承接产业转移推动工业创新方面具有更大的潜力和优势。

(四) 企业产权异质性

中国产业转移的过程中，呈现出明显的企业类型差异。大型国有企业往往以构建国家品牌、服务国家战略为核心目标，通过并购、对外投资等手段，实现国家层面的战略布局。相比之下，民营企业和外资企业则更多地因经营成本、市场环境等因素考量，选择将部分或全部生产环节外迁,以追求收益最大化。鉴于这种企业类型异质性,本节将承接产业转移细分为承接国有企业产业转移(transfer_s)和承接非国有企业产业转移(transfer_n)两组,分别探讨了这两种不同类型产业转移对创新的异质性影响。这样的划分能够更细致地分析不同类型产业转移在推动创新发展方面的作用,从而为政策制定提供更为精准的建议。

从表4-7第(5)、(6)列可以看出,无论是承接国有企业产业转移还是承接非国有企业产业转移,对工业创新发展均有显著的正向促进作用。然而,非国有企业的回归系数(0.239)高于国有企业(0.041),这表明非国有企业在承接产业转移推动工业创新方面的效应更为显著。这一结果可能源于非国有企业在决策机制、市场敏锐度以及创新动力方面的优势。相比国有企业,非国有企业通常具有更加灵活高效的决策机制,能够更快速地响应市场变化和技术创新。同时,非国有企业更加注重市场竞争力和经济效益,因此在技术创新和产业升级方面更具主动性和积极性。因此,非国有企业转移在推动工业创新方面发挥了更为重要的作用。

表4-7 其他异质性分析估计结果

变量	(1) 资源型城市	(2) 非资源型城市	(3) 大城市	(4) 中小型城市	(5) 国有企业	(6) 非国有企业
	lnpatent	*lnpatent*	*lnpatent*	*lnpatent*	*lnpatent*	*lnpatent*
0.122***	0.872***	0.699***	0.144***	0.041***	0.239***	
(0.018)	(0.066)	(0.035)	(0.025)	(0.009)	(0.021)	
transfer_s					0.041***	
					(0.009)	
transfer_n						0.239***
						(0.021)
控制变量	是	是	是	是	是	是
城市固定	是	是	是	是	是	是
观测值	341	363	242	462	704	704

注:同表4-2。

第六节　纳入环境规制的进一步分析

工业创新发展要求在工业发展过程中注重技术创新、产业升级与可持续发展，实现经济社会与自然环境的和谐共生。环境规制作为引导工业创新发展的重要手段，对于推动产业绿色化、智能化和高效化具有重要意义。然而，环境规制对工业创新发展的影响并非一蹴而就，需要深入分析其在不同方面的具体作用。因此，本节从水环境规制、碳环境规制、空气质量规制和环保处罚强度四个方面出发，进一步探讨环境规制在工业创新发展中的作用。

一　水环境规制调节效应

水环境规制在推动工业创新发展中扮演着重要角色。通过采用上一年万元工业增加值用水量与当年万元工业增加值用水量之比来表征水环境规制强度（water），将其与承接产业转移的交互项（watlntran）共同纳入分析模型（在产业转移与环境规制交互之前先对变量进行去心处理，本书下同），深入探讨水环境规制对承接产业转移促进工业创新的调节效应，估计结果如表4-8第（1）列所示。实证结果显示 lntransfer、water 的估计系数显著为正，即水环境规制和承接产业转移各自对工业创新有显著影响，但二者的交互项却并不显著。这一结果意味着，在当前情境下，水环境规制并未有效调节承接产业转移对工业创新的促进效果。

这一结果可能的原因如下：首先，当前的水环境规制政策与承接产业转移的策略之间缺乏足够的协同性。水环境规制主要关注的是水资源的节约利用和水环境的保护，而承接产业转移则更多关注于产业结构的优化和升级。两者在目标和手段上的差异可能导致其调节效应并不显著。其次，水环境规制的执行力度和效果也可能影响其调节效应。如果水环境规制的执行不够严格或者监管存在漏洞，那么企业可能没有足够的动力去改变其生产方式和进行创新。此外，如果水环境规制过于严格，可能会增加企业的运营成本，反而抑制了企业的创新活动。此外，还需考虑到企业自身的创新能力和意愿。即使水环境规制和承接产业转移都为企业提供了创新的压力和动力,但如果企业自身的创新能力不足或者缺乏创新的意愿,那么这种调节效应也难以显现。

二 碳环境规制调节效应

碳环境规制作为另一项重要的环境政策,其调节效应同样值得关注。本书用规上企业万元营收碳排放量测度碳环境规制(carbon),并将碳环境规制与承接产业转移的交互项(carlntran)纳入模型,碳环境规制的具体测度过程如下:

$$carbon_t = \left(\frac{CO_2}{income}\right)_{t-1} \Big/ \left(\frac{CO_2}{income}\right)_{t-1}$$

其中,$carbon_t$ 表示某地区 t 时期的碳环境规制强度,CO_2 表示某地区二氧化碳排放量,$income$ 表示规上企业的营业收入。二氧化碳排放量的测度方法如下:

$$CO_2 = \sum_{i}^{10} energy_i \times CV_i \times CCF_i \times COF_i \times \frac{44}{12}$$

其中,下标 i 是指能源品类,包含10类(原煤、焦炭、天然气、原油、汽油、煤油、柴油、燃料油、液化石油气、电力),$energy$ 是指工业生产消费能源消耗量,CV 是指平均低位发热值,CCF 是指各类能源中的碳含量,COF 是指碳氧化率,44 和 12 分别指 CO_2 分子量和碳原子量。

从表4-8第(2)列可以看出碳环境规制与承接产业转移的交互项系数显著为负,这表明在当前阶段,碳环境规制在承接产业转移对工业创新的影响中起到了显著的调节作用,但这种调节作用是抑制性的。

具体而言,碳环境规制的引入似乎在一定程度上限制了产业转移对工业创新的积极推动作用。这可能是因为严格的碳环境规制增加了企业的生产成本和运营压力,导致一些企业在面临环境约束时可能选择减少创新投入或转向其他非创新性的生产活动。此外,碳环境规制的实施也可能导致一些高碳排放的产业或企业难以在目标地区获得发展空间,从而限制了工业创新的范围和深度。

三 空气质量规制调节效应

空气质量规制作为环境政策的重要组成部分,其调节效应不容忽视。

本节以空气质量规制（air）作为调节变量，采用上一年PM2.5平均浓度与当年PM2.5平均浓度之比进行衡量，并将其与承接产业转移的交互项（airlntran）纳入模型。表4-8第（3）列反映了相应的实证结果，可以发现空气质量规制与承接产业转移的交互项系数并不显著，这意味着空气质量规制的调节作用不显著；承接产业转移的系数在1%的水平上显著为正，这表明产业转移本身对工业创新具有积极的推动作用。然而，由于空气质量规制的调节效应不显著，这种推动作用可能并未得到进一步的强化。

这一结果可能的原因如下：一方面，可能是由于当前的空气质量规制政策过于宽松，无法有效约束污染行为，从而无法对工业创新产生显著的促进作用。另一方面，空气质量规制的执行过程中可能遭遇了一定的阻力，导致政策难以得到全面落实，进而影响了其调节效应的发挥。

四 环保处罚强度调节效应

环保处罚政策作为政府引导企业绿色行为的重要工具，其对工业创新发展的影响相对复杂。一方面，严格的环保处罚政策可以促进企业采用更加环保、高效的生产技术，推动工业创新发展。另一方面，过于严格的环保处罚政策也可能给企业带来过大的成本压力，抑制其创新发展的积极性。本节采用各省上一年环保处罚数量与当年环保处罚数量之比表征相应城市的环保处罚强度（penalty），并将其与承接产业转移的交互项（penlntran）纳入模型，并深入探讨其与承接产业转移对工业创新共同作用的机制。

将环保处罚强度以及产业转移与环保处罚强度交互项同时纳入模型，估计结果如表4-8第（4）列所示。首先，产业转移对工业创新的促进作用显著为正，这与预期结果一致。但lntransfer与penalty二者交互项并不显著，这表明，在当前环保处罚的实施力度下，其对于承接产业转移推动工业创新的直接调节作用尚不明显。此外，环保处罚强度本身的系数显著为负，这意味着环保处罚强度的增加可能并未直接激励工业创新，反而可能在一定程度上对企业构成了创新发展的压力。这可能是由于过于严格的环保处罚导致企业面临更大的经营成本，从而限制了其在创新方面的投入。

表4-8　　　　　　　　　调节效应估计结果

变量	(1) lnpatent 水环境规制	(2) lnpatent 碳环境规制	(3) lnpatent 空气质量规制	(4) lnpatent 环保处罚强度
lntransfer	0.138*** (0.027)	0.146*** (0.027)	0.174*** (0.026)	0.102*** (0.034)
watlntran	0.085 (0.069)			
water	0.165** (0.080)			
carlntran		-0.280*** (0.101)		
carbon		-0.103 (0.084)		
airlntran			0.751*** (0.222)	
air			-0.185 (0.200)	
penlntran				0.039 (0.029)
penalty				-0.111** (0.049)
控制变量	是	是	是	是
城市固定	是	是	是	是
观测值	704	704	704	704

注：同表4-2。

第七节　本章小结

从上述实证分析来看，承接产业转移对城市工业创新发展具有显著的正向推动作用。这种推动作用主要通过人才集聚、企业集聚与资金集聚等中介因素得以实现。在异质性分析中，我们发现不同地区、不同类型城市、不同规模城市以及不同类型企业的产业转入，对工业创新发展的影响也呈现出一定的差异。

1. 在控制个体固定效应时，承接产业转移对工业创新发展水平具有显著的促进提升作用。为了确保实证结论的可靠性，本节进行了多种稳健性检验，包括更改模型函数形式、更换估计方法、替换被解释变量以及剔除省会城市与计划单列城市等。这些检验结果均稳健地支持了本章的研究假说。

2. 承接产业转移通过高技术人才集聚、企业集聚以及资金集聚渠道来推动工业创新发展。在高技术人才集聚方面，承接产业转移逐渐提高工业企业中高技术行业人才占比，从而提升高技术行业的创新能力，进而带动整个工业的创新水平。在企业集聚方面，承接产业转移有助于形成企业集聚效应，通过企业集聚促进资源共享、信息交流和创新合作，从而推动工业创新发展。在资金集聚方面，承接产业转移吸引了更多的外来资金进入市场，给本地企业带来更多的竞争压力同时也带来更多的外部企业的人员与技术，从而带动整体工业创新能力。

3. 承接产业转移对城市工业创新发展具有异质性。上游、中游和下游地区承接产业转移均对工业创新发展产生了显著的正面影响，但影响程度有所不同。其中，上游地区的影响最为显著，下游地区次之，中游地区相对最小。资源型城市和非资源型城市承接产业转移均对工业创新发展有显著的促进作用，但非资源型城市的促进作用要大于资源型城市。大城市和中小型城市承接产业转移都对工业创新发展有显著的促进作用，大城市促进作用更为明显。承接国有企业和非国有企业的转入，都对承接地工业创新发展产生了积极的正向影响，但非国有企业产业转入的促进作用更为显著。

4. 不同类型的环境规制在承接产业转移促进工业创新发展的过程中作用不同。具体来说，在较高的碳环境规制与空气质量环境规制水平下，承接产业转移更有利于城市工业创新能力的提升；而水环境规制和环保处罚强度则不然。

综上所述，承接产业转移对城市工业创新发展具有显著的正向推动作用。这一作用通过高技术人才集聚、企业集聚以及资金集聚渠道得以实现。在不同地区、不同类型城市以及不同企业类型中，这种推动作用呈现出一定的差异。因此，在制定相关政策时，应充分考虑这些差异，以促进工业创新发展的全面提升。

第五章

承接产业转移与沿黄城市群工业协调发展

　　协调发展是新发展理念的重要维度之一,更是经济高质量发展的内在要求。《中共中央关于制定国民经济和社会发展第十三个五年规划的建议》指出:"协调是持续健康发展的内在要求。必须牢牢把握中国特色社会主义事业总体布局,正确处理发展中的重大关系,重点促进城乡区域协调发展,促进经济社会协调发展,促进新型工业化、信息化、城镇化、农业现代化同步发展,在增强国家硬实力的同时注重提升国家软实力,不断增强发展整体性。"这深刻阐述了为什么要协调发展、什么是协调发展以及如何推进协调发展等问题。

　　工业作为国民经济的重要支柱产业,实现工业高质量发展在推动经济高质量发展进程中发挥了关键引擎作用。因而在追求整体经济协调发展时,必须关注工业协调发展。坚持工业协调发展,应首先准确把握工业协调发展的深刻内涵,明确宏观经济层面的协调发展在工业层面的映射;在此基础上,使用科学的方法测度工业协调发展水平,有助于认识现状,为开展相关研究提供重要支撑。

　　然而,追求工业协调发展不仅要在工业产业内部发力,更要寻找并利用外部因素的有利影响。在当前区域经济一体化背景下,产业转移作为区域经济发展的重要现象,其伴随的要素流动正在深刻影响现阶段工业发展格局,并重塑区域间工业产业的组织形式。那么,产业转移是否影响工业的协调发展水平?这种影响是如何传导的?为了厘清这些问题,有必要深入研究产业转移对工业协调发展的具体效应及内在机制。本章旨在通过这些研究,为制定科学有效的产业转移政策措施提供参考,加快推动工业协调发展,助力区域经济向更高层次、更宽领域迈进。

第一节 承接产业转移与工业协调发展相关文献综述

一 关于协调发展的研究

协调发展作为新发展理念的重要组成部分,为妥善处理重大关系、平衡各方利益关系和发展速度提供了航向,有助于推动经济高质量发展,为实现更加健康、可持续的发展奠定了坚实基础。目前针对协调发展的研究分为以下三个方面。

一是协调发展内涵的研究。研究围绕经济、环境、资源等方面的协调发展展开,[1][2][3] 认为协调发展应是建立在资源开采适宜、环境友好以及经济效益等方面协调发展的基础上,包括资源、生态环境以及经济发展的可持续。曾嵘等(2000)[4]、徐怀礼(2021)[5] 从系统论的角度,论述人、资源、环境与经济协调发展是可持续发展的重要体现。

二是测度协调发展水平。多数学者利用耦合协调度模型进行相关研究与测度。如李茜等(2015)[6] 结合主成分分析进行评价,发现我国协调

---

[1] England R. W., "Natural capital and the theory of economic growth", *Ecological Economics*, 2000, pp. 425-431.

[2] 张晓玲:《可持续发展理论:概念演变、维度与展望》,《中国科学院院刊》2018年第1期。

[3] Williams C. C., Millington C. A., "The diverse and contested meanings of sustainable development", *Geographical Journal*, 2004, pp. 99-104.

[4] 曾嵘、魏一鸣、范英等:《人口、资源、环境与经济协调发展系统分析》,《系统工程理论与实践》2000年第12期。

[5] 徐怀礼:《我国城市化进程中的灾害脆弱性及对策》,《山西财经大学学报》2021年第43卷第A1期。

[6] 李茜、胡昊、李名升等:《中国生态文明综合评价及环境、经济与社会协调发展研究》,《资源科学》2015年第7期。

发展的能力不断增强;逯进等(2017)①考虑总量、结构、效益或污染等方面指标,发现中国能源—经济—环境协调水平较低且由东到西递减;Sun等(2018)②、赵文亮等(2014)③分别研究河南、中原经济区社会经济和资源环境的协调发展程度不断优化。

三是探索影响协调发展的驱动因素。部分学者利用计量模型进行分析,如 Chen 等(2017)④分析影响长江经济带环境效率的因素,其中人口密度和对外贸易程度与环境效率有显著的正相关关系;Cai 等(2021)⑤研究城市发展与生态环境发现,东中西部的主要影响因素有差异。还有部分学者利用灰色关联度模型进行研究,⑥发现地方财政收入、人均收入以及保险覆盖率有利于改善生态环境;任保平、杜宇翔(2021)⑦通过测算产业结构、水资源以及城市化水平与协调关系的关联程度,发现关联程度依次增大,并发现外力、政府、创新和内源对城镇化与高质量协同发展的驱动作用依次减弱,据此提出打造新型城市化格局、增强外力驱动等推进协同发展的建议。⑧

---

① 逯进、常虹、汪运波:《中国区域能源、经济与环境耦合的动态演化》,《中国人口资源与环境》2017年第2期。

② Sun Q., Zhang X. H., Zhang H. W., et al., Coordinated Development of a Coupled Social Economy and Resource Environment System: A Case Study in Henan Province, China, Environment, Development and Sustainabindustrialisatechonity, 2018, pp. 1385 – 1404.

③ 赵文亮、丁志伟、张改素等:《中原经济区经济—社会—资源环境耦合协调研究》,《河南大学学报自然科学版》2014年第6期。

④ Chen N., Xu L., Chen Z., "Environmental Efficiency Analysis of the Yangtze River Economic Zone Using Super Efficiency Data Envelopment Analysis (SEDEA) and Tobit Models", *Energy*, 2017, pp. 659 – 671.

⑤ Cai Y., Li X., Liu L., et al., "Coupling and Coordinated Development of New Urbanization and Agro – Ecological Environment in China", *Science of The Total Environment*, 2021, p. 145837.

⑥ Yang Y., Wang L., Yang F., et al., Evaluation of the Coordination Between Eco – Environment and Socioeconomy Under the "Ecological County Strategy" in western China: A case study of Meixian, 2021, p. 107585.

⑦ 任保平、杜宇翔:《黄河流域经济增长—产业发展—生态环境的耦合协同关系》,《中国人口资源与环境》2021年第2期。

⑧ 任保平、巩羽浩:《黄河流域城镇化与高质量发展的耦合研究》,《经济问题》2022年第3期。

二 承接产业转移与工业协调发展

产业转移无疑是突破地区经济发展桎梏、推动产业转型升级的关键举措，更是促进工业高质量发展的主要途径。[①] 然而，就产业转移与工业高质量发展的关系而言，国内学者存在一些分歧。陈春香和邓峰（2020）[②] 研究发现，产业转移提高了承接地和邻接地区的绿色创新效率。张莹莹和高煜（2018）[③] 认为产业转移能有效促进西部地区创新投入。赵博宇（2021）[④] 通过测算发现，产业转移对全要素生产率的提高产生积极作用。陈凡和周民良（2020）[⑤]、熊广勤等（2021）[⑥] 基于产业结构转型升级和能源效率的视角，发现承接产业转移示范区的设立有效促进了本地区产业结构合理化，优化了地区环境，提升了能源效率水平。林柯等（2022）[⑦] 研究发现产业转移总体上推动承接地经济高质量发展。而少数学者持相反观点，认为产业转移会对地区产生不利影响，有研究表明，发达经济体通过外商直接投资将高污染、高耗能产业向欠发达国家转移时，会抑制东道国的绿色全要素生产率提升（Sadik – Zada 等，2020）[⑧]，阻碍地区可持续发展（Zafar 等，2019）[⑨]。张

[①] 李思奇、邬娜、吴佳、封强、傅泽强、杨斌：《基于 CiteSpace 的中国产业转移研究热点与趋势分析》，《环境工程技术学报》2021 年第 3 期。

[②] 陈春香、邓峰：《产业转移对区域绿色创新效率的空间效应分析》，《生态经济》2020 年第 9 期。

[③] 张营营、高煜：《区域产业转移对西部创新投入的影响研究——基于行业异质性的视角》，《经济问题探索》2018 年第 12 期。

[④] 赵博宇：《产业转移、产业集聚对全要素生产率的影响》，《学术交流》2021 年第 8 期。

[⑤] 陈凡、周民良：《国家级承接产业转移示范区是否推动了产业结构转型升级?》，《云南社会科学》2020 年第 1 期。

[⑥] 熊广勤、石大千：《承接产业转移示范区提高了能源效率吗?》，《中国人口·资源与环境》2021 年第 7 期。

[⑦] 林柯、董鹏飞、虎琳：《产业转移是否推动地区经济高质量发展?——基于国家级承接产业转移示范区的证据》，《管理现代化》2022 年第 3 期。

[⑧] Sadik – Zada E. R., Ferrari M., Environmental Policy Stringency, Technical Progress and Pollution Haven Hypothesis, Sustainability, 2020, p. 3880.

[⑨] Zafar M. W., Zaidi S a H., Khan N. R., et al., The impact of natural resources, human capital, and foreign direct investment on the ecological footprint: the case of the United States, Resources Policy, 2019, p. 101428.

俊和林卿（2017）[①]的研究表明，我国区域产业转移加剧了碳排放，对生态环境造成了一定程度的污染。贺胜兵等（2019）[②]、王小腾等（2020）[③]、崔新蕾和孟祥文（2021）[④]研究发现设立承接产业转移示范区对地区 TFP 提升、制造业升级、工业用地要素市场化配置均存在明显的抑制作用。

三　文献述评

综观现有文献，首先，学界在协调发展的内涵、测度方法和驱动因素等方面开展了大量研究，但主要聚焦于宏观层面的协调发展以及两个系统之间的协调关系，即使涉及工业的相关研究，也大多围绕工业与其他行业或工业与环境之间的协调发展，鲜有就工业自身的协调发展进行研究；其次，关于产业转移对工业高质量发展的影响存在分歧，有关产业转移对工业发展的效应尚未形成明确的定论；最后，就高质量发展所涵盖的五个维度而言，大多数研究集中在产业转移对工业的创新水平提升和绿色发展层面，关于协调发展的研究相对较少。本章就以上提出的三个问题展开研究，在探索测度工业协调发展水平的基础上，进一步研究产业转移对工业协调发展的具体影响。

第二节　理论机制与研究假设

一　承接产业转移对工业协调发展的影响

产业转移的过程往往伴随着资本、技术和劳动力等生产要素的转移，这些要素转移影响了资源配置和技术创新及产业升级，最终通过加强区

[①] 张俊、林卿：《产业转移对我国区域碳排放影响研究——基于国际和区域产业转移的对比》，《福建师范大学学报》（哲学社会科学版）2017 年第 4 期。

[②] 贺胜兵、刘友金、段昌梅：《承接产业转移示范区具有更高的全要素生产率吗？》，《财经研究》2019 年第 3 期。

[③] 王小腾、张春鹏、葛鹏飞：《承接产业转移示范区能够促进制造业升级吗？》，《经济与管理研究》2020 年第 6 期。

[④] 崔新蕾、孟祥文：《国家级承接产业转移示范区设立与工业用地要素市场化配置》，《产业经济研究》2021 年第 4 期。

域合作的方式，有效驱动了工业协调发展。具体而言，产业转移对工业协调发展的作用总结为以下三点。

首先，产业转移伴随着资本和劳动力流动，会对产业之间原有的资源分配格局产生影响，[①] 从而打破要素禀赋的地理意义。[②] 一方面，随着资本的转移，原本资源分配较少的产业可能获得更多资金支持，从而扩大生产规模、提升技术水平或开展新的业务领域；资源冗余的产业通过剔除部分要素，提高了资源利用效率。这种变化使得产业间的资源分配更加灵活和多样化，有助于产业结构进一步合理化。另一方面，新劳动力的转移扩大了转入地区的劳动力供给，优化了转入地和转出地的劳动力供需结构，导致不同产业之间的劳动力分布发生变化。因此，产业转移通过资本和劳动这两种核心介质，优化产业之间的资源配置格局，进而促进了产业结构合理化，提升了工业协调发展水平。

其次，产业转移伴随的技术转移，能推动沿黄城市群的技术创新和产业升级，[③] 促进人才流动和知识溢出。一方面，转移的产业往往带有先进的技术和管理经验，这些技术和经验可以为沿黄城市群带来新的发展机遇。通过学习和吸收这些先进技术，沿黄城市群可以提升自身产业的科技含量和附加值，推动工业向高端化、智能化、绿色化方向发展。另一方面，大量高素质劳动力和技术人才的流动促进了知识传播和技术扩散，集聚各地区创新资源，有助于提升沿黄城市群整体的创新能力和竞争力。[④] 因此，产业转移借助企业和人才这两种核心介质，有效促进了沿黄城市群工业增长速度的协调统一，进而提升了整体工业的协调发展水平。

[①] 严薇、赵宏宇、夏恩君：《国际产业转移效应影响因素分析及理论模型构建》，《商业时代》2009 年第 30 期。

[②] 张少军、刘志彪：《全球价值链模式的产业转移——动力、影响与对中国产业升级和区域协调发展的启示》，《中国工业经济》2009 年第 11 期。

[③] 戴宏伟、王云平：《产业转移与区域产业结构调整的关系分析》，《当代财经》2008 年第 2 期。

[④] 李庆满、戴万亮、王乐：《产业集群环境下网络权力对技术标准扩散的影响——知识转移与技术创新的链式中介作用》，《科技进步与对策》2019 年第 8 期。

最后，产业转移有助于沿黄城市群加强区域合作与分工。[1] 在产业转移的过程中，沿黄城市群可以与其他地区形成更加紧密的产业链合作关系，实现资源的优化配置和共享。通过分工协作，沿黄城市群发挥自身的比较优势和特色，形成错位发展、互补共赢的发展格局。[2] 这种区域合作与分工有助于提升沿黄城市群的工业协调发展水平，推动区域经济一体化进程。

据此提出本章第一组研究假说：

假说 H1：产业转移促进沿黄城市群工业协调发展水平提高。

假说 H1a：产业转移通过影响资源配置效率驱动沿黄城市群工业协调发展水平提高。

假说 H1b：产业转移通过促进技术创新而驱动沿黄城市群工业协调发展水平提高。

二 市场化程度在产业转移驱动工业协调发展中的调节效应

在前文分析产业转移如何驱动沿黄城市群工业协调发展的过程中，资源配置被视为一个关键机制。就资源配置而言，人为的产业转移和自然的市场导向都是有效的配置手段。前者通过产业的地理位置变动，实现资源从低效到高效地区的优化分布；后者依赖于市场供求关系的变化，引导资源流向需求最旺盛、效益最显著的领域。市场和产业转移在资源配置方面都各自扮演着重要的角色，然而在资源配置中，市场会在一定程度上替代产业转移，从而削弱产业转移对工业协调发展的驱动作用。这主要是因为市场通过价格机制、供求关系和竞争机制来配置资源，这种方式相比人为的产业转移更具有灵活性、高效性和动态性，能够快速适应市场需求的变化，从而推动资源的有效利用。[3] 因此，在这种替代作用下，市场化程度可能会弱化产业转移对工业协调发展的驱动作用。由

---

[1] 张孝锋、蒋寒迪：《产业转移对区域协调发展的影响及其对策》，《财经理论与实践》2006 年第 4 期。

[2] 巫强、林勇、任若瑛：《长三角三次产业协调发展程度测算及其影响机理研究》，《上海经济研究》2018 年第 11 期。

[3] 沈春苗、郑江淮：《资源错配研究述评》，《改革》2015 年第 4 期。

此，提出本章的第二组假说之一：

假说 H2a：市场化程度在产业转移驱动工业协调发展的过程中发挥了负向调节作用，即市场化的提升会削弱产业转移对工业协调发展的驱动作用。

三　信息化在产业转移驱动工业协调发展中的调节效应

产业转移与信息化均可通过促进技术创新与产业升级驱动沿黄城市群工业协调发展。产业转移通过创新技术与高素质人才的转移作用于产业升级，信息化通过现代信息技术提高内外创新信息的透明度，间接促进技术创新和产业升级；但在这一路径下信息化的促进作用要优于产业转移。一方面，信息化能够加速技术创新的步伐。[①] 通过应用信息技术，企业可以更加便捷地获取、传递和共享创新资源，提高创新活动的效率和成功率。相比之下，产业转移虽然也可以带来技术的流动和升级，但其过程往往较为缓慢，且受到地域、政策等多种因素的限制。另一方面，信息化还能够降低产业升级的风险和成本。[②] 通过精准的数据分析和市场预测，企业可以更加准确地把握市场需求和变化趋势，避免盲目投资和资源浪费。同时，信息化还可以帮助企业实现精细化管理，提高资源利用效率，降低生产成本。而产业转移往往需要企业进行大规模的投资和搬迁，面临着较高的风险和成本。因此，在这种替代作用下，信息化水平可能会弱化产业转移对工业协调发展的驱动作用。

据此提出本书第二组研究假说之二：

假说 H2b：信息化水平在产业转移驱动工业协调发展的过程中发挥了负向调节作用，即信息化水平的提升会削弱产业转移对工业协调发展的驱动作用。

[①] 李颖、贺俊：《数字经济赋能制造业产业创新研究》，《经济体制改革》2022 年第 2 期。

[②] 汪晓文、陈明月、陈南旭：《数字经济、绿色技术创新与产业结构升级》，《经济问题》2023 年第 1 期。

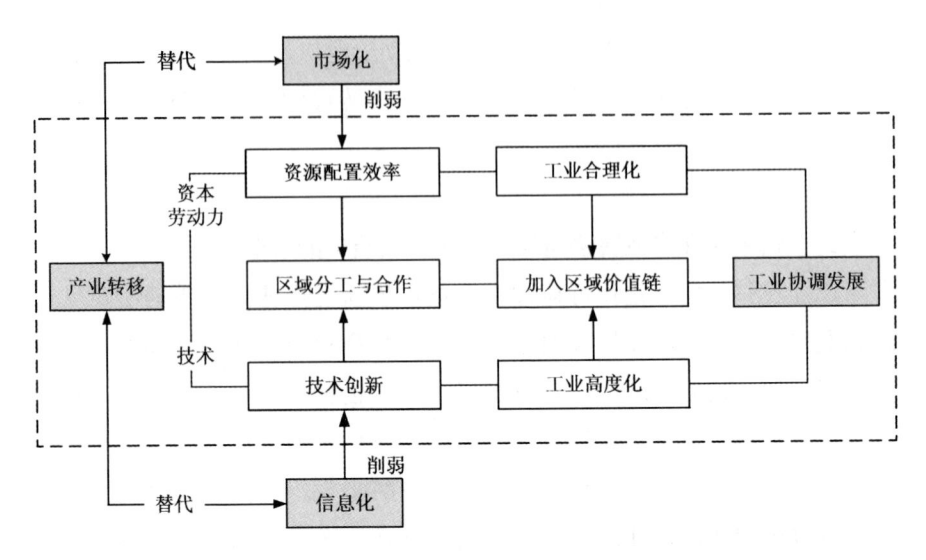

图 5-1　承接产业转移与工业协调发展的理论分析框架

资料来源：作者绘制。

第三节　沿黄城市群工业协调发展的测度及分析

党的十八届五中全会正式提出包含协调的新发展理念，[①] 要求正确处理发展中的重大关系，如区域协调、城乡协调、物质文明与精神文明协调、经济建设与国防建设融合四个方面，而产业协调是这四方面的物质基础。[②] 因此，沿黄城市群要实现高质量发展，就离不开以工业协调发展为抓手，真正贯彻落实协调新发展理念。

然而，关于工业协调发展的内涵，学界目前还没有统一、科学、详细的解释。因此，本节首先对工业协调发展的相关概念进行界定区分，在此基础上选择合适的测度方法，最后分析沿黄城市群工业协调发展的现状。

[①] 周立：《以新发展理念引领经济社会协调发展》，《人民论坛》2019 年第 29 期。
[②] 巫强、林勇、任若琰：《长三角三次产业协调发展程度测算及其影响机理研究》，《上海经济研究》2018 年第 11 期。

一　工业协调发展的相关概念界定

《牛津哲学词典》（*Oxford Learner's Dictionaries*）认为，协调是指所有的部分能很好地结合在一起的手段。系统科学[①]中，协调是以实现系统总体演进为目标，两种及以上相互关联的系统或系统要素间相互协作、配合得当、互为促进的一种良性循环态势及其控制过程。因此，协调是指两个及以上系统的发展态势或使之紧密联系的管理手段。本节重在测度工业协调发展水平而非研究协调发展的实现路径，因此取其发展态势的含义。

协调发展是协调与发展的交集，是多个系统间或单个系统内要素间在互相配合的基础上由低级到高级，由简单到复杂，由无序到有序的总体演化过程。由此可见，协调发展的内涵既包括子系统内各要素间的协调，也包括子系统与子系统的协调，还包括子系统和总系统之间的协调，它要求整体与个体共同优化发展，同时会随着时空变化而派生不同要求的概念。

综上，工业协调是一种包含产业和空间两个层面的发展态势。从产业层面看，工业协调侧重于工业结构优化，即工业产业之间保持一种合适的比例，这一比例应使投入产出合理分配于各个产业之间从而提高生产效率，应使产业之间较易产生技术联系从而实现产业间协调增长,[②] 应使工业结构优化程度适应经济发展阶段。[③] 从空间层面看，工业协调发展要求合理配置产业链上下游不同环节的区域分布，从而形成区域价值链。总之，协调的工业发展状态应当能产生较高的结构效益，具备较强的转换能力，与区域经济发展的阶段性特征相适应，最终以产业发展的比较优势加入区域价值链。

[①] 许国志：《系统科学》，上海科技教育出版社 2000 年版。
[②] 李悦、孔令丞：《我国产业结构升级方向研究——正确处理高级化和协调化的关系》，《当代财经》2002 年第 1 期。
[③] 干春晖、郑若谷、余典范：《中国产业结构变迁对经济增长和波动的影响》，《经济研究》2011 年第 46 卷第 5 期。

二 工业协调发展的测度方法

工业协调发展的内涵丰富，但当前研究大多对协调发展进行定性分析，测度工业协调发展水平的相关研究却相对较少。曾珍香（2001）[1]、肖文韬（2003）[2]分别从系统协调的思想、产业协调的理论出发进行论述；也有部分学者分别以京津冀[3]、泛珠江三角洲地区[4]、东北地区[5]、粤港澳大湾区[6]等区域为研究对象，对产业协调发展的现状、影响因素、机制和路径等进行理论分析；刘力（2009）[7]通过分析广东地区的协调发展现状提出了实现其协调发展的具体路径；孙海燕（2007）[8]则更为关注组织内部的协调以及与外部关系的协调，并以此为基础总结了区域协调发展的不同阶段特征、提出区域协调发展的实现机制。

定量分析方面，部分文献通过建立评价指标体系测度系统间的协调发展水平，如唐晓华等（2018）[9]建立了包含多个指标的耦合协调度模型，用以测度制造业和生产性服务业的协调发展程度；戴志敏和罗燕（2016）[10]建立协调发展度模型测度了长三角地区产业结构和就业结构的

---

[1] 曾珍香：《可持续发展协调性分析》，《系统工程理论与实践》2001年第3期。
[2] 肖文韬：《产业结构协调理论综述》，《武汉理工大学学报》（信息与管理工程版）2003年第3期。
[3] 刘晓、杨洁、张慈：《京津冀区域经济合作中产业协调发展》，《河北理工大学学报》（社会科学版）2009年第2期。
[4] 毛艳华：《泛珠江三角洲的产业分工与协调机制研究》，《中山大学学报》（社会科学版）2005年第1期。
[5] 邢焕峰、谷国锋：《东北地区产业协调机制研究》，《经济纵横》2007年第3期。
[6] 向晓梅、杨娟：《粤港澳大湾区产业协同发展的机制和模式》，《华南师范大学学报》（社会科学版）2018年第2期。
[7] 刘力：《产业转移与产业升级的区域联动机制研究——兼论广东区域经济协调发展模式》，《国际经贸探索》2009年第12期。
[8] 孙海燕：《区域协调发展机制构建》，《经济地理》2007年第3期。
[9] 唐晓华、张欣珏、李阳：《中国制造业与生产性服务业动态协调发展实证研究》，《经济研究》2018年第3期。
[10] 戴志敏、罗燕：《长江三角洲16地市产业结构与就业变动的协调度分析》，《经济经纬》2016年第2期。

协调发展水平；蒋辉等（2017）[1]则使用系统耦合协调度模型对我国三次产业融合发展现状进行分析；李红锦等（2018）[2]通过建立评价指标体系对珠三角地级市的区域协调发展水平进行了测度。值得一提的是，这一方法在指标选取和权重赋予时存在较强主观性，往往导致协调发展水平的测度出现误差。

综观现有文献发现，当前国内关于产业协调发展程度的定量研究相对较少，这同"贯彻落实协调发展新理念"的整体要求还有较大距离。本章认为，衡量工业协调发展不仅应测度内部的协调，还应考虑组织外部的协调程度。因此测度工业协调发展水平应从工业结构与经济增长耦合两个层面出发：一方面，工业结构的优化程度反映了产业间资源配置效率与经济增长速度的协调程度；另一方面，工业协调发展的态势应当与区域的经济特征相匹配，否则会导致经济效益低下或产业发展缓慢。因而，本节在衡量工业协调发展时首先测度工业结构优化程度，其次考虑与经济增长相耦合，最终得到综合的工业协调发展指数，具体的测度过程如下：

（一）产业结构合理化

产业结构合理化反映了产业之间的聚合质量，一方面表明了产业发展对区域资源的有效利用情况，另一方面也体现了产业之间的协调程度。[3] 关于产业结构合理化测算的研究较多，如 Divisia 指数法[4]、Hammarketng 有限点集贴近度[5]等方法，但应用最广的是干春晖等（2011）[6]的做法。本书采用重新定义的泰尔指数进行测算，计算公式如下：

---

[1] 蒋辉、张康洁、张怀英等：《我国三次产业融合发展的时空分异特征》，《经济地理》2017年第7期。

[2] 李红锦、张宁、李胜会：《区域协调发展：基于产业专业化视角的实证》，《中央财经大学学报》2018年第6期。

[3] 杨丽君、邵军：《中国区域产业结构优化的再估算》，《数量经济技术经济研究》2018年第10期。

[4] 何平、陈丹丹、贾喜越：《产业结构优化研究》，《统计研究》2014年第7期。

[5] 钟章奇、王铮：《创新扩散与全球产业结构优化——基于Agent模拟的研究》，《科学学研究》2017年第4期。

[6] 干春晖、郑若谷、余典范：《中国产业结构变迁对经济增长和波动的影响》，《经济研究》2011年第46卷第5期。

$$h = \sum_{i=1}^{n}(Y_i/Y)ln[(Y_i/Y)(L/L_i)] \qquad (5-1)$$

其中，i 为工业分类，Y 为产值，L 为产业从业人员数。

（二）产业结构高度化

产业结构高度化是指，产业结构从低水平状态向高水平状态发展的过程，不仅指产业结构从第一产业向第二产业、第三产业演进的过程，更重要的是实现产业结构从劳动密集型到资本密集型，最终到技术密集型的顺次演进。[①] 鉴于在"经济服务化"过程中的一个典型事实是第三产业的增长率要快于第二产业的增长率，采用第三产业产值与第二产业产值之比度量产业结构高度化。若这一比值呈上升趋势，则表明产业结构向着"服务化"的方向发展，产业结构高度化程度提高。本书拟借鉴这一指数，在对工业分类的基础上，测度工业结构的高度化程度。

（三）综合指数

众所周知，协调的工业发展态势与经济增长呈正相关关系。根据前文测定的两项指标与经济增长之间的耦合关系估算，可得出工业协调发展的两个层面对经济增长的影响力。灰色动态关联分析方法是一种典型的多因素统计分析方法，在各指标样本数据的基础上，用灰色关联度来反映指标之间所存在的耦合关系的大小。[②] 若反映出的指标之间的变化趋势较一致，则关联度较大；否则，关联度较小。

$$E = (hf_1 + gf_2)/(f_1 + f_2) \qquad (5-2)$$

其中，f_1 和 f_2 分别表示产业合理化 h 和高度化 g 与经济增长的关联系数。

三 工业协调发展的现状分析

（一）数据说明

本节采用 64 个地级市 2011—2021 年分行业营业收入数据进行测度，

[①] 袁航、朱承亮：《国家高新区推动了中国产业结构转型升级吗》，《中国工业经济》2018年第8期。

[②] 杨丽君、邵军：《中国区域产业结构优化的再估算》，《数量经济技术经济研究》2018年第10期。

数据来源于国家统计局、各地级市统计年鉴、《中国城市统计年鉴》等，个别缺失数据使用插值法补齐。

(二) 工业分类

本节将工业划分为劳动密集型、资本密集型与技术密集型三类，具体划分方法第三章第四节已有详细表述，此处不再赘述。

(三) 测度结果及分析

采用上述测算模型和数据，最终得到反映工业协调发展程度的综合指数。在此基础上，本节对沿黄城市群工业协调发展进行时空分析。

1. 时间维度分析

从2011年至2021年，沿黄城市群工业协调发展指数呈现出一定的波动，但整体呈现上升趋势，这表明沿黄城市群的工业协调发展在近年来有所增强。具体来说，2011—2012年工业协调发展指数略有下降，从2012年开始，指数开始逐年上升，但2018年出现了较大程度的下降，但这种情况主要是由原始数据统计口径发生较大变化造成的。根据国家统计局工业司的解释，2017—2018年统计口径转变主要来自三个方面的原因。首先是企业调查范围方面，国家统计局剔除了不符合规模以上工业统计要求的企业；其次是针对近年来跨地区跨行业经营的现象，国家统计局通过调查企业组织结构，剔除了重复计算的数据；最后是"营改增"政策于2018年进入深水区，工业企业逐步将内部非工业生产经营活动剥离，转向服务业，使得工业企业财务数据减少。总之，以统计口径变化这一节点分段来看，沿黄城市群工业高度化指数呈上升趋势；同时综合其他方面的经济表现，可以认为这一时期的下降仅由统计口径变化造成，工业协调发展指数总体呈上升趋势，到2021年达到了0.95的高水平（见图5-2）。这表明沿黄城市群在近年来加强了工业协调发展的力度，取得了显著成效。

2. 空间维度分析

以2011年、2016年、2021年作为观测点进行空间可视化分析，并利用自然分段法进行分类。空间分布来看，2011年青岛市与威海市的工业协调指数最高，指数超过0.63；位于第二梯队的城市有烟台市、济南市、西安市和天水市；第三、第四、第五梯队的城市主要分布于黄河中上游，

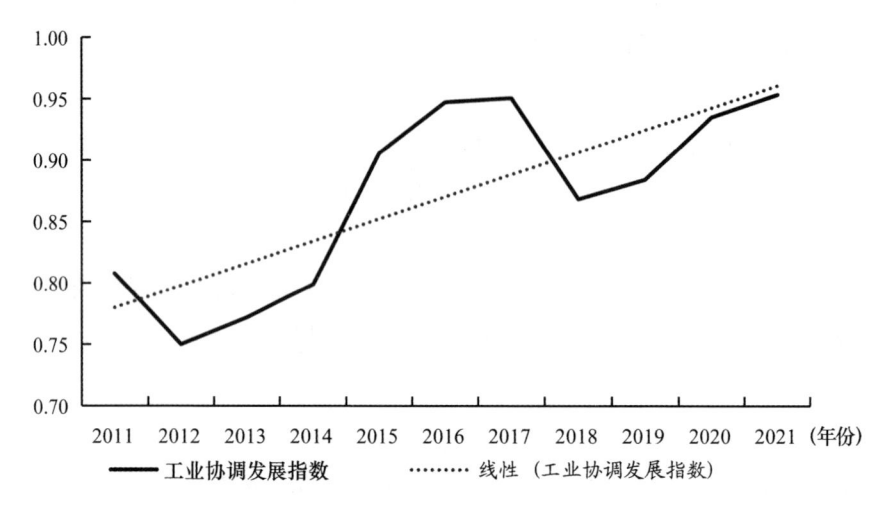

图 5-2　沿黄城市群整体工业协调发展指数

包括西宁、包头、安阳等城市；2016年工业协调指数除了青岛市与威海市，西安市与天水市等城市也位列第一梯队，郑州市、太原市、许昌市和潍坊市等城市也开始崭露头角，位于第二梯队；截至2021年，工业协调指数全面提升，指数最高达到2.2，以威海市、郑州市、西安市、天水市形成黄河流域上中下游以点带面的空间分布特征，呈现出全新协调发展格局。

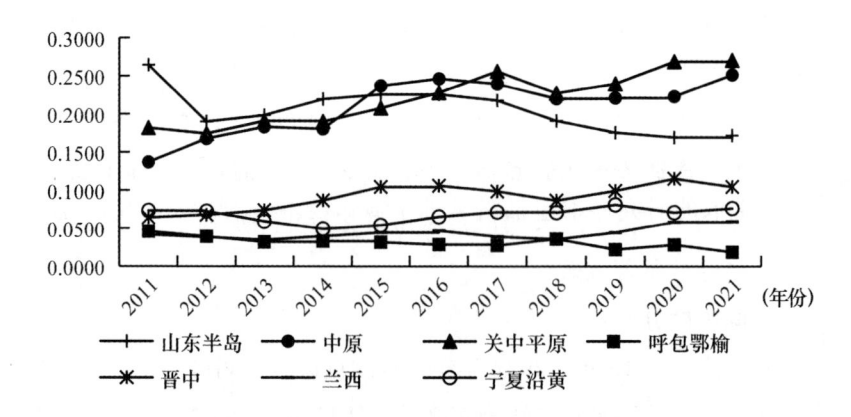

图 5-3　各沿黄城市群工业协调发展指数

从城市群维度来看，这七个城市群的工业协调发展指数在 2011—2021 年间呈现了先下降后上升的趋势。其中，2015 年是一个转折点，工业协调发展指数在此之前逐年下降，之后则逐年上升。这表明这些城市群的工业发展在经历了前一阶段的下滑之后，近年来逐渐呈现出协调发展的态势。具体来看，各个城市群的工业协调发展指数在 2015 年之前均有所下降，但下降的幅度有所不同。通过计算相邻年份变动百分比，宁夏沿黄城市群的工业协调发展指数下降最为显著，从 2011 年的 0.073 降至 2015 年的 0.054，而晋中、中原、关中平原和呼包鄂榆城市群的工业协调发展指数下降幅度相对较小。从 2015 年开始，各个城市群的工业协调发展指数均呈现上升趋势，其中晋中、中原和关中平原城市群的上升幅度较大。这意味着沿黄城市中这三大城市群内部在工业资源配置、增长速度协调以及适应地区经济发展方面有较好的表现，呈现出协调化的工业发展态势。

第四节　实证研究设计

在理论分析基础上，本节使用第三节测算的工业协调发展指数作为被解释变量，产业转移作为解释变量，引入相关控制变量和机制变量，构建模型检验承接产业转移对工业协调发展的驱动作用，并对其影响路径进行检验估计。

一　样本选取与数据来源

本节选取的研究样本包括沿黄七个城市群 64 个地级市 2011—2021 年的数据，共 704 个观测值。文章中涉及的产业转移相关的微观企业数据来自天眼查和 Wind 数据库，并将相关进出口数据按照当年的平均汇率折算为人民币形式。解释变量及控制变量主要来自《中国区域经济统计年鉴》、《中国城市统计年鉴》、各地市统计年鉴和统计公报以及中经网数据库、EPSDATA 与 Wind 数据库。个别年份缺失数据采用插值法补齐。

二 计量模型设定

为探究沿黄城市群产业转移驱动工业协调发展的相互关系,本书设定的计量模型如下:

$$ihi_{it} = \delta_0 + \delta_1 lntransfer_{it} + \delta_2 control_{it} + v_i + \varepsilon_{it} \qquad (5-12)$$

其中,i 为沿黄城市,t 为年份;被解释变量 ihi_{it} 表示城市 i 在 t 年份的工业协调综合指数,解释变量 $lntransfer_{it}$ 表示城市 i 在 t 时间的产业转移量;$control_{it}$ 为其他影响工业协调发展的一系列控制变量,主要有基础设施水平(infrastructure)、金融发展程度(financial)、科技投入(scinput)、工业化水平(industrial)、工业企业密度(iedensity),v_i 表征不随时间变化的城市固定效应,ε_{it} 是随机误差项。

值得注意的是,本节在设定模型时没有固定时间因素,与当前主流的做法有所不同。原因在于,本章主要关注时间维度上产业转移是否促进了工业协调发展水平的提升,重在验证两者的关系,而非比较研究样本内不同地区之间的差异性影响(刘学良和陈琳[①],2011)。为验证模型设定的正确性,本章将在第五节第三部分稳健性检验中固定时间效应,对比分析有无时间因素对估计结果的影响。

三 指标选取与变量测度

(一)被解释变量

工业协调发展(ihi)。基于本书第四章第二部分的阐述,工业协调发展的定义被明确界定。同时参照了杨丽君和邵军(2018)[②]对产业结构的精准测算,得出了工业协调发展综合指数。这一指数涵盖了工业产业之间的协调性、增长速度的协调性以及工业结构与地区增长速度之间的协调性,从而全面反映了工业协调发展的多层次内涵。详细计算过程见本章第三节。

---

① 刘学良、陈琳:《横截面与时间序列的相关异质——再论面板数据模型及其固定效应估计》,《数量经济技术经济研究》2011 年第 12 期。

② 杨丽君、邵军:《中国区域产业结构优化的再估算》,《数量经济技术经济研究》2018 年第 10 期。

(二) 解释变量

产业转移 (*lntransfer*)。本书认为产业转移有三种情形：其一，企业股东控股；其二，企业设立分支机构；其三，企业住所变更。将三种情形得到的正常经营状态下的承接产业转移值加总，并将其作自然对数化处理以消除数据波动性。变量的具体测算过程已在第三章中详细展示，此处不再赘述。

(三) 控制变量

1. 基础设施水平 (*infrastructure*)。基础设施建设直接影响交通运输等多个制造业的发展，带动工业产业的发展；基础设施的完善促进人员、信息、技术等要素的流动，加强产业之间的物质和技术联系，进而推动工业协调发展。本书采用人均公路货运量来衡量各市基础设施水平。

2. 金融发展程度 (*financial*)。金融发展程度是指一个地区金融体系的发达程度和金融市场的活跃程度。一个地区金融发展程度高，通常意味着该地区的金融市场更加成熟和稳定，金融产品和服务更加丰富和多样化，金融机构的运营更加高效和稳健，能够更好地满足企业和个人的投融资需求。金融市场的发展使得资金供求信息更加透明，有助于降低信息不对称程度，使投资者能够更准确地评估项目风险和收益，从而作出更合理的投资决策。这有助于引导资金流向更高效益、更环保的工业项目，实现资源的优化配置，从而提升工业协调发展水平。本书采用金融机构存贷款余额与地区生产总值的比来衡量金融发展程度。

3. 科技投入 (*scinput*)。较高的科技投入往往能够吸引更多的高技术产业和人才，促进知识产权的产生和技术成果的转化，从而推动经济增长和产业结构的优化 (Aghion & Howitt, 1992)。科技支出不仅能够直接促进区域内部的产业发展，还能够通过提升区域的创新能力和技术水平，吸引外部产业，特别是高技术产业的转移。产业转移过程中的技术溢出效应可能会进一步加强接受地区的创新能力，形成良性循环 (Jaffe et al., 1993)。本书采用科学技术支出与政府财政支出的比值来衡量科技投入。

4. 工业化水平（industrial）。工业化水平主要反映了产业和就业结构的转换过程，即一个国家或地区从以农业为主的产业结构逐渐转变为以工业为主的产业结构，同时伴随着农业部门的劳动力大规模向非农业部门转移。一方面，高水平的工业化意味着更先进的技术和更高效的生产方式，这将推动工业部门的技术进步和创新能力提升，为工业协调发展提供强大的技术支持。另一方面，随着工业化水平的提高，资源的利用效率也将得到提高。通过引进先进的生产技术和设备，减少能源消耗和环境污染，实现可持续发展，有助于工业各部门的协调发展。本书用工业增加值与地区生产总值的比来衡量工业化水平。

5. 工业企业密度（iedensity）。随着工业化企业密度的增加，相同或相关产业的企业更容易形成集聚，推动了企业间的创新合作，进一步提升了整个产业的竞争力。同时，在工业化企业密度较高的地区，基础设施、人力资源、技术研发等资源能够得到更充分的利用和共享。企业可以更容易地获取所需的资源，并通过市场竞争实现资源的优化配置。这有助于减少资源浪费，提高资源利用效率，促进工业各部门的协调发展。本书用规模以上工业企业数量与地区常住人口数的比值衡量工业企业密度。

相关变量的描述性统计如表5-1所示。

表5-1　　　　　　　　变量描述性统计

变量	观测值	均值	标准差	最小值	最大值
ihi	704	0.227	0.330	0.004	2.208
ln transfer	704	12.895	1.402	0.000	15.720
infrastructure	704	31.637	24.202	2.363	288.105
financial	704	2.437	1.373	0.013	11.173
scinput	704	1.303	0.956	0.005	5.471
industrial	704	0.410	0.188	0.072	4.158
iedensity	704	2.240	1.326	0.185	8.922

第五节 实证结果及分析

根据所构建的模型，本节首先进行了基准回归估计，以初步探讨产业转移对工业协调发展的影响；接着，为确保研究结果的准确性和可靠性，在此基础上进行了内生性讨论和稳健性检验。这些分析全面精确地验证了产业转移对工业高质量发展的驱动作用。此外，为验证本书理论分析部分提出的路径，本节还进行了机制检验；最后，通过异质性分析探讨了不同样本产业转移在工业高质量发展驱动作用上的差异。

一 基准回归分析

为确保基准回归结果的科学性，在进行模型估计之前，需要针对核心解释变量可能非平稳、解释变量间可能存在多重共线性等问题进行检验。结果显示，单位根检验均在1%显著性水平上拒绝全部面板存在单位根的原假设；同时各变量之间相关系数的绝对值均小于0.8，方差膨胀因子均值为1.40，变量组合不存在严重的多重共线性。最后，F 检验、LM 检验和 *Hausman* 检验结果显示，个体固定效应模型优于 OLS 混合回归和随机效应模型。为准确考察产业转移对工业协调发展的影响，在模型回归中逐步引入控制变量，具体结果见表5-2。

表5-2　　　　　　　　基准回归结果

变量	(1)	(2)	(3)	(4)	(5)	(6)
	ihi	*ihi*	*ihi*	*ihi*	*ihi*	*ihi*
lntransfer	0.021***	0.021***	0.018***	0.016***	0.019***	0.017***
	(0.004)	(0.004)	(0.005)	(0.005)	(0.006)	(0.006)
infrastructure		-0.000	-0.001	-0.000	-0.000	-0.001*
		(0.000)	(0.000)	(0.000)	(0.000)	(0.000)
financial			0.011	0.013	0.015*	0.016**
			(0.008)	(0.008)	(0.008)	(0.008)

续表

变量	(1) ihi	(2) ihi	(3) ihi	(4) ihi	(5) ihi	(6) ihi
scinput				0.013**	0.013**	0.013*
				(0.006)	(0.006)	(0.006)
industrial					0.088	0.038
					(0.077)	(0.080)
iedensity						0.018**
						(0.008)
常数项	-0.042	-0.032	-0.013	-0.009	-0.099	-0.088
	(0.052)	(0.052)	(0.054)	(0.054)	(0.095)	(0.095)
城市固定	是	是	是	是	是	是
R^2 值	0.041	0.044	0.047	0.053	0.055	0.062
观测值	704	704	704	704	704	704

注：***、**、*分别表示在1%、5%和10%的水平上显著；括号内为标准误。

回归结果显示，逐步加入控制变量的过程中，产业转移的估计系数始终在1%水平上显著为正，最终稳定在0.017左右。这表明产业转移对工业协调发展有显著的正向促进作用，在其他因素不变的情况下，产业转移每提升1%，工业协调发展程度将提高0.017左右。

控制变量的回归结果显示，基础设施水平、金融发展程度、科技投入和工业企业密度均显著影响工业协调发展水平，工业化水平未见显著影响。第一，基础设施水平的系数在10%水平上显著为负，这与预期不符，原因可能如下：第一，基础设施的建设未能与地区工业发展需求相匹配，造成了资源错配；第二，完善的基础设施也给地方政府带来了较高的债务压力，从而在工业协调发展层面投入不足；第三，在基础设施较为完善的地区，继续加大基础设施建设的投资可能会面临边际效应递减的问题。

二 内生性讨论

为验证基准回归模型中是否存在内生性问题，若存在内生性又是否对基准回归结果造成严重影响，本书将通过构造工具变量并使用两阶段最小二乘法（2SLS）展开讨论。

本书选取两个工具变量，力求论证充分。第一个工具变量为 Bartik 工具变量（bartikiv），即采用份额移动法构造的工具变量；第二个工具变量为历史工具变量（historyiv），其具体构造方法在第四章第五节已进行详细阐述，这里不再赘述。

表 5-3 展示了使用工具变量 Bartik 进行的 2SLS 估计结果。第（1）（3）（5）列是第一阶段估计结果，第（2）（4）（6）列是第二阶段估计结果。其中第二阶段回归结果表明，即使存在内生性问题，产业转移的估计系数在 1% 的水平上显著为正，与基准回归结果一致，从而证明了基准回归结果具有较强的稳健性，内生性问题影响较小。在内生性检验中，DWH 检验结果证实了基准回归模型中存在内生性变量；在相关性检验中，不可识别检验也证实了所选取的工具变量与解释变量存在相关关系；弱工具变量检验显示拒绝原假设，表明所选取的工具变量与产业转移的相关性较强。综上，即使存在内生性问题，基准回归结果仍然具有稳健性，受内生性影响较小。

表 5-3　　　　　　　　　工具变量回归结果

变量	(1) 第一阶段 lntransfer	(2) 第二阶段 ihi	(3) 第一阶段 ln transfer	(4) 第二阶段 ihi	(5) 第一阶段 ln transfer	(6) 第二阶段 ihi
bartik	1.058*** (0.021)				0.750*** (0.152)	
lntransfer		0.009** (0.004)		0.014*** (0.005)		0.013*** (0.005)
historyiv			0.067*** (0.011)		0.025** (0.012)	
控制变量	是	是	是	是	是	是
城市固定	是	是	是	是	是	是
不可识别检验		18.92		21.42		45.38
P 值		0.000		0.000		0.000
弱工具变量检验		2535		38.93		2555

续表

变量	(1) 第一阶段 lntransfer	(2) 第二阶段 ihi	(3) 第一阶段 ln transfer	(4) 第二阶段 ihi	(5) 第一阶段 ln transfer	(6) 第二阶段 ihi
15%水平临界值		16.38		16.38		16.38
过度识别检验						0.855
P值						0.355
内生性检验		4.045		0.489		4.309
P值		0.045		0.485		0.038
R^2值		0.050		0.054		0.053
观测值	704	704	704	704	704	704

注：括号内为稳健标准误；不可识别检验的统计量为 Kleibergen – Paap rk LM statechscinputc，若工具变量检验的统计量为 Kleibergen – Paap Wald rk F statechscinputc，过度识别检验的统计量为 Hansen J statechscinputc，内生性检验方法为 Davidson – MacKinnon test。

三 稳健性检验

为进一步保证前文回归结果的可靠性，本部分进行了多种稳健性检验。

（一）非线性检验

本书设定产业转移与工业协调发展水平的关系是线性的，但不排除二者可能存在非线性关系，因而本书进一步引入产业转移的二次项进行回归分析，估计结果见表 5 – 4 第（1）列。结果表明，引入二次项后，产业转移的一次项和二次项均对工业协调发展无显著影响，因而不存在非线性关系。

（二）更换估计方法

为了防止面板数据同时出现解决组间异方差、同期相关和组内自相关性，采用 FGLS 估计方法加以比较。表 5 – 4 第（2）列显示，产业转移的估计系数在 1% 水平上显著为正，与基准回归结果基本一致。

（三）剔除省会城市和计划单列市

由样本的描述性统计可知，各城市之间产业转移与工业协调发展水平均存在显著差异，尤其是省会城市或计划单列市。相较于其他城市，这些城市具有明显的区位优势和经济政治优势，能享受更好的中央政策扶持和税收优惠，其产业转移与工业协调发展水平会比一般城市发展得更好。为排除极值对回归结果的影响，本书进一步剔除省会城市或计划单列市进行回归。表5-4第（3）列显示，产业转移的系数仍然在1%水平上显著为正，表明极端值对回归结果没有实质性影响。

（四）控制时间因素

基准回归设定个体固定效应模型估计，为检验模型设定是否准确，在模型中控制时间因素，回归结果如表5-4第（4）列所示。估计结果显示，加入时间因素后，基准回归x系数仍在5%水平上显著为正，且系数大小没有太大变化，表明产业转移驱动工业协调发展的结论仍然可靠。

综上所述，本章的基准回归结果是稳健的。

表5-4　　　　　　　　　　稳健性检验估计结果

变量	（1）非线性检验 ihi	（2）更换估计方法 ihi	（3）剔除省会城市 ihi	（4）控制时间因素 ihi
lntransfer	-0.002 (0.012)	0.005** (0.003)	0.011** (0.004)	0.020** (0.009)
lntransfer_2	0.001 (0.001)			
控制变量	是	是	是	是
城市固定	是	是	是	是
R^2 值	0.053		0.060	0.090
观测值	704	704	605	704

注：同表5-2。

四　机制检验

基准回归结果表明，产业转移驱动沿黄城市群工业协调发展。基于理论分析，本书认为，产业转移通过影响资源配置效率和技术创新而促进工业协调发展，同时信息化和市场化程度与产业转移存在替代作用，因而对这一路径起着调节作用。以下分别加以验证。

（一）机制检验

$$m_{it} = \beta_0 + \beta_1 \, lntransfer_{it} + \beta_2 \, control_{it} + v_i + \varepsilon_{it} \qquad (5-3)$$

其中，m 为机制变量，结合本书理论分析部分，分别采用资源配置效率（$hcapital$）和技术创新（$tech$）进行估计。

产业转移通过影响资源配置和技术创新，从而驱动了工业协调发展水平的提升。作为产业转移驱动工业协调发展的路径之一，资源配置效率指在一定的技术水平条件下劳动、资本等要素在各产出主体的分配所产生的效益。本书以人力资本作为资源配置效率的代理变量，人力资本通过大学本科及以上人口与户籍人口的比值衡量。对于技术创新，本书采用各地区当年获得的发明、实用新型和外观设计专利的数量总和，取对数后衡量。

（二）调节效应

产业转移在工业协调发展过程中发挥了驱动作用，然而这一作用可能随着信息化和市场化程度的提升而有所减弱。为验证这一理论，本书建立如下调节效应模型：

$$\begin{aligned} ihi_{it} = \delta_0 + \delta_1 \, lntransfer_{it} + \beta_3 \, m_{it} + \beta_4 \, m_{it} \times \\ transfer_{it} + \delta_2 \, control_{it} + v_i + \varepsilon_{it} \end{aligned} \qquad (5-4)$$

其中，m 为调节变量，结合本书理论分析部分，分别采用信息化水平（$infor$）和市场化程度（$market$）进行估计。

信息化水平是指一个地区或国家在科学技术、产品开发、信息技术应用、网络建设、信息资源开发利用等方面的能力、进度和发展潜力，是衡量一个地区或国家综合实力和现代化程度的重要标志。信息化水平的提高有助于推动产业升级、促进经济发展、提升社会服务水平等。本书用每百人互联网用户数来衡量信息化水平。

市场化程度主要反映了一个经济体系从计划经济向市场经济转化的程度，以及市场在资源配置中所起的作用。它涵盖了多个维度，包括政府与市场的关系、非国有经济的发展、要素市场的发育程度、产品市场的发育程度，以及市场中介组织发育和法律环境制度等。随着市场化程度的提高，市场将在资源配置中起到更大的作用，公共产品供给也更多地通过市场机制来实现。本书采用城镇私营和个体从业人员与城镇就业人员的比值来衡量市场化程度。

表 5-5　　　　　　　　　　机制检验估计结果

变量	(1) 资源配置效应 hcapital	(2) 技术创新效应 tech	(3) 信息化 ihi	(4) 市场化 ihi
ln transfer	0.035** (0.016)	0.679*** (0.029)		
lntransfer_d			0.016** (0.0069)	0.016*** (0.0059)
infor_d			0.000 (0.0005)	
lntransfer_d × infor_d			-0.000 (0.0003)	
market_d				0.003 (0.0037)
lntransfer_d × market_d				-0.006* (0.0033)
控制变量	是	是	是	是
城市固定	是	是	是	是
R2 值	0.008	0.461	0.066	0.067
观测值	704	704	704	704

注：同表 5-2。

为了检验上述机制路径，本节将承接产业转移与信息化去心后的交互项（inforlntran）、承接产业转移与信息化去心后的交互项（marketlntran）纳入模型进行检验，表 5-5 是为验证理论机制而得到的估计结果。第（1）（2）列分别检验了资源配置效应和技术创新效应这两条路径，回归结果显示，二者均在 1% 水平上通过了显著性检验，表明产业转移显著影响资源配置和技术创新，进而促进了沿黄城市群工业协调发展；第（3）（4）列分别为信息化水平和市场化程度的调节作用估计结果。第

(3) 列结果显示，信息化程度与产业转移的交叉项没有通过显著性检验，这与理论分析不符，可能是选择的样本期间内，信息化水平与产业转移的替代作用不明显，因而调节效应未能显现。第（4）列结果显示，市场化程度与产业转移的交叉项在10%水平上通过了显著性检验，且交叉项系数为负，同时产业转移的系数方向没有发生改变，表明市场化程度的提高弱化了产业转移对沿黄城市群工业协调发展的驱动作用，意味着在驱动工业协调发展的过程中，市场化与产业转移发生了替代作用，这验证了假说H2a。

五 异质性分析

全样本回归结果表明产业转移显著提高了沿黄城市群的工业协调发展程度，为促进工业高质量发展奠定了坚实的基础。然而，第一，不同地区的工业基础和发展条件存在差异，对产业转移的响应和适应能力也有所不同；第二，资源禀赋不同的城市在产业转移过程中可能面临不同的困难和障碍，如资金、技术、市场等方面的问题；第三，人口规模的差异可能导致工业协调发展的灵活性不同。对此，本书分别从三个角度对研究样本所包含的64个地级市进行分类，以探究不同研究对象产业转移对工业协调发展水平的贡献程度。

（一）流域异质性

沿黄城市群不同区位的城市在工业发展水平、工业结构及工业发展特色等方面存在较大差异，这种差异使得产业转移在不同区域产生了不同的影响。基于此，本章对沿黄城市群上中下游城市进行分组研究，以期把握产业转移对不同区位城市的异质性影响，为制定针对性政策提供科学依据，从而推动工业协调发展。

表5-6第（1）—（3）列的估计结果显示，中游城市在5%水平上通过了显著性检验，这表明产业转移显著提高了中游城市的工业协调发展水平，与理论预期一致。上游地区的回归结果不显著，可能是因为这一地区面临产业升级和转型的压力，承接产业转移的作用无法有效发挥；而下游地区的回归结果不显著，可能是因为下游地区已形成成熟的工业产业协作模式，因而产业转移的驱动效应不明显。

(二) 城市类型异质性

资源禀赋不同的城市在经济发展模式上也有所差异,这导致了它们在工业发展上的取向各有侧重。正因为这种差异性,在产业转移的过程中,现有的工业协调发展水平可能会受到不同程度的冲击和影响。为此,本节将黄河流域64个地级市分为资源型城市、非资源型城市两类分别进行分析。

表5-6第(4)(5)列显示,资源型城市的回归结果不显著,非资源型城市在1%水平上通过了显著性检验,这表明产业转移显著提高了非资源型城市的工业协调发展水平,对资源型城市的工业协调发展水平则没有显著影响。其原因如下:资源型城市因长期依赖资源的开采和加工来支撑经济发展,限制了城市在经济发展上的多元性,这正是所谓的"资源诅咒"现象。这类城市往往过于关注自身产业的转型升级与技术创新研发,因而对产业转移可能带来的发展契机持保守态度,进而形成工业协调发展被忽视、区域整体经济布局不合理的局面。非资源型城市在工业发展上展现出更多的广泛开放性和包容性。正因如此,其往往能更敏锐地捕捉到产业转移浪潮中的发展机遇,积极吸收新兴产业,并吸纳大量高素质劳动力,推动其向更高质量发展的层面迈进。

(三) 城市规模异质性

城市人口规模通常与经济发展水平正相关。人口规模较大的城市往往拥有较为成熟的工业结构体系,并形成了相对完整的产业链;但其城市产业结构也相对固定复杂,结构调整也可能面临更大的挑战和不灵活性。因此,本节按照城区常住人口规模将黄河流域64个地级市分为大城市、中小城市两类分别进行分析,城区常住人口规模大于100万为大城市,小于100万为中小城市。

表5-6第(6)(7)列估计结果显示,大城市的回归结果不显著,中小城市在1%水平上通过了显著性检验,这表明产业转移显著提高了人口规模较小城市的工业协调发展水平。相比大城市,一方面,中小城市的经济发展水平和产业结构相对落后,而且在工业化的进程中往往面临着资源短缺的问题,因而更注重整合现有资源和产业,在推动工业协调发展方面有更强的动力和需求;另一方面,同样承接产业转移,中小城

市在产业结构调整和资源配置方面有更大的灵活性,而大城市由于产业体系庞大且复杂,牵一发而动全身,在工业转型方面面临更多阻力和挑战。因此,产业转移对工业协调发展的驱动作用在中小城市更明显。

表5-6　　　　　　　　异质性分析估计结果

变量	(1) ihi 上游城市	(2) ihi 中游城市	(3) ihi 下游城市	(4) ihi 非资源型城市	(5) ihi 资源型城市	(6) ihi 大城市	(7) ihi 中小城市
ln transfer	0.004	0.013**	0.007	0.021*	0.002	-0.014	0.018***
	(0.004)	(0.005)	(0.013)	(0.012)	(0.002)	(0.011)	(0.005)
控制变量	是	是	是	是	是	是	是
城市固定	是	是	是	是	是	是	是
$R2$ 值	0.079	0.084	0.097	0.106	0.025	0.086	0.059
观测值	133	242	329	363	341	242	462

注:同表5-2。

第六节　纳入环境规制的进一步分析

环境规制是政府为保护环境对企业污染行为进行约束和管制而实施的措施,本书定义的多重环境规制为水环境规制(water)、碳环境规制(carbon)、空气质量环境规制(air)和环保处罚强度(penalty)四类。引入多重环境规制作为调节变量,分析其在产业转移驱动工业协调发展的过程中的作用,进而优化完善外部路径边界,以此全方位考察工业高质量发展水平。

产业转移通过影响资源配置和技术创新,进而促进工业协调发展,环境规制分别在这两条路径的四个环节中发挥作用。在资源配置路径中,环境规制政策的引导,使得资本和劳动力要素流向秉持绿色发展理念的工业企业;同时在资源配置到工业协调发展的过程中,因环境规制的作用,工业协调发展最终将不仅是工业产业内部的协调发展,也会是工业与自然的协调发展。在技术创新路径中,环境规制政策鼓励产业转移更多地引入绿色技术,从而促进了绿色技术的创新与发展;在绿色技术创新到工业协调发展的过程中,因环境规制的作用,工业协调发展同样将是工业与自然的协调发展,最终实现经济效益与环境效益的双赢。

基于上述理论分析,本节对多重环境规制的调节效应进行估计。其中水环境规制(water)采用上一年万元工业增加值用水量与当年万元工业增加值用水量之比衡量;碳环境规制(carbon)用碳排放强度进行衡量,具体测度方法在第四章已详细阐述,这里不再赘述;空气质量规制(air)采用上一年与当年 PM2.5 平均浓度之比衡量;环保处罚强度(penalty)采用上一年与当年环保处罚数量之比衡量。为探究环境规制的调节作用,本节将水环境规制与承接产业转移的交互项(watlntran)、碳环境规制与承接产业转移的交互项(carlntran)、空气质量环境规制与承接产业转移的交互项(airlntran)、环保处罚环境规划与承接产业转移的交互项(penlntran)纳入模型进行分析。本节所用变量均进行了去心处理,估计结果如表 5-7 所示。

表 5-7　　　　　　　　环境规制的调节效应估计结果

变量	(1) 水环境规制 ihi	(2) 碳环境规制 ihi	(3) 空气质量规制 ihi	(4) 环保处罚强度 ihi
lntransfer_d	0.005 (0.005)	0.005 (0.005)	0.005 (0.005)	0.006 (0.005)
water_d	-0.013 (0.009)			
watlntran	0.012* (0.007)			
carbon_d		0.000 (0.012)		
carlntran		0.008 (0.010)		
air_d			0.049 (0.032)	

续表

变量	(1) 水环境规制 ihi	(2) 碳环境规制 ihi	(3) 空气质量规制 ihi	(4) 环保处罚强度 ihi
airlntran			0.024 (0.025)	
penalty_d				0.000 (0.012)
penlntran				0.008 (0.010)
常数项	0.151*** (0.037)	0.156*** (0.037)	0.156*** (0.037)	0.156*** (0.037)
控制变量	是	是	是	是
城市固定	是	是	是	是
$R2$ 值	0.060	0.055	0.059	0.055
观测值	704	704	704	704

注：同表5-2。

表5-7第（1）—（4）列分别展示了水环境规制、碳排放环境规制、空气质量规制和环保处罚的调节效应估计结果。结果显示，只有水环境规制和产业转移的交互项系数在1%水平上通过了显著性检验，这表明，在产业转移驱动工业协调发展的过程中，水环境规制发挥了正向调节作用，即水环境规制强化了产业转移对工业协调发展的驱动作用。

第七节 本章小结

本章首先对产业转移影响工业协调发展的作用进行了理论分析；其次测度工业协调发展水平并对其进行了现状分析；最后使用相关数据进行了实证检验，并纳入多重环境规制进行进一步分析。据此，本节得出如下研究结论。

1. 产业转移通过影响资源配置效率和技术创新促进沿黄城市群工业

协调发展。产业转移作为经济发展中的重要现象，所伴随的资本、劳动力和技术要素的转移，从而影响原有的资源配置格局、推动工业技术创新，为工业产业之间合理配置资源、产业升级提供了强大动力，最终促进了工业协调发展水平的提高。

2. 市场化程度的提高会弱化产业转移对沿黄城市群工业协调发展的驱动作用。这种弱化效应是因为在对资源配置、技术创新与产业升级的影响中，市场化与信息化对产业转移存在替代性。

3. 产业转移对沿黄城市群工业协调发展的驱动作用在中游城市显著，在上游与下游不显著；在非资源型城市显著、在资源型城市不显著；在中小城市显著、在大城市不显著。

4. 在产业转移驱动工业协调发展的过程中，只有水环境规制对这一驱动作用产生了正向调节效果，碳环境规制、空气质量环境规制与环保处罚强度规制均不显著。

第六章

承接产业转移与沿黄城市群工业绿色发展

改革开放以来我国经济发展取得了巨大成就,工业高速发展为经济平稳作出了巨大贡献,但也带来了环境污染、资源过度消耗等问题,且由工业生产造成的污染已成为我国环境污染的主要来源。[①] 黄河流域是我国重要的生态安全屏障,其工业绿色发展对全国生态安全、区域协调发展和"美丽中国"建设具有重要意义。党的十八大以来,党中央将黄河流域生态保护和高质量发展作为事关中华民族伟大复兴的千秋大计。2019年9月,习近平总书记在郑州召开的黄河流域生态保护和高质量发展座谈会上发表重要讲话强调:"黄河流域是我国重要的生态屏障和重要的经济地带,在我国经济社会发展和生态安全方面具有十分重要的地位。"[②] 2021年10月,中共中央和国务院联合印发了《黄河流域生态保护和高质量发展规划纲要》,以此作为指导当前和今后一个时期黄河流域生态保护和高质量发展的纲领性文件。实现工业绿色发展是推动经济高质量发展的关键一环,构建工业绿色转型与工业赋能绿色发展相互促进、深度融合的现代化产业格局,成为推动绿色发展引领高质量发展的必然选择。

[①] 杨冕、晏兴红、李强谊:《环境规制对中国工业污染治理效率的影响研究》,《中国人口·资源与环境》2020年第9期。

[②] 习近平:《在黄河流域生态保护和高质量发展座谈会上的讲话》,《中国水利》2019年第20期。

工业绿色发展要求在发展过程中加入环保、低碳等可持续发展理念，促使工业、经济与环境、社会协调发展。工业绿色全要素生产率是在全要素生产率基础上，充分考虑减少工业能源消耗和工业污染的新型全要素生产率，提高工业绿色全要素生产率有助于实现工业绿色转型、工业高质量发展。承接产业转移不仅是推动经济发展的手段，更是基于对资源承载力和生态环境容量的考量，加强资源节约和环境保护，推动经济发展与资源、环境相协调的重要战略。在多重环境规制的背景下，城市加强监管和执法力度，对准入产业的污染排放、资源使用等方面进行严格限制，承接产业转移极有可能成为推动工业绿色发展的契机。

第一节 承接产业转移与工业绿色发展相关文献综述

一 工业绿色发展影响因素的研究

绿色发展是一种新的发展理念，是对原有资源驱动和要素驱动的粗放发展模式的修正。传统发展模式带来严重的环境问题，必须调整原有的粗放发展模式，提升资源能源利用效率、推动绿色技术进步，实现环境、经济、社会协调发展。工业绿色发展是聚焦于工业行业，较为狭义的绿色发展概念。Graedel 和 Allenby（1995）[1] 认为，工业绿色发展的内涵就是在工业生产的各个环节中最大限度地利用要素资源，进而减少工业排放。刘红明（2008）[2] 将工业绿色发展定义为工业企业的生产行为逐渐向污染减少、生产效率提高这一方向迈进的历程。中国社会科学院工业经济研究所课题组（2011）[3] 指出工业绿色转型是走向能源资源节约利用、污染物排放量降低、环境影响程度减小、劳动生产率提高、可持续

---

[1] T. E. Graedel and B. R. Allenby, "Matrix Approaches to Abridged Life Cycle Assessment", *Environmental Science & Technology*, Vol. 29, No. 3, 1995, pp. 134A–139A.

[2] 刘红明：《工业绿色化的内涵及影响因素分析》，《现代经济探讨》2008 年第 11 期。

[3] 中国社会科学院工业经济研究所课题组：《中国工业绿色转型研究》，《中国工业经济》2011 年第 4 期。

发展能力提升的过程。

目前关于工业绿色发展影响因素的研究成果丰富。有的学者认为经济发展水平对工业绿色发展有正向促进作用,通过发展经济,不仅能够推动社会进步,还能够为环境保护提供有力的支持和保障。涂正革和王秋皓（2018）[①] 基于2003—2014年中国280个城市面板数据,采用门限回归的方法,发现人均收入水平越高对绿色发展的推动力越大。张仁杰和董会忠（2020）[②] 在对2005—2017年中国31个省份工业生态效率测算的基础上,借助空间计量模型研究了工业生态效率的影响因素,结果显示经济发展水平能够有效促进本地工业生态效率的提高,但对邻近地区却存在阻碍作用。有的学者研究发现技术进步是提高工业绿色发展水平的重要因素（袁宝龙和李琛,2018；Song等,2022；鹿晨昱等,2022）[③④⑤],能源与环境的约束先是抑制产出,降低全要素生产率,随后会激发技术创新,技术创新又反过来促进全要素生产率的提高。还有学者认为产业集聚会显著影响工业绿色发展,但由于研究对象不同所得的作用效果也各异。黄磊（2021）[⑥] 实证分析了长江经济带城市产业集聚对工业绿色发展的影响,认为前者对后者存在较强的抑制效应。然而,郑欢等（2023）[⑦] 基于成渝地区双城经济圈城市相关数据分析得到,产业集聚显著提升了本地区工业绿色发展效率。除此之外,环境规制的作用也

---

① 涂正革、王秋皓：《中国工业绿色发展的评价及动力研究——基于地级以上城市数据门限回归的证据》,《中国地质大学学报》（社会科学版）2018年第1期。

② 张仁杰、董会忠：《基于省级尺度的中国工业生态效率的时空演变及影响因素》,《经济地理》2020年第7期。

③ 袁宝龙、李琛：《环境规制政策下创新驱动中国工业绿色全要素生产率研究》,《产业经济研究》2018年第5期。

④ M. Song, et al., "Green Technology Progress and Total Factor Productivity of Resource-based Enterprises: A Perspective of Technical Compensation of Environmental Regulation", *Technological Forecasting and Social Change*, Vol. 174, 2022, pp. 121276.

⑤ 鹿晨昱等：《中国工业绿色发展水平时空综合测度及影响因素分析》,《生态经济》2022年第3期。

⑥ 黄磊：《产业集聚提升了长江经济带城市工业绿色发展效率吗？》,《湖北大学学报》（哲学社会科学版）2021年第1期。

⑦ 郑欢、方行明、苏梦颖：《产业集聚、环境规制与工业绿色发展效率——基于成渝地区双城经济圈的实证》,《统计与决策》2023年第8期。

不可忽视。张江雪和王溪薇（2013）[1]基于2005—2009年中国各地区面板数据，运用随机效应的面板Tobit模型分析工业绿色增长指数的影响因素，发现各地区环境污染治理投资总额越多，工业绿色增长程度越高。戴魁早和骆莙函（2022）[2]采用政府查处的环境违法企业数占工业企业数的比重衡量地方政府环境规制执行程度，研究发现环境规制能够促进地方工业绿色全要素生产率的增长。

二 承接产业转移与工业绿色发展的研究

现有文献对承接产业转移与工业绿色发展两者间关系的研究主要集中在承接产业转移对工业绿色发展的影响方向与路径两大方面。

通过梳理文献发现，有较多学者选择将外商直接投资（FDI）作为承接产业转移的替代性解释变量纳入分析框架，探讨FDI流入对工业绿色全要素生产率的影响。但由于研究对象的经济基础与资源禀赋存在异质性，并未形成统一的结论。Kim等（2015）[3]提出FDI流入能为引资方带来稀缺的管理技术与资本等，因此FDI对引资方存在正向的外部性和溢出效应，能通过提升生产率为欠发达国家和地区带来增长动能。朱东波和任力（2017）[4]基于中国省级动态面板数据，探究环境规制、外商直接投资与工业绿色转型三者之间的关系，发现外商直接投资主要集中于污染型行业，不利于工业绿色转型，而环境规制与外商直接投资的交互效应有助于促进工业绿色转型。Demena和Afesorgbor（2019）[5]运用meta分析法实证分析FDI对引资方环境污染的影响，发现FDI与CO_2排放之间

---

[1] 张江雪、王溪薇：《中国区域工业绿色增长指数及其影响因素研究》，《软科学》2013年第10期。

[2] 戴魁早、骆莙函：《环境规制、政府科技支持与工业绿色全要素生产率》，《统计研究》2022年第4期。

[3] H. H. Kim, H. Lee and J. Lee, "Technology Diffusion and Host – country Productivity in South – South FDI flows", *Japan and the world Economy*, Vol. 33, 2015, pp. 1 – 10.

[4] 朱东波、任力：《环境规制、外商直接投资与中国工业绿色转型》，《国际贸易问题》2017年第11期。

[5] B. Demena and S. K. Afesorgbor, "The effect of FDI on environmental emissions: Evidence from a meta – analysis", *ISS Working Paper Series – General Series*, Vol. 650, No. 650, 2019, pp. 1 – 41.

互为因果的关系。李繁荣等（2022）[①]基于2010—2019年我国260个地级市面板数据，实证检验了FDI对地级市绿色全要素生产率的影响，发现前者对后者有显著的抑制作用。闫华飞等（2022）[②]以长江经济带11个省份为研究对象，研究发现FDI对工业绿色技术创新效率有直接促进作用。

部分学者选择通过间接方法量化承接产业转移规模。吕小明和黄森（2018）[③]以固定资产投资转移指数为基础，构造产业转移指数，并采用空间计量模型分析产业转移对工业绿色效率的作用，根据实证结果来看，产业转移对工业绿色效率有着负面影响，一直以来中西部大部分产业承接地虽然抓住机遇提高了经济产值，但也因未充分重视所承接产业对当地环境能源等因素的影响，承接了部分高耗能、高排放的工业产业，导致承接产业之后反而降低了本地工业的绿色发展效率。刘岩（2020）[④]在区位熵原理的基础上改进了产业转移的综合指数，并据此构建动态面板模型实证产业转移与绿色经济效率及其分解项之间的关系。研究发现，产业转移对绿色经济效率的分解项的影响趋势是初期上升经过峰值后开始下降，即适当承接产业转移能有效地提高绿色经济效率，过度密集的产业转移则会抑制绿色经济效率的提升。

三 文献述评

综合现有文献来看，国内外学者对于承接产业转移与工业绿色发展之间的关系展开了深入研究，为本章后续实证分析提供了一定的借鉴参考。但从梳理结果来看，仍存在一些有待拓展完善的空间：（1）大多数

[①] 李繁荣、尚云舟、薛紫玥：《外商直接投资对我国绿色发展的影响——基于中国260个地级市的数据验证》，《经济问题》2022年第4期。

[②] 闫华飞、肖静、冯兵：《环境规制、外商直接投资与工业绿色技术创新效率——基于长江经济带的实证》，《统计与决策》2022年第16期。

[③] 吕小明、黄森：《"美丽中国"背景下中国区域产业转移对工业绿色效率的影响研究——基于SBM-undesirable模型和空间计量模型》，《重庆大学学报》（社会科学版）2018年第4期。

[④] 刘岩：《产业转移、环境规制与绿色经济效率》，硕士学位论文，西安建筑科技大学，2020年。

文献围绕国际产业转移对我国经济和环境产生的影响展开，而较少考虑区域内产业转移带来的效果；（2）产业转移的测度方法呈现出多样性，但大部分倾向于从宏观层面进行测度，鲜有从微观角度出发的研究；（3）大部分研究仅从两者之间的关系来展开讨论，忽略了环境规制作为政策因素对承接产业转移与工业绿色发展关系的影响。

因此，在现有研究的基础上，本章探讨多重环境规制背景下沿黄城市群承接产业转移对工业绿色发展的影响。首先，选取沿黄城市群64个城市2011—2021年的面板数据，选择超效率SBM-GML模型、累乘法评估工业绿色发展水平；其次，从企业股东控股、设立分支机构、住所变更三个维度出发量化城市承接产业转移规模；再次，实证检验承接产业转移对城市工业绿色发展的影响，以及验证绿色技术创新、产业结构调整、能源结构调整是否在承接产业转移对工业绿色发展的影响中起中介作用；最后，进一步分析多重环境规制下承接产业转移对工业绿色发展的作用效果，为多重生态保护背景下推进工业绿色发展提供政策参考。

第二节 理论机制与研究假设

一 承接产业转移对城市工业绿色发展的直接影响

随着区域经济一体化的深入发展，承接产业转移在促进不同经济发展水平区域有效互动对接方面发挥着越来越重要的作用。首先，承接产业转移会改变承接地的产业规模。外来资本的注入，会加速资金积累，从而扩大生产规模，创造出更多的产出，这为提升绿色清洁技术提供了更多资金支持。其次，承接产业转移能够通过配置资源，影响技术效率。承接产业转移能够带来管理经验的共享、专业知识的转移以及高精尖人才的流动，提高了资源配置效率，进而促进工业绿色发展。最后，承接产业转移可以通过竞争效应和学习效应提升生产技术。外来企业的进入，会倒逼原在位企业转变生产经营模式，而原在位企业同样会对外来企业产生竞争压力，激发其采用更前沿的技术以保持或扩大市场份额，形成一种良性竞争循环。此外，外来企业凭借其丰富的资本储备和成熟的生产技术，在承接地发挥引领示范作用，原在位企业通过与其交流和合作，能够学习吸收先进的管理经验和规范的生产流程，并在模仿学习中进行二次创新，进而提升企业的生产技术。学者们也对承接产业转移与工业绿色发展之间的关系进行了研究，例如：Fu 等（2018）[①]以中部地区承接产业转移的典型区域皖江城市带示范区为研究对象，运用 PSM－DID 方法研究了产业转移对工业绿色发展水平的影响，研究结果显示，承接产业转移对促进工业绿色发展水平起到了显著作用。陈凡和周民良（2019）[②] 采用 2003—2016 年中国 285 个地级市的数据发现，城市入选国家级承接产业转移示范区后，工业二氧化硫排放量会显著减少。

基于上述对承接产业转移和工业绿色发展两者之间关系的深入剖析，结合现有学者们的丰富研究结论，本节提出如下假说：

H1：承接产业转移能够促进城市工业绿色发展。

二　承接产业转移对城市工业绿色发展的作用机制

（一）绿色技术创新效应

绿色技术创新，即将绿色发展与创新能力相结合，在降低环境污染的基础上，通过差异成本战略提升企业核心竞争力。彭文斌和文泽宙（2019）[③] 研究认为，绿色创新对经济发展质量的提高有显著促进作用，其作用程度受分工发展水平的影响，在达到高等分工水平时促进作用最强且最为显著。李梦欣和任保平（2019）[④] 提出，中国特色社会主义绿色发展的路径实现，需要通过提高中国在环境科技方面的创新实力，增强

---

① W. Z. Fu, Z. L. Bian and S. O. Management, "Research on the Evaluation of Green Development Level and Policy Effect of Regional Undertaking Industrial Transfer Industry——Based on Improved CRITIC－TOPSIS and PSM－DID Model", *Journal of Industrial Technological Economics*, 2018.

② 陈凡、周民良：《国家级承接产业转移示范区是否加剧了地区环境污染》，《山西财经大学学报》2019 年第 10 期。

③ 彭文斌、文泽宙：《绿色创新与中国经济高质量发展》，《江汉论坛》2019 年第 9 期。

④ 李梦欣、任保平：《中国特色绿色发展道路的阶段性特征及其实现的路径选择》，《经济研究参考》2019 年第 22 期。

传统产业的绿色化转型。Zhang 等（2019）[①] 通过对 2000—2010 年中国上市制造业企业的调查，发现绿色发展主要是由绿色实用新型专利驱动的。王淑英和杨祺静（2022）[②] 通过建立空间杜宾模型，分析得到各地区间绿色创新和经济高质量发展水平存在空间溢出效应。Hu 等（2023）[③] 采用与行业专家的半结构化访谈方法收集数据，结果表明实现绿色生产目标取决于能否获得绿色融资和采用绿色技术创新。

承接产业转移往往伴随着技术溢出、供应链和价值链的整合，为承接地创新能力发展提供了路径。一方面，城市承接产业转移后，承接地企业之间可以通过模仿、竞争和合作等途径产生绿色技术研发溢出；另一方面，产业转移会推动整个地区供应链和价值链在承接地内整合，构建创新生态体系，从而为企业绿色技术创新带来更多发展机遇。

在技术溢出方面，雁阵模式理论、产品生命周期理论、边际产业扩张理论、劳动密集型产业转移理论、梯度推移理论均在不同程度上认为产业转出地、承接地之间存在技术梯度，技术逐渐从先发区域向传统技术区域溢出。基于上述理解，转移企业相对承接地企业往往具有更高的技术和管理水平，在双方交互过程中，技术和知识会通过各种渠道向承接地企业扩散。①当一家企业研发出某种绿色技术并应用于生产实践中，其他企业可以通过观察、学习和模仿，快速掌握这项技术，并根据自身情况进行适当调整和优化；②在激烈的市场竞争中，企业为保持竞争优势，会不断加大在绿色技术研发方面的投入，促使企业之间形成相互学习、相互借鉴的氛围；③通过产学研合作、技术联盟等形式，企业可以与高校、科研机构等建立紧密的合作关系，共同开展绿色技术研发和成

[①] D. Y. Zhang, R. Zhao and J. Qiang, "Green Innovation and Firm Performance: Evidence from Listed Companies in China", *Resources, Conservation and Recycling*, Vol. 144, 2019, pp. 48 - 55.

[②] 王淑英、杨祺静：《异质性环境规制对经济高质量发展的空间溢出效应——基于绿色创新的视角》，《地理与地理信息科学》2022 年第 3 期。

[③] C. S. Hu, et al. "Green Financing and Technological Innovation Influence on E - commerce Industry Green Environment", *Environmental Science and Pollution Research*, Vol. 30, No. 47, 2023, pp. 104886 - 104900.

果转化。潘少奇等（2015）[①]认为产业转移技术溢出是技术流动和扩散的重要形式。陈春香和邓峰（2020）[②]运用空间计量模型测算了产业转移对区域绿色创新效率的空间效应，发现产业转移不仅能促进承接地绿色创新效率，还可以带动相邻地区绿色创新效率。欧阳秋珍和蔡紫霞（2022）[③]基于2001—2020年国内外产业转移的相关数据，运用OLS法分析得到，国内产业转移对技术溢出效应有显著的正向影响。

在供应链整合方面，随着产业转移，原材料、零部件等供应链环节也随之转移至承接地，有利于加速产业融合、深化社会分工、提高集成创新能力。马永红等（2016）[④]基于欠发达地区213家企业问卷调查所获数据，运用结构方程模型分析得到，转入企业在承接地实现关系网络的集结，与其生产活动高度相关的企业发生创新合作关系，可以降低单个企业创新的风险性，此外，由此形成的区域创新合作网络还可以驱动创新成果的推广、辐射、集群化、产业化。邱子晖和李双颐（2022）[⑤]认为，行业龙头和大企业通过产业转移，能够带动和影响产业链供应链不同区域的相关企业开展协同创新。

上述文献表明，绿色技术创新能够有效推进绿色发展进程，而承接产业转移大概率可以促进绿色技术创新，由此便为梳理绿色技术创新在承接产业转移促进工业绿色发展过程中的作用机制奠定了重要基础。据此，提出如下研究假说：

H2 承接产业转移通过绿色技术创新促进城市工业绿色发展。

（二）产业结构调整效应

产业结构调整的本质是通过产业内部的生产要素动态调整达到产出

[①] 潘少奇等：《产业转移技术溢出效应研究进展与展望》，《地理科学进展》2015年第5期。

[②] 陈春香、邓峰：《产业转移对区域绿色创新效率的空间效应分析》，《生态经济》2020年第9期。

[③] 欧阳秋珍、蔡紫霞：《国内外产业转移对中国技术溢出效应的研究》，《商业经济》2022年第12期。

[④] 马永红、李欢、王展昭：《网络结构视角下的产业转移与企业创新绩效》，《科学学研究》2016年第3期。

[⑤] 邱子晖、李双颐：《对建设统一大市场实现产业跨区域有序转移提升产业链供应链韧性的认识》，《广西节能》2022年第4期。

最优的效果，即将资本结构、劳动力等要素从低效的部门流向高效的部门，这是提高经济和社会效益的有效办法，可以促进经济可持续发展。随着产业结构复杂度和产业技术水平的提升，不仅企业经营生产效率和产品质量可以得到增强，且可以有力推动科技创新和人力资本的优化配置，进一步促进工业的绿色发展。刘伟和李绍荣（2002）[1]认为中国经济要维持长期稳定的高增长态势就必须改革传统工业的生产组织形式和生产结构，并利用新技术提升工业的生产方式。林中元（2012）[2]基于重庆市1999—2010年的相关数据，研究得到高新技术产业对重庆工业经济的发展有着非常显著的拉动作用。杨树旺等（2018）[3]以湖北省为研究样本，采用非线性回归模型展开实证分析，结果反映高新技术产业集聚和绿色发展效率之间的关系呈"U"型，短期内负相关，长期则正相关。Bin和Zhai（2022）[4]基于2000—2019年中国30个省级行政区的面板数据，实证检验了产业结构升级对环境污染的影响，发现东、中、西部地区产业结构升级均对环境污染有显著抑制作用。

城市可以通过承接产业转移，实现产业结构的调整，从而有效利用资源，提高生产率。其一，承接地吸收到技术水平比较先进的产业，将会使承接地产业结构中采用先进技术的产业部门的数量和比例增加，促进承接地产业结构向高端发展。戴宏伟和王云平（2008）[5]认为，产业转移有助于承接产业地区吸收自身稀缺的资金、技术等先进生产要素，促使产业结构的升级。其二，先进产业的转移会对城市原有产业带来竞争效应，推动原有处于相对低层次的产业转型升级，从而逐步优化承接地

---

[1] 刘伟、李绍荣：《产业结构与经济增长》，《中国工业经济》2002年第5期。

[2] 林中元：《高新技术产业对重庆工业经济发展影响的实证分析》，《中国高新技术企业》2012年第1期。

[3] 杨树旺、江奇胜、易扬：《湖北省绿色发展与高新技术产业集聚的测度与实证》，《统计与决策》2018年第14期。

[4] Bin and P. Zhai, "Economic Growth, Industrial Structure Upgrading and Environmental Pollution: Evidence from China", *Kybernetes*, Vol. 52, No. 2, 2022, pp. 518–553.

[5] 戴宏伟、王云平：《产业转移与区域产业结构调整的关系分析》，《当代财经》2008年第2期。

区整体产业结构。张琴（2010）[①]分析得出，国际产业转移为浙江省带来了新的产品与技术，加快了浙江省原有部分传统行业的技术改造。其三，先进产业的高生产率和低生产成本使原有落后产能逐渐失去市场竞争力，高耗能、高污染企业若不进行转型升级，淘汰就成了必然的选择。吴凯馨（2021）[②]提到，产业转移有利于淘汰落后产业，改善环境等外部条件，促进产业结构改善。

综上所述，虽然鲜有文献关注承接产业转移、产业结构调整和工业绿色发展三者间的关系，但关于产业结构调整与工业绿色发展、承接产业转移与产业结构调整的研究为进一步探讨三者间的关系做了良好铺垫。据此，提出如下假说：

H3：承接产业转移通过调整产业结构促进城市工业绿色发展。

（三）能源结构调整效应

能源结构，是指系统在一定时期内能源生产总量和消费总量中各类型一次能源、二次能源的构成及其相互之间的比例关系。经济的增长需要能源支撑，而能源消耗则是碳排放量增长的主要根源。伴随着经济发展进入新常态，传统高碳含量能源的过度消费已不再是可持续发展的可行之道。因此，优化能源消耗结构，对于促进经济绿色发展具有重要意义。郑明贵等（2021）[③]利用空间自回归模型探讨了能源消费结构升级对区域经济高质量发展的作用机理，结果反映能源消费结构升级既能直接影响区域经济高质量发展，也可以通过产业结构调整的中介作用产生间接影响。Su 和 Fan（2022）[④]利用 SDM 模型分析了中国 30 个省市可再生能源技术创新对绿色发展的影响，研究结果表明，前者对后者有显著的

[①] 张琴：《国际产业转移与产业结构优化研究：基于浙江省的实证分析》，《国际贸易问题》2010 年第 2 期。

[②] 吴凯馨：《"一带一路"背景下产业转移对中国产业结构变化的影响》，《中国商论》2021 年第 18 期。

[③] 郑明贵、曾健林、曹天琦：《能源消费结构升级与区域经济高质量发展——基于产业结构的中介作用和人口红利的调节作用》，《阅江学刊》2021 年第 3 期。

[④] Y. Su and Q. M. Fan, "Renewable Energy Technology Innovation, Industrial Structure Upgrading and Green Development from the Perspective of China's Provinces", *Technological Forecasting and Social Change*, 2022, 180: 121727.

正向促进作用。华靖芬等（2023）[1] 基于中国30个省份的面板数据，采用固定效应模型分析了2003—2019年能源结构对工业碳脱钩水平的作用影响，发现当能源消费结构均衡度、清洁度提升时，工业碳脱钩水平有所提升。

在能源消费种类方面，随着低排放企业的引入，可能会为承接地引入更多种类的能源，如天然气、可再生能源等，以替代传统的化石能源。这种多元化不仅可以减少对单一能源的依赖，降低能源供应的风险，还可以更好地满足企业生产活动的能源需求，提升能源使用的灵活性和可持续性。史丹和张金隆（2003）[2] 认为结构变动是能源消费的重要影响，但由于各产业的特点，对不同的能源品种的需求，结构变动的影响程度和作用方向是不完全一致的。

在能源利用效率方面，产业转移往往伴随着技术升级和创新，这将促使能源消费企业更新或改造现有设备，提高设备的能效水平。同时，新的生产工艺和管理模式也可能帮助企业更好地控制能源消耗，减少能源浪费。龙如银等（2017）[3] 利用中国30个省域2003—2013年的面板数据和空间杜宾模型研究产业转移对我国工业能源效率的空间溢出效应，发现前者对后者存在显著的正向空间溢出效应。熊广勤和石大千（2021）[4] 基于2004—2017年中国281个地级市的面板数据，利用双重差分法分析得到承接产业转移示范区能够提高能源效率的结论，且机制分析表明，承接产业转移示范区作为城市产业发展的创新型模式，主要通过技术效应和结构效应提高能源效率。

梳理文献可知，虽然尚未有研究直接涉及承接产业转移、能源结构调整和工业绿色发展三者间的关系，但现有研究厘清了能源结构调整与

---

[1] 华靖芬等：《能源消费结构转型对工业碳脱钩的溢出效应分析：基于中国30个省份的面板数据》，《环境科学与技术》2023年第3期。

[2] 史丹、张金隆：《产业结构变动对能源消费的影响》，《经济理论与经济管理》2003年第8期。

[3] 龙如银、李梦、李倩文：《产业转移对中国省域工业能源效率的影响研究——基于空间溢出视角的实证检验》，《生态经济》2017年第3期。

[4] 熊广勤、石大千：《承接产业转移示范区提高了能源效率吗？》，《中国人口·资源与环境》2021年第7期。

工业绿色发展、承接产业转移与能源结构调整的联系，为进一步探究三者之间的关系奠定了重要基础。据此，提出如下假说：

H4：承接产业转移通过调整能源结构促进城市工业绿色发展。

综上所述，充分结合已有研究和现行政策体系，本节凝练出绿色技术创新、产业结构调整、能源结构调整三条承接产业转移促进工业绿色发展的作用路径，如图6-1所示。

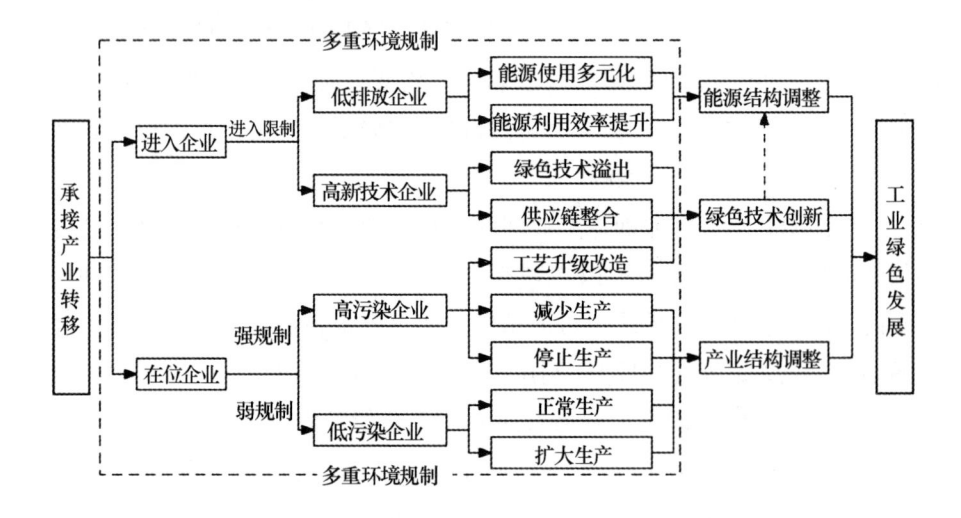

图6-1 承接产业转移促进工业绿色发展的理论分析框架
资料来源：作者绘制。

第三节 沿黄城市群工业绿色发展水平的测度及分析

一 工业绿色发展水平测度方法

与仅考虑能源节约的能源效率和仅考虑污染物产出水平降低的环境效率不同，绿色发展注重的是投入既定下兼顾经济增长、资源节约与污染物减排的能力。因此，将同时考虑"好"产出增加、"坏"产出减少，且资源投入也减少的效率测度，可以称为绿色发展水平。工业是一国能源消耗和污染排放的主要行业，比较主流的工业绿色发展水平的测度方法有三种，分别是综合评价法、随机前沿分析法和数据包络分析法。

（一）综合评价法

综合评价法方面，北京师范大学、西南财经大学和国家统计局联合研究提出的国内第一套绿色发展的监测指标体系和指数测算体系比较具有代表性，该体系从经济增长绿化度、资源环境承载力和政府支持度三个角度出发，具体包括9个二级指标和50多个三级指标。[1] 学者们对现有指标体系不断完善，并渗透到工业绿色发展研究领域。卢强等（2013）[2] 建立包括工业资源环境压力、工业资源环境弹性脱钩和工业发展绿化度三个方面的工业绿色发展评价指标体系，应用于广东省21个地级以上城市的评价分析。Chen等（2016）[3] 所建立的指标体系涉及工业绿色产出、工业绿色效率、工业绿色创新和工业绿色政策四个方面，包括了12个二级指标和32个三级指标。王韶华等（2021）[4] 构建了包括工业资源利用、工业环境质量、工业环境治理和工业增长质量四个维度的区域工业绿色发展水平测度指标体系，综合运用专家赋权法和粗糙集理论计算权重，对2003—2018年京津冀工业绿色发展水平进行了测度。刘晶和张尧（2022）[5]、李旭辉等（2023）[6] 从绿色经济、环境压力和政策支撑三个维度构建了区域工业绿色发展水平评价指标体系。

---

[1] 北京师范大学科学发展观与经济可持续发展研究基地、西南财经大学绿色经济与经济可持续发展研究基地、国家统计局中国经济景气监测中心：《2011中国绿色发展指数报告——区域比较》，北京师范大学出版社2011年版。

[2] 卢强等：《工业绿色发展评价指标体系及应用于广东省区域评价的分析》，《生态环境学报》2013年第3期。

[3] C. Chen, J. Han and P. Fan, "Measuring the Level of Industrial Green Development and Exploring Its Influencing Factors: Empirical Evidence from China's 30 Provinces", *Sustainability*, Vol. 8, No. 2, 2016, p. 153.

[4] 王韶华等：《京津冀工业绿色发展水平测度及障碍因子诊断》，《统计与决策》2021年第20期。

[5] 刘晶、张尧：《金融科技、强环境规制与区域工业绿色发展》，《财经理论与实践》2022年第2期。

[6] 李旭辉等：《"双碳"目标下中国五大重点区域工业绿色发展水平差异及成因识别》，《经济地理》2023年第8期。

(二) 随机前沿分析法

佟连军等 (2012)[①] 应用随机前沿分析法 (SFA) 测算了辽宁沿海经济带 2001—2009 年工业环境效率。王志平等 (2014)[②] 基于 SFA 模型测算了我国 2001—2010 年各省市的绿色技术效率。崔和瑞等 (2021)[③] 利用随机前沿分析方法对 36 个工业行业 2000—2016 年工业绿色全要素生产率进行了测算。周小喜等 (2022)[④] 基于我国 2009—2019 年 22 个工业重点行业相关数据，使用多产出随机前沿分析方法，测算并分析了工业产业生态化效率。

(三) 数据包络分析法

李斌等 (2013)[⑤] 采用考虑非期望产出的非径向非角度 SBM 效率测度模型并结合 ML 生产率指数测算了 2001—2010 年中国 36 个工业行业的绿色全要素生产率。Chen 和 Golley (2014)[⑥] 利用方向距离函数 (DDF) 和 Malmquist – Luenberger 生产率指数估计了 1980—2010 年间中国 38 个工业部门绿色全要素。陈超凡 (2016)[⑦] 运用方向性距离函数及 ML 指数测算了资源环境约束下的工业绿色全要素生产率。Lin 和 Tan (2016)[⑧] 采用 DEA 模型测度了中国四个能源密集型子行业的生态全要素能源效率和节能潜力。肖滢和卢丽文 (2019)[⑨] 基于 2009—2016 年 108 个资源型城

[①] 佟连军等:《辽宁沿海经济带工业环境效率分析》,《地理科学》2012 年第 3 期。

[②] 王志平、陶长琪、沈鹏熠:《基于生态足迹的区域绿色技术效率及其影响因素研究》,《中国人口·资源与环境》2014 年第 1 期。

[③] 崔和瑞、王浩然、赵巧芝:《中国工业绿色全要素生产率动态演变特征及驱动因素研究》,《统计与决策》2021 年第 3 期。

[④] 周小喜等:《工业产业生态化效率演变特征及其驱动因素》,《统计与决策》2022 年第 15 期。

[⑤] 李斌、彭星、欧阳铭珂:《环境规制、绿色全要素生产率与中国工业发展方式转变——基于 36 个工业行业数据的实证研究》,《中国工业经济》2013 年第 4 期。

[⑥] S. Chen and J. Golley, "Green Productivity Growth in China's Industrial Economy", *Energy Economics*, Vol. 44, 2014, pp. 89 – 98.

[⑦] 陈超凡:《中国工业绿色全要素生产率及其影响因素——基于 ML 生产率指数及动态面板模型的实证研究》,《统计研究》2016 年第 3 期。

[⑧] B. Lin and R. Tan, "Ecological total – factor energy efficiency of China's energy intensive industries", *Ecological indicators*, Vol. 70, 2016, pp. 480 – 497.

[⑨] 肖滢、卢丽文:《资源型城市工业绿色转型发展测度——基于全国 108 个资源型城市的面板数据分析》,《财经科学》2019 年第 9 期。

市的面板数据，利用全局 Super – SBM 模型与 Global Malmquist – Luenberger 指数从静态与动态相结合的视角测度了资源型城市的工业绿色转型。Wang 和 Wang（2023）[①] 基于 2005—2020 年的省级数据，采用 EBM – GML 模型测度了各省的工业绿色全要素生产率。

本节采用考虑非期望产出的非径向非角度超效率 SBM 模型和 Global Malmquist – Luenberger（GML）指数测度沿黄城市群工业绿色全要素生产率指数（GTFP）。具体方法是，假设每个城市为一个生产决策单元（DMU_j，$j = 1, 2, \cdots, n$），每个 DMU_j 有三个向量，包括：投入 x，期望产出 y^e、非期望产出 y^u，因而定义了一个有限生产可能性集：

$$P/(x_0, y_0) = \{(\bar{x}, \bar{y^e}, \bar{y^u}) \mid \bar{x} \geq \sum_{k=1}^{n} \lambda_k x_k, \bar{y^e} \leq \sum_{k=1}^{n} \lambda_k \bar{y_k^e}, \bar{y^u}$$

$$\leq \sum_{k=1}^{n} \lambda_k \bar{y_k^u}, \lambda \geq 0\} \tag{6-1}$$

现在假设 m 种投入 $x \in R^m$，s_1 种期望产出 $y^e \in R^{s_1}$ 和 s_2 种非期望产出 $y^u \in R^{s_2}$，以及这 3 个变量的松弛变量 s^-、s^e、s^u，考虑非期望产出的超效率 SBM 模型构建如下：

$$min\rho = \left[\frac{1}{m}\sum_{i=1}^{m}\left(\frac{\bar{x_i}}{x_{ik}}\right)\right] \bigg/ \left[\left(\frac{1}{s_1+s_2}\right)\left(\sum_{r=1}^{s_1} \bar{y^e}/y_{ik}^e + \sum_{r=1}^{s_2} \bar{y^u}/y_{ik}^u\right)\right]$$

$$s.t. \ \bar{x} \geq \sum_{j=1, j\neq k}^{n} x_{ij}\lambda_j, \bar{y^e} \leq \sum_{j=1, j\neq k}^{n} y_j^e \lambda_j, \bar{y^u} \leq \sum_{j-1, j\neq k}^{n} y_j^u \lambda_j$$

$$\bar{x} \geq x_0, 0 \leq \bar{y^e} \leq y_k^e, \bar{y^u} \geq y_k^u, \sum_{j=1, j\neq k}^{n} \lambda_j = 1, \lambda \geq 0 \tag{6-2}$$

其中，ρ 为目标效率值，λ 为权重向量，下标 k 表示被评价的决策单元。ρ 关于 s^-、s^e、s^u 严格单调递减，且满足 $0 < \rho < 1$。就特定的某个决策单元而言，当且仅当 $\rho = 1$ 且 s^-、s^e、s^u 均为 0 时，该决策单元为有效。求解可得当期生产可能性集合下的超效率 SBM 模型函数：

[①] C. Wang and L. Wang, "Green credit and industrial green total factor productivity: the impact mechanism and threshold effect tests", *Journal of Environmental Management*, Vol. 331, 2023, p. 117266.

$$\bar{D}_0^G(x^t, y^t, b^t; y^t, -b^t) \qquad (6-3)$$

根据超效率 SBM 所解得的方向性距离函数，可得 t 期到第 $t+1$ 期的 GML 指数为：

$$GML_t^{t+1} = (1 + \bar{D}_0^G(x^t, y^t, b^t; y^t, -b^t))/$$

$$(1 + \bar{D}_0^G(x^{t+1}, y^{t+1}, b^{t+1}; y^{t+1}, -b^{t+1})) \qquad (6-4)$$

在不变规模报酬下，将 GML 指数分解成两个部分：其一，全局技术效率变化指数 EC；其二，全局技术进步指数 TC。具体分解如下：

$$GML_t^{t+1} = EC_t^{t+1} \times TC_t^{t+1} \qquad (6-5)$$

$$EC_t^{t+1} = \frac{1 + \bar{D}_0^t(x^t, y^t, b^t; y^t, -b^t)}{1 + \bar{D}_0^t(x^{t+1}, y^{t+1}, b^{t+1}; y^{t+1}, -b^{t+1})} \qquad (6-6)$$

$$TC_t^{t+1} = \frac{1 + \bar{D}_0^G(x^t, y^t, b^t; y^t, -b^t)}{1 + \bar{D}_0^t(x^t, y^t, b^t; y^t, -b^t)}$$

$$\times \frac{1 + \bar{D}_0^{t+1}(x^{t+1}, y^{t+1}, b^{t+1}; y^{t+1}, -b^{t+1})}{1 + \bar{D}_0^G(x^t, y^t, b^t; y^t, -b^t)} \qquad (6-7)$$

进一步借鉴邱斌等（2008）[①] 的研究，对 GML 指数进行相应变换。GTFP 是根据测得的指数进行相乘得到的，用该指标来代表工业绿色发展水平。具体来说，以 2010 年为基期，设定 2010 年 GTFP 为 1，剩余年份的 GTFP 可以通过 GML 指数相乘得出，即 2011 年 GTFP 可以通过 2010 年 GTFP 乘 2011 年的 GML 得出，其余各年以此类推，最终计算得到以 2010 年为基期的 GTFP。

二 数据来源与处理

本章的研究区域为沿黄城市群 64 个城市，限于数据可得性和可比性，本节选取各城市第二产业和规模以上工业企业的有关数据来构建相关指标。本节使用的数据来源于：《中国城市统计年鉴》、《中国工业统计

[①] 邱斌、杨帅、辛培江：《FDI 技术溢出渠道与中国制造业生产率增长研究：基于面板数据的分析》，《世界经济》2008 年第 8 期。

年鉴》、《中国能源统计年鉴》、《中国环境统计年鉴》、各省份统计年鉴、部分地市统计年鉴、统计公报，以及 EPS 数据库（https：//www.epsnet.com.cn）。

投入指标包括工业劳动力投入、固定资产投入和能源消耗投入。工业劳动力投入使用规模以上工业平均从业人员数度量；工业固定资产投入使用规模以上工业企业固定资产净额度量，并用固定资产投资价格指数进行平减；工业能源消耗投入使用工业生产消耗的 10 类主要能源品类折标准煤后的总量度量。产出指标包括工业期望产出和工业非期望产出。工业期望产出使用规模以上工业企业营业收入度量，并用工业生产者价格指数进行平减；非期望产出使用工业二氧化硫排放量和工业二氧化碳排放量度量。其中，工业二氧化碳排放量借鉴 IPCC（2006）颁布的测量方法以及相关研究成果，通过如下计算公式测算得出：

$$CO_2 = \sum_{i}^{10} energy_i \times CV_i \times CCF_i \times COF_i \times \frac{44}{12} \qquad (6-8)$$

其中，下标 i 是指能源品类，包含 10 类（原煤、焦炭、天然气、原油、汽油、煤油、柴油、燃料油、液化石油气、电力），$energy$ 是指工业生产消费能源消耗量，CV 是指平均低位发热值，CCF 是指各类能源中的碳含量，COF 是指碳氧化率，44 和 12 分别指 CO_2 分子量和碳原子量。

三　结果与分析

本节使用所选取的投入产出指标以及 MaxDEA 8 ultra 专业软件测算沿黄城市群工业绿色发展水平，结果见表 6-1。其中，工业绿色发展水平最高的为商洛市（4.897），最低的为榆林市（0.860），两市的工业绿色发展水平差距较大，说明沿黄城市群城市工业绿色发展不均衡。将两市的工业绿色全要素生产率指数进行分解，商洛市的规模效率指数和技术进步指数分别为 1.091、1.102，榆林市的为 0.997、1.065，从分解指数来看，榆林市的规模效率指数与技术进步指数均小于商洛市，且两市的规模效率指数相差更大。因此，随着生产规模的扩大和技术进步，企业能够更有效地利用资源，降低单位产品的能耗和排放，从而提高生产效率和环境效益。

表 6-1 各市工业绿色发展水平（累乘值）

地级市	GTFP	地级市	GTFP	地级市	GTFP
商洛市	4.897	菏泽市	1.895	银川市	1.614
忻州市	4.002	德州市	1.893	聊城市	1.611
吕梁市	3.510	开封市	1.878	新乡市	1.595
太原市	3.247	渭南市	1.872	焦作市	1.562
运城市	3.240	南阳市	1.853	呼和浩特市	1.538
晋中市	2.835	青岛市	1.851	石嘴山市	1.538
东营市	2.736	定西市	1.833	西宁市	1.521
晋城市	2.710	济宁市	1.800	吴忠市	1.509
中卫市	2.635	洛阳市	1.792	潍坊市	1.501
咸阳市	2.581	商丘市	1.776	三门峡市	1.486
周口市	2.551	鹤壁市	1.760	烟台市	1.448
临汾市	2.494	天水市	1.753	信阳市	1.432
西安市	2.487	兰州市	1.734	淄博市	1.394
长治市	2.477	平凉市	1.727	平顶山市	1.379
宝鸡市	2.334	济南市	1.709	鄂尔多斯市	1.320
海东市	2.189	滨州市	1.700	枣庄市	1.305
郑州市	2.139	泰安市	1.695	威海市	1.222
临沂市	2.139	许昌市	1.686	安阳市	1.174
白银市	2.081	庆阳市	1.656	包头市	1.092
日照市	1.953	濮阳市	1.649	榆林市	0.860
驻马店市	1.917	漯河市	1.647		
济源市	1.909	铜川市	1.640		

资料来源：作者加工计算。

根据测算结果绘制了时间变化趋势图，如图 6-2 所示。沿黄城市群工业绿色发展水平总体呈上升趋势，其中，2018 年下降较为明显，究其原因，山东省和河南省 2018 年相较 2017 年产业结构发生较大变化，山东省 2017 年第二产业增加值与第三产业增加值之比相较 2016 年降低 4.406%，而 2018 年相较 2017 年降低 6.516%；河南省 2017 年第二产业增加值与第三产业增加值之比相较 2016 年降低 3.935%，而 2018 年相较

2017 年降低 11.894%。这一变化反映了两个省份在产业结构调整和转型方面的努力，也体现了经济发展由高速增长向高质量发展的趋势。然而，在转型过程中，一些传统的、高污染、高耗能的工业企业可能面临淘汰或转型的压力，而新兴的绿色产业可能尚未完全成熟或形成规模，导致工业绿色发展水平出现下降。

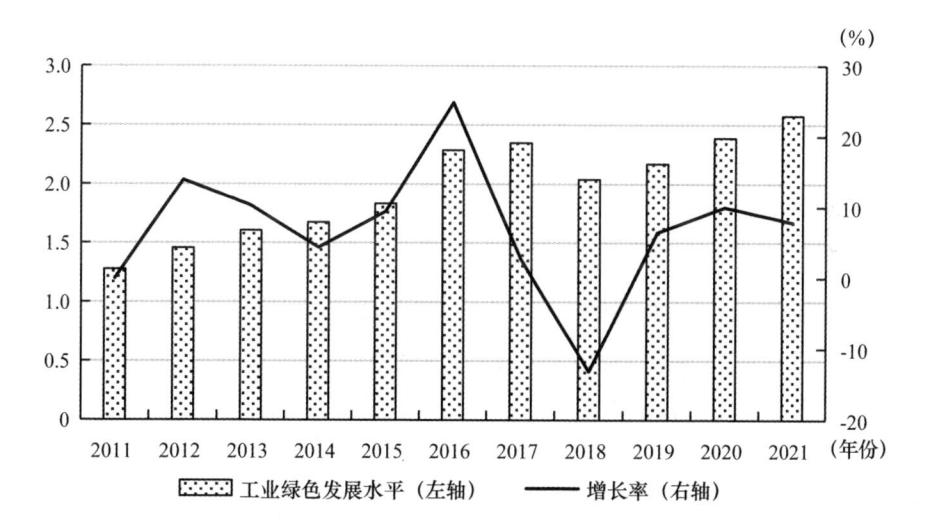

图 6-2 沿黄城市群工业绿色发展总体变化

资料来源：作者加工计算。

图 6-3 的箱线图能够直观地描述一组数据的变化情况，图中最上的横线表示上界，最下面的横线表示下界，方框的上边沿代表四分之三分位数，下边沿代表四分之一分位数，中间横线表示中位数，其余离散的空心圆点表示异常值。从全流域来看，GTFP 呈现上升的趋势，并且 2021 年均值最高。上游地区 GTFP 分布较为集中，出现缓慢上升的趋势。中游地区 GTFP 的四分之一分位数呈现波浪式上升，2014—2021 年四分之三分位数呈现持续上升，说明中游地区工业绿色发展较好的城市提升更为稳定，后进能力更强。下游地区 GTFP 分布较离散，且部分年度差异较大，表明下游城市工业绿色发展不均衡，其异常值大多出现在高值区域上，说明下游龙头城市引领作用不断增强。

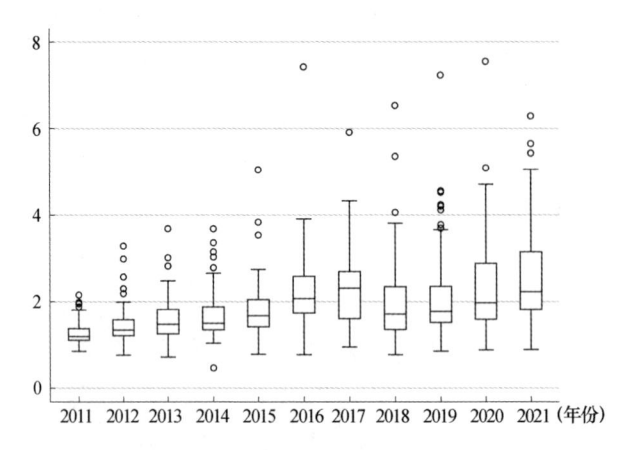

(a) 全流域

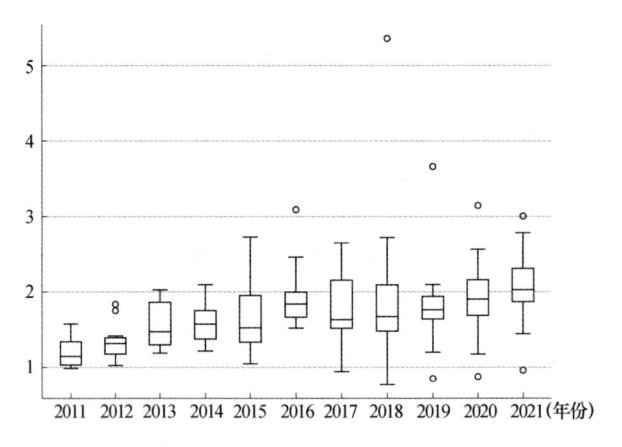

(b) 上游地区

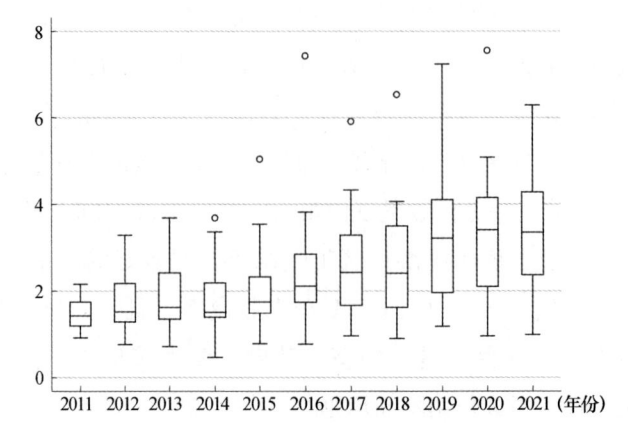

(c) 中游地区

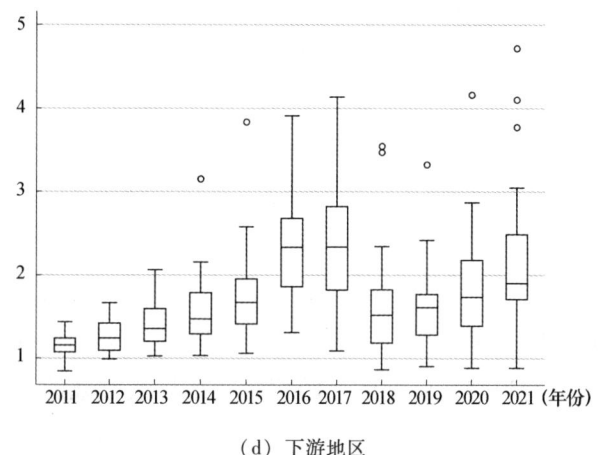

(d) 下游地区

图 6-3 三大区域工业绿色发展水平变化箱线图

资料来源：作者加工计算。

第四节 实证研究设计

一 样本选取与数据来源

鉴于城市层面相关数据的可获得性，本章选取沿黄城市群 64 个城市工业为研究对象，分析承接产业转移驱动沿黄城市群工业绿色发展的理论机制与政策优化路径。本节所使用的数据均来自公开资料，来源包括：《中国统计年鉴》、《中国城市统计年鉴》、《中国工业统计年鉴》、《中国经济普查年鉴》、各省份统计年鉴，部分地市统计年鉴、人民政府网站、统计公报和水资源公报，部分通过天眼查（https：//www.tianyancha.com）、企查查（https：//www.qcc.com）、中国研究数据服务平台（CNRDS）（https：//www.cnrds.com）、中国经济社会大数据研究平台（https：//data.cnki.net）、国家数据（https：//data.stats.gov.cn）、中经网统计数据库（https：//db.cei.cn）、智慧芽（https：//www.zhihuiya.com）等平台搜集。

二 计量模型设定

基于沿黄城市群城市面板数据，采用如下基准模型验证承接产业转移能否驱动工业绿色发展：

$$GTFP_{it} = \beta_0 + \beta_1 lntransfer_{it} + \beta_2 control + u_i + \varepsilon_{it} \quad (6-9)$$

其中，i 表示样本城市，t 表示年份，GTFP 表示工业绿色发展水平，lntransfer 表示承接产业转移，controls 是控制变量的集合，u 是个体固定效应，ε 是随机扰动项。

本节在设定基准回归模型时，模型中并未包含时间固定效应，因为在控制了时间效应后，变量的估计系数及其显著性发生了很大的变化。根据刘学良和陈琳（2011）[①] 的分析，这种情况是由核心解释变量与被解释变量在时间维度和横截面维度上的相关关系异质导致的，要依据逻辑和理论判断所要采取的固定效应。本节更关心时间维度上的相关关系，即承接产业转移能否解释工业绿色发展进程的向前推进，因此采用个体固定效应模型。

三　指标选取与变量测度

（一）被解释变量

本章采用与张贺和许宁（2022）[②] 相同的方法来测度 GTFP，即超效率 SBM 模型和 GML 指数。在计算人力、资本等生产要素投入最小化和经济产出最大化的基础上，考虑到了能源、环境因素对经济发展的约束，选取工业平均从业人员数、规模以上工业企业固定资产净额和工业能源消耗作为投入变量，选取规模以上工业企业营业收入、工业二氧化硫排放量和工业二氧化碳排放量作为产出变量，具体测算过程已在本章第三节中详细展示，此处不再赘述。

（二）解释变量

本书认为产业转移有三种情形：其一，企业股东控股；其二，企业设立分支机构；其三，企业住所变更。将三种情形得到的正常经营状态下的承接产业转移值加总，并将其加 1 作自然对数化处理以消除数据波

[①] 刘学良、陈琳：《横截面与时间序列的相关异质——再论面板数据模型及其固定效应估计》，《数量经济技术经济研究》2011 年第 12 期。

[②] 张贺、许宁：《产业集聚专业化、多样化与绿色全要素生产率——基于生产性服务业集聚的外部性视角》，《经济问题》2022 年第 5 期。

动性。变量的具体测算过程已在第三章中详细展示，此处不再赘述。

（三）控制变量

为尽可能缓解基准回归模型估计过程中的遗漏变量问题，使得对核心解释变量的估计参数更加准确，在参考相关研究的基础上，本节选取以下控制变量：

1. 行业竞争程度（competition）。为在竞争中处于有利地位，企业需要不断提高生产效率、降低生产成本，并尽可能减少对环境的影响。本章借鉴陈南旭等（2024）[1]的研究，采用每万人常住人口中拥有的第二产业法人单位数表征工业行业的竞争程度。

2. 创新投入强度（technology）。非绿色技术创新虽无法直接作用于工业绿色发展，但可通过影响生产者及消费者行为间接推动工业绿色发展。本章借鉴黄磊（2021）[2]的研究，采用科技支出占政府支出的比重表示。

3. 金融发展水平（finance）。金融发展对工业绿色发展的影响是多方面的，如提供资金支持，帮助企业管理风险等，较高的金融发展水平有助于工业绿色发展。本章借鉴李健和卫平（2015）[3]的研究，采用年末金融机构人民币存、贷款余额占国内生产总值的比重衡量金融发展水平。

4. 政府干预水平（government）。本章借鉴郑欢等（2023）[4]的选取方法，采用政府支出占国内生产总值的比重表示政府干预水平。政府的政策支持在推动工业绿色发展中扮演着重要角色，若政府支出用于公共产品支出或用于纠正市场失灵，则有助于资源配置优化，提高工业绿色发展水平；若政府宏观引导偏颇，则会阻碍资源的优化配置，从而抑制工业绿色发展。

---

[1] 陈南旭、张嘉同、王林涛：《税收征管与中国工业低碳转型推进——基于绿色税收视角的实证》，《南方经济》2024年第4期。
[2] 黄磊：《产业集聚提升了长江经济带城市工业绿色发展效率吗？》，《湖北大学学报》（哲学社会科学版）2021年第1期。
[3] 李健、卫平：《金融发展与全要素生产率增长——基于中国省际面板数据的实证分析》，《经济理论与经济管理》2015年第8期。
[4] 郑欢、方行明、苏梦颖：《产业集聚、环境规制与工业绿色发展效率——基于成渝地区双城经济圈的实证》，《统计与决策》2023年第8期。

5. 节能环保水平（protection）。政府节能环保支出有助于工业企业的绿色技术的研发和创新，本章借鉴管卫华等（2024）① 的研究，采用人均节能环保支出来衡量节能环保水平。

相关变量的描述性统计如表6-2所示。

表6-2　　　　　　　　变量的描述性统计

变量	观测值	均值	标准差	最小值	最大值
GTFP	704	1.968	0.974	0.465	7.548
lntransfer	704	12.869	1.402	0	15.720
competition	704	2.233	1.304	0.185	6.938
technology	704	1.302	0.954	0.005	5.471
finance	704	2.464	1.474	0.921	16.635
government	704	0.194	0.110	0.067	0.704
protection	704	2.907	2.116	0.360	14.726

资料来源：作者加工计算。

第五节　实证结果及分析

为确保基准回归结果的科学性，在正式估计之前对模型部分变量及整体进行了必要的统计检验，涵盖多重共线性、变量平稳性、组内自相关等。检验结果显示，方差膨胀因子均值为1.510，变量组合不存在严重的多重共线性；被解释变量和核心解释变量的单位根检验分别在10%、1%显著性水平上拒绝全部面板存在单位根的原假设；组间异方差、同期相关和组内自相关检验结果表明三者在模型中均存在；豪斯曼检验结果表明应当选择固定效应模型。为缓解组间异方差、同期相关和组内自相关问题对估计结果的影响，采用全面FGLS（可行广义最小二乘法）方法估计基准回归模型。

---

① 管卫华、徐慧、吴巍等：《基于新发展理念的南京城市韧性综合及动态预测研究》，《地理科学》2024年第4期。

一 基准回归分析

基准回归采用了逐次添加控制变量的主流做法，回归结果如表6－3所示，在控制变量数目变化的过程中，$lntransfer$ 的估计系数始终在1%水平上显著为正，绝对值稳定在0.120左右，表明在其他因素不变的情况下，承接产业转移每增加1%，GTFP提高0.120个单位左右，承接产业转移能够推动工业绿色发展的假说H1在本章所选取的样本中成立。

表6－3　　　　　　　　基准回归结果

变量	(1) GTFP	(2) GTFP	(3) GTFP	(4) GTFP	(5) GTFP	(6) GTFP
$lntransfer$	0.138*** (0.045)	0.175*** (0.029)	0.169*** (0.030)	0.140*** (0.033)	0.124*** (0.035)	0.109*** (0.032)
$competition$		0.537*** (0.147)	0.548*** (0.164)	0.591*** (0.159)	0.639*** (0.176)	0.678*** (0.181)
$technology$			0.052 (0.053)	0.054 (0.051)	0.064 (0.052)	0.099** (0.050)
$finance$				0.122*** (0.045)	0.116** (0.046)	0.109** (0.046)
$government$					1.688 (1.481)	1.285 (1.378)
$protection$						0.051** (0.023)
常数项	0.897 (0.791)	1.896** (0.959)	-1.896** (0.789)	2.006** (0.934)	1.626 (0.995)	1.729* (0.939)
城市固定	是	是	是	是	是	是
观测值	704	704	704	704	704	704

注：***、**、*分别表示在1%、5%和10%的水平上显著；括号内为标准误；全面FGLS的估计结果未含拟合优度。

控制变量的回归结果显示，行业竞争程度（$competition$）、创新投入强度（$technology$）、金融发展水平（$finance$）以及节能环保水平（$protec$-

tion）均对工业绿色发展产生显著正向影响，与预期结果基本相同。政府干预程度（government）并未有效地促进工业绿色发展，一方面，可能是企业更关注短期经济利益，而忽视了长期的环境和社会影响；另一方面，可能是政府干预的方式、力度或方向存在改进的空间，未能有效地引导和支持工业企业向绿色、可持续的方向发展。

二 内生性讨论

为验证基准回归模型中是否存在内生性问题，若存在内生性又是否对基准回归结果造成严重影响，本节将通过构造工具变量并借助两阶段最小二乘法（2SLS）展开讨论。基于样本实际和当前主流做法，选取和构造了两个工具变量展开分析，力求论证充分。第一个工具变量为Bartik工具变量（bartikiv），即采用份额移动法构造的工具变量；第二个工具变量为历史工具变量（historyiv），其具体构造方法在第四章第五节已进行详细阐述，这里不再赘述。

表6-4展示了基于两个工具变量及其组合所进行的2SLS估计结果，第（1）（3）（5）列是第一阶段，第（2）（4）（6）列是第二阶段。表6-4中不可识别检验、弱工具变量检验、过度识别检验结果表明本节所选取的工具变量均是合意的。第二阶段估计结果表明，即使存在内生性问题，lntransfer的估计系数仍显著为正，与基准回归结果一致，从而证明了基准回归结果具有较强的稳健性，受内生性问题影响较小。

表6-4　　　　　　　　工具变量回归结果

变量	(1) 第一阶段 lntransfer	(2) 第二阶段 GTFP	(3) 第一阶段 lntransfer	(4) 第二阶段 GTFP	(5) 第一阶段 lntransfer	(6) 第二阶段 GTFP
bartikiv	1.030*** (0.021)				0.956*** (0.031)	
lntransfer		0.199** (0.087)		0.239*** (0.093)		0.203** (0.086)

续表

变量	（1）第一阶段 lntransfer	（2）第二阶段 GTFP	（3）第一阶段 lntransfer	（4）第二阶段 GTFP	（5）第一阶段 lntransfer	（6）第二阶段 GTFP
historyiv			0.001*** (0.000)		0.000*** (0.000)	
控制变量	是	是	是	是	是	是
城市固定	是	是	是	是	是	是
不可识别检验 P 值		15.700 0.000		20.040 0.000		20.190 0.000
弱工具变量检验 10% 水平临界值		2404 16.380		28.58 16.380		1287 19.930
过度识别检验 P 值						0.636 0.425
内生性检验 P 值		1.337 0.248		1.978 0.160		2.156 0.143
R^2 值	0.889	0.293	0.568	0.289	0.895	0.292
观测值	704	704	704	704	704	704

注：括号内为稳健标准误；不可识别检验的统计量为 Kleibergen – Paap rk LM statistic，弱工具变量检验的统计量为 Kleibergen – Paap Wald rk F statistic，过度识别检验的统计量为 Hansen J statistic，内生性检验方法为 Davidson – MacKinnon test。

三　稳健性检验

基准回归模型的设定隐含了一系列假定，而假定是否成立对于估计结果的稳健性至关重要。为减少假定不成立和其他混杂因素可能带来的估计偏误，本节采用多种思路对基准回归结果的稳健性展开检验。

（一）非线性检验

本节基准模型采用的函数形式为主流的线性形式，并非根据严格的梳理推导设定，因此可能存在忽略非线性的可能。基于此，在基准回归模型中加入 lntransfer 的平方项（lntransfer2），从而检验函数形式是否为非线性，表 6 – 5 第（1）列展示了加入平方项的回归结果，lntransfer2 与 lntransfer 的系数均通过了 1% 的显著性水平检验，二次项系数为正表明承接产业转移与工业绿色发展之间存在正 U 型关系。然而，非线性关系的确定不能只关注估计系数的显著性和符号，还应当结合自身样本加以分析。计算拐点位置可知，拐点出现在 lntransfer = 6.359 处，拐点左边仅有两个未发生承接产业转移活动的样本，说明该拐点不具有实际意义。据此，可认为本节在基准回归模型中设定线性模型是合适的。

（二）替换被解释变量

对被解释变量的重新选取，一是重新选取测算模型，考虑到现阶段 EBM – GML 模型仍然被广泛用于生产效率的测算，因而选用 EBM – GML 指数来代替 SBM – GML 指数，并按照前文介绍的方法，对指数进行相应变换（ytest1）；二是采用碳生产率（ytest2）衡量城市工业绿色发展水平，即工业增加值与工业碳排放量之比。分别将以上两个变量纳入基准回归模型中，估计结果如表 6 – 5 第（2）（3）列所示，lntransfer 的估计系数在 1% 水平上显著为正，只是系数大小不同。表明在替换解释变量后，承接产业转移仍然能显著促进工业绿色发展。

（三）更换估计方法

同时解决组间异方差、同期相关和组内自相关的非参数协方差矩阵估计方法虽然最有效，但估计并不稳健，因此需要采用稳健的估计方法加以比较。本节选择"OLS + 面板校正标准误差"方法重新估计基准回归模型，表 6 – 5 第（4）列呈现了估计结果，可以看出 lntransfer 的估计系数在 1% 水平上显著为正。此外，本节还进行了要求各面板自回归系数相同的全面 FGLS 估计，结果与基准回归结果同样一致，表明基准回归模型所采用的估计方法对本节研究样本而言是稳健的。

（四）剔除省会城市以及计划单列城市

省会城市或计划单列城市由于其规模和影响力，可能在某些指标上存在极端值，这些极端值可能会对回归模型的参数估计产生较大的影响，使得估计结果偏离真实情况。为排除省会城市和计划单列城市对基准回归结果的影响，将所涉及城市剔除后重新估计。由表 6 – 5 第（5）列可知，lntransfer 估计系数的显著性水平与基准回归结果一致，承接产业转移仍对工业绿色发展水平的提升具有显著正向影响，说明基准回归结果稳健可靠。

表6-5 稳健性检验估计结果

变量	(1) GTFP	(2) $ytest1$	(3) $ytest2$	(4) GTFP	(5) GTFP
$lntransfer$	-0.354***	0.123***	0.021***	0.185***	0.097***
	(0.048)	(0.023)	(0.009)	(0.049)	(0.036)
$lntransfer2$	0.028***				
	(0.003)				
控制变量	是	是	是	是	是
城市固定	是	是	是	是	是
R^2值				0.650	
观测值	704	704	704	704	605

注：同表6-3。

四 机制检验

基准回归结果表明承接产业转移能够显著推动工业绿色发展，第二节理论分析梳理出了绿色技术创新、产业结构调整和能源结构调整三条作用路径，采用中介效应模型来进行实证分析（李莉等，2014；余东华和孙婷，2017）[①][②]，具体的模型设定如下：

$$M_{it} = \beta_0 + \beta_1 lntransfer_{it} + \beta_2 control + u_i + \varepsilon_{it} \quad (6-10)$$

其中，M代表中介变量，其余解释同公式（6-8）。

（一）绿色技术创新效应

大量实证研究已经证实，绿色技术创新对工业绿色发展具有促进作用。基于此，本节选取绿色专利申请总数与常住人口数的比值来表示绿色技术创新（$green\_patent$），表6-6第（1）（2）列展示了以$green\_paten$作为被解释变量的回归结果，可以看出，是否加入控制变量，$lntransfer$的估计系数均在1%的水平上显著为正，说明是否考虑外部环境承接产业转移推动工业绿色发展的绿色技术创新路径都是存在的。由第（2）列可

[①] 李莉、闫斌、顾春霞：《知识产权保护、信息不对称与高科技企业资本结构》，《管理世界》2014年第11期。

[②] 余东华、孙婷：《环境规制、技能溢价与制造业国际竞争力》，《中国工业经济》2017年第5期。

知,承接产业转移每增加1%,绿色技术创新产出将增加0.102个单位,即假说 H2 在本节所选取的城市样本中成立。改善气候涉及减少温室气体排放和温室气体捕获、存储、封存的绿色技术,以及与建筑物、信息与通信技术、生产加工、交通运输、废物处理等方面的气候变化缓解技术,其与绿色技术创新在性质和目标上具有高度的相似性,若上述实证分析所验证的路径与理论分析吻合,则更换主体后同样应具有统计学意义。借鉴安慰剂检验思想,将改善气候的技术创新（climate_patent）纳入模型,估计结果见表6-6第（3）（4）列,气候变化减缓技术创新同样可以促进工业绿色发展,因此,承接产业转移通过促进绿色技术创新来推动工业绿色发展的路径的确存在。

表6-6 绿色技术创新效应估计结果

变量	(1) green_patent	(2) green_patent	(3) climate_patent	(4) climate_patent
lntransfer	0.182*** (0.029)	0.102*** (0.035)	0.075*** (0.033)	0.096*** (0.035)
控制变量	否	是	否	是
城市固定	是	是	是	是
观测值	704	704	704	704

注:同表6-3。

（二）产业结构调整效应

工业作为国民经济的重要支柱,其内部结构的优化和升级对于整个经济体系的绿色转型至关重要。本节采用高新技术行业产出占总产出比重（high_t）和高污染行业产出占总产出比重（high_p）表征产业结构调整,结果如表6-7所示。未加入控制变量时,high_t 和 high_p 的估计系数均不显著,加入控制变量后,两者的估计系数均显著,说明外部环境对产业结构的调整效应存在较大的影响。从第（2）列可以看出,承接产业转移对高新技术行业产出占比的作用在10%的水平上显著为正,承接产业转移每增加1%,高新技术行业占比会提高0.538个单位;从第（4）列可以看出,承接产业转移每增加1%,高污染行业产出占比会降低

2.408 个单位,且这一影响也通过了 5% 水平的显著性检验,表明承接产业转移能够通过调整产业结构这一机制来推动工业绿色发展,即假说 H3 在本章所选取的城市样本中成立。

表 6-7　　　　　　　　　　产业结构调整效应估计结果

变量	(1) high_t	(2) high_t	(3) high_p	(4) high_p
lntransfer	0.327 (0.312)	0.538* (0.297)	-1.375 (1.025)	-2.408** (1.152)
控制变量	否	是	否	是
城市固定	是	是	是	是
观测值	704	704	704	704

注:同表 6-3。

(三) 能源结构调整效应

工业企业的能源结构直接影响污染的排放,以低碳能源消费占能源总消费比重 (lc_ratio) 和气态能源与非气态能源消费之比 (gas_ratio) 衡量城市能源消费结构,两者占比越高,说明该城市的能源消费结构可能越有利于减污降排。以 lc_ratio 和 gas_ratio 作为被解释变量进行回归,估计结果如表 6-8 所示。未加入控制变量时,lc_ratio 和 gas_ratio 的估计系数均不显著,加入控制变量后,两者的估计系数均显著,说明外部环境对能源结构的调整效应存在较大的影响。从第 (2) 列可以看出,每多承接 1% 的产业转移,低碳能源消费占能源总消费比重的比例会增加 1.339 个单位,且这一影响通过了 5% 水平的显著性检验,表明承接产业转移能够通过提高低碳能源消费比例促进工业绿色发展;从第 (4) 列可以看出,承接产业转移每增加 1%,气态能源与非气态能源消费的比例会增加 0.922 个单位,且这一影响通过了 1% 水平的显著性检验,表明承接产业转移能够通过调整气态能源与非气态能源消费比例促进工业绿色发展,即假说 H4 在本章所选取的城市样本中成立。

表6-8　　　　　　　　　　能源结构调整效应估计结果

变量	(1) lc_ratio	(2) lc_ratio	(3) gas_ratio	(4) gas_ratio
lntransfer	0.337 (0.421)	1.339** (0.575)	0.302 (0.245)	0.922*** (0.299)
控制变量	否	是	否	是
城市固定	是	是	是	是
观测值	704	704	704	704

注：同表6-3。

五　异质性分析

在上述分析的基础上，进一步对64个城市进行分样本估计，一方面利用分样本估计的结果来检验前文实证结果的稳健性；另一方面也有利于探究出更有价值的经验规律。

（一）流域异质性

黄河流域横跨我国东、中、西部，各流域由于资源禀赋、地理环境、经济发展、环境监管等因素会使得承接产业转移对工业绿色发展的影响具有区域异质性。因此，进一步从上、中、下游分别考察承接产业转移对不同地区工业绿色发展的影响效应。由表6-9可知，上游和下游地区承接产业转移对工业绿色发展的影响在1%的水平上显著为正，而中游地区不显著，且从回归系数来看，上游的影响程度更大，下游较小。可能的原因是：上游地区具有较为丰富的自然资源和能源储备，为承接产业转移提供了有力的物质基础，在承接产业转移的过程中，上游地区可以充分利用这些资源，发展绿色产业，推动工业绿色化进程；下游地区作为经济相对发达的地区，产业转移可能更加注重高质量发展和绿色转型，在吸引产业转移时，更加倾向于选择那些符合绿色发展理念、技术创新能力强的企业；中游地区往往以传统制造业为主，面临着产业结构转型的困境和挑战，限制了其工业绿色发展的速度和效果。

表6-9　　　　　　　　　　流域异质性分析估计结果

变量	(1) GTFP 上游	(2) GTFP 中游	(3) GTFP 下游
lntransfer	0.198*** (0.014)	0.039 (0.039)	0.153*** (0.048)
控制变量	是	是	是
城市固定	是	是	是
观测值	132	242	330

注：同表6-3。

（二）城市类型异质性

资源型城市的能源或矿产资源较为丰富，工业结构更偏向重工业化，而非资源型城市的工业结构更偏向轻工业化，工业绿色发展过程中两种类型的城市所面临的挑战可能并不相同。根据《全国资源型城市可持续发展规划（2013—2020年）》的分类标准，将样本城市划分为资源型城市和非资源型城市两组。从表6-10第（1）（2）列可以看出，资源型城市和非资源型城市承接产业转移均对工业绿色发展有显著的促进作用，但非资源型城市承接产业转移对工业绿色发展的正向影响要大于资源型城市。表明尽管承接产业转移能够在一定程度上推动工业绿色发展，但受限于历史积累和产业结构惯性，资源型城市可能面临更多的社会和经济压力，导致在推动工业绿色发展方面的效果不如非资源型城市明显。

（三）城市规模异质性

为进一步验证不同规模城市承接产业转移对促进工业绿色发展方面作用效果的差异，本节将城市分为大城市、中小城市两组（划分标准同第四章）。从表6-10第（3）（4）列可以看出，大城市和中小城市承接产业转移均对工业绿色发展有显著促进作用，且大城市促进作用更明显。可能的原因是，大城市拥有更为集中的资源和基础设施，有助于实现规模效应，提高资源利用效率，推动工业绿色发展。同时，大城市居民环保意识通常较高，对绿色生活的需求更为迫切，这种需求推动了企业、政府和社会各界在绿色发展方面共同努力，可以形成良好的绿色发展氛围。

（四）企业产权异质性

国有企业和非国有企业在经济结构、运营方式以及政策执行等方面存在显著差异，这些差异会直接影响到两者的产业转移行为对工业绿色发展的贡献。从表6-10第（5）（6）列可以看出，无论是承接国有企业产业转移（lntransfer_s）还是承接非国有企业产业转移（lntransfer_n）对工业绿色发展均有显著的正向促进作用，且承接非国有企业产业转移促进作用更明显。可能的原因是相较国有企业，非国有企业具有更加灵活和高效的决策机制，同时也更加注重创新和市场竞争力，更愿意投入资本进行绿色技术的研发和应用，从而推动工业绿色发展。

表6-10　　　　　　　其他异质性分析估计结果

变量	(1) GTFP 资源型城市	(2) GTFP 非资源型城市	(3) GTFP 大城市	(4) GTFP 中小城市	(5) GTFP 国有企业	(6) GTFP 非国有企业
lntransfer	0.074 *** (0.031)	0.194 *** (0.056)	0.304 *** (0.033)	0.077 ** (0.032)		
lntransfer_s					0.031 *** (0.010)	
lntransfer_n						0.122 *** (0.033)
控制变量	是	是	是	是	是	是
城市固定	是	是	是	是	是	是
观测值	341	363	242	462	704	704

注：同表6-3。

第六节　纳入环境规制的进一步分析

工业绿色发展要求在工业发展过程中注重资源与环境的可持续发展、

降低污染排放、发展循环经济与低碳技术，实现经济社会与自然相协调。当经济主体福利受到自身外的其他经济主体决策或行为影响时则意味着存在外部性，环境污染所具有的外部性使得其难以通过市场机制得以有效解决，强化政府干预成为降低环境污染、促进工业绿色发展的关键。环境规制则是为了克服企业生产的负外部性，无论是征收环境税，还是设定环境标准，都旨在内化企业生产的社会净成本，增强企业清洁生产主动性，推动工业绿色发展。

早期由于相关政策尚未完善，承接地可能为了发展经济，承接一些高污染、高消耗的工业企业，而这些企业在生产过程中会对当地的能源资源产生较大消耗，增加废气等污染物的排放。Walter 和 Ugelow（1979）[1] 提出产业转移过程中污染密集型产业会从发达国家向发展中国家转移，致使其沦为发达国家的"污染天堂"的观点。Kheder 和 Zugravu（2012）[2] 通过构建经济地理模型发现部分国家在接受外国直接投资时沦为了"污染避难所"。豆建民和沈艳兵（2014）[3] 认为产业向中部地区转移的过程中也带来了污染的转移。

自"十一五"以来，中央将主要污染物减排目标确立为约束性指标，并将其完成情况与地方政府官员的政绩挂钩，蕴含了中国特色环境规制方式的独特探索。许多学者研究发现，只要通过合理的规划和监管，也可确保在推动经济增长的同时，实现环境保护与可持续发展的平衡。原毅军和谢荣辉（2015）[4] 选取各省份废水排放达标率、二氧化硫去除率、烟（粉）尘去除率和固体废物综合利用率四个单项指标构建环境规制水平的综合测量体系，并进一步实证检验了环境规制、FDI 及两者交互项对

---

[1] I. Walter and J. Ugelow, "Environmental Policies in Developing Countries", *Ambio*, Vol. 8, 1979, pp. 102 – 109.

[2] S. B. Kheder and N. Zugravu, "Environmental regulation and French firms location abroad: An economic geography model in an international comparative study", *Ecological Economic*, Vol. 71, 2012, pp. 48 – 61.

[3] 豆建民、沈艳兵：《产业转移对中国中部地区的环境影响研究》，《中国人口·资源与环境》2014 年第 11 期。

[4] 原毅军、谢荣辉：《FDI、环境规制与中国工业绿色全要素生产率增长：基于 Luenberger 指数的实证研究》，《国际贸易问题》2015 年第 8 期。

GTFP 的影响，发现两者的良性互动是 GTFP 增长的重要影响因素。张彩云和郭艳青（2015）[①]认为在产业转移过程中针对性地加强政府环境关注程度，既能促进产业发展，也能有效降低污染排放。张峰等（2020）[②]基于黄河三角洲高效生态经济区 2009—2018 年面板数据研究得到，承接产业转移会对生态环境产生负面影响，但是政府支出能够对控制产业承接造成的污染扩散产生积极正向的作用。谢宜章等（2021）[③]研究了不同类型环境规制与 FDI 对中国工业绿色发展的影响效应，认为经济激励型环境规制与 FDI 的交互效应能明显促进工业绿色发展。

因此，本节从水环境规制、环保处罚强度和空气质量规制三方面出发，进一步分析环境规制在工业绿色发展中的作用。

（一）水环境规制调节效应

本节采用上一年万元工业增加值用水量与当年万元工业增加值用水量之比，表征水环境规制（water）。将水环境规制以及去心后承接产业转移与去心后水环境规制的交互项（watlntran）同时纳入模型，估计结果如表 6-11 第（1）列所示，可以看出 lntransfer、water 以及二者交互项的估计系数显著为正，表明城市水环境规制程度越高，越有益于承接产业转移促进城市工业绿色发展。产生上述结果的原因可能是，城市水环境规制强度的提升能够推进该地节约资源，促进产业结构升级、生态价值转化，为该地区提高工业绿色发展水平提供助力。

（二）环保处罚强度调节效应

本节采用各省上一年环保处罚数量与当年环保处罚数量之比表征相应城市的环保处罚强度（penalty）。将环保处罚强度以及去心后产业转移与去心后环保处罚强度的交互项（penlntran）同时纳入模型，估计结果如表 6-11 第（2）列所示，可以看出 lntransfer、penalty 以及二者交互项的

[①] 张彩云、郭艳青：《污染产业转移能够实现经济和环境双赢吗？——基于环境规制视角的研究》，《财经研究》2015 年第 10 期。

[②] 张峰、薛惠锋、宋晓娜：《国家高效生态经济战略区承接产业转移能否兼顾环境效益？》，《经济体制改革》2020 年第 3 期。

[③] 谢宜章、邹丹、唐辛宜：《不同类型环境规制、FDI 与中国工业绿色发展——基于动态空间面板模型的实证检验》，《财经理论与实践》2021 年第 4 期。

估计系数显著为正,表明调节变量确实发挥了调节作用,环保处罚强化了承接产业转移对工业绿色发展的推动作用。环保处罚是政府政策引导的一种体现,政府通过调整环保处罚力度,可以明确城市的环保政策和绿色发展导向,为企业提供清晰的预期,进而引导产业向更加绿色、可持续的方向发展。

(三) 空气质量规制调节效应

本节采用上一年 PM2.5 平均浓度与当年 PM2.5 平均浓度之比,表征空气质量规制(air)。由表 6-11 第（3）列可知,$lntransfer$ 的估计系数在 1% 的水平上显著为正,air 以及二者交互项的估计系数不显著,说明空气质量规制在承接产业转移促进工业绿色发展的过程中,没有产生调节作用。可能的原因是,空气质量规制政策过于宽松,无法有效约束污染行为,或者在执行过程中遭遇阻力,导致政策难以得到全面落实。

表 6-11　　　　　　　　　调节效应估计结果

变量	(1) GTFP 水环境规制	(2) GTFP 环保处罚强度	(3) GTFP 空气质量规制
$lntransfer$	0.092** (0.037)	0.138*** (0.048)	0.151*** (0.039)
$water$	0.205* (0.105)		
$watlntran$	0.192* (0.105)		
$penalty$		0.112** (0.053)	
$penlntran$		0.168** (0.081)	
air			0.152 (0.263)
$airlntran$			0.009 (0.205)

续表

变量	(1) GTFP 水环境规制	(2) GTFP 环保处罚强度	(3) GTFP 空气质量规制
控制变量	是	是	是
城市固定	是	是	是
观测值	704	704	704

注：同表6-3。

第七节 本章小结

本章首先梳理了承接产业转移对工业绿色发展的影响作用和作用路径相关文献，然后基于2011—2021年沿黄城市群64个城市的面板数据，测度了各城市工业绿色发展水平和承接产业转移的规模，通过个体固定效应模型分析了两者之间的关系，并验证了绿色技术创新、产业结构调整以及能源结构调整在其中的作用，最后进一步分析了多重环境规制下承接产业转移对工业绿色发展的作用效果。通过以上理论分析与实证研究，得到以下结论：

（1）在控制个体固定效应时，承接产业转移的回归系数显著为正，证明了沿黄城市群城市承接产业转移对工业绿色发展水平具有促进提升作用，且这一结论通过了更改模型函数形式、替换被解释变量、更换估计方法、剔除省会城市与计划单列城市的稳健性检验。另外，本章还构造了两个工具变量以验证基准模型中是否存在内生性以及内生性是否对基准回归结果造成严重影响，结果显示，基准回归结果具有较强的稳健性，受内生性问题影响较小。

（2）承接产业转移通过绿色技术创新、产业结构调整、能源结构调整等效应来推动工业绿色发展。在绿色技术创新方面，原有产业与转入产业在竞争与合作中谋求发展创新，以及在促进供应链整合和产业集聚等方面提升城市工业的创新水平；产业结构方面，城市会根据实际发展现状来选择优化调整工业产业结构，对产业实行优胜劣汰从而推动产业结构向高级化发展；能源结构方面，随着产业转移的推进，新兴产业和技术的引入使得工业领域对能源的需求发生变化，更加注重能源的清洁性和可持续性，以此推动工业绿色发展。

（3）对不同流域进行对比分析，发现在上游和下游地区，承接产业转移对工业绿色发展产生了显著的正面影响，中游地区不显著，且这一效果在上游较大，下游较小。进一步对比资源型城市和非资源型城市，发现两者承接产业转移均对工业绿色发展有显著的促进作用，且非资源型城市的促进作用要大于资源型城市。此外，大城市和中小城市同样都对工业绿色发展有显著的促进作用，且大城市促进作用更明显。最后，从承接的企业产权类型来看，无论是承接国有企业产业转移还是承接非国有企业产业转移，都对承接地工业绿色发展产生了积极的正向影响，且承接非国有企业产业转移的促进作用更明显。

（4）水环境规制、环保处罚强度在承接产业转移对工业绿色发展的正向作用中起到了正向调节效应，即两种环境规制水平越高时，承接产业转移越有利于工业绿色发展水平的提升。

第七章

承接产业转移与沿黄城市群工业开放发展

2020年10月,《黄河流域生态保护和高质量发展规划纲要》提出,要采取有效举措推动黄河流域高质量发展,加快新旧动能转换,建设特色优势现代产业体系;① 2021年9月《黄河流域生态保护和高质量发展报告(2021)》中提到,黄河流域九省区的外向型经济具有较大的发展潜力,沿黄地区的对外贸易是畅通全流域"双循环"的重要方式;② 2023年9月,《黄河流域发展指数报告(2023)》提出,要巩固黄河流域传统行业在全球价值链中的优势地位,提升全球市场份额。③ 但黄河流域工业化水平整体仍然偏低,产业结构以煤炭、钢铁等资源密集型产业为主,经济发展对资源型产业有较高的依赖性;而产业转移的持续推进,为沿黄城市群城市转变经济发展方式、提升工业出口质量提供大量技术、资本、人力等资源要素,对沿黄城市群城市实现高质量发展具有重要意义。因此,为实现黄河流域高质量发展,沿黄城市群城市须把握高质量发展的时代步伐,抓住产业转移的宝贵机遇,并进一步深化黄河流域开放发

---

① 《中共中央 国务院印发〈黄河流域生态保护和高质量发展规划纲要〉》,2021年10月8日,https://www.gov.cn/zhengce/2021-10/08/content_5641438.htm,2024年3月23日。
② 郝宪印、袁红英主编:《黄河流域生态保护和高质量发展报告 2021 海陆统筹东西互济》,社会科学文献出版社2021年版,第28页。
③ 曹雷、董黎明、杨玉雪:《黄河流域发展指数报告(2023)》,王承哲、李同新、王玲杰主编《黄河流域蓝皮书:黄河流域生态保护和高质量发展报告(2023)》,社会科学文献出版社2023年版,第68—85页。

展策略，提升黄河流域整体对外开放水平，打造黄河流域开放新高地。

现阶段，厘清"承接产业转移通过什么机制影响工业出口质量""承接产业转移是否能提升当地出口质量"这一系列问题，对巩固沿黄地区产业承接地发展成果、补齐当前发展短板以及优化工业出口质量具有重要的实践价值。本书旨在探讨高质量发展背景下，承接产业转移对沿黄城市群工业开放发展的影响，并以沿黄城市群城市出口技术复杂度为工业开放发展的落脚点，为承接产业转移与黄河流域高质量出口方面研究提供一定参考。

第一节 承接产业转移与工业开放发展相关文献综述

一 关于出口技术复杂度的研究

出口技术复杂度在一定程度上能够反映出口行业或出口产品的技术水平及国际分工地位，被广泛用于测度工业制成品出口竞争力。目前关于出口技术复杂度的研究，主要集中于出口质量的影响因素方面。Schott（2004）[1] 聚焦一国资本或技术密集度，发现一国技术密集度越高，出口产品质量越高。施炳展和邵文波（2014）[2] 利用微观层面数据验证了高水平的生产效率、研发效率和广告效率对出口质量的提升作用。程虹和袁璐雯（2020）[3] 研究表明机器人使用在提升各生产环节精细化、专业化程度的同时促进工艺创新，提高企业产品质量。黄先海等（2023）[4] 研究发现，颠覆性数字技术通过优化生产经营效率、促进服务化转型和加速创造性破坏等显著促进企业出口质量升级。除创新研发角度，国内外学者

---

[1] P. K. Schott: "Across-Product Versus Within-Product Specialization In International Trade", *Quarterly Journal of Economics*, Vol. 119, No. 2, 2004, pp. 647–678.

[2] 施炳展、邵文波：《中国企业出口产品质量测算及其决定因素——培育出口竞争新优势的微观视角》，《管理世界》2014年第9期。

[3] 程虹、袁璐雯：《机器人使用、工艺创新与质量改进——来自中国企业综合调查（CEGS）的经验证据》，《南方经济》2020年第1期。

[4] 黄先海、王瀚迪、孙涌铭、虞柳明：《数字技术与企业出口质量升级——来自专利文本机器学习的证据》，《数量经济技术经济研究》2023年第12期。

还从政府干预、人力资本等角度研究出口质量的影响因素。从贸易自由化角度，林正静（2019）[1] 以中国加入世贸组织作为一次准自然实验，采用双重差分法验证了中间品贸易自由化有利于促进企业出口产品质量升级。石小霞和刘东（2019）[2] 基于2000—2007年中国制造业企业数据进行研究，也得到中间品贸易自由化和技能结构改善显著地提升了中国制造企业出口产品质量的结果。从政府行为角度，李秀芳和施炳展（2013）[3] 研究发现政府补贴总体上对企业出口产品质量有提升作用，这种作用对技术水平高、研发能力强、广告营销投入大的企业促进作用尤为明显。张杰等（2014）[4] 实证研究了政府干预、市场竞争与企业出口产品质量之间的关系，研究发现政府补贴向国有部门的集中，弱化了资源配置效率，抑制了出口产品质量提升。韩峰和史桐奇（2023）[5] 提出，政府的绿色政绩考核通过推动科技创新和制造业高级化，降低企业成本、提升企业全要素生产率、增加企业可获得的中间品种类等机制推动企业出口产品质量升级。从人力资本角度，程锐和马莉莉（2019）[6] 研究发现人力资本高级化可以通过技术和产业结构促进一国出口产品质量升级。刘海云和王利霞（2022）[7] 利用上市公司数据进行实证检验，发现海归高管作为高层次人才可以显著促进出口质量升级。除此之外，许和连等（2020）[8] 提出高

---

[1] 林正静：《中间品贸易自由化与中国制造业企业出口产品质量升级》，《国际经贸探索》2019年第2期。

[2] 石小霞、刘东：《中间品贸易自由化、技能结构与出口产品质量升级》，《世界经济研究》2019年第6期。

[3] 李秀芳、施炳展：《补贴是否提升了企业出口产品质量?》，《中南财经政法大学学报》2013年第4期。

[4] 张杰、郑文平、翟福昕：《中国出口产品质量得到提升了么?》，《经济研究》2014年第10期。

[5] 韩峰、史桐奇：《绿色政绩考核能否推动制造业出口产品质量升级》，《中国经济问题》2023年第2期。

[6] 程锐、马莉莉：《人力资本结构高级化与出口产品质量升级——基于跨国面板数据的实证分析》，《国际经贸探索》2019年第4期。

[7] 刘海云、王利霞：《海归高管促进出口产品质量提升了吗》，《国际经贸探索》2022年第8期。

[8] 许和连、金友森、王海成：《经理自主权对企业出口产品质量的影响研究》，《国际贸易问题》2020年第8期。

管自主权的扩大对出口质量提升具有积极意义,并且这种正向效应在国有企业和高技术企业中表现更为明显。

二 承接产业转移与出口技术复杂度的相关研究

国内外文献主要从国家、区域两个层面研究承接产业转移与出口技术复杂度两者的关系。国内外学者普遍认为外资作为国家层面产业转移的重要载体,是影响承接地出口技术复杂度的重要因素。因此,在国家层面的研究,国内外学者重点关注外资对出口技术复杂度的效应。大多数学者研究认为,外资进入对出口技术复杂度的提升起到促进作用。国外学者 Harding 等(2011)[1]利用罗马尼亚数据发现 FDI 能够提升出口产品质量;Anwar 等(2018)[2]以单价法计算出口产品质量,结果显示制造业外资的进入有助于产品质量的提升。国内方面,韩超和朱鹏洲(2018)[3]通过对改革开放以来我国 FDI 的引入以及制造业企业的数据进行研究发现,IFDI 对企业的出口产品质量提升起到推动作用。程凯和杨逢珉(2019)[4]发现 FDI 和 OFDI 对企业的出口产品质量均产生显著正向影响,但企业 OFDI 的效果远优于 FDI。陈海英(2022)[5]从产业链分工视角分解外资的技术溢出效应,发现外资技术的垂直溢出制造业出口产品质量的提升起促进作用,后向溢出效应对出口产品质量的提升大于前向溢出效应。但部分学者认为外资进入对东道国的出口产品质量影响很小甚至是负向。Wiedmann 等(2007)[6]实证发现 FDI 的流入可能会因为

---

[1] T. Harding, B. S. Javorcik, "Roll out the Red Carpet and They Will Come: Investment Promotion and FDI Inflows", *Economic Journal*, Vol. 21, No. 18, 2011, pp. 1445–1476.

[2] Anwar, Sajid, Sun, et al., "Foreign Direct Investment and Export Quality Ipgrading in China's Manufacturing Sector", *International Review Of Economics And Finance*, Vol. 54, No. Mar, 2018, pp. 289–298.

[3] 韩超、朱鹏洲:《改革开放以来外资准入政策演进及对制造业产品质量的影响》,《管理世界》2018年第10期。

[4] 程凯、杨逢珉:《FDI、OFDI 对出口产品质量的影响研究》,《经济经纬》2019年第3期。

[5] 陈海英:《外资进入、技术溢出与出口质量》,《山西财经大学学报》2022年第11期。

[6] T. Wiedmann, M. Lenzen, K. Turner, et al., "Examining the Global Environmental Impact of Regional Consumption Activities — Part 2: Review of Input – output Models for the Assessment of Environmental Impacts Embodied in Trade", *Ecological Economics*, No. 1, 2007, p. 61.

挤出效应的存在，使得东道国的出口可能性下降。刘洪铎等（2013）[①] 提出在开放条件下，外资企业在技术研发、产品品牌、声誉以及营销渠道等方面长期积累的优势使其对当地企业形成挤出效应，不利于当地企业的产业升级和技术水平的提升。赖敏和韩守习（2018）[②] 认为FDI对技术提升的作用逐步退化，对外投资国主要是将国内落后的技术进行转移，并不会将自己的核心技术转移到国外，因此东道国并不能得到核心技术，对出口技术复杂度的提升有限。

在区域层面，学者对于承接区域产业转移能否提升出口技术复杂度这一问题暂未达成一致结论。孙志娜（2020）[③] 利用省级空间面板数据实证得出，承接区际产业转移通过技术溢出效应对本地区的出口技术复杂度产生显著的促进作用，但由于中国式经济分权弊端的影响，对相邻地区产生显著的抑制作用。赵向荣和张明旭（2022）[④] 通过"异质性企业"与"成本发现"的框架得到相似结论，提出产业高度集中通过规模经济与范围经济，降低本地区生产成本，对出口技术复杂度起到促进作用，但是若产业过度集中则会对相邻地区的出口技术复杂度产生负效应。部分学者认为，承接地基础设施状况、承接产业类型、政府干预等因素也会对承接地出口质量产生影响。黄梦蝶等（2021）[⑤] 基于2009—2019年面板数据的实证结果提出，质量基础设施作为一项长期投资，能成为促进技术创新的外部压力，降低地区贸易成本，引发收入效应，从而促进出口产品质量的提升。潘康等（2023）[⑥] 通过实证检验发现，高技术产业

[①] 刘洪铎、吴庆源、李文宇：《市场化转型与出口技术复杂度：基于区域市场一体化的研究视角》，《国际贸易问题》2013年第5期。

[②] 赖敏、韩守习：《知识产权保护对出口技术复杂度的影响研究》，《世界经济与政治论坛》2018年第4期。

[③] 孙志娜：《区际产业转移对中国出口技术复杂度的影响》，《科学学研究》2020年第9期。

[④] 赵向荣、张明旭：《产业聚集度对出口技术复杂度的影响分析》，《荆楚理工学院学报》2022年第3期。

[⑤] 黄梦蝶、夏唐斌、张豪、宋斐、樊林玉：《国家质量基础设施对出口产品质量的效能评估研究》，《工业工程与管理》2021年第5期。

[⑥] 潘康、何枫、刘荣：《高技术产业集聚促进出口产品升级了吗？——基于技术创新和对外开放的视角》，《北京工商大学学报》（社会科学版）2023年第2期。

通过提高技术创新能力和对外开放程度促进出口产品升级，该正效应在东部与西部地区、电子及通信设备制造业以及上游关联企业中表现得更加显著。张明和赵映雪（2023）[①]利用准自然实验并基于企业微观数据提出，尽管严格环境规制会增加企业的污染治理负担，但政府通过制定有效的创新支持政策，能有效促使企业提升技术创新能力和出口产品质量。

三　文献述评

本章从出口技术复杂度、承接产业转移与出口技术复杂度两个方面梳理了相关文献。国内外学者在出口技术复杂度影响因素方面的研究取得了丰硕成果，涵盖了研发创新能力、贸易自由化、政府行为等多个方面，研究范围不断扩大，内容日益深入，并提出研发创新能力是提升出口技术复杂度的必要途径；值得一提的是，目前关于承接产业转移与出口技术复杂度相关关系的研究，还未就承接产业转移对承接地出口技术复杂度的具体影响达成统一认识，利用微观企业数据进行实证的文献较少。基于此，本书将研究主体确定为沿黄城市群城市，利用微观企业数据，深入探讨承接产业转移能否以及如何提升沿黄城市群城市工业出口技术复杂度，以期为沿黄城市群城市相关政策设计提供新参考。

第二节　理论机制与研究假设

一　承接产业转移对工业开放发展的直接影响

承接产业转移对工业开放发展的直接影响可从以下五个方面阐述：技术方面，新产业与新技术随着产业转移进入承接地，这将对承接地的产品技术含量与出口结构产生影响，从而影响地区出口技术复杂度。政府方面，政府通过制定优惠政策、加强基础设施建设等方式，为企业提供良好的营商环境，[②]吸引优质企业入驻，激发市场主体活力和社会创造

[①] 张明、赵映雪：《环境规制、技术创新与企业出口产品质量——基于准自然实验的证据》，《国际贸易问题》2023年第3期。
[②] 刘志彪、王兵：《营商环境、产业转移与区域协调发展》，《河北学刊》2024年第2期。

潜力，优化产供链空间布局，[1] 进而提升整个地区的出口技术复杂度。企业方面，承接地企业利用转入的资源和生产要素，优化生产布局提高生产效率，并通过学习转入企业的先进生产技术和管理经验，提升产品的质量和技术含量，[2] 进而增加出口产品的附加值；同时，转入企业借助承接地的市场渠道，拓展国际市场，提升品牌影响力，提高产品市场覆盖率，[3] 进一步推动出口技术复杂度的升级。市场方面，承接产业转移将带来新的市场主体和产品，激烈的市场竞争将促使企业不断创新、提高产品质量和技术含量，[4] 以适应市场需求的变化；此外，激烈的市场竞争也将推动市场向更高层次的技术和品质发展，进一步提升出口技术复杂度。消费者方面，承接产业转移会为本地消费者提供更加多样、实惠的产品和服务，将增强消费者的购买意愿，从而推动企业不断提升产品质量和技术含量以满足市场需求，[5] 最终达成提升出口技术复杂度的效果。基于以上分析，本书提出如下假说：

H1：承接产业转移对地区出口技术复杂度升级有推动作用。

二 承接产业转移对工业开放发展的间接作用机制

（一）创新溢出效应

产业转移承接地区能够汲取转移产业在生产技术、管理模式等方面的优势，并以此激发本地相关产业的技术创新活力，为地区经济的持续健康发展注入新的动力。出口技术复杂度实质上是指地区出口产品的技术含量，科技创新在出口技术复杂度提升过程中发挥着突出作用。大量

---

[1] 吴汉洪、张崇圣：《营商环境与产业生态：激发市场主体活力的重要着力点》，《学习与探索》2021 年第 3 期。

[2] 张雪琳、潘红玉、任宇新、贺正楚：《产业链转移的成本驱动机制：以日本半导体产业为例》，《科学决策》2024 年第 1 期。

[3] 梁堃：《流通数字化与地区出口竞争力提升——基于创新投入的中介效应》，《商业经济研究》2024 年第 3 期。

[4] 妥燕方、孔令池：《中国产业转移的技术升级效应》，《山西财经大学学报》2023 年第 2 期。

[5] 蒋灵多、陈虹曦、陆毅、张国峰：《消费结构升级与出口产品质量提升》，《数量经济技术经济研究》2024 年第 41 卷第 5 期。

研究表明，自主创新是推动出口产品质量升级、提高出口技术复杂度的重要引擎，研发水平对出口产品质量有显著的拉动作用，[1] 提高研发投入有利于推动产品科技含量提升、促进外贸向以技术创新为支点的竞争态势转变；技术溢出有利于创新成果在不同企业间的交流、互动，加速创新成果的传播与应用，推动出口国内附加值率的提升，[2] 推进出口产品质量升级，[3] 但其作用效果受限于当地外部经济环境；[4] 创新产出有助于提高企业的出口倾向，[5] 提升出口产品质量，且人工智能技术、工业机器人等智能制造在出口产品生产过程中的广泛应用，能推动企业改变出口模式，[6] 显著提升产品的质量与科技含量。[7][8] 基于以上分析，本章提出如下假说：

假说2：承接产业转移通过创新溢出效应提升地区的出口技术复杂度。

（二）市场竞争效应

承接产业转移将在承接地聚集大量新产业、新企业，为争夺有限的市场份额，新进企业与原有企业进行满足消费者需求的产品创新与生产。激烈的市场竞争要求产品供给端适应消费者偏好，不断研究、创新技术，并将其应用到新产品中，企业将增加生产方法的技术密集度，提升产品

---

[1] 李怀建、沈坤荣：《出口产品质量的影响因素分析——基于跨国面板数据的检验》，《产业经济研究》2015年第6期。

[2] 张营营、彭硕毅、白东北：《数字经济发展能否提升企业出口国内附加值率？》，《商业研究》2023年第4期。

[3] 李仁宇、钟腾龙：《创新型城市试点建设的企业出口产品质量效应》，《当代经济科学》2021年第3期。

[4] 李强：《技术创新溢出、外部经济环境与出口贸易高质量发展》，《统计与决策》2021年第20期。

[5] 陈维涛、吴婷：《企业创新与中国企业出口决策——理论与实证分析》，《华东经济管理》2022年第4期。

[6] 毛其淋、石步超：《工业机器人如何影响企业出口模式》，《国际贸易问题》2022年第12期。

[7] 唐宜红、顾丽华：《智能制造对出口的影响——基于工业机器人的经验证据》，《国际经贸探索》2022年第4期。

[8] 张兵兵、陈静、朱晶、闫志俊：《人工智能与企业出口技术复杂度提升》，《国际贸易问题》2023年第8期。

供给端的技术创新能力，增强产品的品质竞争优势，从内生动力推动出口技术复杂度升级。① 此外，在政府的合理引导下，激烈的市场竞争在满足消费者多样化消费需求的同时，还将扩大本地市场规模，形成"市场竞争加剧—国内消费升级—产品供给端质量升级—出口升级"的良性循环，驱使企业不断丰富产品种类，实现要素升级，促进出口产品质量提高，② 以国内需求质量的提升推动出口技术复杂度升级。③ 基于以上分析，本书提出如下假说：

H3：承接产业转移通过市场竞争效应提升地区出口技术复杂度。

（三）产业结构优化效应

随着产业转移的发生，地区的产业结构呈现动态变化。一方面，传统产业通过学习新产业的先进技术与生产方法而不断转型升级；另一方面，承接产业转移催生承接地高技术产业的出现与成长，在这两方面的共同作用下，地区产业结构将不断趋于合理化与高级化。在产业结构合理化的过程中，产业转移促进了地区要素资源的高效配置与使用，④ 推动地区各企业的联动合作与资源共享，促进生产技术的优化升级与产品创新；⑤ 同时产业间的分工也更加细化，⑥ 各分工环节专业性的提高将进一步提升出口产品的技术含量。在产业结构高级化的过程中，技术落后的企业为避免被淘汰，通过生产高附加值产品、优化上下游生产链等方式，积极促使自身向高技术含量产业转型，形成高效、高技术的产业体系。在这过程中，高技术产业通过产业关联效应和技术溢出效应对其他关联产业产生

---

① 余娟娟、余东升：《政府补贴、行业竞争与企业出口技术复杂度》，《财经研究》2018年第3期。

② 许家云、刘艺璇：《消费撬动出口升级——事实与机制》，《南开经济研究》2023年第10期。

③ 马广程、曹建华：《消费需求质量升级提升了中国出口技术复杂度吗——基于"双循环"视角下的本地市场效应验证》，《国际经贸探索》2022年第8期。

④ 程颖慧、杨贵军：《产业结构、技术创新与对外贸易高质量发展》，《工业技术经济》2023年第5期。

⑤ 丛海彬、吴福象、邹德玲：《中国文化创意产品贸易出口技术结构的测算与国际比较》，《经济问题探索》2016年第9期。

⑥ 杨莎莎、王俊俊：《中国城市群产业结构优化测度及影响因素分析》，《统计与决策》2022年第12期。

带动作用，推动生产流程的优化、技术的革新，进而提高产业技术水平与效率。[①] 出口技术复杂度升级的过程与产业结构升级呈正相关关系，[②] 地区产业结构的不断优化将促进地区整体技术水平和生产效率的提高，为出口技术复杂度的提升提供新动能。基于以上分析，本书提出如下假说：

H4：承接产业转移通过产业结构优化效应提升地区出口技术复杂度。

承接产业转移对工业开放发展的间接作用理论框架如图7-1所示。

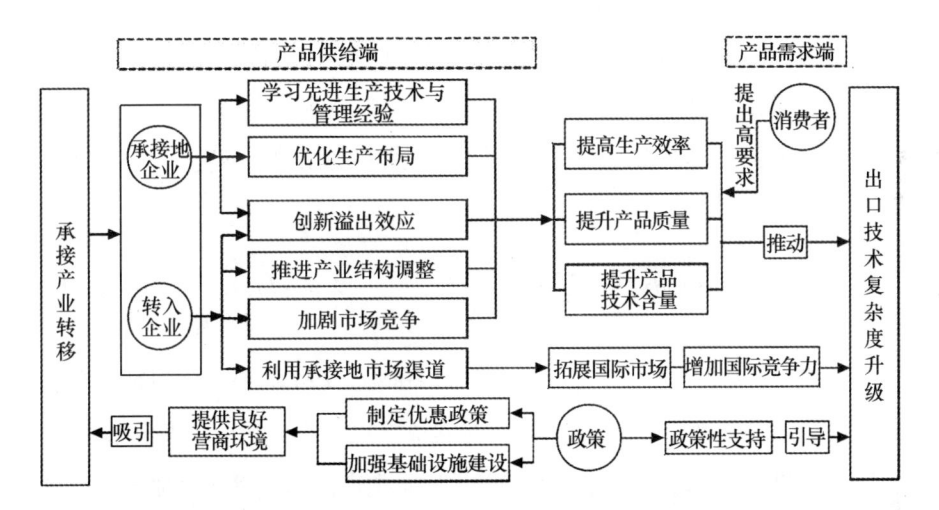

图7-1 承接产业转移提升出口技术复杂度作用的理论分析框架

图文来源：作者自绘。

第三节 沿黄城市群出口技术复杂度的测度与分析

一 测算方法

关于出口技术复杂度的测度方法，Michaely（1985）[③] 最早提出贸易

---

① 叶祥松、殷红：《产业结构变迁、产业互动与全要素生产率增长——基于动态结构的视角》，《经济学动态》2023年第6期。

② 马海燕、严良：《产品复杂度、制度质量与产业升级》，《武汉大学学报》（哲学社会科学版）2019年第6期。

③ M. Michaely: "Trade, Income Levels and Dependence", *Journal of Development Economics*, Vol. 21, No. 3, 1984, pp. 291–293.

专业化指数，以各国某种产品出口额在全球该产品出口额中的占比为权重，并用某国的人均收入进行加权平均来衡量出口技术复杂度，但该指数以出口额为权重，忽略了各国经济规模在对外贸易中的比重。Hausmann（2007）[①] 正式提出出口技术复杂度的概念，在贸易专业化指数上加以改进，通过显示比较优势指数代替产品的出口比重，并利用"两步法"量化国家或地区层面的出口技术复杂度。

本书将出口技术复杂度作为各城市对外开放高质量发展的代理指标并借鉴 Xu 和 Lu（2008）[②] 对 Hausmann 两步法修正的思路，用城市层面的出口数据和人均 GDP 指标计算各地级的出口技术复杂度。

第一步，计算各城市各产品的出口技术复杂度 $prody_{kt}$。计算公式如下：

$$Prody_{kt} = \sum C \frac{x_{jkt}/x_{jt}}{\sum C(x_{jkt}/x_{jt})} \times pcgdp_{jt} \qquad (7-1)$$

公式中，k 表示某一产品，c 表示某一地区，$Prody_{kt}$ 表示 t 时期 k 产品的出口技术复杂度。x_{jkt} 表示 t 时期 j 地区 k 产品的出口额，x_{jt} 表示 t 时期 j 地区的出口总额；x_{jkt}/x_{jt} 表示 t 时期 j 地区 k 类产品出口额在该地区出口总额中所占比重；$\sum C(x_{jkt}/x_{jt})$ 表示在所有出口 k 产品的地区，k 产品出口比重之和；$pcgdp_{jt}$ 表示 t 时期 j 地区实际人均地区生产总值。

第二步，在公式的基础上，计算得到地区层面的出口技术复杂度，计算公式如下：

$$Expy_{kt} = \sum k \frac{x_{jkt}}{x_{jt}} \times Prody_{kt} \qquad (7-2)$$

公式中，k 表示某一产品，c 表示某一地区。$Expy_{kt}$ 表示 t 时期 k 产品的出口技术复杂度，x_{jkt}/x_{jt} 含义与公式 7-1 相同。

[①] R. Hausmann, J. Hwang, D. Rodrik: "What You Export Matters", *Journal of Economic Growth*, Vol. 12, No. 1, 2007, pp. 1–25.

[②] B. Xu, J. Lu: "Foreign Direct Investment, Processing Trade, and China's Export Sophistication"，清华大学中国与世界经济研究中心研究报告，2008 年。

二　数据来源与处理

在测算产品层面出口技术复杂度时，本章选用 EPSDATA 官网、海关数据库城市层面的 HS4 分位产品贸易数据和各城市实际人均地区生产总值（以 2010 年为基期），测算 2011—2019 年黄河流域 62 个城市的出口技术复杂度。需要说明的是，受新冠疫情的影响，我国 2020 年后出口数据波动较大，为避免这一外生因素对实证结果造成影响，本章只测算了 2011—2019 年黄河流域出口技术复杂度；此外，滨州市与鄂尔多斯市的海关数据整齐度不高，为使实证结果更平稳可靠，本章剔除上述两市进行实证研究。

由于 EPADATA 官网的海关企业数据库（2011—2019）不包含鄂尔多斯市与滨州市的数据，为保持研究区间内样本的统一性，本章选用剔除鄂尔多斯市、滨州市的黄河流域 62 个城市为研究样本；且在本章研究时间内，HS 编码经历了 HS2007、HS2012、HS2017 三次调整，为保证数据的统一性，本章按照联合国统计司（UNSD）公布的各版本 HS 编码对应表，将其统一调整为 HS2007。

三　结果分析

图 7-2 呈现了黄河流域城市出口技术复杂度在 2011—2019 年期间的动态变化，可以看出，出口技术复杂度呈现出稳步增长的趋势。然而，2018 年的箱线图与相邻两年相比，箱形较短且异常值较多，主要是因为该年出口技术复杂度的数据异常值较多，这些离群的样本数据显著压缩了箱体的范围。探究 2018 年当年的外贸环境，一方面，该年的国际形势错综复杂，主要经济体间的经贸摩擦和政治冲突此起彼伏，全球贸易环境的不稳定影响了黄河流域出口的产品数量与种类。与此同时，科技的快速发展和全球化的深入推动，各国深入推进技术创新与产业升级，以提升本国出口产品的技术含量和附加值，对黄河流域的出口产品造成极大的竞争压力，使得当年的出口技术复杂度波动显著。另一方面，国内积极推动对外贸易的转型升级，优化贸易结构，提升出口产品的技术含量和附加值，但各城市在政策措施、产业结构、技术创新等方面存在差

异，对当地的出口结构产生不同的影响，使得黄河流域城市在出口技术复杂度方面的异常值现象更加突出。

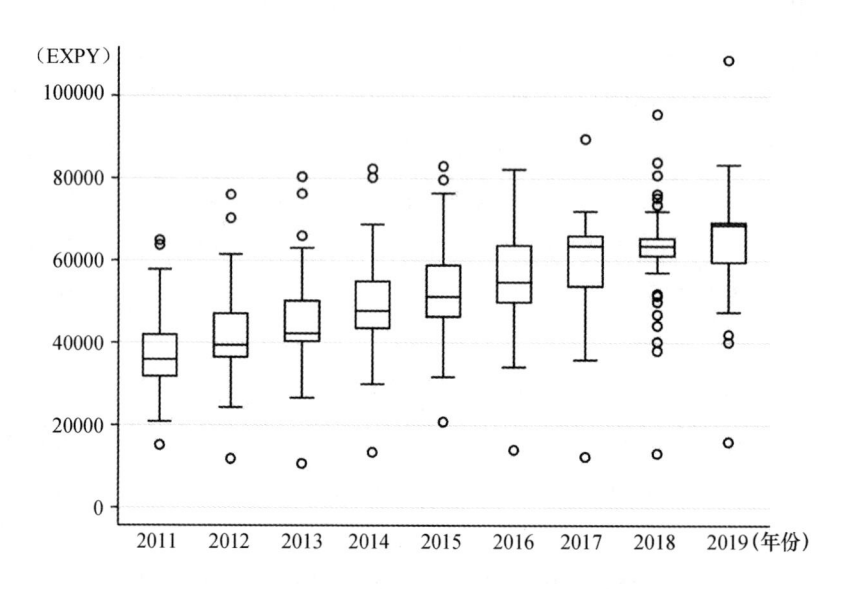

图 7-2　沿黄城市群出口技术复杂度变化

资料来源：作者加工计算。

图 7-3 呈现了 62 个城市出口技术复杂度在 2011—2019 年期间的动态变化，可以直观看出，各地级出口技术复杂度在研究期间内持续增长，且呈现出明显的区域差异。山东省东营市、威海市、烟台市，内蒙古自治区包头市、呼和浩特市，山西省太原市的出口技术复杂度均保持着较高水平，这些城市拥有较为完善的工业基础、技术创新能力和人才储备，使其能够持续提高出口产品的技术含量和附加值，从而在国际贸易中占据更有利的位置；宁夏回族自治区中卫市、定西市，山西省忻州市、吕梁市的出口技术复杂度处于较低水平，这些地区在产业结构、科技投入以及人才培养等方面相对滞后，导致出口产品以低技术含量和低附加值为主，难以在国际市场上形成竞争力。尽管存在区域差异，但也有一些城市在研究期间内实现了出口技术复杂度的显著上升，如榆林市、庆阳市和天水市的出口技术复杂度在研究期间上升幅度明显。

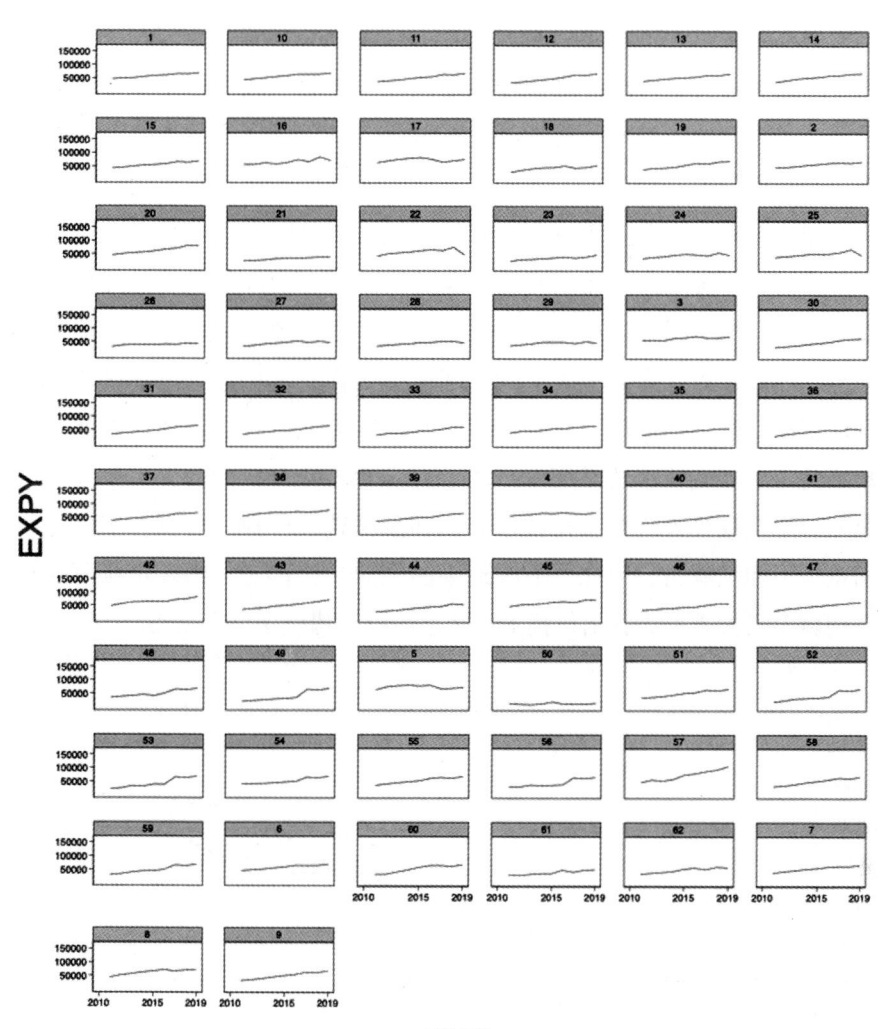

图 7-3　沿黄城市群 62 个城市出口技术复杂度

资料来源：作者加工计算。

注：1. 济南、2. 青岛、3. 烟台、4. 威海、5. 东营、6. 淄博、7. 潍坊、8. 日照、9. 菏泽、10. 枣庄、11. 德州、12. 临沂、13. 济宁、14. 聊城、15. 泰安、16. 呼和浩特、17. 包头、18. 吴忠、19. 银川、20. 石嘴山、21. 中卫、22. 太原、23. 忻州、24. 运城、25. 晋城、26. 吕梁、27. 晋中、28. 长治、29. 临汾、30. 信阳、31. 许昌、32. 濮阳、33. 南阳、34. 平顶山、35. 漯河、36. 周口、37. 鹤壁、38. 焦作、39. 安阳、40. 新乡、41. 洛阳、42. 济源、43. 三门峡、44. 商丘、45. 郑州、46. 开封、47. 驻马店、48. 白银、49. 平凉、50. 定西、51. 兰州、52. 天水、53. 庆阳、54. 西安、55. 宝鸡、56. 商洛、57. 榆林、58. 铜川、59. 渭南、60. 咸阳、61. 海东、62. 西宁

根据图7-4可知，黄河流域上中下游的出口技术复杂度都呈现逐年增长的趋势，其中下游的出口技术复杂度一直居于较高水平。与黄河流域上游、中游地区相比，黄河流域下游地区的工业发展历史悠久，拥有较为完善的工业基础和产业链体系，这些工业生产优势和经验使下游地区在技术创新和产业升级方面具有明显优势。且随着近年来产业结构的不断升级，下游地区依托现有的产业链体系，已初步形成较为完整的产业闭环，有利于提升出口产品的技术含量和附加值。再加之下游地区的海港、陆港数量众多，多条中欧班列运行线横贯其中，下游地区的开放程度更高，与国际市场的联系也更为紧密，当地企业更能敏锐把握国际市场的需求和变化，及时调整产品结构和生产策略。此外，下游地区的企业也更愿意投入资源进行技术创新和品牌建设，提升自身在国际市场的竞争力和影响力。因此，下游地区的工业生产能力、国际市场可达性及创新要素投入都为其出口技术复杂度的提升提供了强劲动力。

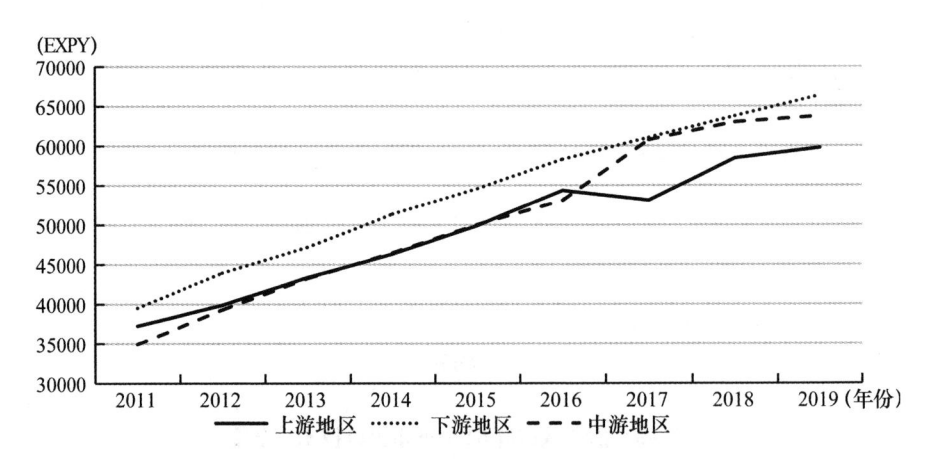

图7-4　黄河流域上中下游地区出口技术复杂度

资料来源：作者加工计算。

第四节　实证研究设计

一　样本选取与数据来源

鉴于城市层面出口数据的可获得性，本书选取2011—2019年黄河流域城市群中的 62 个城市为研究样本，构建产业转移对出口技术复杂度影响的计量模型。研究数据均来源于公开资料，来源包括《中国海关数据库》《中国工业统计年鉴》、各省份统计年鉴、各城市统计年鉴，部分数据通过 EPS DATA、中国经济社会大数据研究平台等平台搜索。

二　计量模型设定

本书构建个体固定效应模型，检验产业转移对工业出口技术复杂度的影响，具体基本回归模型设定如下：

$$lnExpy_{it} = \alpha_0 + \beta\, lntransfer_{it} + \gamma\, control_{it} + u_i + \varepsilon_{it} \qquad (7-3)$$

其中，下标 i、t 分别表示年份和城市。被解释变量 $lnexpy$ 为各城市出口技术复杂度；核心解释变量 $lntransfer$ 为各城市产业转移值；$controls$ 为所有控制变量合集；u 为城市固定效应；ε 为随机扰动项。本书主要关注模型中 $lntransfer$ 系数 β 的显著性，若 β 为正，则说明产业转入有助于工业开放高质量发展。借鉴刘学良和陈琳（2011）[①] 的做法，本节设定的基准回归模型中并未包含时间固定效应，原因同前序章节，此处不再赘述。

三　指标选取与变量测度

（一）被解释变量

本章将出口技术复杂度作为各城市对外开放高质量发展的代理指标并借鉴 Xu 和 Lu（2008）[②] 对 Hausmann 两步法修正的思路，用城市层面的出口数据和人均 GDP 指标计算各地级市的出口技术复杂度。具体测算过程已在第三节中详细展示，此处不再赘述。

（二）解释变量

本书认为产业转移有企业作为股东对异地企业控股、企业在异地设立分支机构、企业变更地址三种情形。将三种情形的正常经营状态下的

[①] 刘学良、陈琳：《横截面与时间序列的相关异质——再论面板数据模型及其固定效应估计》，《数量经济技术经济研究》2011 年第 12 期。

[②] B. Xu, J. Lu: "Foreign Direct Investment, Processing Trade, and China's Export Sophistication"，清华大学中国与世界经济研究中心研究报告，2008 年。

承接产业转移值加总，并作自然对数化处理以消除数据波动性。变量的具体测算过程已在第三章中详细展示，此处不再赘述。

(三) 控制变量

为避免遗漏变量偏误产生的内生性问题，本书选取以下控制变量：

1. 政府行为（$government$）。合理的政府干预是促进地区承接产业转入、提升出口技术复杂度的重要手段，政府部门可通过调整财政支出规模、制定利于区域发展的优惠政策等方式来发挥产业转入对出口技术复杂度的提升作用。政府行为用财政支出占财政收入的比重表征。

2. 创新投入规模（rd）。各地区加大创新投入规模有利于工业企业积累知识资本、提升创新能力，进而生产并出口技术复杂度更高的产品。创新投入规模用 R&D 经费内部投入值表征。

3. 人力资本（hr）。人力资本可通过技术溢出效应促进地区内出口技术复杂度的提升，且区域内人力资本水平的提升可增强当地在承接产业转入时对技术变迁的适应能力。人力资本用在校大学生人数表征。

4. 外商投资企业强度（fdi）。外商投资是地区获得国际技术转移与技术溢出的重要途径，外商投资企业既有利于被投资企业获取国外先进技术，也有利于本地企业在市场竞争中进行技术模仿与学习，提升自身的生产能力与技术创新能力。外商投资企业强度用外资企业数量占规模以上工业企业数量的比重表征。

5. 信息化水平（$information$）。信息化水平能够提高产品与市场需求的匹配度，加速传递市场对新产品的需求，引导工业生产进行多样化的产品创新与改进，以提升产品质量。信息化水平用城市邮电业务总量与实际 GDP 的比重表征。

6. 社会消费水平（$consumption$）。地区社会消费需求的变化和消费水平的提升，不仅能够推动当地生产结构的调整与变革，还能激励当地企业进行产品创新和质量的持续提升。社会消费水平用社会消费品零售总额与实际 GDP 的比值表征。

7. 金融规模水平（$finscale$）。地区的金融发展有利于缓解企业面临的融资约束，降低高技术产品出口企业的外部融资成本，为高技术贸易产品研发、生产提供强劲的外部资金支持，势必会对当地的出口技术复杂度产生影响。金融规模水平用金融机构存贷款总额与实际 GDP 的比值表征。

为消除异方差的影响，使数据更加平稳，对出口技术复杂度（$expy$）、产业转移（$transfer$）、创新投入规模（rd）、人力资本（hr）四个指标取对数处理，相关变量的描述性统计如表 7-1 所示。

表 7-1　　　　　　　　　　变量描述性统计

变量	观测值	均值	标准差	最小值	最大值
$lnexpy$	558	10.813	0.316	9.281	11.597
$lntransfer$	558	12.616	1.386	0.000	15.458
$government$	558	3.023	2.156	1.099	14.550
$lnrd$	558	11.894	1.555	8.598	14.629
$lnhr$	558	10.711	1.379	6.482	13.891
$information$	558	0.043	0.044	0.001	0.438
fdi	558	4.292	4.172	0.560	19.080
$consumption$	558	0.356	0.104	0.131	0.669
$finscale$	558	2.253	1.304	0.964	7.795

资料来源：作者加工计算。

注：$lntransfer$ 对 $transfer$ 的 0 值加 1 后再取对数。

第五节　实证结果及分析

对模型部分变量进行多重共线性、组内自相关等统计检验，结果显示变量的方差膨胀因子均值为 2.05，数值较低，不存在严重的多重共线性，但需对模型考虑异方差、同期相关和一阶自相关的影响。因此，为缓解异方差、同期相关和一阶自相关对估计结果的影响，本章采用 FGLS（可行广义最小二乘法）方法估计基准回归模型。

一　基准回归分析

基准回归采用逐批添加控制变量的做法，估计结果如表 7-2 所示。

表7-2　　　　　　　　　　　基准回归结果

变量	(1) lnexpy	(2) lnexpy	(3) lnexpy	(4) lnexpy	(5) lnexpy
lntransfer	0.110***	0.093***	0.069***	0.038***	0.045***
	(0.009)	(0.008)	(0.010)	(0.008)	(0.006)
government		0.058***	0.040***	0.050***	0.030*
		(0.012)	(0.015)	(0.018)	(0.016)
lnrd		0.099***	0.044**	0.039***	0.004
		(0.021)	(0.017)	(0.015)	(0.019)
lnhr			0.251***	0.221***	0.180***
			(0.057)	(0.050)	(0.056)
information			0.094	0.247	0.628**
			(0.240)	(0.226)	(0.274)
fdi				−0.036*	−0.035***
				(0.021)	(0.012)
consumption				1.624***	1.138***
				(0.293)	(0.413)
finscale					0.050
					(0.063)
常数项	9.177***	8.772***	7.306***	0.000	8.498***
	(0.288)	(0.360)	(0.575)	(0.000)	(0.542)
城市固定	是	是	是	是	是
观测值	558	558	558	558	558

注：***、**、*分别表示在1%、5%和10%的水平上显著；括号内为标准误；全面FGLS的估计结果未含拟合优度。

从表7-2可以看出，在逐步添加控制变量的过程中，lnexpy的估计系数始终在1%水平上显著为正。以第（5）列为例，在其他因素不变的情况下，产业转入每增加1%，城市出口技术复杂度将提高0.045%，则产业转入能对城市出口技术复杂度的提升具有显著的促进作用，假说H1成立。从控制变量的估计结果中可以发现，信息化水平、消费水平对出口技术复杂度的影响最为显著与强烈；地区发展对外贸易，需要借助便捷的互联网通信手段与快速的物流服务，一地区的信息化水平越高，邮政业务能力越强，越有利于地区丰富出口产品类型、调整出口产品结构；本地市场的消费水平越高，说明地区内部的市场需求多样，消费者对产品的质量、类型有高要求，由此产生的本地市场规模效应，将对企业的产品创新能力、生产能力的提升提供动力，助力地区出口技术复杂度升级。

二 内生性讨论

为检验基准回归模型是否存在内生性问题，避免产业转入与城市出口技术复杂度之间可能存在的双向因果关系，即出口技术复杂度较高的地区更有能力承接产业转入。为更好解决内生性问题，本书选用历史工具变量（$historyiv$）和 bartik 工具变量（$bartikiv$）两个工具变量，其具体构造过程在前序章节已有详细表述，此处不再赘述。

将上述两个工具变量及其组合进行两阶段最小二乘法（2SLS）估计，得到的结果如表7-3所示。第（1）（3）（5）列为第一阶段结果，（2）（4）（6）列为第二阶段结果，其中不可识别检验、弱工具变量检验、过度识别检验均通过，说明本章选取的工具变量是可行的；历史工具变量的内生性检验未通过，但其第二阶段回归结果与基准回归保持一致且 $lntransfer$ 的回归系数在1%的水平上显著为正，说明虽然存在内生性问题，但基准回归的估计结果具有稳健性，受内生性影响小。

表7-3　　　　　　　　　　工具变量回归结果

变量	(1) lntransfer	(2) lnexpy	(3) lntransfer	(4) lnexpy	(5) lntransfer	(6) lnexpy
bartikiv	0.998*** (0.015)				0.937*** (0.043)	
lntransfer		0.064*** (0.018)		0.081*** (0.028)		0.063*** (0.017)
historyiv			0.036*** (0.012)		0.000*** (0.000)	

续表

变量	(1) lntransfer	(2) lnexpy	(3) lntransfer	(4) lnexpy	(5) lntransfer	(6) lnexpy
控制变量固定	是	是	是	是	是	是
城市固定	是	是	是	是	是	是
R^2 值		0.671		0.673		0.672
观测值	558	558	558	558	558	558
不可识别检验 p 值		5.772 0.016		8.283 0.004		8.713 0.013
弱工具变量检验 15% 水平临界值		4585 8.960		9.966 8.960		1815 11.59
过度识别检验 p 值						0.250 0.617
内生性检验 p 值		10.756 0.0011		0.166 0.683		10.312 0.0014

注：括号内为稳健标准误；不可识别检验的统计量为 Kleibergen – Paap rk LM statistic，弱工具变量检验的统计量为 Kleibergen – Paap Wald rk F statistic，内生性检验方法为 Davidson – MacKinnon test。

三 稳健性检验

（一）更换估计方法

虽然用 FGLS（可行广义最小二乘法）估计方法能有效解决异方差、同期相关和自相关问题，但结果并不稳健。本书选择 OLS 方法重新估计基准回归模型，分别使用稳健标准误估计系数 OLS 模型、将稳健标准误差聚焦到 City 变量的 OLS 模型与稳健效果最好的 PCSE（面板校正标准误）模型，三个模型的估计结果如表 7 – 4 第（1）（2）（3）列所示。其中，三个模型的 lntransfer 估计系数均在 1% 水平上显著为正，与基本回归模型保持一致，表明对本书的研究样本使用 FGLS 估计方法构建基准回归模型是稳健有效的。

（二）变量缩尾处理检验

为避免解释变量与被解释变量中极端值造成的估计偏误，本书对其进行5%的缩尾处理,重新估计地区的产业转入对其出口技术复杂度的影响,得到模型估计结果如表7-4第(4)列所示。lntransfer（缩尾）的估计系数在5%水平上显著为正,与基本回归模型保持一致,且相关系数略高于基准回归模型,说明对数据的缩尾处理会对基准回归造成一定影响,但影响有限,基准回归模型是稳健的。

（三）剔除省会城市与计划单列城市

省会城市与计划单列城市受政治因素影响,在承接产业转移方面具有政策性比较优势,且省会城市的经济发展水平比非省会城市更高,营商环境、基础设施、交通可达性等外部条件也具有一定优势。因此,本文剔除呼和浩特市、兰州市、太原市、西安市、郑州市、银川市、济南市、西宁市8个省会城市与一个计划单列城市青岛市,剔除后的基准模型回归结果如表7-4第(5)列所示。核心解释变量lntransfer依然保持5%水平上的显著性,表明在剔除省会城市后,基准回归模型依然具有稳健性。

表7-4　　　　　　　　　　稳健性检验结果

变量	(1)	(2)	(3)	(4)	(5)
	lnexpy	*lnexpy*	*lnexpy*	*lnexpy*_缩尾	*lnexpy*
lntransfer	0.051***	0.051***	0.051***		0.048**
	(0.017)	(0.017)	(0.008)		(0.024)
*lntransfer*_缩尾				0.044**	
				(0.018)	
R^2值	0.673	0.673	0.861		
控制变量固定	是	是	是	是	是
城市固定	是	是	是	是	是
观测值	540	540	540	540	468

注:同表7-2。

四　机制检验

基准回归结果显示,承接产业转移能够显著提升城市出口技术复杂度。现进一步讨论承接产业转移通过何种渠道影响城市出口技术复杂度。在前文理论机制与假设中，本书提出三个承接产业转移影响出口技术复杂度可能的渠道为技术溢出、市场竞争与产业结构优化，本章构建如下模型，分别检验三个机制是否有效。

（一）创新溢出效应

产业转移是在要素禀赋、政策引领等条件下，某些产业从一个区域转移到另一个区域的过程，这一转移过程通常伴随着知识、人才、技术等生产创新要素向承接地的流动，进而产生创新溢出效应，并对地区出口技术复杂度的提升起到推动作用。商标是企业的无形资产，凝结着企业累积的市场价值与创新成果，① 企业注册商标的行为能反映企业的品牌意识与产品创新的质量。② 本章采用商标注册数量得分（$trademark\_count$）作为创新产出的代理变量，数据来源于北京大学企业大数据研究中心公布的中国区域创新创业指数，③ 将商标注册数量得分作为被解释变量纳入模型，检验承接产业转移是否能产生创新溢出效应，并以此对出口技术复杂度产生影响。根据表 7-5 第（1）（2）列可知，$ln\text{-}transfer$ 的估计系数在 1% 的水平上显著为正，说明承接产业转移有效促进了承接地的创新溢出，对出口技术复杂度的提升起到推动作用，且无论是否考虑外部环境，创新溢出效应的中介作用都是稳定的，即假说 H2 成立。

（二）市场竞争效应

承接产业转移使大量产业、企业在承接地聚集，大量企业的聚集产生激烈的市场竞争，并不断开发新技术、降低生产成本、提高产品质量。④ 新进企业受超级成长效应影响，比存续企业对地区的生产率增长驱

---

① 王俊、龙小宁:《驰名商标认定机制对企业经营与创新绩效的影响》,《经济科学》2020 年第 2 期。

② 戴若尘、王艾昭、陈斌开:《中国数字经济核心产业创新创业：典型事实与指数编制》,《经济学动态》2022 年第 4 期。

③ Ruochen Dai, Zhongkun Zhu, Xiaobo Zhang. Index of Regional Innovation and Entrepreneurship in China（IRIEC）［DS/OL］. Peking University Open Research Data Platform, 2021.

④ 张雪琳、潘红玉、任宇新:《产业链转移的成本驱动机制：以日本半导体产业为例》,《科学决策》2024 年第 1 期。

动力更强，①对出口技术复杂度升级的贡献力度更大。本章参考章秀琴和施旭东（2023）②的研究方法，以新建企业数量得分（market-competition）作为市场竞争的代理变量，数据来源于北京大学企业大数据研究中心公布的中国区域创新创业指数，③将新建企业数量得分作为被解释变量纳入模型，检验承接产业转移是否能产生市场竞争效应并对出口技术复杂度产生影响。根据表7-5第（4）列结果可知，lntransfer的估计系数在1%的水平上显著为正，说明承接产业转移有效促进了承接地的市场竞争，对出口技术复杂度的提升起到推动作用，且无论是否考虑外部环境，市场竞争效应的中介作用都是稳定的，即假说H3成立。

（三）产业结构调整效应

产业转移是推动产业结构调整、优化分工体系的有效途径，大量新产业转入承接地，势必会推动供给端调整，催生新产业链，提升当地产业价值；④此外，新技术随产业转移进入承接地，推动当地产业创新、产品创新，使当地产业向技术密集型转型，推动当地产业结构升级，影响当地出口技术复杂度提升。本章采用产业结构高级化（stest）指标作为产业结构调整效应的代理变量，参考裴潇和胡晓双（2021）⑤、高岳林等（2023）⑥的研究方法，以产业结构层次系数衡量产业结构高级化水平。将产业结构高级化作为被解释变量纳入模型，检验承接产业转移是否能产生产业结构调整效应并对出口技术复杂度产生影响。根据表7-5第（6）列结果可知，lntransfer的估计系数没有通过显著性检验，说明承接

---

① 徐妍、郑冠群：《中国制造业生产率增长动力与新进企业超级成长效应——基于改进的动态 Olley-Pakes 生产率变化分解方法》，《运筹与管理》2023年第7期。

② 章秀琴、施旭东：《知识产权司法保护与出口技术复杂度——兼论"双轨制"下知识产权行政保护的调节效应》，《国际商务》（对外经济贸易大学学报）2023年第6期。

③ Ruochen Dai, Zhongkun Zhu, Xiaobo Zhang. Index of Regional Innovation and Entrepreneurship in China (IRIEC) [DS/OL]. Peking University Open Research Data Platform, 2021.

④ 杨莎莎、王俊俊：《中国城市群产业结构优化测度及影响因素分析》，《统计与决策》2022年第12期。

⑤ 裴潇、胡晓双：《城镇化、环境规制对产业结构升级影响的实证》，《统计与决策》2021年第16期。

⑥ 高岳林、秦取名、王苗苗：《数字经济对产业结构优化升级的影响研究》，《统计与决策》2023年第22期。

产业转移对产业优化的推动作用有限,对出口技术复杂度的提升作用不明显。即假说 H4 不成立。

表 7-5　　　　　　　　　　　机制检验结果

变量	(1)	(2)	(3)	(4)	(5)	(6)
	创新溢出效应		市场竞争效应		产业结构优化效应	
lntransfer	2.721***	1.023***	6.099***	3.383***	0.036	0.014
	(0.419)	(0.255)	(0.364)	(0.344)	(0.027)	(0.020)
控制变量	否	是	否	是	否	是
城市固定	是	是	是	是	是	是
观测值	558	558	558	558	558	558

注:同表 7-2。

五　异质性分析

(一) 流域异质性

在不同的地形地貌以及气候条件等自然因素的共同作用下,黄河流域上中下游有着各自独特的流域结构及特色,本书按照黄河流域上游、中游、下游三个区位进行异质性分析,回归结果如表 7-6 第 (1) (2) (3) 列所示。由第 (1) (2) (3) 列结果可知,承接产业对中游地区出口技术复杂度的提升作用有限, *lntransfer* 未通过显著性检验;上游、下游地区的回归结果 *lntransfer* 均在 1% 水平上显著为正,上游、下游地区承接产业转移都能有效对出口技术复杂度的提升起到推动作用,且下游的推动作用更加明显。上游地区的生态环境脆弱,经济基础与中下游相比较薄弱,政府的产业转移吸引政策以低污染、高科技产业为主,通过承接科技密集型产业,能有效促进高效率、高科技等生产资料在区域内聚集、流动,有效推动当地出口技术复杂度升级;中游地区自身的生态环境也较脆弱,但中游地区陕西、山西两省城市具有丰富的矿产资源,对资源密集型的重工业产业转入吸引力强,易吸引传统的重工业产业链集体转入,传统重工业缺乏创新性,科技含量相对较低,且其蕴含的科技要素不易转化,对出口技术复杂度的提升作用有限;下游地区的河南省、山东省的城市具有经济基础优、产业基础强的优势,对高技术产业转入的吸引力强,其承接产业转入对出口技术复杂度的提升作用最为明显。

表7-6　　　　　　　黄河流域上中下流域的异质性检验结果

变量	(1) 上游城市 lnexpy	(2) 中游城市 lnexpy	(3) 下游城市 lnexpy
lntransfer	0.117***	0.026	0.094***
	(0.005)	(0.023)	(0.012)
控制变量固定	是	是	是
城市固定	是	是	是
观测值	99	198	261

注:同表7-2。

(二) 城市类型异质性

为探究黄河流域不同类型城市承接产业转移对出口技术复杂度的影响,本书依据《全国资源型城市可持续发展规划(2013—2020)年》中关于资源型城市类型的划分,把本书研究对象分为资源型城市和非资源型城市进行异质性分析,回归结果如表7-7第(1)(2)列所示。根据回归结果可知,资源型城市与非资源型城市的 lntransfer 都在1%水平上显著且系数为正,且非资源型城市的相关系数更大。黄河流域的资源型城市多以自然资源开采、加工作为主导产业,对资源密集型产业的吸引力大,资源密集型产业自身具有一定的科技创新基础,承接其对当地出口技术复杂度的提升具有一定的推动作用。随着工业化的持续推进,资源型城市为避免过度依赖资源,通过延长产业链、向周边城市转移资源等方式优化自身的产业结构。这一变革对周边的非资源型城市产生了积极的辐射效应。非资源型城市在资源转移和深加工产业的带动下,科技创新能力得到了显著提升。同时,随着基础设施建设的不断完善,非资源型城市与周边资源型城市的交通连接性日益增强,进一步增强了非资源型城市对高科技产业的吸引力。高科技产业利用非资源型城市的科技创新资源进行产品创新，并结合附近资源型城市的重工业生产基础进行产品生产，从而有效提升了非资源型城市在承接产业转移过程中的出口技术复杂度。

（三）城市规模异质性

为探究黄河流域不同规模城市承接产业转移对地区出口技术复杂度的影响，本章将城市分为大城市（城区常住人口大于 100 万）、中小城市（城区常住人口小于 100 万）两组，回归结果如表 7-7 第（3）（4）列所示。根据回归结果可知，大城市的 lntransfer 在 1% 水平上显著且系数为正，中小城市的 lntransfer 不显著。与中小城市相比，大城市拥有更加深厚的工业底蕴，而且其交通、通信、能源等基础设施也更为发达，为承接产业转移提供了坚实的基础；此外，大城市的产业集聚程度较高，形成了较为完整的产业链和供应链，有助于降低地区生产成本，提高生产效率；同时，大城市的人才资源丰富，科研实力雄厚，为承接高技术含量的产业转移提供了有力支持。这些因素的共同作用，使大城市在承接产业转移时能够更好地提升当地的出口技术复杂度。

（四）企业产权异质性

为探究承接不同类型企业的产业转移对地区出口技术复杂度的影响，本书根据产业转移的企业类型进行分类，将其分为国有企业的产业转移（lntransfer_s）与非国有企业的产业转移（lntransfer_n），其回归结果如表 7-7 第（5）（6）列所示。从表 7-7 中，可以发现非国有企业的产业转移在 1% 的水平上显著且为正，非国有企业产业转移未通过显著性检验。受政策倾斜的影响，国有企业在市场竞争中面临的压力低于非国有企业，非国有企业为稳固市场、提升企业知名度与品牌口碑，有更强的科研投入、产品创新动力。加之近年来惠企政策的不断推出与实施，创新要素迅速向企业集聚，非国有企业紧抓这一机遇，积极提升技术创新能力，并通过技术创新推动自身高质量发展。因此，相比于承接国有企业产业转移，承接非国有企业产业转移，更利于承接地出口技术复杂度的提升。

表 7-7　　　　　　　　　其他异质性检验结果

变量	(1) 资源型城市	(2) 非资源型城市	(3) 大城市	(4) 中小城市	(5) 国有企业	(6) 非国有企业
	lnexpy	lnexpy	lnexpy	lnexpy	lnexpy	lnexpy
lntransfer	0.032*** (0.004)	0.129*** (0.021)	0.078*** (0.014)	0.007 (0.025)		
lntransfer_s					-0.002 (0.004)	
lntransfer_n						0.034*** (0.008)
控制变量固定	是	是	是	是	是	是
城市固定	是	是	是	是	是	是
观测值	270	288	198	360	558	558

注：同表 7-2。

第六节　纳入环境规制的进一步分析

一方面，环境规制会引起污染密集型企业从环境规制政策严格的地区向环境规制政策宽松的地区转移，[1] 有利于承接地利用产业转移产生的集聚效应、规模效应提升技术创新能力；[2] 另一方面，环境规制政策对企业的排污减污手段与技术形成了新要求和高标准，企业通过添置高效率低污染的新设备或引入新技术，提升企业的技术创新能力，[3] 提升产品的质量水平与技术含量，[4] 有助于出口技术复杂度的升级。但在环境规制的

---

[1] 董琨、白彬：《中国区域间产业转移的污染天堂效应检验》，《中国人口·资源与环境》2015 年第 2 期。

[2] 陈凡、韦鸿、童伟伟：《承接产业示范区能够推动经济发展吗？——基于双重差分方法的验证》，《科学决策》2017 年第 3 期。

[3] 祝树金、李江、张谦、钟腾龙：《环境信息公开、成本冲击与企业产品质量调整》，《中国工业经济》2022 年第 3 期。

[4] 王昕、汪萍：《环境规制下"内循环"产能模式对中国制造业出口产品质量的影响研究》，《南方经济》2024 年第 3 期。

约束下,企业会因为投入产出比的不确定性而抑制出口质量的提升,或失去企业转型、创新动力,对出口技术复杂度的升级产生负面影响。为分析在不同类型环境规制作用下,承接产业转移对地区出口技术复杂度的具体作用效应,本章构建水环境规制(water)、碳环境规制(carbon)、空气质量规制(air)、环保处罚强度(penality)四种环境规制,并分别将其与产业转移的交互项(watlntran、carlntran、airlntran、penlntran)纳入模型进行实证分析。实证结果如表7-8所示。从表7-8中的结果可见,碳排放规制与产业转移的交乘项(carlntran)在1%水平上显著为正,说明四类环境规制中碳环境规制发挥了调节作用,强化了承接产业转移对出口技术复杂度的提升作用。此外,水资源环境规制与出口技术复杂度呈负向相关关系,空气质量规制、环保处罚强度都与出口技术复杂度呈正向相关关系,说明环境规制措施能对出口技术复杂度升级起到一定作用,但不具有统计学意义。

表7-8　　　　　　　　　　调节效应结果

变量	(1) 水资源规制 lnexpy	(2) 碳排放规制 lnexpy	(3) 空气质量规制 lnexpy	(4) 环保处罚强度 lnexpy
lntransfer	0.021** (0.009)	0.029*** (0.007)	0.036*** (0.008)	0.031*** (0.007)
water	−0.035 (0.034)			
watlntran	0.045 (0.031)			
carbon		−0.033 (0.033)		
carlntran		0.084** (0.041)		
air			0.214** (0.108)	

续表

变量	(1) 水资源规制 lnexpy	(2) 碳排放规制 lnexpy	(3) 空气质量规制 lnexpy	(4) 环保处罚强度 lnexpy
airlntran			0.075 (0.103)	
penalties				-0.009 (0.017)
penlntran				-0.006 (0.015)
控制变量固定	是	是	是	是
城市固定	是	是	是	是
观测值	558	558	558	558

注：同表 7-2。

第七节 本章小结

本章通过梳理现有文献，对承接产业转移与出口技术复杂度的相关关系、影响效应和路径进行深入讨论。本章首先测度了 2011—2019 年黄河流域 62 个城市的承接产业转移值与出口技术复杂度值，其次将商标注册数量得分、新建企业数量得分、产业结构高级化作为中介变量，进行了承接产业转移影响出口技术复杂度审计的路径分析。通过以上理论与实证研究，得到以下的主要结论：

1. 本章的基准回归结果显示，承接产业转移对地区出口技术复杂度的升级具有显著的推动作用；此外，政府干预强度、创新投入水平、信息化水平、社会消费水平对出口技术复杂度的提升也有一定的影响。通过构建历史工具变量、bartik 工具变量进行内生性检验，可知虽然模型存在内生性问题，但基准回归的估计结果具有稳健性，受内生性影响小；且回归结果通过了一系列的稳健性检验，进一步验证了产业转移在推动地区出口技术复杂度升级中的重要作用。

2. 本章通过选取商标注册数量得分、新建企业数量得分、产业结构高级化指标进行机制检验，得到承接产业转移通过技术溢出效应、市场竞争效应和产业结构调整效应对出口技术复杂度的提升起到推动作用，且无论是否考虑外部环境，其中介作用都是稳定的。

3. 承接产业转移对地区出口技术复杂度的推动作用根据各城市的地理区位、资源禀赋的不同而具有差异。具体而言，承接产业转移对地区出口技术复杂度的推动作用在黄河流域上游地区、下游地区、资源型城市、非资源型城市和大城市显著，在中游地区、中小城市不显著；此外承接非国有企业产业转移对出口技术复杂度升级有推动作用，国有企业则不然。

4. 不同类型环境规制关于承接产业转移对出口技术复杂度的影响呈现差异化调节作用。水资源环境规制、碳排放环境规制、空气质量规制、环保处罚强度都能助力承接产业转移发挥对出口技术复杂度升级的推动作用，其中，碳排放环境规制的调节作用最为显著。

第八章

承接产业转移与沿黄城市群城市共享发展

共同富裕是社会主义的本质要求，是中国式现代化的重要特征。党的十九届五中全会明确提出，到2035年"全体人民共同富裕取得更为明显的实质性进展"的目标，党的二十大报告更是将"实现全体人民共同富裕"作为中国式现代化的本质要求之一。共同富裕的实质是在中国特色社会主义制度保障下，全体人民共创日益发达、领先世界的生产力水平，共享日益幸福而美好的生活（刘培林等，2021）[①]。"共享"的实质就是坚持以人民为中心的发展思想，体现的是逐步实现共同富裕的要求。共享发展的内涵强调的是全面共享，即共享国家经济、政治、文化、社会、生态各方面建设成果，全面保障人民在各方面的合法权益。共享发展以公平公正的共享机制为基础，通过保障全体公民公平参与经济社会活动，优化资源配置与再分配，贯彻贫困治理，完善救助机制，从教育、就业、医疗、养老、文化、环境等多维度多层次提高人民福祉与生活质量，提升公共服务均等化水平，缩小居民收入差距，促进经济社会发展成果更公平地惠及全体人民。此外，工业层面的共享发展主要通过劳动报酬和职工待遇等难以量化的指标来体现，数据多为抽样调查数据，难以与相关统计数据进行比较。因此，对"共享"的讨论不能只局限在工业层面，而应兼顾社会的各个方面。故本章从社会层面出发，结合多维

---

① 刘培林、钱滔、黄先海等：《共同富裕的内涵、实现路径与测度方法》，《管理世界》2021年第8期。

度的数据和指标，更全面、深入地探究区域共享发展水平。

黄河流域作为我国第二大经济带，推动其高质量发展对我国实现高质量发展具有重要意义，而共享是黄河流域经济高质量发展的目标归宿，提升沿黄城市群城市共享发展水平也是以城市群作为竞争主体优化黄河流域空间发展格局的必然要求。但由于各城市群的经济基础、资源禀赋和产业结构等不尽相同，导致城市群之间的共享发展水平不可避免会出现差异，较大的差异将会加剧沿黄城市群城市共享发展成果的失衡。承接产业转移是推动经济发展的重要动力来源，通过加快共享速度、创新共享模式为共享发展注入新动力，在共享发展过程中发挥着举足轻重的作用。那么地区承接产业转移是否促进了共享发展？若促进效应得以证实，该效应又具有怎样的特征？因此，本章在系统梳理承接产业转移和共享发展的理论基础上，系统分析通过承接产业转移实现区域共享发展的机制与路径。

第一节　承接产业转移与共享发展相关文献综述

一　关于共享发展的研究

目前学术界关于共享发展的研究主要围绕共享发展的实质内涵、理论意义、实践价值、现实困境与实现路径等展开，把解决社会公平正义、改善民生福祉、全面建成小康社会等作为共享发展目标，并通过文件解读与政策建议的形式给出收入分配、社会保障、脱贫扶贫等实现路径。[1][2]曾建平和艾志斌（2023）[3] 在完整、准确、全面理解"共享"的科学内涵，深入剖析其内含理论张力的基础上，提出维系其理论张力平衡的原则，对共享发展理念有着重要理论意义和实践意义。燕连福和何佳琪（2023）[4] 通过深入探究共享发展促进共同富裕的内在逻辑和现实堵点，

---

[1] 李实：《共同富裕的目标和实现路径选择》，《经济研究》2021 年第 11 期。
[2] 李海舰、杜爽：《推进共同富裕若干问题探析》，《改革》2021 年第 12 期。
[3] 曾建平、艾志斌：《共享发展理念的理论张力及实践原则》，《江西社会科学》2023 年第 4 期。
[4] 燕连福、何佳琪：《以共享发展促进共同富裕的逻辑共契、现实堵点与推进路径》，《北京联合大学学报》（人文社会科学版）2023 年第 5 期。

提出共享发展促进共同富裕的相关推进路径，有助于进一步扎实推进全体人民共同富裕。

二 关于承接产业转移与共享发展的研究

关于承接产业转移与共享发展的研究具有多样性，部分学者从收入差距[1]、共同富裕[2]、城乡融合[3]、经济高质量发展[4]、全要素生产率[5]等方面着手，研究了承接产业转移对共享发展分维度的影响。也有学者围绕承接产业转移驱动共享发展的理论意义、实践价值、区位选择、驱动机制与可行路径等展开理论研讨。李雯轩和李晓华（2021）[6]通过分析"雁阵模式"的理论实质、局限性以及中国目前产业转移和升级面临的困境，指出现阶段地区间的产业转移与升级路径应该与新技术、服务业升级、城市群发展、扩大内需相结合，建立差异化的区域间产业分工协作体系，最终实现高质量发展。王春凯和梁晓慧（2022）[7]基于对理论与经验事实的分析，指出实现产业转移与区域共同富裕的关键在于产业布局的区位选择，并对两者之间的实现机制和可行路径进行了分析。刘友金等（2023）[8]认为产业转移可以通过推进区域价值链合作和提升产业集聚水平等途径促进双边国家的产业互惠共生。

也有学者通过实证的方式，验证承接产业转移对区域共享发展水平

---

[1] 王珍珍：《产业转移、农村居民收入对城镇化水平的影响》，《城市问题》2017年第4期。

[2] 王春凯、梁晓慧：《产业转移与区域共同富裕：区位选择、实现机制与可行路径》，《河南社会科学》2022年第10期。

[3] 张峰、薛惠锋：《城乡融合背景下乡村承接产业转移的内动力机制分析——以黄河三角洲为例》，《哈尔滨商业大学学报》（社会科学版）2020年第4期。

[4] 林柯、董鹏飞、虎琳：《产业转移是否推动地区经济高质量发展？——基于国家级承接产业转移示范区的证据》，《管理现代化》2022年第3期。

[5] 赵博宇：《产业转移、产业集聚对全要素生产率的影响》，《学术交流》2021年第8期。

[6] 李雯轩、李晓华：《新发展格局下区域间产业转移与升级的路径研究——对"雁阵模式"的再探讨》，《经济学家》2021年第6期。

[7] 王春凯、梁晓慧：《产业转移与区域共同富裕：区位选择、实现机制与可行路径》，《河南社会科学》2022年第10期。

[8] 刘友金、周健、曾小明：《中国与"一带一路"沿线国家产业转移的互惠共生效应研究》，《中国工业经济》2023年第2期。

的推动作用。大多数学者将国家承接产业转移示范区作为一个准自然试验，应用双重差分法实证分析产业转移示范区对共享发展分维度的影响。熊凯军（2022）[①] 研究表明，国家级承接产业转移示范区建设，能显著提高考察地区的农村、城镇居民收入水平，且对农村居民的收入具有更高的促进效应。也有学者通过构造承接产业转移指数，使用空间自相关、空间杜宾模型、面板门槛模型等实证模型，探究产业转移示范区对共享发展的影响。孙晓华等（2018）[②] 实证检验了产业转移通过要素集聚影响地区经济发展的中介机制。徐永辉和吴柏钧（2023）[③] 研究表明，产业转移与市场潜能对长三角区域城乡融合具有显著正向的直接效应，对城市间存在较为显著的空间溢出效应。戴志敏和罗琴（2018）[④] 研究发现，产业转移承接效率与地区经济发展水平之间呈现出较为复杂的非线性关系，产业转移承接效率对经济发展的促进作用随着产业承接效率的提高而缓慢减弱。

三 文献述评

综上所述，现阶段对承接产业转移与共享发展二者关系的研究主要集中在内涵研究、理论价值、定性与规范化分析等方面，定量分析和深入实证研究相对较少。沿黄城市群城市承接产业转移不仅能够拓展我国战略回旋空间，应对较高的外部风险和不确定性，而且能够减小区域发展差距，推动共享发展成果，进而实现共同富裕。基于此，本书通过系统构造承接产业转移指数与共享发展评价指标体系，在厘清承接产业转移对区域共享发展的具体作用机制的基础上进行实证分析，为建立差异化的区域间产业分工协作体系提供依据，最终实现高质量发展。

[①] 熊凯军：《产业转移示范区建设有助于缩小地区城乡收入差距吗？——基于国家级承接产业转移示范区准自然实验》，《中国地质大学学报》（社会科学版）2022年第3期。

[②] 孙晓华、郭旭、王昀：《产业转移、要素集聚与地区经济发展》，《管理世界》2018年第34卷第5期。

[③] 徐永辉、吴柏钧：《产业转移、市场潜能与城乡融合——基于空间杜宾模型的探讨》，《技术经济与管理研究》2023年第10期。

[④] 戴志敏、罗琴：《产业转移承接效率对经济增长的门槛效应研究——以江西省为例》，《武汉金融》2018年第1期。

第二节 理论机制与研究假设

一 承接产业转移对共享发展的直接影响

产业转移对共享发展的影响表现在地区间资源配置效率的优化、地区产业结构的转型升级，以及本地和周围地区的就业、技术与收入差距的改善等方面（徐永辉和吴柏钧，2023）[①]。沿黄城市群城市承接产业转移，不仅有助于增加地方财政收入，改善地方基础设施和提供更好的公共服务，实现公共服务供给的均等化发展，提高人民生活水平和质量，还有助于劳动力就近就业，避免劳动力远距离跨区域流动就业，增强劳动力的家庭发展能力，提升劳动力的消费水平，实现经济与社会发展的有机结合（陈义媛，2020）[②]。地区承接产业转移将带来劳动力、技术、资本、土地等资源的空间配置优化，劳动力就业结构与产业结构将更加匹配，这有助于提高劳动力入职匹配度；过剩的农业劳动力可以被转移的制造业吸收，提高劳动力的配置效率和生产率，有助于低技能劳动力从农业中解放出来进入劳动密集型制造业，实现低收入群体的就业增加，并降低制造业的生产成本，推动区域经济社会的高质量发展。因此，承接产业转移能够为沿黄城市群低收入群体提供更多的就业机会和发展机会，减少区域发展差距，优化生产要素和劳动力在区域间的配置，推动区域的共享式发展，为区域间的共富与共享提供动力。基于此，本章提出如下假说：

H1：承接产业转移能够促进共享发展水平提升。

二 承接产业转移对共享发展的作用机制

（一）就业增长效应

就业水平的提升是实现区域共享发展的重要推动力之一。就业水平

[①] 徐永辉、吴柏钧：《产业转移、市场潜能与城乡融合——基于空间杜宾模型的探讨》，《技术经济与管理研究》2023 年第 10 期。

[②] 陈义媛：《劳动力密集型产业转移及内迁工厂的嵌入性劳动管理》，《江西财经大学学报》2020 年第 6 期。

的提升不仅有助于改善劳动者的家庭福祉，促进共享发展水平的提升，更有助于在新时期推动共同富裕的实现。通过提升就业水平的方式增加中等及偏下收入群体的劳动收入，是推进共同富裕的有力抓手（张彬斌，2022）[①]。提升就业水平，在促进家庭部门参与经济建设、创造家庭财富和缩小社会差距等方面都能够发挥积极作用，这一点在对脱贫攻坚、贫富差距或消费行为等的研究中得到验证（程名望和张家平，2019[②]；姚敏和陈新力，2022[③]）。可见，实现高质量就业，是新时期我国实现区域共享发展，进而实现共同富裕的内在要求与重要保障（何宗樾等，2020）[④]。产业转移往往通过资本流动和劳动密集型等低端生产环节的迁移，达到降低要素成本、促进承接地劳动力就业、优化产业布局和推动产业升级的效果。在"刘易斯拐点"与工资刚性的作用下，中国东部地区丧失比较优势的产业逐渐转向中西部地区（袁冬梅等，2023）[⑤]。赵明和吴唯佳（2018）[⑥]基于微观调查数据研究发现承接沿海产业转移能够增加当地城镇居民就业机会，促进农村劳动力返乡就业、创业。此外，辅以国家级承接产业转移示范区等政策的引导，企业与投资加快涌入中西部地区，能够以产业带动创新创业并增加就业岗位（贺胜兵和张倩，2022）[⑦]。基于此，本章提出如下假说：

H2：承接产业转移能够通过改善就业促进共享发展水平提升。

---

① 张彬斌：《就业扩容提质 促进共同富裕——以加快破解结构性就业矛盾为抓手》，《产业经济评论》2022年第2期。

② 程名望、张家平：《新时代背景下互联网发展与城乡居民消费差距》，《数量经济技术经济研究》2019年第7期。

③ 姚敏、陈新力：《互联网巩固拓展脱贫攻坚成果的机理及其检验》，《调研世界》2022年第7期。

④ 何宗樾、张勋、万广华：《数字金融、数字鸿沟与多维贫困》，《统计研究》2020年第10期。

⑤ 袁冬梅、黄涛、龙瑞：《制造业转入如何影响中西部地区就业——来自地级及以上城市的经验证据》，《经济地理》2023年第2期。

⑥ 赵明、吴唯佳：《产业转移视角下传统农区城镇化路径与模式研究——基于周口市企业的调查》，《城市发展研究》2018年第12期。

⑦ 贺胜兵、张倩：《承接产业转移示范区提升区域创新创业水平了吗》，《当代财经》2022年第4期。

（二）收入提升效应

劳动收入份额增加意味着居民收入增加，而居民收入增加代表着自身可支配收入提升，收入提高更能刺激居民投资消费，畅通国内消费市场，对于区域共享发展起到促进作用（Bhaduri & Marglin，1990）[1]。同时，劳动收入份额变化会促进劳动力生产力转移，影响产业内部人力资本的配置结构（钞小静和廉园梅，2019）[2]。此外，劳动收入份额扩大代表着行业生产方式变革，有助于推动机械化生产，实现以机械化生产满足高效率生产工作，在加快行业生产效率的同时，推动经济高质量发展，进而促进区域共享发展。产业转移一般会伴随着资本、技术、生产组织以及管理方式的转移，能够促进产业本身的人力资本改造，并在地理上产生集聚效益，加快推动承接地的经济增长，促进就业。熊凯军和张柳钦（2023）[3]认为地区承接产业转移能通过资本流入和就业结构调整来增加居民收入。魏后凯（2003）[4]也认为产业转移能提高转入地的产业竞争力，增加就业机会和产业配套能力，进而形成集聚经济效益。地区通过引进外部产业、提升地区金融信贷资源和增加投资来促进本地产业的集聚发展，本地产业的快速发展可以促进居民收入提高，从而缩小城乡之间的收入差异。基于此，本章提出如下假说：

H3：承接产业转移能够通过提升居民收入促进共享发展水平提升。

（三）财政自给效应

地方政府的财政自给能力主要反映地方政府的财政情况，包括自给能力和充裕程度。财政自给能力的高低会影响地方政府的经济行为，即可能影响实际提供的基本公共服务支出（宋佳莹，2022）[5]。地方政府

---

[1] Bhaduri A. and Marglin S., "Unemployment and the Real Wage: The Economic Basis for Contesting Political Ideologies", *Cambridge journal of Economics*, Vol. 14, No. 4, 1990, pp. 375 – 393.

[2] 钞小静、廉园梅：《劳动收入份额与中国经济增长质量》，《经济学动态》2019年第9期。

[3] 熊凯军、张柳钦：《产业转移、收入分配与共同富裕——以国家承接产业转移示范区为例》，《软科学》2023年第6期。

[4] 魏后凯：《产业转移的发展趋势及其对竞争力的影响》，《福建论坛》（经济社会版）2003年第4期。

[5] 宋佳莹：《基本公共服务均等化测度：供给与受益二维视角——兼论转移支付与财政自给率的影响》，《湖南农业大学学报》（社会科学版）2022年第4期。

的支出权力很大程度上取决于收入能力,所以提高财政自给率对于促进区域共享发展具有重要意义。一方面,财政自给率与财政资金相关,从而影响到各级政府在资源要素中的配置,财政收入越高,地方政府支配权越大,有利于为共享发展提供更适合的公共产品供给。另一方面,地方政府可以对财政资金的运用进行监督和评估,并利用反馈信息对财政资金投入进行调整,有利于提高资源配置效率,从而促进共享发展。产业转移通过提升地方GDP规模和壮大地方税源税基,能够提升地方政府的财政自给能力和公共服务供给能力,提高财政治理能力,因而对区域共享发展形成积极的正向影响(赵德昭,2022)[①]。近年来,中西部欠发达地区通过吸引并主动承接国际和东部沿海地区的产业转移,迅速实现了产业结构的优化升级,而产业结构调整通过影响税收夯实了地方政府税源税基,从而极大提高了地方政府改善公共服务水平的积极性。在地方政府拥有较强的财政治理能力后,可以加大基础设施建设投入并提供农业转移人口在城镇定居所需的医疗、教育、交通、养老等基本公共服务,最终实现区域共享发展。基于此,本章提出如下假说:

H4:承接产业转移能够通过提升财政自给能力促进共享发展水平提升。

(四)效益提升效应

企业作为公共服务建设的重要社会主体,在公共服务建设中发挥重要作用。自"共享价值创造"提出以来,企业找到了一条融合企业经济属性与社会属性的可持续性社会责任实践之路(阳镇和陈劲,2023)[②]。价值共享是企业高质量发展的最终目标追求。企业不仅要保护股东利益,还要维护全体利益相关者的利益,这意味着企业在实现高质量发展过程中更多承担社会责任,不仅创造经济效益,而且创造社会效益,体现企业创造价值的正外部性。随着财政支出刚性增长,民生性投入持续增加,财政收支矛盾日益凸显,财政可持续性面临挑战。而企业作为重要的纳

---

① 赵德昭:《地方财政治理、产业梯度转移与就地城镇化的大国雁阵模式》,《地方财政研究》2022年第1期。

② 阳镇、陈劲:《共享价值创造范式的多维透视与未来进路》,《南京大学学报》(哲学·人文科学·社会科学)2023年第1期。

税主体，其税收遵从度影响着政府的财政收入，是政府对当地经济进行调控的重要抓手（肖鹏和王亚琪，2023）[①]。地方政府通过政策优惠能够吸引大量的企业进入，虽然承接产业的技术含量相对较低，但是大量企业迁入，必然与区域内的企业存在产业关联，从而产生集聚效应（王小腾等，2020）[②]，这种集聚效应能够为当地带来外部经济。一方面，产业集聚使得生产的产品种类增多，进而影响相对价格，本区域内原有的企业由此能够获取种类更多、质量更高、价格更低的中间品，这会提高这些企业的生产能力与产品质量，进而有利于提升企业盈利能力。另一方面，转移产业中的企业不论是在专业人员技术还是管理人员素养等方面，均能够通过正式与非正式沟通，产生知识与技术的溢出，进一步促进企业效益的提升。基于此，本书提出如下假说：

H5：承接产业转移能够通过提升企业效益促进共享发展水平提升。

承接产业转移对共享发展作用机制的理论框架如图8－1所示。

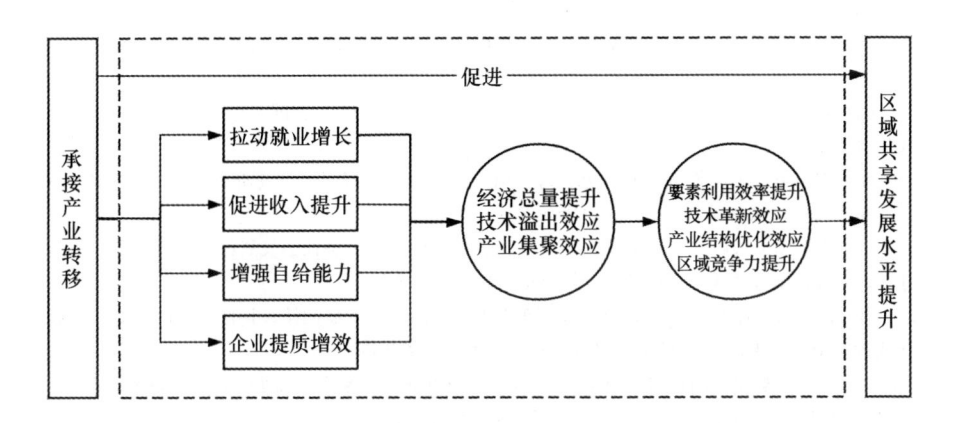

图 8－1　产业转移影响区域共享发展的理论机制

资料来源：作者绘制。

[①] 肖鹏、王亚琪：《公共服务质量、社会信任与企业税收遵从》，《现代经济探讨》2023年第9期。

[②] 王小腾、张春鹏、葛鹏飞：《承接产业转移示范区能够促进制造业升级吗？》，《经济与管理研究》2020年第6期。

第三节　沿黄城市群城市共享发展的测度与分析

关于共享发展成效测度的实证研究，主要围绕共享发展进程、特征、质量、影响及其时序演变与区域差异的评价体系而展开。评价方法涉及权重赋值方法，如层次分析法[①]、主成分分析法[②]、熵值法[③]、熵权TOPSIS法[④]、二次加权因子分析法[⑤]、组合权重法[⑥]等；函数模型模拟分析法，如柯布—道格拉斯生产函数模型[⑦]、耦合协调度模型[⑧]、差异与极化函数模型[⑨][⑩]等相关计量模型；空间差异分析法，如空间可视化法[⑪]。邵姝遥等（2023）[⑫]利用熵权法测度长江经济带共享发展水平，揭示长江经济带不同区域不同类型城市共享发展的水平现状、演变特征及其优势短

[①] 李梦欣、任保平：《新时代中国高质量发展的综合评价及其路径选择》，《财经科学》2019年第5期。

[②] 张亚斌、赵景峰：《中国经济社会发展质量及对全面建成小康社会的影响——基于五大发展新理念的理论与实证》，《财贸研究》2017年第3期。

[③] 刘亚雪、田成诗、程立燕：《世界经济高质量发展水平的测度及比较》，《经济学家》2020年第5期。

[④] 魏艳华、王丙参、朱琳：《基于时空熵权TOPSIS评价法的经济高质量发展水平测度——以广东省为例》，《统计与决策》2023年第8期。

[⑤] 李旭辉、朱启贵、夏万军等：《基于五大发展理念的经济社会发展评价体系研究——基于二次加权因子分析法》，《数理统计与管理》2019年第3期。

[⑥] 陈梦根、徐滢、周元任：《新发展理念下经济高质量发展的统计评价与地区比较——基于改进的TOPSIS综合评价模型》，《统计学报》2020年第2期。

[⑦] 王军、李萍：《新常态下中国经济增长动力新解——基于"创新、协调、绿色、开放、共享"的测算与对比》，《经济与管理研究》2017年第7期。

[⑧] 袁丹、欧向军、唐兆琪：《东部沿海人口城镇化与公共服务协调发展的空间特征及影响因素》，《经济地理》2017年第3期。

[⑨] 郑文升、蒋华雄、艾红如等：《中国基础医疗卫生资源供给水平的区域差异》，《地理研究》2015年第11期。

[⑩] 马志飞、尹上岗、乔文怡等：《中国医疗卫生资源供给水平的空间均衡状态及其时间演变》，《地理科学》2018年第6期。

[⑪] Su W., Gu C. and Yang G., et al., "Measuring the Impact of Urban Sprawl on Natural Landscape Pattern of the Western Taihu Lake Watershed, China", *Landscape and Urban Planning*, Vol. 95, No. 1, 2010, pp. 61–67.

[⑫] 邵姝遥、彭棋、苏伟忠：《长江经济带共享发展水平时空差异分析》，《长江流域资源与环境》2023年第9期。

板,为促进高质量发展与制定共享发展差异化举措提供依据。李占风和孙未未(2023)[①]构建了包含全民共享、全面共享、共建共享和渐进共享四个维度的指标体系测度共享发展水平,并构建了面板门槛回归模型,实证检验发现,数字经济对共享发展的影响效应的确存在非线性特征。本节采用熵权法测算共享发展水平,并采用泰尔指数分析其差异性。

一 测度方法

(一) 熵权法

采取熵权法来测算沿黄城市群城市共享发展水平。熵权法同一指标的数值差别与其包含的信息正相关,指标在综合评价中起的作用由数值差别决定,测算结果仅取决于数据本身的离散情况,可以有效避免人为或主观因素对各评价指标的干扰,使评价结果更加客观有效(陈景华等,2020)[②]。具体计算步骤如下:

第一步:数据标准化:

$$X_{ij} = [x_{ij} - min(x_{ij})]/[max(x_{ij}) - min(x_{ij})] \quad (8-1)$$

$$X_{ij} = [max(x_{ij}) - x_{ij}]/[max(x_{ij}) - min(x_{ij})] \quad (8-2)$$

上述公式中,x_{ij}表示i区域第j个指标的原始数值,$max(x_{ij})$和$min(x_{ij})$分别为各指标历年数据的最大值和最小值,其中$x_{ij} \in [0,1]$。

第二步:计算第j个指标下第i个样本的比重:

$$\theta_{ij} = X_{ij}/\sum_{i=1}^{n} X_{ij} \quad (8-3)$$

第三步:计算第j个指标的熵值:

$$e_j = -\frac{1}{ln(n)} \sum_{i=1}^{n} \theta_{ij} \times ln(\theta_{ij}) \quad (8-4)$$

第四步:计算第j个指标的冗余度:

---

① 李占风、孙未未:《共同富裕目标下数字经济对共享发展的影响》,《统计与决策》2023年第15期。

② 陈景华、陈姚、陈敏敏:《中国经济高质量发展水平、区域差异及分布动态演进》,《数量经济技术经济研究》2020年第12期。

$$d_j = 1 - e_j \qquad (8-5)$$

第五步：计算第 j 个指标的权重：

$$W_j = d_j / \sum_{j=1}^{n} d_j \qquad (8-6)$$

第六步：计算沿黄城市群城市共享发展水平综合值：

$$S_{ij} = W_j X_{ij} \qquad (8-7)$$

（二）泰尔指数

泰尔指数是基于熵的概念提出的，具有反映区域差异以及差异来源的特征，泰尔指数越大代表区域间发展差异越大，参考黄万华等（2022）[①] 的相关研究，泰尔指数以及其分解方法如式（8-10）所示：

$$T = T_B + T_W \qquad (8-8)$$

$$T_B = \sum_{k=1}^{k} [y_k ln(y_k n / n_k)] \qquad (8-9)$$

$$T_W = \sum_{k=1}^{k} \{y_k \sum_{i \in g_k} [(y_j / y_k) ln(y_j n_k / y_k)]\} \qquad (8-10)$$

其中：T 为泰尔总指数，T_B 为组间差距，T_W 为组内差距；y_k 代表第 k 城市群共享发展水平占沿黄城市群城市共享发展总水平的比重；n 为研究对象总数；g_k 为城市群；n_k 为第 k 城市群城市数量；y_j 为城市 j 的共享发展水平占沿黄城市群城市共享发展总水平的比重。

二 数据来源与处理

（一）数据来源

考虑到数据的可获取性和连贯性，本章以沿黄城市群 64 个地级市作为研究样本，并以黄河流域七大城市群为切入点，探究城市群之间、城市群内部共享水平差距大小及来源。所使用的数据均来自公开资料，来源包括《中国城市统计年鉴》、各地级市统计年鉴、统计公报，部分数据

---

① 黄万华、王梦迪、高红贵：《长江流域水资源管理绩效水平测度及时空分异》，《统计与决策》2022 年第 20 期。

通过中国经济社会大数据研究平台（https：//data.cnki.net/new）和 EPSDATA（https：//www.epsnet.com.cn/index.html#/Index）等平台搜集，缺失数据用线性插值法补充。

（二）指标体系构建

共享发展理念实质就是坚持以人民为中心的发展思想，体现的是逐步实现共同富裕的要求。党的十八届五中全会提出的共享发展理念，其内涵主要有全民共享、全面共享、共建共享和渐进共享四个方面，[①] 强调共享发展要共享国家经济、政治、文化、社会、生态各方面建设成果。基于现有研究，综合医疗保险、文化教育、医疗卫生、信息化水平、基础设施建设等多维度多层次内涵，同时综合考虑指标代表性和数据可获得性，构建共享发展水平评价指标体系（表8-1）。

表8-1　　　　　　　　共享发展评价指标体系

指标	一级指标	二级指标	指标定义/计算公式	属性
共享发展	医疗保险共享	城镇职工基本养老保险参保比例	城镇职工基本养老保险参保人数（万人）/城镇常住人口	+
		职工基本医疗保险参保人数比例	职工基本医疗保险参保人数（万人）/城镇常住人口	+
		失业保险参保人数比例	失业保险参保人数（万人）/城镇常住人口	+
	文化教育共享	中小学师生比	中小学老师人数/中小学学生人数	+
		每万人高等学校在校生人数（人）	普通本专科在校生人数（人）/常住人口	+
		每万人图书馆图书藏量（千册）	公共图书馆图书藏量（千册）/常住人口	+
	医疗卫生共享	医院、卫生院数（个）	医院、卫生院数（个）/常住人口	+
		每万人医疗机构床位数（张）	医院床位数（张）/常住人口	+
		每万人拥有卫生技术人员数（人）	执业（助理）医师数（人）/常住人口	+

---

① 习近平：《深入理解新发展理念》，《求是》2019年第10期。

续表

指标	一级指标	二级指标	指标定义/计算公式	属性
共享发展	信息共享水平	每万人移动电话用户数（千户）	移动电话年末用户数（千户）/常住人口	+
		每万人互联网宽带接入用户数（千户）	互联网宽带接入用户数（千户）/常住人口	+
		每万人电信业务收入（万元）	电信业务收入（万元）/常住人口	+
	基础设施共享	建成区绿化覆盖率（%）	建成区绿化覆盖率（%）	+
		每万人公共交通车辆数（辆）	年末实有公共汽（电）车营运车辆数（辆）/常住人口	+
		每万人城市道路面积（万平方米）	年末实有城市道路面积（万平方米）/常住人口	+

三 沿黄城市群城市共享发展分析

（一）沿黄城市群城市共享发展水平时空发展特征

本书基于熵值法测算出 2011—2021 年沿黄城市群 64 个地级市的共享发展水平，结果如表 8-2 所示。其中，黄河流域的数据用 64 个地级市综合发展水平的平均值表征。黄河流域共享发展水平整体较低，2011—2021 年综合发展水平均值为 0.3154。各地级市多年平均共享发展水平空间分异显著：省会城市和计划单列市发展水平较高，济南市（0.6216）综合发展水平超过 0.6，位居首位，太原市（0.5938）、青岛市（0.5554）、银川市（0.5474）、西安市（0.5330）和威海市（0.5133）多年平均共享发展水平超过 0.5，发展水平处于前列，但是沿黄城市群城市有超一半的城市，共享发展水平低于 0.3，共享发展较落后。黄河流域地处北部，发展水平较低，增长速度较慢，联系紧密性不高，地区差异较大，创新和内生动力不足，区域内人口、经济与资源环境不协调、地区之间发展不协调、城乡发展不协调，不同群体之间的收入差距较大。可以说，发展不协调、不充分制约了黄河流域共享发展水平的提升，是当前黄河流域高质量发展面临的突出问题。

表8-2　　　2011—2021年沿黄城市群城市共享发展水平

城市	均值	均值排名	城市	均值	均值排名
济南市	0.6216	1	济宁市	0.2970	33
太原市	0.5938	2	焦作市	0.2937	34
青岛市	0.5554	3	日照市	0.2699	35
银川市	0.5474	4	白银市	0.2652	36
西安市	0.5330	5	吴忠市	0.2638	37
威海市	0.5133	6	吕梁市	0.2617	38
兰州市	0.4881	7	平顶山市	0.2602	39
郑州市	0.4697	8	新乡市	0.2567	40
呼和浩特市	0.4657	9	榆林市	0.2563	41
烟台市	0.4508	10	鹤壁市	0.2483	42
包头市	0.4488	11	渭南市	0.2466	43
东营市	0.4443	12	安阳市	0.2451	44
淄博市	0.4403	13	临沂市	0.2407	45
西宁市	0.4333	14	平凉市	0.2341	46
石嘴山市	0.4189	15	聊城市	0.2322	47
铜川市	0.4071	16	漯河市	0.2309	48
济源市	0.3976	17	德州市	0.2306	49
鄂尔多斯市	0.3845	18	开封市	0.2298	50
潍坊市	0.3472	19	濮阳市	0.2218	51
长治市	0.3364	20	许昌市	0.2211	52
晋城市	0.3324	21	中卫市	0.2196	53
泰安市	0.3209	22	菏泽市	0.1992	54
宝鸡市	0.3208	23	商洛市	0.1917	55
三门峡市	0.3166	24	南阳市	0.1892	56
咸阳市	0.3165	25	庆阳市	0.1885	57
滨州市	0.3116	26	天水市	0.1865	58
运城市	0.3111	27	信阳市	0.1862	59
枣庄市	0.3037	28	驻马店市	0.1835	60
晋中市	0.3003	29	商丘市	0.1824	61
忻州市	0.2994	30	定西市	0.1524	62
临汾市	0.2990	31	周口市	0.1420	63
洛阳市	0.2972	32	海东市	0.1343	64

资料来源：作者加工计算。

(二) 沿黄城市群城市共享发展水平差异分析

为进一步分析各地区共享发展水平差异变化情况，本书将从山东半岛城市群、中原城市群、关中平原城市群、呼包鄂榆城市群、山西中部盆地城市群、兰西城市群和宁夏沿黄城市群七大城市群角度出发（如表8-3所示），运用泰尔指数分析沿黄城市群城市共享发展水平总体差距变化以及七大城市群区域之间和区域内部的差距，沿黄城市群城市2011—2021年共享发展水平的泰尔指数以及组内和组间的泰尔指数计算结果如表8-4所示。

表8-3　　　　　　　　黄河流域七大城市群

城市群	城市
山东半岛城市群	济南市、青岛市、淄博市、枣庄市、东营市、烟台市、潍坊市、济宁市、泰安市、威海市、日照市、临沂市、德州市、聊城市、滨州市、菏泽市
中原城市群	郑州市、开封市、洛阳市、南阳市、安阳市、商丘市、新乡市、平顶山市、许昌市、焦作市、周口市、信阳市、驻马店市、鹤壁市、濮阳市、漯河市、三门峡市、济源市、长治市、晋城市、运城市
关中平原城市群	西安市、宝鸡市、咸阳市、铜川市、渭南市、商洛市、临汾市、天水市、平凉市、庆阳市
呼包鄂榆城市群	呼和浩特市、包头市、鄂尔多斯市、榆林市
山西中部盆地城市群	太原市、晋中市、忻州市、吕梁市
兰西城市群	兰州市、白银市、定西市、西宁市、海东市
宁夏沿黄城市群	银川市、吴忠市、石嘴山市、中卫市

通过所计算的泰尔指数可以发现，测度期内，沿黄城市群城市共享发展水平总体差距呈现波动下降的趋势，由2011年的0.0814下降到2021年的0.0414。从区域差异的演变趋势来看，组内差异泰尔指数的变动与总体差异变动较为相似，总体呈波动下降的趋势，2011年的组内差

异为0.0639，经过波动变化，在2017年达到峰值0.0702，后下降到2021年的0.0374。而组间差异泰尔指数变动较为平缓，在整个测度期均未超过0.0226。从差异贡献率来看，组内差异明显大于组间差异，说明组内差异是总体差异的主要来源，缩小组内差异成为推动沿黄城市群城市共享发展水平区域空间分布均衡的关键。

表8-4　2011—2021年沿黄城市群城市共享发展水平泰尔指数计算结果

年份	泰尔指数	组间差异	贡献率（%）	组内差异	贡献率（%）
2011	0.0814	0.0175	21.5309	0.0639	78.4691
2012	0.0919	0.0222	24.1676	0.0697	75.8324
2013	0.0722	0.0158	21.8278	0.0565	78.1722
2014	0.0836	0.0226	27.0521	0.0610	72.9479
2015	0.0630	0.0106	16.7793	0.0524	83.2207
2016	0.0678	0.0088	13.0061	0.0589	86.9939
2017	0.0793	0.0092	11.5415	0.0702	88.4585
2018	0.0692	0.0095	13.7066	0.0597	86.2934
2019	0.0766	0.0085	11.1406	0.0681	88.8594
2020	0.0687	0.0063	9.2453	0.0623	90.7547
2021	0.0414	0.0040	9.7254	0.0374	90.2746

资料来源：作者加工计算。

第四节　实证研究设计

本节在前文关于承接产业转移与区域共享发展关系的理论分析基础上，构建实证模型检验承接产业转移能否以及如何赋能区域共享发展水平提升，为建立差异化的区域间产业分工协作体系提供参考。

一　样本选取与数据来源

为验证基于理论分析所提出的研究假说，以沿黄城市群64个地级市作为研究样本,从区域宏观层面加以分析。本书所使用的数据均来自公开资料,产业转移相关的微观企业数据来自天眼查和 Wind 数据库,并将相关进出口数据按照当年的平均汇率折算为人民币形式。解释变量及控制变量主要来自《中国城市统计年鉴》、各地级市统计年鉴、统计公报,部分数据通过中国经济社会大数据研究平台(https：//data.cnki.net/new)和 EPSDATA(https：//www.epsnet.com.cn/index.html#/Index)等平台搜集,个别年份缺失数据用线性插值法补充。

二 计量模型设定

本书重点考察承接产业转移对区域共享发展水平的影响,将基准回归模型设定如下：

$$share_{it} = \alpha_o + \beta lntransfer_{it} + \gamma controls_{it} + u_i + \varepsilon_{it} \quad (8-11)$$

其中,下标 i、t 分别表示城市和年份；被解释变量($share$)为共享发展水平,核心解释变量($lntransfer$)为地区承接产业转移指数,待估参数 β 衡量了承接产业转移对区域共享发展水平的边际效应。此外,$controls$ 表示为尽可能缓解遗漏变量问题而选取的控制变量组合,u 为城市固定效应,ε 为随机扰动项。与前序章节原因相同,本节选用个体固定效应模型进行分析,并在稳健性检验结果中展示添加时间固定效应的模型估计结果,以检验有无时间固定效应是否会严重影响对参数 β 的估计。

三 指标选取与变量测度

(一)被解释变量

借鉴邵姝遥等(2023)[①]、李占风和孙未未(2023)[②] 的研究,综合医疗保险、文化教育、医疗卫生、信息化水平、基础设施建设等多维度多层次内涵,同时综合考虑代表性和数据的可获得性,构建共享发展水平评价指标体系,采用熵权法计算的综合发展水平表征区域共享发展水

[①] 邵姝遥、彭棋、苏伟忠:《长江经济带共享发展水平时空差异分析》,《长江流域资源与环境》2023 年第 9 期。

[②] 李占风、孙未未:《共同富裕目标下数字经济对共享发展的影响》,《统计与决策》2023 年第 15 期。

平。变量的具体测算过程已在前文中详细展示，此处不再赘述。

（二）被解释变量

从分支机构、股东变更、变更记录三方面出发，以 2010 年为基期，计算正常承接产业转移即总承接产业转移与非正常承接产业转移的差值，并进行对数化处理。变量的具体测算过程已在第三章中详细展示，此处不再赘述。

（三）控制变量

为缓解遗漏变量问题对参数估计造成的偏误，结合现有研究经验和经济学原理，选取以下控制变量：

1. 公路运输规模（transport）。随着公路运输规模的增长，资源可以在更广泛的区域内进行有效配置；此外公路运输规模也有利于改善公共服务水平，推动共享发展。本章采用人均公路货运量来衡量公路运输规模和效率。

2. 产业结构高级化（structure）。产业的创新和融合，会促进新的产业和需求的形成，从而增加就业；此外产业结构高级化使得资源从低效率的生产部门流向高效率的生产部门，提升生产力水平，有利于提高收入水平，推动共享发展。本章采用技术密集型产业产值与资本密集型产业产值的比值来衡量产业结构高度化指数。

3. 科技支出水平（technology）。科技支出为科技的进步和创新提供资金支持，提高社会生产力，经济发展更加高效，为共享发展提供了坚实的物质基础；科技支出水平的提高有助于优化资源配置，缩小教育差距，推动共享发展。本章采用政府科学技术支出占一般公共预算支出的比重来衡量科技支出水平。

4. 企业平均规模（enterprise）。随着企业规模的扩大，企业对社会的影响力随之增强，企业需要承担的社会责任也就更多，包括环境保护、公益事业等；工业企业的发展为国家和社会提供了更多的财政收入，这使得政府有能力提供更加完善的社会保障和公共服务，推动共享发展。本章采用规模以上工业企业资产合计与规模以上工业企业数量的比值来衡量企业平均规模。

5. 工业发展规模（lnindustrial）。工业发展规模的扩大，使得更多的生产资料、技术和人力资源被集中利用，研发、生产、销售等多个环节实现资源共享，这种资源共享促进社会整体福利的提高；此外，工业规模的扩大将创造更多的就业机会，从而缓解就业压力，推动共享发展。本章采用规模以上工业增加值的对数来衡量工业发展水平。

6. 市场化水平（market）。市场化水平的提高有助于优化资源配置，提高经济效率，为社会创造更多的财富；在较高的市场化水平下，企业之间的竞争更加激烈，有利于提供更多优质的产品和服务，满足人民群众多样化的需求，推动共享发展。本章采用城镇私营和个体从业人员占城镇从业人员的比重来衡量市场化水平。

相关变量的描述性统计如表8-5所示。

表8-5　　　　　　　　　变量的描述性统计

变量	观测值	均值	标准差	最小值	最大值
share	704	0.315	0.125	0.090	0.677
lntransfer	704	12.895	1.402	0.000	15.720
transport	704	0.317	0.242	0.024	2.881
structure	704	0.313	0.443	0.002	3.536
technology	704	1.302	0.954	0.005	5.471
enterprise	704	4.732	3.935	0.618	25.530
lnindustrial	704	6.425	0.930	3.377	8.230
market	704	1.088	1.237	0.034	21.444

第五节　实证结果及分析

一　基准回归分析

为确保基准回归结果的科学性，在正式估计之前对模型部分变量及整体进行了必要的统计检验，[①] 涵盖多重共线性、变量平稳性、组内自相

---

① 限于篇幅，不再具体说明开展统计检验所用方法。

关等。检验结果显示,方差膨胀因子均值为1.50,变量组合不存在严重的多重共线性;被解释变量(share)和解释变量(lntransfer)的单位根检验均在1%显著性水平上拒绝全部面板存在单位根的原假设;组间异方差、同期相关和组内自相关检验结果表明三者在模型中均存在;豪斯曼检验结果表明应当选择固定效应模型。为缓解组间异方差、同期相关和组内自相关问题对估计结果的影响,采用全面FGLS(可行广义最小二乘法)方法估计基准回归模型,估计结果如表8-6所示。

表8-6　　　　　　　　基准回归结果

变量	(1) share	(2) share	(3) share	(4) share	(5) share	(6) share	(7) share
lntransfer	0.013*** (0.001)	0.013*** (0.001)	0.012*** (0.001)	0.011*** (0.001)	0.012*** (0.001)	0.011*** (0.004)	0.010*** (0.004)
transport		0.013*** (0.003)	0.018*** (0.006)	0.018** (0.009)	0.018** (0.009)	0.022*** (0.008)	0.020*** (0.007)
structure			0.024 (0.015)	0.026 (0.020)	0.028 (0.020)	0.020 (0.018)	0.025 (0.018)
technology				0.016*** (0.003)	0.016*** (0.003)	0.012*** (0.003)	0.009*** (0.003)
enterprise					-0.001 (0.002)	-0.003 (0.002)	-0.003* (0.002)
lnindustrial						0.042*** (0.011)	0.041*** (0.011)
market							0.007*** (0.003)
常数项	0.290*** (0.020)	0.281*** (0.020)	0.225*** (0.036)	0.351*** (0.023)	0.362*** (0.032)	0.128* (0.066)	0.146** (0.068)
城市固定	是	是	是	是	是	是	是
年份固定	否	否	否	否	否	否	否
观测值	704	704	704	704	704	704	704

注:***、**、*分别表示在1%、5%和10%的水平上显著;括号内为标准误;全面FGLS的估计结果未含拟合优度。

基准回归采用了逐次添加控制变量的主流做法，从表 8-6 可以看出，在控制变量数目变化的过程中，lntransfer 的估计系数始终在 1% 水平上显著为正，绝对值稳定在 0.010 左右，表明在其他因素不变的情况下，承接产业转移指数每提升 1%，共享发展水平提高 0.010 个单位左右，假说 H1 在本章所选取的样本中成立。此外，从控制变量的估计结果中可以发现：在不考虑年份固定效应前提下，公路运输规模、科技支出水平、工业发展规模及市场化水平，均能有效促进区域共享发展水平的提升，与相关研究结论一致，但产业结构高级化和企业平均规模的促进作用并不显著。

二　内生性讨论

虽然基准回归结果显示承接产业转移有助于提升共享发展水平，但这一结果是否为严格统计意义上的因果关系仍需要进行内生性探讨。为验证基准回归模型中是否存在内生性问题，若存在内生性又是否对基准回归结果造成严重影响，本节将通过构造工具变量并借助两阶段最小二乘法（2SLS）展开讨论。基于样本实际和当前主流做法，选取和构造了两个工具变量展开分析，力求论证充分。第一个工具变量为 Bartik 工具变量（bartikiv），即采用份额移动法构造的工具变量；第二个工具变量为历史变量与地区承接产业转移一阶滞后值的交互项（historyiv），其具体构造原理与过程在第三章第五节已详细介绍，此处不再赘述。表 8-7 展示了基于两个工具变量及其组合所进行的 2SLS 估计结果，第（1）（3）（5）列是第一阶段，第（2）（4）（6）列是第二阶段。表 8-7 中不可识别检验、弱工具变量检验、过度识别检验结果表明本书所选取的工具变量均是合意的，而进一步的内生性检验结果接受了 lntransfer 为外生变量的原假设，说明基准回归模型中并不存在内生性问题。第二阶段的估计结果表明，无论是否存在内生性问题，lntransfer 的估计系数均在 1% 的水平上显著为正，与基准估计结果一致。

表 8-7　　　　　　　　　　工具变量回归结果

变量	(1) 第一阶段 lntransfer	(2) 第二阶段 share	(3) 第一阶段 lntransfer	(4) 第二阶段 share	(5) 第一阶段 lntransfer	(6) 第二阶段 share
lntransfer		0.009***		0.005		0.008***
		(0.003)		(0.003)		(0.003)
bartikiv	1.063***				0.981***	
	(0.021)				(0.029)	
historyiv			0.059***		0.012***	
			(0.012)		(0.003)	
控制变量	是	是	是	是	是	是
城市固定	是	是	是	是	是	是
不可识别检验		13.075		16.970		18.199
P 值		0.000		0.000		0.000
弱工具变量检验		2589.398		26.485		1433.071
10%水平临界值		16.38		16.38		19.93
过度识别检验						1.927
P 值						0.165
内生性检验		0.574		3.405		1.489
P 值		0.449		0.066		0.223
R^2 值		0.169		0.162		0.169
观测值	704	704	704	704	704	704

注：括号内为稳健标准误；不可识别检验的统计量为 Kleibergen – Paap rk LM statistic，弱工具变量检验的统计量为 Kleibergen – Paap Wald rk F statistic，过度识别检验的统计量为 Hansen J statistic，内生性检验方法为 Davidson – MacKinnon test。

三　稳健性检验

基准回归模型的设定隐含了一系列假定，而假定是否成立对于估计结果的稳健性至关重要。为减少假定不成立和其他混杂因素可能带来的估计偏误，本书采用多种思路对基准回归结果的稳健性展开检验。

（一）非线性检验

本章计量模型采用的函数形式为主流的线性形式，并非根据严格的数理推导设定，因此可能存在忽略非线性的可能。基于此，在基准回归模型中加入 lntransfer 的平方项，从而检验函数形式是否为非线性，表 8 - 8 第（1）列展示了加入平方项的回归结果，不难发现，lntransfer 的二次项系数（lntransfer2）不显著。据此，可认为本章在基准回归模型中设定线性模型是合适的。

（二）替换被解释变量

为消除权重对共享发展水平测算结果的影响，参考张国兴和张婧钰（2023）[1] 的研究利用 Critic 方法重新赋权，即基于指标数据的对比强度和指标之间的冲突性来权衡指标的客观权重，重新计算共享发展水平，并用所得结果——综合水平（share_2）替换被解释变量开展稳健性检验。基准回归模型中的估计结果如表 8 - 8 第（2）列所示。可以看出，lntransfer 的估计系数在 1% 水平上显著为正，表明在替换被解释变量后，地区承接产业转移仍然能显著促进区域共享发展水平的提升，基准回归结果稳健。

（三）更换估计方法

同时解决组间异方差、同期相关和组内自相关的全面 FGLS 方法虽然最有效，但估计并不稳健，因此需要采用稳健的估计方法加以比较。本书选择面板校正标准误差模型和普通面板模型对基准回归模型进行重新估计。表 8 - 8 第（3）（4）列呈现了估计结果，可以看出 lntransfer 的估计系数至少在 10% 水平上显著为正，表明基准回归模型所采用的估计方法对本章研究样本而言是稳健的。

（四）控制时间因素

为检验时间固定效应是否对估计结果产生严重影响，在基准模型中控制时间因素，回归结果如表 8 - 8 第（5）列所示。结果表明在控制时间因素后，lntransfer 的估计系数仍至少在 1% 的水平上显著为正，说明承接产业转移仍对区域共享发展水平的提升具有显著正向影响，基准回归结果稳健可靠。

---

[1] 张国兴、张婧钰：《黄河流域资源型城市高质量发展的时空演变》，《中国人口·资源与环境》2023 年第 2 期。

(五) 删除省会城市和计划单列市

相比较其他城市而言,省会城市和计划单列市往往具有更明显的区位优势与经济政治优势,其承接产业转移水平与共享发展水平会比一般城市更高,因此将太原市、济南市、青岛市、郑州市、西安市、兰州市、呼和浩特市、银川市与西宁市这9个城市的样本进行剔除,回归结果如表8-8第(6)列所示。结果表明剔除极端值后,lntransfer 的估计系数仍在1%的水平上显著为正,说明承接产业转移仍对区域共享发展水平的提升具有显著正向影响,基准回归结果稳健可靠。

表8-8 稳健性检验估计结果

变量	(1) share	(2) share_2	(3) share	(4) share	(5) share	(6) share
lntransfer	-0.006 (0.040)	0.015*** (0.003)	0.009* (0.005)	0.009*** (0.002)	0.028*** (0.008)	0.010*** (0.003)
lntransfer2	0.001 (0.002)					
控制变量	是	是	是	是	是	是
城市固定	是	是	是	是	是	是
时间固定	否	否	否	否	是	否
R^2 值			0.908	0.169		
观测值	704	704	704	704	704	605

注:***、**、*分别表示在1%、5%和10%的水平上显著;括号内为标准误;全面 FGLS 的估计结果未含拟合优度。

四 机制检验

基准回归结果表明承接产业转移能够显著提升区域共享发展水平,上述理论分析梳理出了就业增长效应、收入提升效应、财政自给效应和效益提升效应四条作用路径,以下分别加以验证。

(一) 就业增长效应

本书采用劳动参与度(labor)即单位从业人员期末人数占地区常住

人口的比重来衡量地区就业增长效应，占比越高说明该城市的就业水平越高。以 labor 作为被解释变量进行回归，表8-9 第（1）、（2）列报告了就业增长效应的回归结果，探究了承接产业转移对就业水平的影响，控制了城市的固定效应。可以看出，在不控制外部环境的情况下，估计结果不显著，控制外部环境后，lntransfer 的估计系数在10%的水平上显著为正，说明在控制外部环境的条件下承接产业转移对就业水平的变动的影响显著为正，证实了就业增长效应是承接产业转移对共享发展的影响渠道之一，但假设的成立是有条件的。

（二）收入提升效应

本书采用劳动收入份额（income）即在岗职工工资总额占地区生产总值的比重来衡量地区收入提升效应，占比越高说明该城市的收入效应越高。以 income 作为被解释变量进行回归，表8-9 第（3）、（4）列报告了收入提升效应的回归结果，探究了承接产业转移对职工收入的影响，控制了城市的固定效应。可以看出，不管是否控制外部环境，lntransfer 的估计系数都在1%的水平上显著为正，说明承接产业转移对职工收入的变动的影响显著为正，证实了收入提升效应是承接产业转移对共享发展的影响渠道之一，且无论是否考虑外部环境结果都是稳健的。

（三）财政自给效应

本书采用地方政府财政自给率（finance）即地方财政一般公共预算收入占地方财政一般公共预算支出的比重来衡量地方政府财政自给效应，占比越高说明该城市的地方政府财政自给率越高。以 finance 作为被解释变量进行回归，表8-9 第（5）、（6）列报告了财政自给效应的回归结果，探究了承接产业转移对财政自给能力的影响，控制了城市的固定效应。可以看出，在不控制外部环境的情况下，估计结果不显著，控制外部环境后，lntransfer 的估计系数在1%的水平上显著为正，说明在控制外部环境的条件下承接产业转移对财政自给能力的变动的影响显著为正，证实了财政自给效应是承接产业转移对共享发展的影响渠道之一，但假设的成立是有条件的。

（四）效益提升效应

本书采用企业盈利能力（profit）即规模以上工业企业营业收入与规

模以上工业企业数量的比值来衡量地区效益提升效应,比值越大说明该城市的企业盈利能力越高。以 *profit* 作为被解释变量进行回归,表8-9第(7)、(8)列报告了效益提升效应的回归结果,探究了承接产业转移对企业盈利能力的影响,控制了城市的固定效应。可以看出,在不控制外部环境的情况下,估计结果不显著,控制外部环境后,*lntransfer* 的估计系数在1%的水平上显著为正,说明在控制外部环境的条件下承接产业转移对企业盈利能力的变动的影响显著为正,证实了效益提升效应是承接产业转移对共享发展的影响渠道之一,但假设的成立是有条件的。

表8-9　　　　　　　　　机制检验估计结果

变量	(1)	(2)	(3)	(4)	(5)	(6)	(7)	(8)
	就业增长效应		收入提升效应		财政自给效应		效益提升效应	
	labor	labor	income	income	finance	finance	profit	profit
lntransfer	-0.015	0.286*	0.776***	0.726***	0.022	0.076***	0.127	0.428***
	(0.195)	(0.154)	(0.145)	(0.122)	(0.071)	(0.018)	(0.157)	(0.164)
控制变量	否	是	否	是	否	是	否	是
城市固定	是	是	是	是	是	是	是	是
观测值	704	704	704	704	704	704	704	704

注:***、**、*分别表示在1%、5%和10%的水平上显著;括号内为标准误;全面FGLS的估计结果未含拟合优度。

五　异质性分析

上述实证分析从整体层面证实了承接产业转移可有效推动共享发展水平的提升,但在不同流域、不同类型城市及不同类型的企业,承接产业转移对共享发展的推动作用有何差异尚需明确。对此,本节将从流域异质性、城市类型异质性、企业类型异质性及城市规模异质性四个方面展开异质性分析,为理论分析提供进一步的经验证据。

(一) 流域异质性

考虑到黄河各流域城市的经济社会发展水平存在较大差距,且各流域的承接产业转移水平和区域共享发展水平也存在较大不同,故承接产业转移对共享发展的影响是否存在流域异质性值得讨论。将样本城市划分为黄河上游、中游、下游三个子样本，从流域层面探寻承接产业转移提升区域共享发展水平的异质性，估计结果如表8-10第（1）至（3）列所示。从结果来看，黄河中下游地区，lntransfer 的系数均在1%的水平下显著为正，而在上游地区承接产业转移对共享发展的影响并不明显。从系数的大小来看，lntransfer 的系数在下游地区最大，为0.010，中游地区次之，为0.007，上游地区最小，为0.001，说明在下游地区承接产业转移的驱动作用最强，中游地区次之，而在上游地区的驱动作用最弱。下游地区经济发展基础较好、产业配套设施齐全，有利于发挥地区承接产业转移的作用，促进区域共享发展水平的提升，因此可通过要素流动和正向溢出效应构建下游城市带动上、中游城市共享发展水平提升的发展格局。

表8-10　　　　　　　　流域异质性分析估计结果

变量	（1）上游 share	（2）中游 share	（3）下游 share
lntransfer	-0.001	0.007***	0.010***
	(0.003)	(0.001)	(0.002)
控制变量	是	是	是
城市固定	是	是	是
观测值	132	242	330

注：***、**、*分别表示在1%、5%和10%的水平上显著；括号内为标准误；全面FGLS的估计结果未含拟合优度。

（二）城市类型异质性

黄河流域各种矿产资源较为丰富，新中国成立以来矿产资源被大规模开发，造就了大批资源型城市。根据《全国资源型城市可持续发展规划（2013—2020年）》的分类标准，将样本城市划分为资源型城市和非资源型城市两组，分别考察承接产业转移对共享发展的异质性影响，估计结果如表8-11第（1）、（2）列所示。从结果来看，在资源型城市，

lntransfer 的系数均在 1% 的水平下显著为正，而在非资源型城市承接产业转移对共享发展的影响并不明显。承接产业转移对区域共享发展的促进作用在资源型城市更加明显。其原因可能在于资源型城市积极承接有利于延伸产业链、提高技术水平、促进资源综合利用、充分吸纳就业的产业，且积极引进福利待遇好的同类企业，有利于增强特色产业的优势，带动区域经济发展水平的提升，进而促进共享发展水平的提升。

（三）企业类型异质性

中国产业转移主要有两种类型：第一类是大型国有企业，这类产业转移多以打造国家品牌，服务国家战略为导向，通过并购、对外投资等方式，实现国家战略布局；第二类是民营企业和外资企业，这类产业转移多因经营成本、市场环境等原因，将部分或全部生产环节外迁，以实现收益最大化。本书根据企业类型的不同，将承接产业转移划分为承接国有企业产业转移（lntransfer_s）和承接非国有企业产业转移（lntransfer_n）两组，分别考察承接不同类型企业产业转移对共享发展影响的异质性，估计结果如表 8-11 第（3）、（4）列所示。从结果来看，不管是承接国有企业产业转移还是非国有企业产业转移，承接产业转移的系数均在 1% 的水平下显著为正，表明本书的基准估计结果是稳健的。承接非国有企业产业转移对区域共享发展的促进作用更加明显。探究其原因可能在于非国有企业的目标是追求利润最大化，会因经营成本、市场环境等原因迁移，承接地承接非国有企业转入越多，就越能够提供更多的就业岗位，更有利于共享发展成果。

（四）城市规模异质性

从城市规模的角度而言，规模较大的城市具有经济集聚效应，资源配置和利用效率相应较高，共享发展水平也相对较高。基于此，进一步对不同规模城市承接产业转移对共享发展水平的提升效应进行验证。依据 2014 年国务院发布的《关于调整城市规模划分标准的通知》中的最新标准对城市规模进行划分，根据《中国人口普查分县资料—2020》的数据，将城市分为大城市（城区常住人口大于 100 万）、中小城市（城区常住人口小于 100 万）两组，考察承接产业转移对共享发展影响的异质性，估计结果如表 8-11 第（5）、（6）列所示。从结果来看，承接产业转移能显著促进中小城市共享发展水平的提升,对大城市的促进效应并不明显。大城市经济发展水平高、产业基础雄厚,影响共享发展水平提升的因素众多,承接产业转移对共享发展的作用较小。

表 8-11　　　　　　　　其他异质性分析估计结果

变量	(1) 资源型城市	(2) 非资源型城市	(3) 国有企业	(4) 非国有企业	(5) 大城市	(6) 中小城市
	share	share	share	share	share	share
lntransfer	0.009*** (0.002)	0.003 (0.005)			0.004 (0.003)	0.008*** (0.003)
lntransfer_s			0.002*** (0.001)			
lntransfer_n				0.010*** (0.004)		
控制变量	是	是	是	是	是	是
城市固定	是	是	是	是	是	是
观测值	341	363	704	704	242	462

注：***、**、*分别表示在1%、5%和10%的水平上显著；括号内为标准误；全面FGLS的估计结果未含拟合优度。

第六节　纳入其他要素的进一步分析

一　纳入工业发展水平的进一步分析

碍于共享发展的社会性质,本章并未从工业共享发展角度进行相关分析,但为了将工业要素考虑在内以增加研究的可靠性,本章将工业发展水平纳入模型进行分析。根据资源禀赋理论,承接产业转移实际上是产业发展优势的选择,强调对承接地区产业和区位优势的利用,从而实现产业资源的最佳配置。工业发展水平高意味着该地区有较高的产业承接能力,即具备较为完善的工业产业链和供应链体系、拥有较为完善的基础设施和配套服务及较丰富的技术资源和人才储备,这为承接产业转移提供了必要的物质、人才和技术支撑，使得转移过来的产业能够迅速融入当地工业体系和产业链，实现资源共享和优势互补，降低生产成本，提升生产效率，实现快速稳定的发展，进而促进共享发展水平的提升。因此，工业发展水平的提升对于承接产业转移驱动地区共享发展有重要作用。故进一步将 lntransfer 与工业发展水平去心后做交互（tfplntran），探究其在承接产业转移对共享发展影响中所起的作用效果。工业发展水平（tfpch）采用通过非径向非角度超效率 SBM 模型和 Global Malmquist - Luenberger（GML）指数测算的工业全要素生产率来衡量。

实证结果如表 8-12 所示，tfpch 与 tfplntran 对共享发展的影响均至少在 10% 的水平下显著为正，说明工业发展水平在地区承接产业转移对共享发展的影响中产生调节效应。产业承接地作为产业转移的直接受益者，应抓住机遇，主动做好产业承接工作。用好用足国家产业转移政策，出台符合地区经济发展实际的产业承接政策。加强本地工业基础设施建设和承接产业转移园区建设，建立产业承接试验区和示范区，吸引域外产业转移。随着工业技术的不断进步和产业链的日益完善，地区工业发展水平得以显著提升，这不仅增强了地区承接产业转移的吸引力，也为产业转移提供了更广阔的空间和更丰富的资源。通过承接产业转移，地区能够实现资源共享、技术互通和产业链协同，从而推动经济社会的协调发展。同时，工业发展水平的提升还能够优化产业结构，提高生产效率，进一步释放发展潜能，为地区经济发展注入更强劲的动力，进一步推动共享发展水平的提升。

表 8-12　　　　　　　　　工业发展水平交互效应估计结果

变量	share
lntransfer	0.007***
	(0.002)
tfplntran	0.008*
	(0.004)
tfpch	-0.001
	(0.006)

续表

变量	share
控制变量	是
城市固定	是
观测值	704

注：***、**、*分别表示在1%、5%和10%的水平上显著；括号内为标准误；全面FGLS的估计结果未含拟合优度。

二 纳入环境规制的进一步分析

地区承接产业转移为当地带来经济效益的同时也导致严重的生态环境破坏（汤维祺等，2016）[①]。对于环境规制与产业转移的研究，学者们主要关注"污染避难所"假说的验证。在助力产业转移的众多影响因素中，环境规制可能是最重要的，作为承接产业转移的环境准入门槛，环境规制对抑制污染密集型投资、缓解环境污染有重要意义。基于资源禀赋承接东部发达地区产业转移是黄河流域产业结构调整、推动工业高质量发展的重要途径，而绿色发展的重要地位决定了环境规制在这一过程中的重要作用。环境规制是政府为保护环境而对企业污染行为进行约束和管制的措施。环境规制不仅可以通过影响新建企业区位来直接影响产业转移，还可通过影响企业利润而间接影响产业转移，环境规制要求企业缴纳排污费或者进行污染防治投资，增加企业生产成本，在需求不变的情况下，减少企业利润率，导致产业转移（孔海涛和张永恒，2018）[②]。近年来我国秉承绿色发展理念，环境规制逐渐强化，分析其在承接产业转移促进共享发展水平提升过程中可能存在的作用具有重要的意义。

环境规制可改善地区环境与生态，提升承接产业转移对共享发展的促进效果，故进一步将 lntransfer 与环境规制交互，探究其在承接产业转移对共享发展影响中所起的作用效果。与前序章节类似，本章选用碳环

[①] 汤维祺、吴力波、钱浩祺：《从"污染天堂"到绿色增长——区域间高耗能产业转移的调控机制研究》，《经济研究》2016年第6期。

[②] 孔海涛、张永恒：《环境规制、企业利润率与产业转移》，《西南民族大学学报》（人文社科版）2018年第12期。

境规制（carbon）、水环境规制（water）、环保处罚强度（penalty）与空气质量规制（air）四种环境规制，并分别将四种环境规制去心后与环境规制去心后的交互项（carlntran、watlntran、penlntran、airlntran）纳入模型进行分析。回归结果如表8-13所示，carlntran与watlntran对共享发展的影响均至少在5%的水平下显著为正，说明环境规制在地区承接产业转移对共享发展的影响中产生调节效应。这是因为在较强环境规制政策约束下，企业为降低因污染治理而增加的成本，选择加大对现有工艺技术和设备的节能低碳更新改造，引进和推广应用节能环保新技术、新工艺、新设备、新材料，高耗能企业加快联合重组和绿色低碳转型，形成环境规制与产业转移良好匹配的"强强效应"，驱动工业高质量发展，促进共享水平的提升。

表8-13　　　　　　　环境规制交互效应估计结果

变量	(1) share 碳排放规制	(2) share 水环境规制	(3) share 环保处罚	(4) share 空气质量规制
lntransfer	0.009***	0.011***	0.013***	0.006***
	(0.001)	(0.003)	(0.004)	(0.002)
carlntran	0.024***			
	(0.006)			
carbon	0.026***			
	(0.008)			
watlntran		0.012**		
		(0.005)		
water		-0.001		
		(0.003)		
penlntran			-0.003	
			(0.003)	
penalty			-0.003	
			(0.004)	

续表

变量	(1) share 碳排放规制	(2) share 水环境规制	(3) share 环保处罚	(4) share 空气质量规制
airlntran				0.030
				(0.021)
air				−0.020
				(0.022)
控制变量	是	是	是	是
城市固定	是	是	是	是
观测值	704	704	704	704

注：***、**、*分别表示在1%、5%和10%的水平上显著；括号内为标准误；全面FGLS的估计结果未含拟合优度。

第七节 本章小结

本书利用2011—2021年沿黄城市群城市面板数据，检验了承接产业转移与共享发展的基本逻辑和现实逻辑，得出的基本结论如下：

1. 基准回归结果表明，承接产业转移能够显著促进共享发展水平的提升，这一结论在内生性讨论、非线性检验、替换被解释变量、更换估计方法、控制时间因素及删除省会城市和计划单列市等一系列稳健性检验后依然成立。

2. 作用机制结果表明，地区承接产业转移能够通过就业增长效应、收入提升效应、财政自给效应和效益提升效应四条作用路径促进共享发展水平的提升。

3. 异质性结果表明，黄河下游地区承接产业转移的驱动作用强于黄河上中游地区，承接产业转移对区域共享发展的促进作用在资源型城市更加明显，承接非国有企业产业转移对区域共享发展的促进作用更加明显，承接产业转移能显著促进中小城市共享发展水平的提升。

4. 进一步分析结果表明，工业发展水平和环境规制在地区承接产业转移对共享发展的影响中产生调节效应。

第九章

产业转移驱动工业高质量发展的路径

本书第四章至第八章分别从创新、协调、绿色、开放、共享五个维度系统地分析了沿黄城市群承接产业转移促进工业高质量发展的具体机制与效果，并揭示了环境规制在这一过程中的调节作用。基于上述研究结果，本章先是梳理了高质量发展的相关政策，随后提出促进沿黄城市群承接产业转移的优化策略，最后分别从创新、协调、绿色、开放、共享五个维度提出承接产业转移促进工业高质量发展的优化策略。

第一节 高质量发展政策梳理及总结

目前，高质量发展已经形成内涵丰富、原则明确、路径清晰的理论体系（顾严等，2024）[①]。党的十九大报告中首次明确提出"我国经济已由高速增长阶段转向高质量发展阶段"，指出新时代经济发展应转变发展方式、优化经济结构、转换增长动力，强调了建设现代化经济体系的重要性。2018年及以后，有关高质量发展的中央法规正式出台，为高质量发展提供了法律和政策支持，随后各级政府出台了一系列配套政策，涵盖产业升级、科技创新、绿色发展、区域协调等多个方面。本节梳理并总结了现有的高质量发展相关政策，为后文政策建议的提出提供参考。

---

① 顾严等：《高质量发展的体系化阐释》，《北京行政学院学报》2024年第1期。

一 高质量发展政策施行情况

本节以2018—2023年国务院及其下属各部委发布的与高质量发展相关的行政法规和部门规章为基础，构建政策文本数据集，用以体现高质量发展理念在政府施政中的强化过程。图9-1、图9-2分别呈现了各年份高质量发展中央法规以及沿黄八省地方法规的数量变化，可以看出，中央法规施行数量在该时期整体呈现上升趋势，于2022年达到顶峰，2023年有所下降。沿黄八省地方法规施行的数量基本与中央法规施行数量呈相同的变化趋势，在一定程度上表明地方政府与中央政府保持高度一致性并具有强劲的执行力。

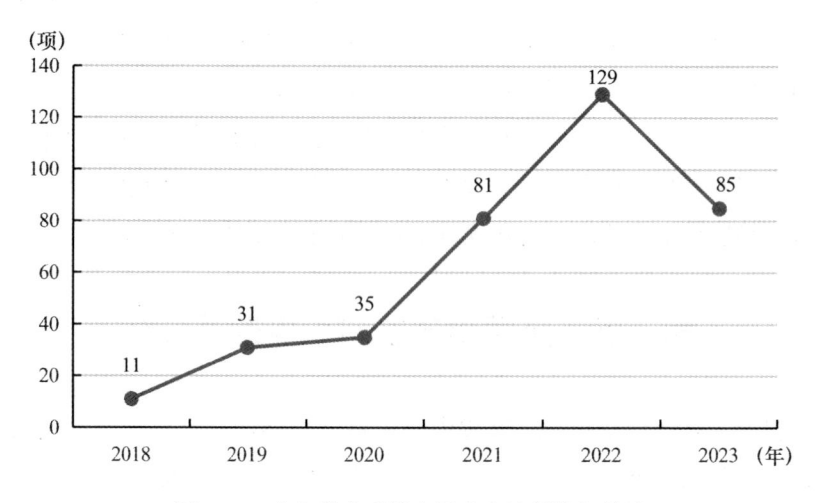

图9-1　各年份高质量发展中央法规施行数量

资料来源：北大法宝——法律法规数据库，作者整理。

二 高质量发展政策的文本量化分析

政策文本是政策存在的物理载体，对其集合展开量化分析，有助于深刻把握高质量发展政策体系。以政策文本内容为基础的计量分析、以内容挖掘为代表的定量分析、以量化手段来视图化呈现政策文本的内容，可以更高效地识别政策研究热点主题，有助于梳理政策变迁及发展规律、检验政策执行效果、发现政策文本存在的问题并作出预测，是实证主义

第九章　产业转移驱动工业高质量发展的路径　　303

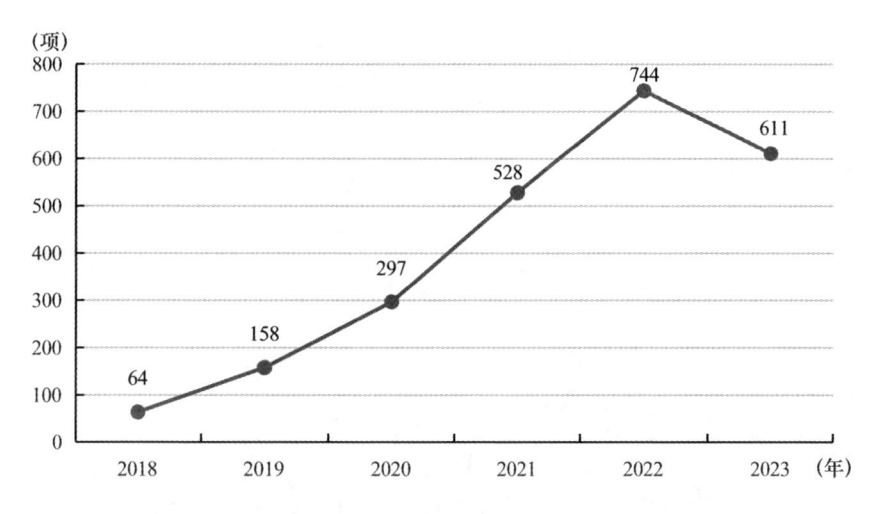

(项)
800
　　　　　　　　　　　　　　　　　　744
700
　　　　　　　　　　　　　　　　　　　　　　611
600
　　　　　　　　　　　　　　528
500
400
　　　　　　　　　297
300
　　　　　158
200
64
100
0
　2018　2019　2020　2021　2022　2023　(年)

图 9-2　各年份高质量发展沿黄八省地方法规施行数量

资料来源：北大法宝——法律法规数据库，作者整理。

范式下方法论的精确化（杨慧等，2023）[1]。本书借助北大法宝数据库构建政策文本数据集，采用文献计量方法对高质量发展政策展开关键词词频分析和关键词共现分析。

（一）关键词词频分析

关键词词频的统计结果，可以从侧面反映高质量发展政策重点关注的主题。结合政策相关词和高频率词[2]确定高质量发展政策可能涉及的重要关键词，采用 Python 软件中的分词模块对政策文本进行分词处理，并根据获取的词频统计结果绘制词云图（如图 9-3 所示）。

---

[1]　杨慧等：《社会科学研究中的政策文本分析：方法论与方法》，《社会科学》2023 年第 12 期。

[2]　政策相关词和高频率词具体包括：企业、高质量、机制、产业、知识产权、体系、文化、技术、能力、标准、重点、机构、行业、组织、安全、资源、农业、领域、绿色、水平、生态、旅游、部门、健康、平台、农村、生产、产品、制度、社会、应用、国际、积极、乡村、信息、作用、金融、综合、监管、地方、提供、经济、市场、探索、特色、质量、区域、职业、基地、中国、融合、物流、主体、一批、重要、模式、工程、示范、城市、数据、打造、构建、规划、重大、治理、中心、风险、政府、单位、经营、利用、环境、协同、依法、科技、基础、人才、评价、试点、养老、工业、设施、投资、方面、船舶、专业、基本、需求、业务、信息化、监测、职责、资金、支撑、共享、培训、责任、参与、研发。

图 9-3　高质量发展政策关键词词云图

资料来源：作者绘制。

从图9-3中可以看出，①高质量发展政策面对的主要对象是企业、产业。这些政策旨在优化企业运营环境，提升产业竞争力，推动经济结构的转型升级。②高质量发展政策的重点是提升产品和服务的质量，推动绿色低碳发展，以及加强创新驱动。通过加强质量监管，推广绿色生产方式，以及鼓励企业加大研发投入，政策旨在实现经济发展的高质量、高效益和可持续性。③高质量发展政策涉及技术、标准、技能、人才、研发等具体措施。这些措施包括加强技术创新和转化，完善质量标准和监管体系，提升劳动者技能和素质，培养高素质人才，以及鼓励企业加大研发投入等。同时，政策还部署有监测、监管和评估等任务，确保各项措施得到有效执行和持续优化。这些措施的指向性明确、可操作性强，有助于企业更好地理解和执行政策要求。④高质量发展政策的目的涵盖安全、健康、高效等多个维度。政策旨在确保产品和服务的安全性，保障人民群众的生命财产安全；同时，推动绿色生产和消费，保障人民群众的生态权益；此外，通过提升经济效率和社会效益，实现高质量发展的目标。这些目的旨在从多个维度评价高质量发展成效，确保政策取得实效。

（二）关键词共现分析

词频分析仅针对每个关键词本身，无法反映关键词之间的关联。共现分析可以逐份解析政策文本，生成关键词共现矩阵，并以此为基础生成关键词共现网络，直观反映出关键词之间的关联。本节利用 Python 软件解析政策文本数据集并生成关键词共现矩阵，并利用 Gephi 软件绘制关键词共现网络，如图 9-4 所示。图中关键词节点的字体大小反映了关键词出现的次数，与词频一致；关键词之间的灰线反映了关键词共同出现次数的多少。

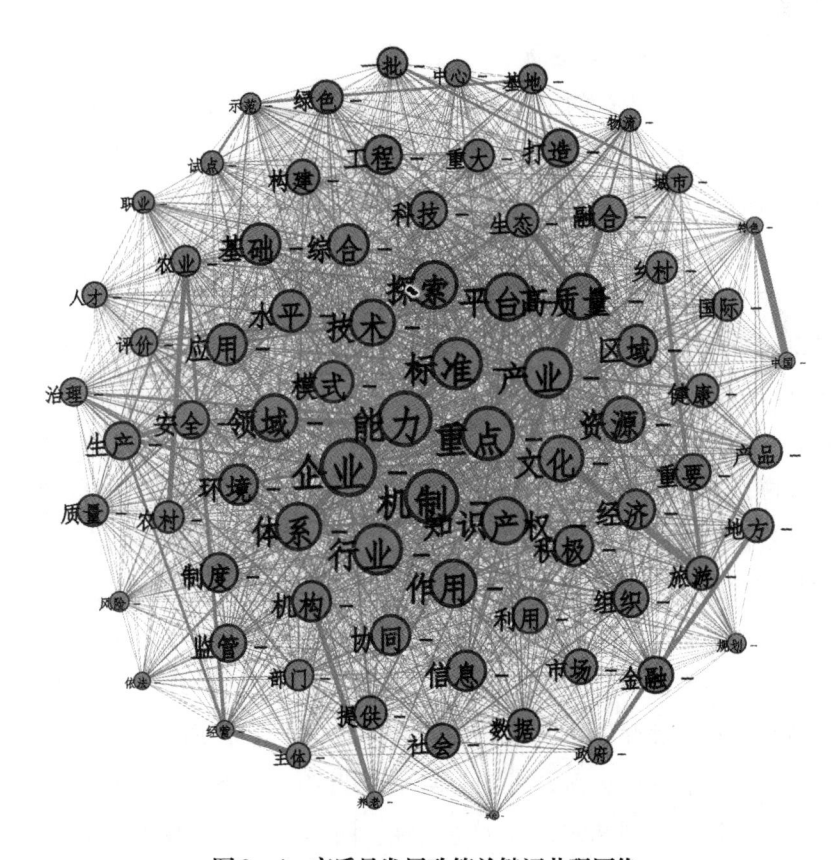

图 9-4 高质量发展政策关键词共现网络

资料来源：作者绘制。

从图 9-4 中可以看出，①企业、机制、标准、产业、能力、重点等是最为核心的关键词，位于图形的中央，印证了词频分析中被认为是主要对象的判断，与绝大多数关键词都有关联。②技术、知识产权、平台、领域、体系等关键词距离中心区域较近，与核心关键词和外围关键词的共现次数较多，是政策文件中关于"高质量"的直接体现，承担着重要使命。③生产、安全、质量、治理、人才等关键词反映着企业制造的每个方面，是高质量发展的基础。④地方、监管、平台、区域、部门等关键词是政府为企业打造的平台，起着融洽的作用。⑤健康、社会、绿色、乡村、职业、社会、养老等关键词反映着高质量发展成效的各维度评价，目前处于图形边缘，是未来政策体系优化需要着重考虑的。

（三）发文机构关联分析

对高质量发展政策的发文机构进行分析也是必要的步骤，通过对发文机构的关联分析可以进一步明确政策的重心与方向。沿用上文关键词共现分析的方法，将关键词替换为政策的发文机构，① 绘制出发文机构的关联网络图，如图 9-5 所示。

从图 9-5 可以看出，①从发文频率来看，国家发展和改革委员会、商务部、工业和信息化部以及财政部是前四大发文机构，关联权重均超过 300，是构建高质量发展体系的牵头机构；国家市场监督管理总局、教育部、人力资源和社会保障部、住房和城乡建设部、交通运输部、中国银行保险监督管理委员会、中国人民银行、科学技术部、农业农村部以及自然资源部也是参与高质量发展相关政策出台较多的政府机构，关联权重均超过 160，是构建高质量发展体系的核心机构；其余机构的发文数量相对较少，是构建高质量发展体系的辅助机构。②从发文机构关联程度来看，国家发展和改革委员会与工业和信息化部、财政部、国家市场监督管理总局的关联发文次数最多，这些部门通过加强信息共享、沟通协调和合作机制建设等方式，共同推动政策制定、实施和评估的全过程，确保政策目标的实现和效果的可持续性。同时，科学技术部、农业农村

---

① 发生过更名的机构，统一修改为当前机构名称。

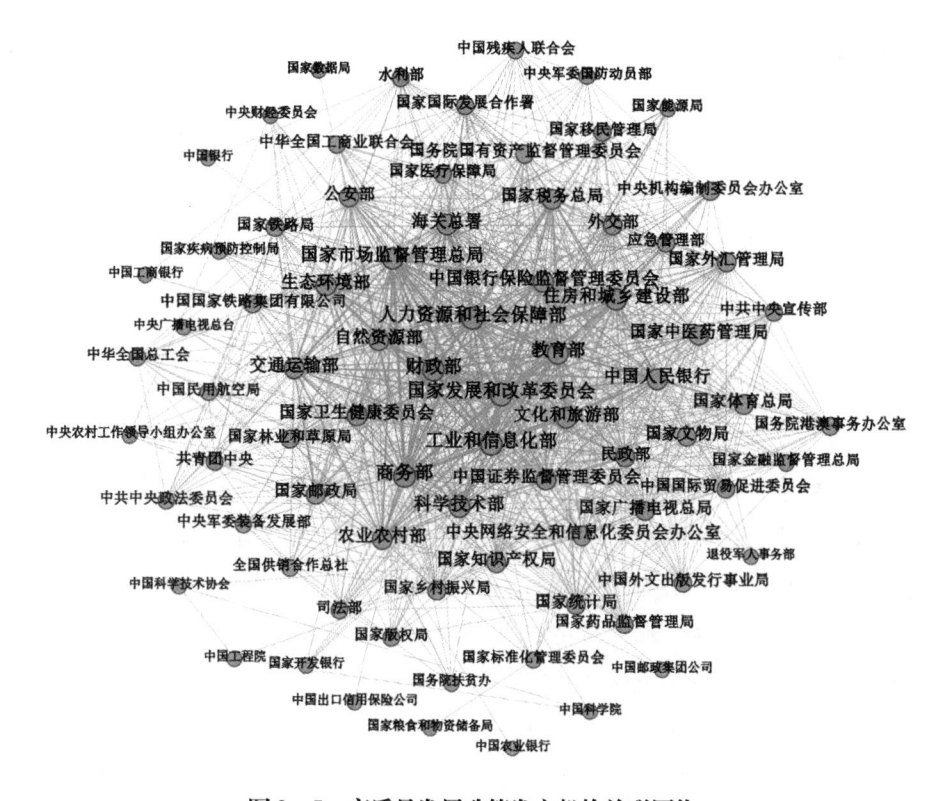

图 9-5　高质量发展政策发文机构关联网络

资料来源：作者绘制。

部、生态环境部、国家外汇管理局、住房和城乡建设部等部门之间的关联从创新、协调、绿色、开放、共享五个维度进一步阐述高质量发展政策，这表明高质量发展是一个多维度的系统工程，需要各部门之间的密切合作与协调。

第二节　促进沿黄城市群承接产业转移的优化策略

本书第四章至第八章中对承接产业转移、工业高质量发展两者之间的内在联系展开了一系列的研究，结果证明了承接产业转移对工业高质量发展起到重要的推动作用。因此，在借鉴国内外关于促进地区有序承接产业转移的先进经验的基础上，结合沿黄城市群自身的发展实际和特点，本节提出以下优化措施。

一 承接更多产业转移的政府优化策略

（一）更好发挥政府作用

1. 发挥市场作用，注重宏观指导

承接产业转移的过程中，政府需要适时转变职能，从直接干预者转变为宏观调控者和服务提供者，以更好地适应市场变化和产业转移的需求。一方面要引导市场发挥更大的作用，通过深化市场体制改革，完善市场机制，为产业转移提供公平竞争的市场环境，同时通过简政放权、降低市场准入门槛等措施，激发市场主体的活力和创造力，以推动产业转移顺利进行；另一方面，政府应当强化宏观指导作用，制定产业发展规划，明确产业发展方向和目标，为产业转移提供指导；同时加强各部门之间的政策协调，通过建立产业转移信息共享机制，形成合力，共同推动沿黄城市群有效承接产业转移。

2. 优化要素政策

一是要优化税收政策。针对承接产业转移的企业，政府可以制定税收减免政策，如对新引进的重点产业项目，给予一定期限内的税收减免或优惠税率，降低企业的运营成本，增强其市场竞争力。二是要优化财政政策。政府可以设立专门的产业转移扶持资金，对符合条件的产业转移项目给予财政补贴、贷款贴息等支持，缓解企业的资金压力，促进其快速落地和发展。三是要优化土地政策。优先保障承接产业转移项目的用地需求，政府通过优化土地资源配置、降低土地出让价格等方式，降低企业的用地成本，提高其用地效率。四是要优化人才政策。制定针对产业转移项目的人才引进政策，如提供住房补贴、子女教育优惠等，吸引和留住高素质人才，为产业发展提供人才保障。

3. 完善信息服务

一是搭建产业转移信息服务平台，集成政策发布、项目推介、企业查询等功能，为企业提供一站式的信息服务，方便企业了解政策、寻找合作伙伴、获取市场资讯等。二是定期发布产业转移指南，包括产业发展趋势、市场需求、投资环境等内容，引导企业把握产业转移的机遇和方向，促进产业有序转移。三是加强与行业协会、中介机构的合作，利用其专业优势和资源网络，为企业提供更加精准、高效的信息服务，促进企业与政府、市场之间的有效对接。四是定期组织产业对接活动，如项目推介会、企业座谈会等，邀请相关企业和机构参与，加强企业之间的交流与合作，推动产业转移项目的顺利实施。

4. 规范地方法规

首先，地方性政策法规的制定应坚持市场导向和公平竞争原则。这意味着政策的出台应基于市场需求和产业发展趋势，避免过度干预市场，确保各类企业在产业转移过程中享有公平竞争的机会。同时，政策法规应明确鼓励和支持的方向，如高新技术产业、绿色产业等，以引导产业健康有序发展。其次，地方性政策法规应明确产业转移的准入标准和退出机制。对于承接产业转移的企业，应设定明确的准入门槛，包括环保、能耗、技术水平等方面的要求，以确保承接项目的质量和效益。同时，建立退出机制，对不符合要求或经营不善的企业进行淘汰，保持产业转移的持续健康发展。再次，加强政策法规的宣传和解读。地方政府应通过各种渠道加强对承接产业转移政策法规的宣传和解读，提高企业和社会对政策的认知度和理解度，确保政策的有效执行。最后，建立健全政策法规的监督和评估机制。地方政府应定期对承接产业转移的政策法规进行监督和评估，及时发现和解决问题，确保政策的有效性和适应性。同时，加强政策执行情况的考核和问责，确保政策落到实处。

（二）充分激发市场活力

1. 创新引资方式，扩大招商引资

一是要实施精准招商。政府深入调研分析本地产业结构、资源优势与市场需求，确定重点发展的产业领域，并针对重点领域制定具体的招商引资计划，实现精准对接。二是要搭建招商引资平台。利用互联网、大数据等现代信息技术，搭建线上线下的招商引资平台，为投资者提供便捷的信息获取、项目对接和合作交流渠道。三是要建立健全招商引资服务体系。提供一站式服务，简化审批流程，提高办事效率，增强投资者的获得感和满意度。四是要发挥"服务型"政府作用。政府根据本地产业发展实情，制定更具吸引力的税收优惠、土地供应、金融支持等政策措施,加大投入力度,完善交通、通信、能源等基础设施,提升产业承载能力,为投资者创造良好的投资环境。

2. 延长产业链,提高产业配套能力。①政府应对即将落户的企业进行提前布点,促使工业项目布局、工业园区发展有机结合,充分发挥承接地的优势。②在招商引资的过程中注重打造产业集群,如在引进纺织工厂时,可同时洽谈化纤、漂染、成衣加工、辅料生产、市场营销等上中下游企业,将这些企业布局在同一个产业园区,减少物流成本。③引进契合当地主导产业的龙头企业,因其在多年的发展中实现了研发、设计、生产、销售等完整产业链条,外来投资者很容易在这些链条中找到自身合适的位置,并进一步完善,形成良性循环。

二 承接更多产业转移的企业优化策略

（一）发挥企业集团作用,提升经济竞争力

企业在发展过程中普遍面临集中化程度偏低、规模相对较小、实力较弱的问题,限制了它们在国际市场竞争中的表现,甚至在国内竞争中也难以取得优势地位。形成企业集团,不仅可以实现规模经济,还可以通过核心层企业与外围层企业的分工协作,提高生产效率,实现整体效益的最大化。因此,有实力的在位企业应该通过资本并购等手段,做大做强一批企业集团,在承接产业转移的过程中,这些企业集团能够持续增强自身的发展实力,从而促进更多的产业转入。

（二）深化国有企业改革,鼓励非公有制经济发展

一是持续扎实推进新一轮国企改革,坚定不移地加大中央企业创新支持力度,推动资源投入、主业培育、人才激励等方面"顶格""管用""解渴"的政策落实落地；持续加大原创技术策源地建设,推动一批基础性、紧迫性、前沿性、颠覆性技术成果陆续产出；更加突出协同创新这一有效路径,推动中央企业更深融入国家创新体系,主动融入全球创新体系,深化开放协同,形成共同推进策源地建设的强大合力。二是鼓励支持引导非公有制经济发展,支持民营企业发展。优先解决民营企业特别是中小企业融资难甚至融不到资的问题,同时逐步降低融资成本,扩大金融市场准入,拓宽民营企业融资途径,发挥民营银行、小额贷款公

司、风险投资、股权和债券等融资渠道作用；综合运用多种手段，在严格防止违规举债、严格防范国有资产流失的前提下，帮助区域内产业龙头、就业大户、战略新兴行业等关键重点民营企业纾困。

第三节 承接产业转移促进工业创新发展的优化策略

一 承接产业转移刺激技术研发溢出

在全球化背景下，承接产业转移已成为推动地区工业创新发展的重要途径。第四章研究结果显示，承接产业转移能够显著促进技术溢出效应，进而激发工业创新活力。为了进一步加强这一效应，本节提出以下政策建议，旨在通过优化创新环境、强化创新主体合作以及培养创新人才，确保工业创新发展的深入推进。

（一）完善产学研合作机制

政府应积极引导承接地的高等院校、科研院所与企业之间建立紧密的合作关系，通过产学研一体化模式，实现技术资源的共享和优势互补。具体而言，可以建立产学研合作项目库，鼓励企业与高校、科研院所联合申报国家和地方科技计划项目，共同开展技术研发和创新活动。同时，推动产学研合作成果的转化和应用，加速技术溢出效应的释放，为工业创新发展提供源源不断的动力。

（二）建立技术创新服务平台

政府应加大对技术创新服务平台的投入力度，完善平台功能，提高服务质量。通过平台服务，为承接产业转移的企业提供技术研发、成果转化、人才培养等全方位的支持。同时，加强平台与国内外创新资源的对接与合作，吸引更多的创新要素向承接地集聚，为工业创新发展提供强大的支撑。

（三）引进和培养创新人才

政府应制定更加灵活的人才引进政策，吸引国内外优秀人才来承接地工作和创新。同时，加强本地人才的培养和激励机制，建立完善的人才培养体系，提高人才队伍的整体素质和创新能力。通过引进和培养创新人才，为工业创新发展提供坚实的人才保障。

二 发挥产业转移直接创新效应

产业转移作为一种经济现象，其过程不仅伴随着资源和要素的重新配置，更蕴含了直接的创新效应。这种效应对于推动承接地工业创新发展、提升产业竞争力具有显著意义。为了进一步发挥产业转移的直接创新效应，本节提出以下政策建议，旨在通过优化产业选择、激发企业创新活力以及加强知识产权保护，推动工业创新发展的深入进行。

（一）优先承接高新技术产业

在承接产业转移的过程中，应优先考虑高新技术产业和具有创新潜力的企业。这些产业和企业往往具有较高的技术含量和创新活力，能够为承接地带来先进的技术、管理和经验。通过引进这些产业和企业，可以直接提升本地工业的技术水平和创新能力，推动产业结构优化升级。

（二）鼓励企业自主创新

政府应制定一系列激励政策，鼓励承接产业转移的企业加大自主研发投入，开展自主创新活动。通过资金扶持、税收优惠等措施，降低企业创新成本，激发企业创新活力。同时，建立健全创新服务体系，为企业提供技术支持、人才培训、信息咨询等全方位服务，推动企业创新能力的提升。

（三）加强知识产权保护

知识产权保护是激发企业创新热情、保障创新成果转化的重要手段。政府应完善知识产权保护制度，加大对侵权行为的打击力度，提高侵权成本。同时，加强知识产权宣传普及工作，提高企业和社会对知识产权保护的认知度和重视程度。通过知识产权保护，激发企业的创新热情，促进创新成果的转化和应用，为工业创新发展提供有力保障。

三 发挥产业集聚创新效应

产业集聚作为工业创新发展的重要推动力，对于提升区域产业竞争力、推动经济高质量发展具有深远影响。为了充分发挥产业集聚的创新效应，本节提出以下政策建议，旨在通过打造特色产业集群、加强园区建设与管理以及鼓励企业间合作与交流，推动产业集聚与创新发展的深度融合。

（一）打造特色产业集群

各地应根据自身的资源禀赋和产业优势，精准定位、错位发展，着力打造具有地方特色的产业集群。通过优化产业布局，引导相关产业向特定区域集聚，形成产业链上下游企业的紧密合作与协同发展。特色产业集群的形成不仅有助于提升产业的整体竞争力，还能够吸引更多的创新资源和要素向该区域集聚，进一步激发创新活力。

（二）加强园区建设和管理

工业园区作为产业集聚的重要载体，其建设和管理水平直接关系到产业集聚的效果和创新的水平。因此，政府应加大对工业园区的投入力度，完善基础设施建设，提升园区的硬件条件。同时，加强园区的软环境建设，优化政务服务、提升园区管理效率、营造公平竞争的市场环境，为企业提供良好的发展环境。此外，还应加强园区的规划引导和政策支持，推动园区向高端化、智能化、绿色化方向发展。

（三）鼓励企业间的合作交流

企业是创新的主体，企业间的合作与交流是推动技术创新和产业协同发展的重要手段。政府应搭建企业间合作与交流的平台，促进企业间的信息共享、资源共享和合作创新。通过举办产业论坛、技术交流会等活动，加强企业间的沟通与联系，推动产业链上下游企业的紧密合作。此外，还应建立企业合作机制，推动产学研深度融合，形成以创新为核心的发展合力。

四　加强环境规制以推动工业创新发展

在全球化与工业化的双重背景下，环境规制对于推动工业创新发展的重要性日益凸显。合理的环境规制不仅有助于改善环境质量，还能够激励企业进行技术创新，实现经济效益与环境效益的双赢。为了加强环境规制的效果，本书提出以下政策建议，旨在通过完善政策体系、建立激励机制以及加强宣传教育，推动工业创新发展与环境保护的和谐共生。

(一) 完善环境规制政策体系

政府应制定全面、系统的环境规制政策，明确环境标准和要求，为企业的技术创新和环保行为提供明确的方向。同时，加强环境监管和执法力度，确保环境规制政策的有效实施。通过政策体系的完善，可以引导企业积极投入环保技术创新，推动工业创新发展与环境保护的深度融合。

(二) 建立绿色技术创新激励机制

政府应出台一系列激励政策，鼓励企业开展绿色技术创新活动。这包括提供资金支持、税收优惠等措施，降低企业创新成本，提高创新积极性。通过绿色技术创新，企业可以开发更加环保、高效的生产工艺和产品，降低工业生产对环境的影响，实现工业创新发展的可持续性。

(三) 加强环保宣传和教育

政府应加大环保宣传和教育力度，提高公众对环保问题的认识和重视程度。通过举办环保宣传活动、开展环保教育课程等方式，增强公众的环保意识，形成全社会共同关注环保、参与环保的良好氛围。公众的参与和监督可以推动企业更加重视环保问题，积极履行社会责任，实现经济、社会和环境的协调发展。

综上所述，通过承接产业转移，在刺激技术研发溢出效应、发挥产业转移直接创新效应、利用产业集聚创新效应以及加强环境规制等方面提出政策建议，可以有效推动工业创新发展的进程。这些政策建议的实施将有助于提升工业的技术水平和创新能力，促进产业升级和可持续发展。

第四节 承接产业转移促进工业协调发展的优化策略

本书第五章从理论和实证两个方面证实了承接产业转移对沿黄城市群工业协调发展的驱动作用，在此基础上，本节综合考虑相关结论提出对应的政策建议，以期为推动沿黄城市群工业协调发展提供参考。

一　承接产业转移影响资源配置效率

基于理论与实证检验，本书第五章的分析表明，承接产业转移通过影响资源配置效率从而推动沿黄城市群工业协调发展，产业转移裹挟的资本和人才等要素，在工业产业之间重新配置，改变了产业组织形式，进而推动工业协调发展。围绕这一路径，提出以下政策建议：

（一）建立统筹协调机制，推动要素自由流动，畅通资源配置路径

首先，沿黄城市群各地方政府应深化合作，共同构建区域一体化发展格局。通过定期召开联席会议、签署合作协议等方式，加强政策沟通、信息共享和资源整合，形成合力推动区域协调发展。其次，积极统筹协调，减少行政藩篱。各地方政府应打破行政壁垒，消除市场分割，推动政策、规则、标准的统一和互认。同时，加强跨区域执法协作，共同维护市场秩序，为要素自由流动创造良好环境。最后，注重畅通资源配置路径。各地方政府应加强对资源配置的统筹规划和引导，推动资源向优势产业、重点区域集聚。同时，优化资源配置方式，提高资源配置效率，确保资源得到充分利用并发挥最大效益。

（二）完善人才政策体系，吸引人才落户

一是设立人才专项基金，用于满足人才在沿黄城市群落户后的生活、创业和科研等方面的需求。二是优化人才落户流程，简化落户手续，缩短审批时间，推行线上办理。三是与房地产企业合作，提供优惠购房政策、建设人才公寓、提供租房补贴等，降低其住房成本。四是优先保障人才子女的入学权益，与教育部门开展合作，为其子女提供多样化的优质教育资源。

（三）推动金融市场化体系建设，吸引资金进入

一是要深化金融体制改革。放宽市场准入，鼓励和支持各类金融机构在沿黄城市群设立分支机构，增强金融服务的覆盖面和便利性。二是要完善金融市场基础设施。建立健全金融交易平台，提高市场透明度和公正性，增强投资者信心。三是要加强金融合作与交流。与国内外其他地区金融机构建立合作关系，引进先进的金融技术和经验，推动金融资源跨地区流动和优化配置。

二 承接产业转移促进产业技术创新

基于理论与实证检验,本书第五章的分析表明,承接产业转移通过促进产业技术创新从而推动沿黄城市群工业协调发展。围绕这一路径,提出以下政策建议:

(一)加大政府对技术创新的支持力度

①设立技术创新专项资金,用于支持沿黄城市群内的重大科技项目、关键共性技术攻关及创新平台建设。通过资金引导,促进创新资源的集聚和优化配置;②优化创新环境,加强知识产权保护,提升创新人才培养,营造良好的创新氛围,激发创新主体的积极性和创造性。

(二)培育建设重大产业创新研发孵化基地

通过加强政策支持、提供税收优惠、完善基地硬件条件和服务水平等方式,吸引更多创新资源和项目入驻,加强与国内外其他地区创新基地的交流与合作,学习借鉴先进经验和技术,不断提升自身创新能力和水平。

(三)加强产学研合作

积极推动企业、高校和科研机构之间的合作,搭建平台,促进科技成果转化和应用。通过产学研深度融合,推动技术创新与产业发展的紧密结合。

三 产业转移与市场化在工业协调发展进程中的替代作用

本书第五章的结论表明,市场化弱化了产业转移对工业协调发展的驱动作用,即市场化在一定时期内替代产业转移,促进了工业协调发展。围绕产业转移与市场化的替代作用,提出以下政策建议:

(一)加强地区市场化程度评估与监测

建立健全地区市场化程度评估体系,定期发布市场化指数,为产业转移与政策制定提供参考。

(二)综合考虑地区市场化程度,避免"一刀切"

在市场化程度较低的地区,产业转移对工业协调发展的影响较为显著。因而在市场化程度较低的地区,政府应积极发挥其"有为"职能,引导地区有序承接产业转移。总之，政府在指定承接产业转移政策时应与地区市场化程度的现实相协调，形成工业协调发展的有力驱动系统。

（三）着力提升低产业承接能力地区的市场化程度

沿黄城市群个别地区存在基础设施不完善、人力资源短缺、技术创新能力不足等短板，产业转移的吸引力较弱，承接产业转移的能力较低，短期内也缺乏提高空间。然而为在工业协调发展的进程中不落后，这些地区可以着力提高市场化程度。具体措施包括：深化国有企业改革，激发市场活力，提高资源配置效率；加强市场监管，完善法律法规体系，营造公平竞争的市场环境；加快转变政府职能，减少行政审批环节，降低市场准入门槛，加大对中小企业的支持力度，培育壮大市场主体。

四 强化水环境规制政策

水环境规制在产业转移对沿黄城市群工业协调发展的驱动作用中发挥了正向调节作用。围绕这一结论，提出以下政策建议：

（一）加强流域协同治污

首先，沿黄城市群各地方政府应建立完善的协同治理机制，明确各自的职责和角色，形成合力。其次，沿黄城市群应制定统一的流域污染治理标准和规划，确保各地在污染治理方面步调一致、标准统一；同时应根据流域特点和污染状况，制定针对性的治理措施，确保治理效果最大化。最后，沿黄城市群应加强流域的污染源头控制，严格控制工业、农业和生活污染源的排放，推广清洁生产和循环经济理念，并通过加强监管和执法力度，确保各项污染控制措施得到有效执行。

（二）完善水环境保护相关法律法规

首先，明确水环境保护的责任主体、权利义务与处罚措施，针对特定问题，如工业污染、农业面源污染、生活污水排放等，制定专项法规或条例，提供更具操作性的法律指导。其次，加强地方立法与国家法律的衔接，确保地方法规既符合国家法律的要求，又能针对沿黄城市群的实际情况作出有效规定。最后，明确水环境保护的法律责任，包括行政责任、民事责任和刑事责任，加大对违法行为的处罚力度。

（三）加强水环境检测与评估

建立完善的水环境监测体系，实现对水体质量、水量和水生态的全面监测，定期对水环境进行评估，及时发现问题并采取相应的治理措施。

（四）加强公众参与和社会监督

提高公众对水环境保护的参与度和监督意识，鼓励公众举报违法行为；并加强媒体对水环境保护的宣传报道，形成全社会共同关注水环境的良好氛围。

第五节　承接产业转移促进工业绿色发展的优化策略

承接产业转移是促进工业绿色发展的重要途径，通过绿色技术创新、产业结构调整、能源结构调整以及加强环境规制等多方举措，可以实现经济效益与环境效益的双赢。本节将结合第六章的实证分析结论，总结承接产业转移促进工业绿色发展的优化措施。

一　承接产业转移刺激绿色技术创新

第六章基于城市样本对研究假说 H2 的检验表明，绿色技术创新可有效推动工业绿色发展，而承接产业转移能够显著促进绿色技术创新，一定程度上证实了承接产业转移通过技术溢出和供应链整合渠道激励绿色技术创新，进而推动工业绿色发展。基于该结论，结合国内绿色技术创新的发展趋势，围绕承接产业转移刺激绿色技术创新这一结论，提出以下建议：

（一）营造有利于绿色技术溢出的环境和氛围

创建和完善企业自主绿色创新的产权激励、收益分配激励等机制，刺激企业不断加大科研投入，开展自主创新。推进绿色技术交易市场建设，健全绿色技术推广机制，完善绿色采购制度，加强绿色技术标准的制定和实施。加强知识产权服务，保护绿色技术创新成果的知识产权，促进技术合理有偿地扩散。

（二）提高承接地绿色技术吸收能力和创新能力

将投资重点放在高层次的人力资本培育上，积极培养技术型和创新型人才，具体通过大力发展职业技术教育提高劳动者的职业技能，提高对技术的吸收能力。联合本地企业、高等院校以及科研院所、行业协会和政府组织，建立产学研结合的研发创新体系，合作研发产业先进的共性技术，实现资源优势互补和先进技术的有效扩散。

（三）加强各城市工业生产协同合作

加强城市工业发展合作联系，相邻城市共同规划绿色工业园区的发展蓝图，明确各自的发展定位和优势产业，形成错位发展、协同共进的良好局面。围绕绿色技术和产品，各城市联合开展招商引资活动，共同引进绿色产业的龙头企业，强化地区比较优势，集中行业优势互补的领军企业，建设完整产业链条，推动协同绿色创新。

二 承接产业转移引导产业结构调整

第六章基于城市样本对研究假说 H3 的检验表明，产业结构调整可有效推动工业绿色发展，而承接产业转移能够显著促进产业结构调整，一定程度上证实了承接产业转移通过吸收高新技术和淘汰落后产能，引导产业结构调整，进而推动工业绿色发展。基于该结论，结合国内产业结构调整趋势，围绕承接产业转移引导产业结构调整这一结论，提出以下建议：

（一）科学选择承接的产业类型

在承接产业时应该有所选择，平衡好承接产业转移与资源环境之间的关系，从而促进产业承接的良性、可持续性发展。明确自身的发展定位，合理布局自身优势产业、主导产业，充分发挥其带动、引领作用，努力吸引全产业链和相关产业的整体承接转移，从而实现产业关联与集聚的正外部性。此外，需要积极地将高附加值的知识技术密集型的产业吸引到本地，整合自身的发展资源，促进承接产业转移优化产业结构的实现。

（二）传统产业升级改造

在承接产业转移过程中，加强市场监管，确保公平竞争的市场环境，推动市场优胜劣汰。具体来说，通过施加高成本、低利润的外部压力，迫使高耗能、高污染企业退出市场或进行必要的技术升级。同时，通过实施税收优惠政策，对进行升级改造的企业给予奖励和支持，降低其转型升级的成本和风险。

三 承接产业转移助力能源结构调整

第六章基于城市样本对研究假说 H4 的检验表明，能源结构调整可有效推动工业绿色发展，而承接产业转移能够显著促进能源结构调整，一定程度上证实了承接产业转移通过改变能源消费种类和能源利用效率，引致能源结构调整，进而推动工业绿色发展。基于该结论，结合国内能源结构调整趋势，围绕承接产业转移助力能源结构调整这一结论，提出以下建议：

（一）加快能源品类清洁低碳化更新

加大对绿色能源、清洁环保技术的投资强度，例如潮汐能、太阳能、风能等，逐步降低煤炭在能源消费结构中的比例，实现能源的多元化和可持续发展。督促相关企业采用清洁型生产技术，控制煤炭消费量过快增长。通过在公共场所进行有关节能减排知识的宣传，提升人民群众的绿色环保意识，倡导节约、低能耗、低污染的生活理念。

（二）应用数字技术提升能源利用效率

推广智能化能源管理系统，实时监控和分析能源使用情况，实现能源使用的精细化和高效化。同时，加强能源数据的收集和分析，建立能源数据共享平台，促进数据的互通与利用。此外，还应加强数字技术与能源市场的融合，推动能源价格市场化，利用市场机制引导能源的高效利用。

四 持续保持环境规制政策高压态势

第六章基于样本城市对环境规制政策实施效果的评估表明，水环境规制和环保处罚在承接产业转移促进工业绿色发展中发挥了调节作用。基于该结论，提出以下建议：

(一) 设置适宜强度的环境规制

适当强化发达地区环境规制强度,并且将关注点放在对环境规制工具的创新上,尽可能改变环境规制强制化的特征,完善环境规制市场化体制机制的建设。对于欠发达地区来说,在政策与措施的制定过程中,既要考虑经济发展的需要,同时也要考虑提升环境质量的需求,因此,环境规制手段的强制力度应该加强,淘汰污染程度高、生产效率低下的落后产能,对相关企业的退出、兼并和重组等提供充足的政策措施保障。

(二) 设立生态保护红线

制定统一的沿黄城市群绿色发展产业指导目录,明确高耗水、高排放、高污染行业清单,提升环境准入门槛,严控产能扩张,防止黑色工业因信息不对称而向欠发达地区转移。对有环境违规记录的企业或者职业经理人建立负面清单制度,禁止国家明确淘汰的落后产能和不符国家环保政策的工业项目转移至沿黄城市群。

(三) 强化污染追责

加大环境污染责任追究力度,对于造成较大环境污染、引起恶劣社会影响的承接企业,应勒令停产改造,逾期仍不达标企业直接关闭,并连带追究负责审批的主要领导与涉事企业的行政与法律责任,反向约束政府提升引进企业绿色度并促使企业严格遵守排污标准。

第六节 承接产业转移促进工业开放发展的优化策略

第七章通过梳理现有文献与实证研究,对承接产业转移、出口技术复杂度的相关关系、影响效应和路径进行深入讨论,提出:承接产业转移对地区出口技术复杂度的升级具有显著的推动作用,创新溢出效应与市场竞争效应是承接产业转移发挥作用的重要途径。本节主要从工业开放发展维度提出优化措施。

一 承接产业转移助力出口竞争力升级

对第七章研究假说 H1 的检验表明:承接产业转移对地区出口技术复

杂度的升级具有显著的推动作用。因此，基于该检验结果，提出以下建议：

（一）挖掘市场潜力，深入国内国际双循环市场

一是充分挖掘国内市场的发展潜力，加快国内市场整合，引导各企业进行生产技术、产品种类创新，为黄河流域出口贸易的高质量发展转型提供内循环动力。二是保障国际贸易的流动畅通，促进国际贸易商品流动、科技交流，激发国内外市场竞争活力，刺激企业的创新研发活动，增强黄河流域在国际市场的贸易竞争力。

（二）发挥政府"服务者"职能，助推高质量对外开放

首先，政府要有针对性地甄选承接产业，合理选择和部署主导产业，利用主导产业催生相关产业互动，实现产业转型升级，助力出口技术复杂度升级。其次，政府应重视承接产业转移的创新溢出效应，制定高技术产业转入的政策性吸引方案，引导创新要素向区域内流动，缓解自身创新驱动不成熟的现状，为区域内自主研发提供技术支撑，提升外贸产品的质量与科技含量。

（三）激发企业创新活动，增强产品出口竞争力

首先，企业应坚持以技术创新驱动产品竞争力升级的理念，增加研发资金投入，将研发成果应用于产品生产中，提升产品技术附加值，提高产品出口竞争力。其次，利用当地的研究机构、高校资源，打造产学研相结合的创新支撑体系，保障科技成果有效转化，提升企业出口产品的生产能力。最后，通过引入新技术、新设备，降低企业生产成本，提升生产率，将创新投入有效地转化为创新产出，增强黄河流域外贸产品质量与科技含量。

二 承接产业转移刺激企业创新活力

对第七章研究假设 H2 的检验表明：承接产业转移有效促进了承接地的创新溢出，对出口技术复杂度的提升起到推动作用，且无论是否考虑外部环境，创新溢出效应的中介作用都是稳定的。基于该检验结果，提出以下建议：

（一）加强政策引导与资金扶持，减轻企业负担

一是针对转入的企业出台具体、可操作的税收优惠政策，如对新入驻企业前三年免征或减征部分税种，降低企业初期运营压力，激发其创新活力。二是设立创新专项基金，支持企业在技术创新、产品研发等方面的投入，引导当地企业以创新引领的高质量发展。三是创新金融机构服务内容，提供低息或贴息贷款，并简化贷款审批流程，确保资金快速到达企业。

（二）建立产学研合作机制，实现资源共享与优势互补

首先，政府牵头组织企业与高校、科研机构对接，建立紧密的产学研合作关系，实现资源共享、优势互补，共同开展技术研发、成果转化和人才培养等活动。其次，加强国际技术合作，通过与国际企业、科研机构合作，开展联合研发，共享技术资源和成果，提升技术水平和创新能力。

（三）完善人才引进与培养机制，推动人才与产业同步发展

一是制定更具吸引力的人才引进政策，如提供住房补贴、子女教育优惠等，吸引国内外优秀人才进入当地企业工作。二是加强与高校、职业学校的合作，开展定向培养、实习实训等活动，为企业培养更多高素质的技术技能人才。三是鼓励企业开展内部培训和技能提升计划，提高员工整体技能素质。

（四）搭建创新服务平台

政府牵头建设创新服务平台，为企业提供技术转移、成果转化、信息咨询、融资支持等一站式服务，通过平台化运作，降低企业创新成本，提高创新效率，推动企业之间形成协同创新网络。同时，加强知识产权保护，打击侵权行为，维护创新者的合法权益。

三 承接产业转移刺激企业竞争活力

对第七章研究假设 H3 的检验表明：承接产业转移有效促进了承接地的市场竞争，对出口技术复杂度的提升起到推动作用，且无论是否考虑外部环境，市场竞争效应的中介作用都是稳定的。基于该检验结果，提出以下建议：

（一）深化市场准入改革，打造公平竞争环境

一是简化企业注册流程，降低市场准入门槛，鼓励更多企业参与市场竞争。二是加强市场监管力度，打击行政性垄断和市场壁垒，维护公平有序的市场环境，确保各类企业能够公平获取市场资源和发展机会。

（二）放权赋能，激发企业创新活力

首先，政府要强化企业主体地位，减少对微观经营的干预。其次，企业应充分了解并发挥各自竞争优势，合理制定发展战略，通过技术创新、品牌塑造和市场营销等手段，形成企业的核心竞争力。

（三）加强交流学习，打造核心竞争力

一是要根据各地区资源禀赋和产业基础，制定差异化企业发展策略，避免产业同质化竞争。二是要推进不同地区、不同领域企业间的交流学习与深度合作，缩小与领域内头部企业间的差距，增强企业应对复杂市场环境的能力与市场竞争力。三是要积极融入全球产业链和价值链，加强与国际先进企业的合作与交流，引进国外先进技术和管理经验，提升企业国际化水平和竞争力。

（四）强化风险承担水平与应对能力

首先，政府、金融机构应加强风险管理，建立完善的风险管理体系，包括法律风险、汇率风险、政治风险等，通过有效的风险管理，降低企业在国际市场中的风险和损失。其次，企业应强化自身风险承担水平，定制全面风险预警、风险补偿机制等方案，营造稳定的企业成长环境。最后，企业应与产业链上下游企业建立更加灵活的联结关系，实现各种要素的有序衔接，推动形成更强的风险抵御能力与恢复能力。

四 发挥环境规制的助推作用

第七章纳入环境规制的进一步分析通过构建水资源规制、碳排放规制、空气质量规制、环保处罚强度与产业转移的交乘项，并将其纳入模型进行实证分析，得出环境规制措施对出口技术复杂度升级起到一定作用的结果。基于该检验结果，提出以下建议：

（一）完善环境规制的制度设计

一是要根据区域生产承载力的差异，在强化生态红线约束制度的同

时制定差异化的环境规制政策，避免"一刀切"政策的实施，并配合本地其他相关政策，共同助力当地外贸高质量发展。二是要根据本地经济发展特色和生态实情，灵活使用环境规制组合形式，发挥命令控制型、市场激励型和公众参与型环境规制的最强合力，为经济发展赋能。三是要建立环境规制信息共享机制。加强政府部门、企业和社会之间的信息共享，提高信息的透明度和公开性，以此促进企业间的相互监督与协作，共同推动环保工作的开展。

（二）强化环境监管与执法力度

一是要定期对高污染、高能耗企业进行环保检查，包括对其污染物排放、资源消耗、环境治理等方面的监测和评估。对于发现的环保问题，及时提出整改要求并督促企业落实。对于严重违法行为，应依法进行严厉打击，确保企业严格遵守环保法规。二是要重视宣传教育和引导。通过举办环保培训、宣讲等方式，提高企业和公众对环保工作的认识和重视程度。并积极推广绿色生产技术和理念，引导企业主动采取环保措施，实现绿色生产。

（三）发挥环境规制对企业生产转型的引导作用

首先，政府应制定严格的环保标准和排放要求，推动企业加大对清洁生产技术和绿色产品的研发投入，推动企业生产方式由高污染、高能耗向低污染、低能耗的转变。其次，政府应建立环保产业发展基金，为企业的绿色转型提供资金支持，降低企业转型的成本和风险，助力企业绿色转型。

第七节 承接产业转移促进共享发展的优化策略

一 承接产业转移拉动就业增长

对第八章基于地级市样本的研究假说 H2 的检验表明，就业增长可有效推动共享发展，而地区承接产业转移能够显著促进地区就业增长，一定程度上证实了承接产业转移通过改变地区就业水平和质量，进而推动共享发展的现实逻辑成立。基于该结论，在借鉴国内外关于促进地区有序承接产业转移的先进经验的基础上，结合沿黄城市群自身的发展实际和特点，围绕区域就业水平提升，提出以下建议：

（一）促进生产性服务业与制造业融合发展

在制造业空间优化布局过程中，政府既要支持中低端制造业的升级改造，如将部分服务功能外包至生产性服务业部门，增加相应行业就业需求；也要发挥生产性服务业在信贷资金、仓储物流等方面的关键作用，实现生产性服务业与制造业的耦合协同发展，从而在强化产业共生的同时助力"稳就业"目标的实现。

（二）推动区域就业协调发展

不同城市应结合自身定位，制定符合城市发展客观需要的产业承接策略，以最大限度地避免城市间的产业"同质化"，最大化实现产业承接的就业促进作用。支持核心区域发挥创新要素集聚优势，率先实现产业升级，开拓高质量就业新领域，培育高质量就业增长极。加快完善中小城市基础设施，提升产业集聚区公共服务效能，积极承接产业转移，推动就业机会向中小城市扩散。

二 承接产业转移促进收入提升

对第八章基于地级市样本的研究假说 H3 的检验表明，收入提升可有效推动共享发展，而地区承接产业转移能够显著促进居民收入提升，一定程度上证实了承接产业转移通过改变地区居民收入水平，进而推动共享发展的现实逻辑成立。基于该结论，在借鉴国内外关于促进地区有序承接产业转移的先进经验的基础上，结合沿黄城市群自身的发展实际和特点，围绕居民收入提升，提出以下建议：

（一）促进区域间要素的互联互通

不断扩大区域及内部城市间的产业转移规模，持续发挥城市间产业转移对优化自身产业结构、增加城乡就业岗位与居民收入提升的促进作用。此外，为发挥区域内城市间产业转移在空间上对城乡融合的正向溢出效应，应该减少对相邻地区生产要素的汲取，争取城市间产业结构的互联互通，共同推动城乡产业的发展和居民收入的提高。

（二）促进城乡融合发展

在"双循环"新发展格局构建的大趋势下，地方政府应以缩小城乡收入差距、扩大社会就业、打造中高端消费结构及完善营商环境等为抓手，积极引进产业转移，扩张本地市场需求规模，积极挖掘市场潜力，促进居民收入提升，进而推动城乡融合进程。

（三）完善基础设施建设

大力实施区域产业转移战略，加速推进交通基础设施建设，便利区域间的市场联通，使得企业在产业转移之后还能在承接地继续稳定地发展，从而实现居民收入的可持续增长；同时，应充分挖掘产业联动作用，尽可能在区域间形成完整有效的产业链，以产业联动发展来进一步放大产业促收效应。

三　承接产业转移助力财政自给

对第八章基于地级市样本的研究假说 H4 的检验表明，财政自给能力可有效推动共享发展，而地区承接产业转移能够显著促进政府自给能力的提升，一定程度上证实了承接产业转移通过改变政府财政自给水平，进而推动共享发展的现实逻辑成立。基于该结论，在借鉴国内外关于促进地区有序承接产业转移的先进经验的基础上，结合沿黄城市群自身的发展实际和特点，围绕政府财政自给能力提升，提出以下建议：

（一）加强财政监管

随着产业的承接，新的企业和经济活动在承接地区开展，从而扩大了税基，促进了财政收入及财政自给能力的提升。此时需要建立严格的财政预算制度，确保财政支出的合理性和有效性；加强对财政资金的监管和审计，防止财政资金的浪费和滥用；同时提高财政决策的透明度和公开性，加强与社会各界的沟通和合作。

（二）促进本地经济发展

产业转移带来的新企业和经济活动会创造大量的就业机会，提高当地居民的收入水平。随着就业率的提升和居民收入的增加，人们的消费能力也会增强，进而促进消费市场的扩大。这不仅能够推动当地经济的发展，还能通过间接税的形式增加财政收入，促进财政自给能力。因此需要鼓励和支持本地产业发展，特别是具有竞争优势和潜力的产业；加大对科技创新和人才培养的投入，提升地方经济的核心竞争力；同时要加强与周边地区的经济合作，形成区域经济一体化的发展格局。

四 承接产业转移促进效益提升

对第八章基于地级市样本的研究假说 H5 的检验表明，企业效益提升可有效推动共享发展，而地区承接产业转移能够显著促进企业效益提升，一定程度上证实了承接产业转移通过改变地区企业效益水平，进而推动共享发展的现实逻辑成立。基于该结论，在借鉴国内外关于促进地区有序承接产业转移的先进经验的基础上，结合沿黄城市群自身的发展实际和特点，围绕企业效益提升，提出以下建议：

（一）优化运营管理

产业转移往往涉及从高成本地区向低成本地区的迁移。这可以降低企业的劳动力成本、原材料采购费用、土地租金等直接成本，同时也可能降低运输费用、税费等间接成本。成本的降低直接提升了企业的利润空间，有助于企业实现更高的效益。但是促进作用的发挥，需要企业优化运营管理，提高生产效率，通过改进生产流程、引入先进技术等方式降低生产成本；加强供应链管理，确保原材料和产品的稳定供应，降低库存和运输成本；同时优化财务管理，提高资金利用效率，降低财务风险。

（二）推动技术创新

产业转移为企业提供了整合承接地资源的机会，承接地可能拥有更丰富的原材料、更先进的生产设备或更专业的技术人才等，这些资源的整合有助于企业提升生产效率、降低生产成本，并可能推动企业技术创新和产业升级。要加大研发投入，推动新产品、新技术的开发和应用；加强与高校、科研机构等的合作，引进外部创新资源；同时要建立创新激励机制，鼓励员工积极参与创新活动。

五 提升承接地工业发展水平

加入工业发展水平的进一步分析表明，工业发展水平在地区承接产业转移对共享发展的影响中产生调节效应，地区工业发展水平的提高不仅有利于承接产业转移的吸引力，也为产业转移提供了更广阔的空间和更丰富的资源。基于该结论,在借鉴国内外关于促进地区有序承接产业转移的先进经验的基础上,结合沿黄城市群自身的发展实际和特点,围绕工业发展水平的调节作用,提出以下建议:

(一) 推动产业链的优化升级

一是围绕主导产业,完善上下游产业链条,形成产业集群效应。二是通过招商引资、产业链整合等方式,推动产业链向高端化、智能化、绿色化方向发展。三是推进绿色发展,坚持绿色发展理念,推动工业发展与环境保护相协调,加强工业污染治理,推广清洁能源和节能技术,实现工业发展的可持续性。

(二) 持续增加要素投入

一是通过设立专项资金、引导社会资本参与等方式,加大对工业发展的投入力度。二是建立健全人才培养机制,通过校企合作、产学研结合等方式,培养和引进高素质人才。三是鼓励企业加大研发投入,推动技术创新和产业升级,提升承接地工业的整体竞争力。四是优化交通、能源、通信等基础设施网络,提升承接地的基础设施水平。

六 贯彻落实环境保护要求

加入环境规制的进一步分析表明,环境规制在地区承接产业转移对共享发展的影响中产生调节效应,作为承接产业转移的环境准入门槛,环境规制对抑制污染密集型投资、缓解环境污染具有重要意义。基于该结论,在借鉴国内外关于促进地区有序承接产业转移的先进经验的基础上,结合沿黄城市群自身的发展实际和特点,围绕环境规制的调节作用,提出以下建议:

(一) 引进符合环境管控要求的企业

在承接产业转移过程中,政府应该严格遵守环境规制标准,坚决遏制"两高"项目产业的盲目发展,支持符合地区环境管控要求的企业落户,进而提高清洁型产业的进入比例。

(二) 提高污染治理能力

促进污染密集型产业生产过程中的工艺改进与生产完成后的末端治理,并以招标与补贴等多样化环保政策激励企业进行清洁技术创新和提高环境治理水平，实现产业发展与环境保护的良性循环，从而抑制环境质量恶化带来的就业损失，吸引劳动力就地就业。

第八节　本章小结

本章首先梳理了高质量发展的相关政策，随后提出了促进沿黄城市群承接产业转移的优化策略，最后分别从创新、协调、绿色、开放、共享五个维度提出承接产业转移促进工业高质量发展的优化策略。本章主要得到如下结论。

1. 高质量发展的中央法规数量以及沿黄八省地方法规数量自2018年逐年增加，既体现了国家对高质量发展的重视程度，也体现出地方政府与中央政府保持一致且具有强劲的执行力。文本量化分析表明高质量发展政策的核心是企业、产业、机制、技术、人才、体系等。

2. 促进沿黄城市群承接产业转移的优化策略有两个角度。政府优化策略角度，要求更好发挥政府作用并充分激发市场活力。企业优化策略角度，要求发挥企业集团作用，提升经济竞争力，并深化国有企业改革，鼓励非公有制经济发展。

3. 承接产业转移促进工业创新发展的优化策略有四个方面。第一，优化创新环境，强化创新主体合作以及培养创新人才。第二，发挥产业转移直接创新效应，优化产业选择，激发企业创新活力，加强知识产权保护。第三，发挥产业集聚创新效应，打造特色产业集群，加强园区建设与管理，鼓励企业间合作与交流。第四，加强环境规制以推动工业创新发展，推动工业创新发展与环境保护的和谐共生。

4. 承接产业转移促进工业协调发展的优化策略有四个方面。第一，提高资源配置效率，推动沿黄城市群工业协调发展。第二，进一步加大政府对技术创新的支持力度，培育建设重大产业创新研发孵化基地。第三，围绕产业转移与市场化的替代作用，针对不同地区不同市场化程度施行差异化政策。第四，加强流域协同治污，完善水环境保护相关法律法规，进一步提升水环境规制的正向调节作用。

5. 承接产业转移促进工业绿色发展的优化策略有四个方面。第一，加快营造有利于绿色技术溢出的环境和氛围，提高承接地绿色技术吸收能力和创新能力。第二，引导产业结构调整，推动工业绿色发展。第三，改变能源消费种类，提高能源利用效率，引导能源结构调整。第四，设立生态保护红线，强化污染追责，持续保持环境规制政策高压态势。

6. 承接产业转移促进工业开放发展的优化策略有四个方面。第一，挖掘市场潜力，提高出口企业竞争力，坚持高质量对外开放。第二，进一步提升出口企业的创新力。第三，刺激企业竞争活力，放权赋能，打造公平竞争环境。第四，强化环境监管与执法力度，发挥环境规制的助推作用。

7. 承接产业转移促进工业共享发展的优化策略有六个方面。第一，促进生产性服务业与制造业融合发展，提升区域就业水平。第二，促进城乡融合发展，完善基础设施建设，提升居民收入。第三，加强财政监管，促进本地经济发展，提升政府财政自给能力。第四，优化运营管理，推动技术创新，提升企业效益。第五，推动产业链优化升级，提升承接地工业发展水平。第六，提高污染治理能力，贯彻落实环境保护要求。

参考文献

一 中文

曹琳剑、周詹杭、王凯丽：《公共卫生基础设施与经济高质量发展耦合协调演化——以长江经济带为例》，《统计与决策》2021年第17期。

陈继勇、雷欣、黄开琢：《知识溢出、自主创新能力与外商直接投资》，《管理世界》2010年第7期。

戴志敏、罗琴：《产业转移承接效率对经济增长的门槛效应研究——以江西省为例》，《武汉金融》2018年第1期。

方大春、马为彪：《中国省际高质量发展的测度及时空特征》，《区域经济评论》2019年第2期。

马海涛、徐楦钫：《黄河流域城市群高质量发展评估与空间格局分异》，《经济地理》2020年第4期。

林柯、董鹏飞、虎琳：《产业转移是否推动地区经济高质量发展？——基于国家级承接产业转移示范区的证据》，《管理现代化》2022年第3期。

司深深、张治栋、徐醒：《产业转移、贸易开放与经济高质量发展——基于中国258个城市的实证》，《统计与决策》2022年第9期。

汪凡、白永平、周亮等：《中国基础教育公共服务均等化空间格局及其影响因素》，《地理研究》2019年第2期。

王春凯、梁晓慧：《产业转移与区域共同富裕：区位选择、实现机制与可行路径》，《河南社会科学》2022年第10期。

王珍珍：《产业转移、农村居民收入对城镇化水平的影响》，《城市问题》

2017年第4期。

张峰、薛惠锋:《城乡融合背景下乡村承接产业转移的内动力机制分析——以黄河三角洲为例》,《哈尔滨商业大学学报》(社会科学版) 2020年第4期。

张来明、李建伟:《促进共同富裕的内涵、战略目标与政策措施》,《改革》2021年第9期。

赵博宇:《产业转移、产业集聚对全要素生产率的影响》,《学术交流》2021年第8期。

周伟、郭杰浩:《国际产业转移、空间溢出与全要素生产率》,《统计与决策》2022年第3期。

二 英文

Hakura D., F. Jaumotte, "The role of inter – and intra – industry trade in technology diffusion", *IMF Working Paper*, 1999.

He Canfei, Yeung Godfrey, "The locational distribution of foreign banks in China: A disaggregated analysis", *Regional Studies*, 2011, 45 (6).

He C., Wang J., Cheng S., "What attracts foreign direct investment into China's real estate development?", *The Annals of Regional Science*, 2011, 46 (2).

Kavita M., "Regional innovations and the economic competitiveness in China", *The International Handbook on Innovation*, 2003 (12).

Tuomo Uotila, Helina Melkas, VEsa, et. al., "Incorporating futures research into regional knowledge creation and management", *Futures*, 2005 (37).

后　　记

　　《承接产业转移与沿黄城市群工业高质量发展研究》由兰州大学经济学院毛锦凰教授统筹设计和主笔撰写，由兰州大学经济学院博士研究生王振豫统稿校对，并由国家社科基金一般项目（项目编号：22BJL050）课题组成员分工协作完成最终书稿，具体分工如下：第一章由王欣同学协作完成；第二章由张婕同学协作完成；第三章由宋梦凡、郑丽娟同学协作完成；第四章由李维红同学协作完成；第五章由任彩玉同学协作完成；第六章由张佳同学协作完成；第七章由唐丽同学协作完成；第八章由张新萍同学协作完成；第九章由罗子建及其他同学协作完成。在此感谢课题组成员的辛勤付出和努力！

　　本书得到了国家社科基金一般项目"多重环境规制下产业转移驱动沿黄城市群工业高质量发展研究"（项目编号：22BJL050）的资助，撰写过程中也得到了兰州大学社科处、兰州大学经济学院等部门和师生们的大力支持，同时也借鉴了国内外同行的相关研究成果，在此一并感谢！由于编著者学术水平、研究能力和实践经验有限，书中尚存在不足之处，恳请同行专家和读者批评指正！

毛锦凰

2024 年 7 月 30 日